ÉTICA ECONÔMICA
DAS RELIGIÕES MUNDIAIS

COLEÇÃO SOCIOLOGIA
Coordenador: Brasilio Sallum Jr. fi Universidade de São Paulo

Comissão editorial:
Gabriel Cohn fi Universidade de São Paulo
Irlys Barreira fiUniversidade Federal do Ceará
José Ricardo Ramalho fiUniversidade Federal do Rio de Janeiro
Marcelo Ridentifi Universidade Estadual de Campinas

Dados Internacionais de Catalogação na Publicação (CIP)
(Câmara Brasileira do Livro, SP, Brasil)

Weber, Max, 1864-1920.
  Ética econômica das religiões mundiais : ensaios comparados de sociologia da religião : vol. 2, hinduísmo e budismo / Max Weber ; coordenação de Brasilio Sallum Jr. ; tradução de Gilberto Calcagnotto. – Petrópolis, RJ : Vozes, 2024. – (Coleção Sociologia)

  Título original: Die Wirtschaftsethik der Weltreligionen : vol. II. Hinduismus und Buddhismus
  ISBN 978-85-326-6663-5

  1. Budismo – Aspectos sociais 2. Economia – Aspectos morais e éticos 3. Hinduísmo 4. Sociologia I. Sallum Jr., Brasilio. II. Título. III. Série.

23-178136   CDD-301

Índices para catálogo sistemático:
1. Sociologia   301

Aline Graziele Benitez – Bibliotecária – CRB-1/3129

Max Weber

ÉTICA ECONÔMICA
DAS RELIGIÕES MUNDIAIS
Ensaios comparados de sociologia da religião

2 Hinduísmo e budismo

Tradução de Gilberto Calcagnotto

© desta tradução:
2024, Editora Vozes Ltda.
Rua Frei Luís, 100
25689-900 Petrópolis, RJ
www.vozes.com.br
Brasil

Tradução do original em alemão intitulado
*Die Wirtschaftsethik der Weltreligionen –
Vol. II. Hinduismus und Buddhismus*

Fonte: Max Weber: Gesammelte Aufsätze zur Religionssoziologie. Band 2, Tübingen ⁸1986, S. 1 – Disponível em: http://www.zeno.org/nid/20011440686

Todos os direitos reservados. Nenhuma parte desta obra poderá ser reproduzida ou transmitida por qualquer forma e/ou quaisquer meios (eletrônico ou mecânico, incluindo fotocópia e gravação) ou arquivada em qualquer sistema ou banco de dados sem permissão escrita da editora.

"O trabalho do tradutor no presente texto recebeu um fomento do Fundo Alemão para Tradutores no âmbito do Programa 'NEUSTART KULTUR' (Relançamento da Cultura) com recursos da Encarregada do Governo Federal para Cultura e Mídia".

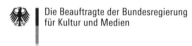

CONSELHO EDITORIAL

Diretor
Volney J. Berkenbrock

Editores
Aline dos Santos Carneiro
Edrian Josué Pasini
Marilac Loraine Oleniki
Welder Lancieri Marchini

Conselheiros
Elói Dionísio Piva
Francisco Morás
Gilberto Gonçalves Garcia
Ludovico Garmus
Teobaldo Heidemann

Secretário executivo
Leonardo A.R.T. dos Santos

Editoração: Rafaela Milara Kersting
Diagramação: Raquel Nascimento
Revisão gráfica: Alessandra Karl
Capa: Editora Vozes

ISBN 978-85-326-6663-5

Este livro foi composto e impresso pela Editora Vozes Ltda.

SUMÁRIO

Apresentação da coleção, 7
Prefácio à edição brasileira, 9

Parte I – O sistema social hindu, 27

A Índia e a posição geral do hinduísmo, 28

A forma de propaganda do hinduísmo, 34

A doutrina e o rito no hinduísmo, 49

A posição dos Vedas no hinduísmo, 55

A posição dos brâmanes e a essência da casta em relação à "tribo", à "corporação" e ao "estamento", 59

A ordenação do *status* social nas castas em geral, 75

A posição da estirpe e as castas, 81

Os principais grupos das castas, 88

As espécies de castas e as cisões de castas, 145

A disciplina das castas, 155

As castas e o tradicionalismo, 157

A significação salvífica da religião na ordem de castas, 165

As condições históricas do desenvolvimento das castas na Índia, 172

Parte II – As ortodoxas e as heterodoxas doutrinas de salvação dos intelectuais indianos, 184

O caráter antiorgiástico e ritualístico da religiosidade bramânica – Comparação com as camadas helênicas e confucianas de intelectuais, 184

O darma e a ausência do problema do direito natural, 192

O saber, a ascese e a mística na Índia, 197

O xrâmana e a ascese bramânica, 208

A literatura bramânica e a ciência na Índia, 214

A técnica de salvação (ioga) e a evolução da filosofia da religião, 220

As doutrinas de salvação ortodoxas, 222

A doutrina de salvação e a ética profissional do Bagavadeguitá, 243

A soteriologia heterodoxa do monaquismo profissional culto, 258

    O jainismo, 258

    O budismo antigo, 275

Parte III – A religiosidade asiática sectária e salvacionista, 310

As causas gerais da transformação do budismo antigo, 310

O Rei Ashoka, 312

O maaianismo, 325

A missão, 340

    Ceilão e Indochina, 340

    China, 350

    Coreia, 356

    Japão, 358

    Ásia Central: o lamaísmo, 372

A restauração ortodoxa na Índia – Caráter geral, 381

O xivaísmo e o culto do linga, 391

O vixnuísmo e a devoção bhakti, 401

As seitas e os gurus, 417

O caráter geral da religiosidade asiática, 431

APRESENTAÇÃO DA COLEÇÃO

Brasilio Sallum Jr.

A *Coleção Sociologia* ambiciona reunir contribuições importantes desta disciplina para a análise da sociedade moderna. Nascida no século XIX, a Sociologia expandiu-se rapidamente sob o impulso de intelectuais de grande estatura - considerados hoje clássicos da disciplina –, formulou técnicas próprias de investigação e fertilizou o desenvolvimento de tradições teóricas que orientam o investigador de maneiras distintas para o mundo empírico. Não há o que lamentar o fato de a Sociologia não ter um *corpus* teórico único e acabado. E, menos ainda, há que esperar que este seja construído no futuro. É da própria natureza da disciplina – de fato, uma de suas características mais estimulantes intelectualmente – renovar conceitos, focos de investigação e conhecimentos produzidos. Este é um dos ensinamentos mais duradouros de Max Weber: a Sociologia e as outras disciplinas que estudam a sociedade estão condenadas à eterna juventude, a renovar permanentemente seus conceitos à luz de novos problemas suscitados pela marcha incessante da história. No período histórico atual este ensinamento é mais verdadeiro do que nunca, pois as sociedades nacionais, que foram os alicerces da construção da disciplina, estão passando por processos de inclusão, de intensidade variável, em uma sociedade mundial em formação. Os sociólogos têm respondido com vigor aos desafios desta mudança histórica, ajustando o foco da disciplina em suas várias especialidades.

A *Coleção Sociologia* pretende oferecer aos leitores de língua portuguesa um conjunto de obras que espelhe tanto quanto possível o desenvolvimento teórico e metodológico da disciplina. A coleção conta com a orientação da comissão editorial, composta por profissionais relevantes da disciplina, para selecionar os livros a serem nela publicados.

A par de editar se... autores clássicos, a *Coleção Sociologia* abrirá espaço para obras representativas de suas várias correntes teóricas e de suas especialidades, voltadas para o estudo de esferas específicas da vida social. Deverá também suprir as necessidades de ensino da Sociologia para um público mais amplo, inclusive por meio de manuais didáticos. Por último – mas não menos importante, a *Coleção Sociologia* almeja oferecer ao público trabalhos sociológicos sobre a sociedade brasileira. Deseja, deste modo, contribuir para que ela possa adensar a reflexão científica sobre suas próprias características e problemas. Tem a esperança de que, com isso, possa ajudar a impulsioná-la no rumo do desenvolvimento e da democratização.

PREFÁCIO À EDIÇÃO BRASILEIRA

Carlos Eduardo Sell
(UFSC – Universidade Federal de Santa Catarina)

Com a publicação de *Hinduísmo e budismo*, a Editora Vozes completa a tarefa de lançar em português um dos mais importantes escritos de Max Weber (1864-1920): a *Ética econômica das religiões mundiais*. O primeiro volume, *Confucionismo e taoismo*, veio a lume pela mesma editora em 2016. Em 2019 foi publicado *O judaísmo antigo*, que é na verdade o terceiro deles. Finalmente, em 2024, temos à nossa disposição o segundo volume, todo ele voltado ao estudo das chamadas *religiões da Índia*, para empregar aqui o título pelo qual a obra ficou, ainda que equivocadamente, conhecida no mundo de língua inglesa.

Para avaliar a importância e compreender o objetivo deste intenso mergulho de Weber em um mundo que ainda parece tão distante do nosso, podemos adotar uma perspectiva histórica e sistemática. O prisma *histórico* contextualiza esta obra no percurso intelectual de Weber, bem como destaca alguns componentes do ambiente científico e cultural que a marcaram. O olhar *sistemático* define sua função teórica no conjunto da sociologia weberiana e descreve seu conteúdo no amplo programa histórico-comparativo de compreensão da gênese histórica e de tipificação sociológica dos processos de racionalização social e cultural. Ao final, indo além da *intentio operis*, destacam-se ainda algumas possibilidades contemporâneas de leitura deste livro que antecipa o olhar cosmopolita e plural hoje tão almejado pelas ciências humanas nestes tempos de globalização.

1. *Hinduísmo e budismo* no contexto da trajetória intelectual de Weber

O escrito *Hinduísmo e budismo* foi publicado pela primeira vez em três partes (29/04/1916, 02/12/1916 e 16/05/1917), no *Arquivo para ciências sociais e política social*. Embora Weber utilize anotações que já vinham sendo acumuladas muito antes, o texto foi redigido nos intensos estudos realizados por ele durante a Primeira Guerra Mundial, nas bibliotecas de Berlim, momento em que também estava profundamente envolvido no destino de uma Alemanha que se encaminhava cada vez mais para uma derrota militar e uma profunda crise política.

Nesse período de sua vida, quando já estava muito tempo afastado da atividade acadêmica formal, mas não de uma ampla gama de pesquisas, Weber concentrou sua atenção em dois grandes projetos intelectuais. O primeiro nasceu sob encomenda, já que em 1909 ele atendeu à demanda de Paul Siebeck, que desejava substituir o *Manual de política econômica* de Gustav Schönberg (1839-1908) por uma publicação mais atualizada. Foi dessa forma – e isso não sem muitas mudanças no meio do caminho – que nasceu o mundialmente famoso *Economia e sociedade*, um amplo tratado de sociologia sistemática, no qual ele vinha trabalhando desde antes da guerra, mas que ficou incompleto, sendo depois publicado por sua esposa Marianne Weber. É no contexto desse primeiro projeto intelectual que Weber, após ter estudado o protestantismo ascético (em 1904-1905), ocupou-se pela primeira vez das grandes religiões do mundo, inclusive do hinduísmo e do budismo[1]. Esse esforço resultou na redação de um texto por ele denominado de *Sistemática da religião* e que, conforme a edição de Marianne Weber, foi publicado em 1920 em *Economia e sociedade* com o nome de *Sociologia da religião (tipos de relações comunitárias religiosas)*.

---

1. Parte do material foi escrito antes da Primeira Guerra Mundial (1914-1918), mas Weber optou por reescrever tudo quando já lecionava na Universidade de Munique, a partir de 1919. Com sua morte, no ano seguinte, a obra ficou incompleta e somente quatro novos textos foram escritos. Coube então ao genial trabalho editorial de Marianne Weber reunir todo esse espólio e organizá-lo em duas partes que preservaram os escritos mais antigos do pré-guerra (alocados, em sua maioria, na segunda parte) e os textos mais recentes do pós-guerra (que ficaram na primeira parte).

O segundo desses projetos é justamente a pesquisa sobre *A ética econômica das religiões mundiais*, tema ao qual, por interesse próprio, Weber passou a dedicar-se a partir de 1910 e que não poderia ser explicado sem uma descoberta intelectual que redirecionou todo o programa de investigação do autor. Conforme documenta a biografia de Marianne Weber[2]:

> O que tanto o impressionou nas suas primeiras incursões no estudo das formas musicais do Oriente e do Ocidente foi a descoberta de que na música, justamente aquela que seria a manifestação mais pura do sentimento da criação artística, a razão desempenha um papel tão importante e que e sua especificidade, no Ocidente, bem como a da ciência e de todas as demais instituições sociais e estatais, é determinada por um tipo particular de racionalismo.

Esse é o motivo pelo qual a pesquisa weberiana sobre as raízes puritanas da conduta de vida racional fundada na ideia de profissão como vocação (espírito do capitalismo), de 1904 e 1905, tomou uma nova direção. Quanto ao *conteúdo*, Weber foi além do protestantismo para incluir na sua pesquisa outras religiões de grande alcance histórico-quantitativo, como o confucionismo, o taoismo, o hinduísmo e o budismo, sem contar seus planejados mas não executados estudos sobre as éticas religiosas egípcia, mesopotâmica e de Zaratustra, sobre o judaísmo talmúdico, o cristianismo primitivo, o cristianismo oriental (ortodoxo) e ocidental (latino), além do islamismo. Mas é na perspectiva *epistemológica* que temos a maior alteração, pois a partir desse momento a pesquisa de Weber deslocou-se do tema do capitalismo para o tema da racionalização. Não que o capitalismo, "a mais fatídica potência de nossa vida moderna"[3], tenha sido relegado ao esquecimento, mas ele foi reenquadrado em um novo horizonte epistemológico e compreendido como uma das múltiplas expressões da racionalidade formal que impregna todo o conjunto das esferas de valor e das ordens de vida do mundo moderno.

Em 1920, já de volta à vida acadêmica, Weber resolveu unificar e harmonizar todos os escritos que tinha produzido sobre religião em uma cole-

---

2. Marianne Weber, *Max Weber*: ein Lebensbild. Tübingen: Mohr Siebeck, 1926, p. 349.

3. M. Weber, *A ética protestante e o espírito do capitalismo*. Petrópolis: Vozes, 2020, p. 14.

tânea denominada *Ensaios reunidos de sociologia da religião*. No primeiro volume (que foi publicado ainda em vida) ele juntou os seus estudos anteriores sobre o protestantismo ascético e uma versão profundamente ampliada de *Confucionismo e taoismo*. Para integrar teoricamente toda essa massa de publicações e dar coerência a esse novo conjunto, ele redigiu não apenas uma inédita "Observação preliminar" (*Vorbermerkung*), mas também revisou uma "Introdução" (*Einleitung*) que já havia sido publicada em 1915; nesses textos, os seus métodos e a finalidade de suas pesquisas comparativas são detalhadamente explicitados. No segundo volume ficou alocado seu escrito sobre *Hinduísmo e budismo*, que pouco foi alterado, enquanto *O judaísmo antigo* restou como terceiro volume. Outra mudança de enorme importância é que entre seus estudos sobre "as religiões da China" e "as religiões da Índia" foi inserida uma versão igualmente corrigida de sua "Consideração intermediária" (*Zwischenbetrachtung*), de 1915, escrito no qual enfatiza a diferença qualitativa que existe entre as religiões de "afirmação do mundo" que são próprias da China e as "religiões de negação" e de "redenção" do mundo, casos do hinduísmo e do budismo.

A preocupação em investigar a civilização indiana não é nenhuma exclusividade ou idiossincrasia de Max Weber. Ela está profundamente presente na vida intelectual alemã daquele período. Identificar as fontes e as raízes, diretas e indiretas, das quais Weber serviu-se, constitui, sem dúvida, tarefa fundamental para compreender as características que sua pesquisa tomou, avaliar seus limites históricos e, não menos importante, assinalar a originalidade de sua perspectiva[4].

Na época de Weber o estudo do sânscrito no campo da filologia e da linguística, ou mesmo a pesquisa sobre a Índia em geral no campo da indologia ou da história, já eram campos disciplinares bem estabelecidos. Daí não ser surpresa a enorme importância do nome de Herman Oldenberg (1845-1920), o autor mais citado ao longo do escrito, mas ele está longe de ser o

---

4. A.S. Oliveira, Hinduísmo e budismo. *In: Max Weber*: uma indologia sem orientalismos. João Pessoa. 328 f. Tese (doutorado em Sociologia). Centro de Ciências Humanas, Letras e Artes, Universidade Federal da Paraíba, João Pessoa, 2016.

único nome fundamental. Schmidt-Glintzer e Golzio[5] na introdução que, no bojo da coleção *Max Weber-Gesamtausgabe* (MWG), escrevem para a nova edição alemã de *Hinduísmo e budismo*, apresentam-nos uma nominata impressionante de especialistas mobilizados por Weber[6] e que evidenciam como ele estava a par da literatura especializada da época.

A civilização indiana ocupava um lugar central no imaginário filosófico da Alemanha, como ilustram as posições díspares de Friedrich Hegel (1770-1831) e de Arthur Schopenhauer (1778-1860) a esse respeito. O primeiro inseriu a Índia na sua filosofia da histórica teleológico-evolutiva (*Lições sobre a filosofia da religião*, de 1821 a 1831) que inicia com as religiões naturais (China, Índia e Pérsia), passa pelas religiões da individualidade espiritual (Israel, Grécia e Roma), até chegar à religião da liberdade, representada pelo cristianismo. Esse eurocentrismo normativo contrasta radicalmente com a posição de Schopenhauer (*O mundo como vontade e representação*, de 1819), para quem o pensamento indiano opera como substrato crítico para compreender que o mundo é representação e vontade e que somente a arte e a ascese podem libertar-nos da dor e do tédio. Essa posição já indica que a corrente romântica confere um tom especialmente crítico aos interesses orientalistas germânicos que, quanto a esse ponto, não são similares ao orientalismo dos impérios britânico e francês, ambos solidamente criticados por Edward Said[7].

---

5. M. Weber; H. Schmidt-Glintzer; K.-H. Golzio, *Hinduismus und Buddhismus*, 1916-1920. Tübingen: Mohr Siebeck, 1998.

6. Conforme os levantamentos do autor, além de relatórios de viagens, escritos missionários e relatórios técnico-estatísticos, algumas da principais referências bibliográficas de Weber são as seguintes; no campo da indologia, principalmente os trabalhos de Max Müller (1823-1990), Albrecht Weber (1825-1901), Georg Bühler (1837-1898), Richard Pischel (1894-1908), Karl Friedrich Geldner (1852-1929), Heinrich Zimmer (1851-1910), Julius Jolly (1849-1932), Paul Dossen (1845-1919 e Karl Eugen Neumann (1865-1915); sobre o budismo indiano temos Leopold von Schroeder (1851-1920) e Richard Garbe (1857-1927); no campo da epigrafia Eugen Hultzsch (1857-1927), Weber Franz Kielhorn (1840 1908), Herman Jacobi (1850-1937) e Georg Thibaut (1848-1914); sobre o sânscrito, Bruno Liebich (1862-1939), Alfred Hillebrandt (1853-1927), Johannes Hertel (1872-1955), Solomon Lefmann (1831-1912), Rudolf Otto Franke (1862-1928) e Richard Fick (1867-1944); sobre a erótica indiana, Richard Schmidt (1866-1939) e Johan Jakob Meyer (1870-1939); e para a literatura indiana, Moritz Winternitz (1863-1937).

7. E.W. Said, *Orientalismo*: o Oriente como invenção do Ocidente. São Paulo: Companhia das Letras, 2007.

No campo das ciências do espírito, então em processo de formação, coube especialmente ao historicismo (*Historismus*) defrontar-se com essas visões ambivalentes e deslocar a questão da relação entre os valores eternos da religião e o devir histórico para o domínio do empírico. Ernst Troeltsch (1862-1923), o grande companheiro intelectual de Max Weber, ainda buscava salvar o caráter absoluto do cristianismo frente às demais religiões, já que ele seria o único a reconhecer a ação de Deus no processo histórico. Mas com Weber toda essa preocupação normativa é definitivamente abandonada e colocada nos trilhos de um trabalho rigorosamente empírico-comparativo que busca determinar não o que é absoluto no cristianismo, mas no que consiste sua particularidade frente às demais religiões e, principalmente, de que modo ele é uma das forças motrizes que modelam a cultura ocidental e moderna. Frente a tamanho desafio teórico, prosseguir no cotejo crítico entre a modernidade de raiz protestante e a cultura asiática – no bojo da qual estava a milenar tradição religiosa indiana – era uma orientação metodológica que precisava ser retomada e desenvolvida. Na carta que escreveu a Franz Eulenberg (12/07/1909) Weber foi muito claro quanto ao seu modo de proceder: "Dois caminhos estão abertos: Hegel ou a *nossa* forma de lidar com a coisa"[8]. É à caracterização dessa "forma de lidar com a coisa" (programa de pesquisa) e do lugar ocupado por *Hinduísmo e budismo* nela que nos dedicaremos doravante.

2. O lugar de *Hinduísmo e budismo* na sociologia da racionalização de Weber

A "Observação preliminar" (*Vorbemerkung*) que abre o primeiro volume dos *Ensaios de sociologia da religião* de Max Weber condensa, de modo brilhante, o que ele pretendia com o seu gigantesco esforço de compreensão das principais religiões da história da humanidade. A premissa da qual parte é que "racionalizações existiam nos mais diferentes domínios do viver, em es-

---

8. M. Weber, *Briefe 1909-1910. In*: M.R. LEPSIUS; W.J. Mommsen (orgs.). Tübingen: Mohr Siebeck, 1994, p. 173.

pécie extremamente distinta, em todos os círculos culturais"[9]. Portanto, nem de longe ele esposa a ideia de que a racionalidade seria algum tipo de privilégio ocidental: bem ao contrário disso, ela é um fenômeno universal. Em função disso, o estudo weberiano, ao abordar as religiões que moldaram as grandes civilizações da história, visa (1) a "reconhecer a *particularidade* especial do racionalismo ocidental e, dentro deste, a do racionalismo moderno" e (2) a "explicá-la em seu surgimento"[10]. Analisar o processo de racionalização é, assim, o *Leitmotiv* dos estudos histórico-comparativos de Weber e é apenas a partir dessa problemática teórica, e não tomando *Hinduísmo e budismo* de maneira isolada, que compreendemos seu sentido.

2.1. A religiosidade asiática em perspectiva comparada: o hinduísmo e o budismo como formas de racionalismo teórico da fuga do mundo

A pesquisa de Weber sobre as religiões mundiais tem uma *dimensão comparativa* e uma *dimensão histórica*. A comparação está a serviço da tipificação, pois definir o que é "específico" no racionalismo ocidental requer colocá-lo lado a lado com outras experiências culturais, quer dizer, com outras formas de racionalismo. Weber descentraliza seu olhar e pela via comparativa inaugura um complexo jogo de aproximações e distanciamentos, exercício que lhe permite compor paulatinamente os traços dessa forma particular e contingente de racionalidade que se formou no Ocidente. Uma vez isolado, por assim dizer, o que é "típico" na forma assumida pela racionalidade ocidental, resta a tarefa histórica, qual seja, mergulhar no estudo dos múltiplos fatores que produziram a configuração da racionalidade na sua versão moderna, dentre eles o papel do judaísmo e do protestantismo ascético. Ambos são portadores de uma lógica de desencantamento que expulsa a magia: pela religião ela é superada como meio de salvação para ser substituída pela ética (desencantamento religioso) e depois é ultrapassada como meio para dominar os espíritos para ser substituída pela ciência e pela técnica, consideradas

---

9. M. Weber, *A ética protestante e o espírito do capitalismo*. Petrópolis: Vozes, 2020, p. 22.

10. Ibidem, p. 22.

doravante como as únicas formas eficazes de controle sobre a realidade (desencantamento científico).

Caracterizar, pela via comparativa, o racionalismo ocidental e compreender, pela via histórica, a gênese do racionalismo moderno são, portanto, as balizas teórico-sistemáticas do estudo que Weber realiza das religiões mundiais. Mas qual é a função que o escrito *Hinduísmo e budismo* ocupa nesse amplo programa teórico?

O complexo sistema de crenças e organizações religiosas da Índia é considerado por Weber um dos principais representantes das *religiões mundiais*, expressão que tomou de Cornelis Petrus Tiele (1830-1902) para designar aqueles sistemas religiosos "que souberam reunir em torno de si uma quantidade especialmente grande de seguidores", dentre os quais "as éticas religiosas confuciana, hinduísta, budista, cristã e islâmica"[11]. Dessa forma, ao contrário de Durkheim, que organizou seu estudo em torno de uma suposta forma primitiva de religiosidade (totemismo), Weber preferiu dirigir seu olhar para os grandes sistemas religiosos da humanidade. Ao mesclar essa terminologia com a teoria de Hermann Siebeck (1842-1920), Weber vislumbrou, no seio do vasto conjunto de religiões mundiais, uma nova divisão formada, por um lado, pelas *religiões culturais* de *afirmação do mundo* e, por outro, pelas *religiões de redenção* e de *negação do mundo*. Por fim, em um terceiro plano, as religiões de redenção subdividem-se naquelas em que predomina uma concepção pessoal ou impessoal do divino, cada uma delas respectivamente com afinidade eletiva com práticas religiosas de tipo místico ou ascético.

Toda essa vasta rede de conceitos já nos permite caracterizar, *em âmbito geral*, em que consistem as formas de religiosidade que se desenvolveram na Índia clássica: o hinduísmo e o budismo são compreendidos como religiões mundiais de redenção do mundo. Eles são igualmente sistemas religiosos de negação do mundo e professam uma concepção impessoal do divino que se traduz, do ponto de vista prático, em formas místicas de religiosidade.

---

11. M. Weber, *A ética econômica das religiões mundiais*: confucionismo e taoismo. Petrópolis: Vozes, 2016, p. 19.

Em *perspectiva comparada*, portanto, a religiosidade ocidental (especialmente a puritana) e a religiosidade indiana pertencem ao mesmo grupo das religiões universalistas. Nesse sentido não há nenhuma oposição entre elas. O desvio pertence ao caso das religiões clássicas da China (confucionismo e taoismo) que, embora religiões de caráter mundial, não desenvolveram, pelo menos na visão de Weber, uma tensão suficiente entre o imanente e o transcendente a ponto de superarem suas condições de religiões culturais de afirmação do mundo: elas possuem um caráter eminentemente político-civil.

O belíssimo painel comparativo de Weber é complexo e sutil, e enquanto exercício tipológico é estruturado segundo diferentes critérios e níveis de abstração, não comportando, portanto, nenhum tipo de dualismo simplista entre "Ocidente" e "Oriente". Para começar, não é das religiões "orientais" que se trata, mas da religiosidade "asiática". Comparar significa encontrar semelhanças e diferenças, e nessa direção Weber aponta tanto o que a religiosidade indiana tem em comum com o puritanismo ocidental (negação do mundo) quanto o que ela tem de diferente ou específico em relação a ele (cosmocentrismo e misticismo). O mesmo exercício sutil de comparação repete-se quando, no interior da religiosidade asiática, Weber destaca o que existe de comum entre a religiosidade indiana e a religiosidade chinesa (cosmocentrismo), bem como o que elas têm de diferente entre si (predomínio da magia, por um lado, e da mística, por outro).

Mas todo esse movimento comparativo jamais perde de vista a intenção principal da sociologia weberiana, qual seja, caracterizar o que é específico no racionalismo ocidental frente aos demais caminhos que o processo de racionalização seguiu na Ásia, seja pela via chinesa, seja pela via indiana. Compreender essa especificidade ocidental exige novamente prestar atenção a um novo conjunto de semelhanças e diferenças. Ocorre que as religiões da Índia pertencem ao gênero bastante específico das formas teóricas de racionalidade e, nesse ponto, contrastam com suas formas práticas representadas, respectivamente, pelo puritanismo e pelo confucionismo. Em termos ainda mais concretos, isso levará Weber a caracterizar o puritanismo como portador de uma forma de racionalismo cultural de *dominação do mundo*, enquanto o jardim mágico da religiosidade cultural chinesa engendra uma forma de racionalismo de *adaptação do mundo*. Coube à Índia, por fim, o posto de matriz geradora de uma forma de racionalismo completamente oposta aos tipos puritano e confuciano: o racionalismo da *fuga do mundo*[12].

2.2. Como uma religiosidade da gnose de intelectuais avessos ao mundo pôde transformar-se na grande religião da Ásia?

Ainda que fundamental, o exercício comparativo permanece em um alto nível de abstração e não dispensa a investigação concreta das religiões indianas tomadas como configurações histórico-empíricas determinadas. Nos termos da epistemologia de Weber, isso equivale a dizer que precisamos deslocar-nos do plano generalizante (nomotético) para o plano individualizante (idiográfico). Esse movimento permite-nos adicionalmente uma apresentação mais detalhada do conteúdo do livro *Hinduísmo e budismo*, além de possibilitar penetrar com maior profundidade na construção lógico-discursiva que preside essa investigação.

O manuscrito aqui traduzido está dividido em três partes. Weber inicia com a análise do "Sistema social hinduísta" para depois caracterizar "As doutrinas ortodoxas e heterodoxas dos intelectuais indianos" e terminar com uma análise global da "Religiosidade de salvação das seitas asiáticas". Todo o conjunto segue uma lógica argumentativa que procura correlacionar ideias e interesses, a dimensão simbólica e a dimensão material dos processos sociais. Distante, portanto, da mera descrição de doutrinas religiosas, o estudo de Weber é profundamente sociológico e inicia-se com uma densa análise da estrutura da sociedade hindu.

No ponto de partida da análise está o sistema de *estratificação social* da Índia que Weber analisa a partir da sua famosa distinção analítica entre classes e estamentos. Uma casta social, sociologicamente definida, é um tipo específico de estamento social. Sua característica específica é que implica

---

12. W. Schluchter, *Max Webers Studie über Hinduismus und Buddhismus*: Interpretation und Kritik. Frankfurt a. M.: Suhrkamp, 2016.

uma delimitação social baseada em critérios rígidos de inclusão e exclusão ou, nos termos de Weber, um estamento fechado. A Índia é, com certeza, o exemplo histórico mais acabado dessa forma de estratificação social que não permite praticamente nenhuma forma de mobilidade social. Weber procura descrever esse sistema de desigualdade social por excelência de modo cuidadoso, modulando seu conceito para capturar, ainda que sem esgotar, todas as múltiplas *nuances* que a realidade *in concreto* sempre comporta.

Esse é motivo pelo qual o exercício de comparação é, novamente, um recurso decisivo. A *casta* diferencia-se da *tribo* pelo fato de que não é uma unidade política e sim social (baseada em estima social) e não conhece limitações territoriais. As profissões e ocupações são fundamentais para definir os limites das castas, mas, diferentemente da *corporação* ou de uma *guilda*, o pertencimento a essa unidade social não é adquirido e sim herdado e, considerando seu fundamento religioso, protegido por barreiras rituais. As castas indianas são, portanto, um estamento religioso baseado em nascimento. Segue então um detalhado estudo de como esse sistema funcionava concretamente, pois, embora possamos reconhecer na Índia a existência de quatro grandes castas (Brâmane, Xátria, Vaixiá e Sudra), na prática esse sistema social possui ainda muitas subdivisões internas.

Esse olhar para o sistema de estratificação social não se perde nem mesmo quando Weber dedica-se a compreender o sistema doutrinal (soteriologia) das religiões da Índia. Ao dividi-las em variantes ortodoxas (hinduísmo) e heterodoxas (budismo e jainismo), não há como não reconhecer aí uma certa projeção da distinção entre catolicismo e protestantismo, na medida em que o sistema ritual hinduísta gerido por uma hierarquia sacerdotal opõe-se ao sistema individualista budista, com Buda no lugar de Lutero. Mas homologia não quer dizer identidade, pois o que singulariza em definitivo todo o mundo religioso indiano é que ele é baseado na gnose (conhecimento), caminho que, com a derrota do gnosticismo (dos evangelhos apócrifos), foi completamente abortado na trajetória ocidental.

A centralidade da posse de um saber (gnose) nesses sistemas teológicos jamais teria teria sido possível sem que se atendessem aos interesses de sua camada social portadora por excelência: os intelectuais. Consequentemente, ainda que não desconsidere o efeito condicionante das ideias (como se fossem trilhos, dirá ele em metáfora que se tonou célebre) e nem reduza as crenças religiosas a mero reflexo ideológico dos interesses de classe, Weber demonstra como a crença no *Darma*, quer dizer, uma conduta ética adaptada para cada casta social, servia como legitimação daquele rígido sistema de desigualdade que conferia um lugar privilegiado aos sacerdotes. Na Índia, diferentemente da China, na qual os intelectuais mandarins acabaram transformando-se em funcionários da burocracia patrimonialista imperial, os sacerdotes brâmanes conseguiram impor-se sobre as demais camadas sociais. Enquanto no mundo chinês o poder político submete o religioso, no mundo indiano o poder religioso submete o político. A iluminação de Siddharta Gautama, ao permitir um caminho individual de acesso às quatros verdades que, ao aniquilar nossa vontade, libertam-nos do *Karma*, rompe com a necessidade das castas, o que obviamente representava uma série ameaça ao hinduísmo. É por esse motivo que ele foi considerado uma heresia (heterodoxia) e, na prática, expulso daquele país. Seus portadores sociais serão outra camada da sociedade, a saber, os monges, pois somente eles, na medida em que estão afastados do mundo, possuem as condições econômico-sociais concretas para dedicar-se à profunda contemplação que, para ser alcançado, o caminho da iluminação exige.

Se o budismo é uma religião de uma seleta elite religiosa de monges, como ele conseguiu ir além desse restrito grupo social e desempenhar na Ásia o mesmo papel que coube ao cristianismo no Ocidente? Para responder a essa pergunta, Weber busca entender as transformações dos sistemas religiosos da Ásia. Tal *sociologia das metamorfoses religiosas* contempla fatores contingentes (como o papel desempenhado pelo Rei Ashoka na difusão do budismo), mas também fatores regulares, quer dizer, padrões sociais de mudança social. Dentre eles o fato de que a vida monacal, ainda que bastante exclusiva, permite, por outro lado, uma grande liberdade de movimento, facilitando o processo de expansão de uma religião. Além disso, ao fundamentar-se na gnose individual, o budismo adquiriu um *status* universalista, desvencilhando-se do particularismo das castas sociais do hinduísmo. Por meio desse mecanismo de desencaixe, o pertencimento religioso e o pertencimento social ficam dissociados, facilitando, novamente, o processo de expansão religiosa. Mas o elemento decisivo é que, ao dividir-se em uma corrente mais restrita (*budismo hinaiana*) e outra mais ampla (*budismo maaiana*) – esta última acessível ao leigos imersos em suas atividades cotidianas –, o budismo conseguiu adaptar-se às necessidades religiosas das massas. Essa abertura implicou a transformação do misticismo extramundano do budismo antigo em um forma intramundana de vida religiosa, o que viabilizou a estratificação religiosa entre líderes (monges) e massas e foi o fator decisivo que elevou o budismo à condição de uma religião mundial que se difundiu da Índia até chegar ao Japão.

Nessa jornada pela *sociologia da mudança religiosa* não falta também a análise de uma alternativa eliminada. Trata-se do *jainismo*, uma seita indiana de comerciantes de caráter ascético que tinha muitas semelhanças com o protestantismo mas que, ao final, não prosperou. De outro lado temos também um caso de *restauração* ligado ao hinduísmo: o *xivaísmo* e o *vixnuísmo*. Para esse processo, contribuiu a evolução dessas duas tendências na direção de uma religiosidade menos ritual e mais emocional, além da forte influência do tipo social do guru, um tipo de terapeuta mágico e conselheiro que também era objeto de culto. Outra forma de restauração, mas desta feita no interior do budismo, levou parte dessa tendência de volta ao caminho do monaquismo puro, caso em especial do *lamaísmo*, ou seja, do budismo dos monges do Tibete e seu Dalai-Lama, para quem o supremo caminho consiste na meditação metodicamente regulada. Essas múltiplas possibilidades ilustram como Weber distancia-se de uma concepção determinista da história e o quanto ele é um teórico da contingência.

Transformações à parte, a caracterização da religiosidade indiana – tanto hinduísta quanto budista – como uma religião mundial de redenção e de negação do mundo com uma concepção impessoal do divino associada à prática mística e que engendrou culturalmente uma forma de racionalismo teórico da fuga do mundo serve aos propósitos teóricos de Weber muito mais como exemplo de contraste do que como exemplo de semelhança. Enquanto a diferença entre puritanismo e confucionismo é quase uma questão de detalhe (pois ambos são modulados pelo racionalismo prático e conferem centralidade à vida material), o mundo religioso da Índia é completamente distinto. É claro que se trata de uma construção típico-ideal que não deve ser lida de modo essencialista. Mas conforme essa imagem nada podia ser mais diferente do mundo europeu moderno – totalmente imerso na racionalidade prática da dominação do mundo que atravessa transversalmente o capitalismo empresarial com base no trabalho assalariado formalmente livre, o Estado burocrático, a ética formal, o direito positivo, o complexo técnico-científico e a arte autônoma, tudo isso assentado no modo metódico de vida (ação racional com relação a fins) – do que a milenar cultura indiana. Enquanto o ascetismo puritano está totalmente voltando para este mundo, a mística da Índia quer levar-nos totalmente para além dele. Enquanto a Índia é a terra da busca pelo sentido por excelência, a sociedade moderna enfrenta o drama da morte de Deus e a redução da realidade a mecanismo causal completamente esvaziada de um sentido último para nossa existência. São realmente mundos de distância. Mas é na diferença, muito mais do que na semelhança, que aprendemos realmente quem somos nós. É por isso que essa construção típico-ideal permitiu a Weber elevar o seu grau de consciência crítica frente a uma civilização que gosta de imaginar-se como dotada de validade universal, reivindicação que, bem analisada, aquele universalismo também existente no mundo asiático (em particular do budismo) está longe de validar, pelo menos como qualidade exclusiva dessa parte do mundo.

3. Como ler *Hinduísmo e budismo* hoje: três chaves hermenêuticas

O que torna uma obra clássica, entre outros fatores, é sua flexibilidade interpretativa e sua capacidade para dialogar com nossos interesses e preocupações. É como se ela contivesse múltiplos sentidos que podem ser permanentemente desvelados. Por esse mesmo motivo *Hinduísmo e budismo* é daqueles textos que dizem respeito a filósofos, historiadores, antropólogos, sociólogos, especialistas em cultura asiática, literatura, direito e, nestes tempos em que a Índia viu-se alçada ao posto de país emergente, interessa também a economistas e cientistas políticos. É claro que os múltiplos sentidos inscritos no livro estão sujeitos às flutuações do espírito do tempo, mas pode-se indicar pelo menos três áreas em que sua leitura mostra-se particularmente importante hoje.

O primeiro deles situa-se no campo das *ciências da religião*. É até redundante lembrar o quanto estudiosos ou interessados nas religiões indianas em geral ou mesmo das novas formas da religiosidade de origem asiática no Brasil vão beneficiar-se da leitura deste texto. Ademais, em um país no qual a crença na reencarnação atravessa difusamente todo o campo religioso, a interpretação sociológica das doutrinas indianas (Karma, Samsara etc.) vai revelar-se um auxílio indispensável. Também seu conceito de misticismo intramundano é uma ferramenta essencial para compreender a crise das igrejas institucionalizadas e a crescente massa de indivíduos sem religião mas não sem espiritualidade, o que representa uma verdadeira orientalização da religiosidade contemporânea.

Este livro também é um dos mais interessantes estudos histórico-empíricos já realizados no campo da *estratificação social*. Ela é a mais aprofundada aplicação sociológica que Weber faz do seu conceito de *estamento social*, um conceito que, aliás, também é fundamental para entender o pensamento social brasileiro (especialmente com Raymundo Faoro[13]). Trata-se, enfim, de uma obra mestra para compreender como os mecanismos de desigualdade são produzidos e de como eles são capazes de moldar a estrutura de uma sociedade. Essa linha interpretativa ressurge com plena força hoje para agregar à compreensão das divisões econômico-sociais de classe o estudo das divisões fundadas em critérios de distinção simbólica, muito em particular o fenômeno da estratificação racial[14]. Em Weber, a casta e a raça são conceitos que se aproximam em termos de suas propriedades sociais[15]. Essa é uma pista

---

13. R. Faoro, *Os donos do poder*: formação do patronato político brasileiro. São Paulo: Companhia das Letras, 2021.

14. L. Wacquant, "Resolver o problema da raça". *Sociologia*, v. XLV, p. 127-154, 2023.

15. H.-P. Müller, "'Rasse' und 'Nation' – Max Weber als politischer Denker". *Leviathan*, v. 48, n. 4, p. 548-571, 2020.

que Weber já vinha alimentando do seu contato pessoal com W. E. B. du Bois (1868-1963), que ele conheceu quando da sua estada nos Estados Unidos e com quem trocou correspondência para eventuais pesquisas sobre o racismo no Sul dos Estados Unidos. Max Weber viabiliza assim um guarda-chuva analítico capaz de integrar em uma só plataforma teórica o tão desejado desafio de captar as interseções entre os fatores econômicos, sociais, políticos, simbólicos e raciais na configuração das desigualdades e camadas sociais.

Por fim, expandindo ainda mais nosso raio de alcance, não podemos deixar de fora o plano mais vasto da *teoria da modernidade* e do *diagnóstico da era global*, na medida em que esse era efetivamente o centro das preocupações de Max Weber. Isso não teria sido possível sem a redescoberta do tema da racionalização como eixo da sociologia weberiana, mérito de pesquisadores como Wolfgang Schluchter[16] e Stephen Kalbeg[17], entre outros. É a partir dessa leitura que Jürgen Habermas[18], em magistral leitura que fez de Weber, pôde formular seu diagnóstico crítico da colonização do mundo da vida. Esse também foi o ponto de partida para que Schmuel Eisenstadt[19] formulasse sua teoria da *multiplicidade da modernidade*, hoje retrabalhada em chave institucional por Thomas Schwinn[20]. Essa leitura em chave global, aliás, não é tão nova assim e já podemos encontrá-la em Karl Jaspers[21] e na sua teoria da *era axial*, na antropologia de Louis Dumont[22] e até na teologia ecumênica das religiões de Hans Küng[23].

Tais contribuições analíticas são possíveis porque a metodologia comparada das grandes culturas e civilizações de Weber constitui o mais notável

---

16. W. Schluchter, *Religion und Lebensfuhrung*: Studien zu Max Weber. Frankfurt a. M.: Suhrkamp, 1988.

17. S. Kalberg, *Max Weber's Comparative-Historical Sociology.* Chicago: Chicago University, 1994.

18. J. Habermas, *Teoria da ação comunicativa.* São Paulo: UNESP, 2023.

19. S. Eisenstadt, "Modernidades múltiplas". *Sociologia, Problemas e Práticas*, n. 35, p. 139-163, 2001.

20. T. Schwinn, *Die Vielfalt der Moderne*: Aspekte und Probleme einer Forschungsperspektive. Wiesbaden: Verlag für Sozialwissenschaften, 2017.

21. K. Jaspers, *Vom Ursprung und Ziel der geschichte.* München: Piper, 1949.

22. L. Dumont, *O individualismo*: uma perspectiva antropológica moderna. Rio de Janeiro: Rocco, 1993.

23. H. Küng, *Projekt weltethos.* München: Piper, 1990.

esforço de descentramento analítico da sociologia em sua fase de institucionalização. Quanto a isso, Weber simplesmente não tem paralelo, pois poucos como ele fizeram um esforço investigativo tão genuíno para mergulhar, para além de suas fronteiras cognitivas, em outras realidades ontológico-existenciais. É claro que esse exercício, como qualquer reflexão teórica, paga um tributo inevitável às limitações de sua época. Mas não devemos nos deixar levar apressadamente pelos que abusam desses limites em sua retórica de desqualificação. O importante é que *Hinduísmo e budismo* está agora disponível em português como um aporte teórico inestimável para ser criticamente reconstruído e criativamente desenvolvido. Ele representa um grande auxílio frente ao esforço contemporâneo para compreender a realidade contingente, cosmopolita e global na qual estamos todos imersos.

PARTE I
O SISTEMA SOCIAL HINDU[1]

1. *Quanto à bibliografia*: As bases para o conhecimento da Índia e agora, em especial, também do sistema de castas consistem nas estatísticas e sobretudo nos excelentes trabalhos sociológicos contidos nas publicações do censo decenal da Índia (*Census of India, Reports*, um relatório geral específico seguido, respectivamente, por um relatório com tabelas para cada província [N.T. "*Presidency*", isto é, unidade administrativa do regime colonial britânico], além dos volumes com dados unicamente numéricos – Local de publicação: Calcutá). Especialmente o Censo de 1901 trouxe à tona, pela primeira vez, um material abrangente para toda a Índia, completado em pontos importantes pelo Censo de 1911. Os relatórios gerais e provinciais de Risley – autor de *Castes and Tribes of Bengal* (Calcutá, 1891/1892) – Blunt, Gait e outros estão entre os melhores que a bibliografia sociológica em geral tem a apresentar. Uma obra de consulta sobre a Índia com valor paradigmático em seu gênero é o *Imperial Gazetteer of India*, organizado em ordem alfabética, com quatro volumes introdutórios sistemáticos que tratam das condições naturais, econômicas, históricas e sociais da Índia sob o título: *The Indian Empire* (New. Ed. Oxford, Clarendon Press, 1908/1909). Os relatores do censo também discutem as numerosas teorias modernas sobre o surgimento das castas, teorias estas sustentadas por Sénart, em *Les Castes dans l'Inde* (Paris, 1896), e Bouglé, em *Essais Sur le Régime des Castes* (Travaux de l'Année Sociologique, Paris, 1908), assim como por Nesfield, na obra mais antiga, *Brief View of the Cast System of the North Western Provinces and Oudh* (Allahabad, 1885), dentre outros. O melhor trabalho moderno é o de Baines, em *Ethnography* (apud Bühlers, *Grundriss der Indo-arischen Philologie*, Estrasburgo, 1912), com a mais exaustiva bibliografia. Essas obras – assim como os conhecidos grandes trabalhos dos excelentes indologistas alemães A. Weber, Zimmer e H. Oldenberg sobre a história cultural da Índia – são aproveitadas a seguir por toda parte, evidentemente, mas só são citadas em particular quando se apresenta uma ocasião objetiva. Entre os melhores trabalhos sobre a história social indiana está a de R. Ficks, *Soziale Gliederung im nordöstlichen Indien zu Buddhas Zeit* (Kiel, 1897), complementado pelos artigos de Washburne Hopkins – particularmente em *India Old and New* (Nova York, 1911), de Caroline Rhys David e outros, a serem citados nas passagens apropriadas. Dignos de consulta no âmbito da bibliografia histórica são, especialmente, Vincent A. Smith, em *Early History of India from b. C. 600 to the Mahometan Conquest* (Oxford, 1904); Grant Duff, em *History of the Mahrattas* (Londres, 1911); e, por exemplo, as *Rulers of India Series* (Oxford). Bons sumários como introdução ao *The Indian Empire*. Outros textos serão citados nas respectivas passagens. O que há de mais facilmente acessível sobre a história mais recente do exército é o livro de P. Horn, *Heer- -und Kriegswesen der Grossmoghuls* (Leiden, 1894). Quanto à história econômica, os trabalhos utilizados são referidos nas respectivas passagens da apresentação a seguir. Extremamente ricas, as inscrições em fontes monumentais contêm para a história especializada um vasto material, mas até aqui elaborado sinteticamente só em sua menor parte. Dentre as que foram traduzidas até o presente, o maior número delas é editado sucessivamente em comentários linguísticos e factuais, em parte, na revista de arqueologia *Indian Antiquary* (até aqui já saíram 45 volumes quadrimestrais) e, em parte, na revista dedicada exclusivamente a epígrafes intitulada *Epigraphia Indica*: em ambos os casos se encontram excelentes investigações especializadas de Hultzsch, Fleet e também de Bühler. Infelizmente, não consegui desta vez consultar, de Hultzsch, nem o *South Indian Inscriptions*, nem o *Corpus Inscriptionum Indicarum*.

Quanto às inúmeras fontes literárias, as partes mais importantes dos Vedas estão disponíveis em traduções inglesas e alemãs. Além disso, para fins sociológicos, deve-se utilizar os *Vedische Studien*, de Pischel e Geldner, de ótima qualidade; sobre o desenvolvimento do bramanismo, Bloomfield, *The Atharva Vedas* (em Bühler, *Grundriss der Indo-arischen Philologie*, Estrasburgo, 1899), mas, quanto ao desenvol-

A Índia e a posição geral do hinduísmo

Ao contrário da China, a Índia é e era um país de aldeias caracterizado, no mais alto grau concebível de inabalabilidade, por uma estruturação estamental de nascença. Ao mesmo tempo, porém, é um país de comércio, não apenas interior, mas também, ao que parece, desde os tempos da antiga Babilônia, justamente de comércio com áreas longínquas, em particular rumo ao Ocidente, e também um país de empréstimos a juros usurários. Não obstante, esteve sob sensível influência helênica em suas regiões a noroeste. No sul, cedo instalaram-se judeus. Imigrantes zaratustrianos persas rumaram para o noroeste, onde formaram uma camada inteiramente dirigida ao comércio atacadista. Em seguida, chegou a influência islâmica e o Iluminismo racionalista do Grão-Mogol Akbar. Sob o Império do Grão-Mogol, e mesmo repetidas vezes antes deste, a Índia constituiu durante gerações, total ou quase totalmente, uma unidade política. Entre um e outro período, sempre houve longas fases de fragmentação em numerosos domínios políticos em constante guerra entre si. Tanto a condução do conflito bélico pelos príncipes como sua política e suas finanças eram racionais. Tiveram na literatura sua

---

vimento religioso, H. Oldenberg, *Die Religion des Veda*. Dentre os épicos: partes do *Maabárata* (sobre isso: Dahlmann, S. J.: *Das Mahabharata als Epos und Rechtsbuch*, Berlim, 1895) e partes do Ramaiana; a literatura Sutra, na medida em que está traduzida, nos *Sacred Books of the East*. Os já citados trabalhos de Fick, sra. Rhys Davids e W. Hopkins sobre a sociedade hindu dessa época baseiam-se sobretudo nas importantíssimas lendas de Jataka (traduzidas para o inglês), do budismo primitivo. Em seguida, os *Códigos Jurídicos* de Apastamba, de Manu, de Vasishtha, Brihaspati, Baudhâyana (constam nos *Sacred Books of the East*). Sobre o Direito indiano, compulsar principalmente o livro de Jolly em: Bühler, *Grundriss der Indo-arischen Philologie*, e, além deste, West e Bühler, *Digest of Hindu Law* (Bombaim, 1867/1869). As fontes gregas foram colecionadas e editadas (em tradução inglesa) por McCrindle. O relato de viagem chinês de Fa-Hien foi traduzido por Legge. Dado o enorme volume de bibliografia religiosa propriamente dita sobre o período dos Brâmanas e dos Puranas, tudo o que, uma vez traduzido, tenha sido aqui utilizado será citado na parte II. Sobretudo nas publicações do Censo referidas no início, há exposições resumidas sobre o hinduísmo como sistema religioso que podem servir de introdução ao tempo presente, ao passo que apresentações históricas se encontram nas diversas coletâneas sobre ciência comparada da religião, bem como no *Indian Empire*. Cf., além disso, Barth, *Les Religions de l'Inde* (Paris, 1879) e Monier Williams, *Religious Thought and Life in India* (1891, p. I). Outras obras, além da bibliografia especial utilizada, serão citadas na parte II. A maioria dos artigos especiais está contida no *Journal of the Royal Asiatic Society* (J.R.A.S.), no *Journal Asiatique* (J.A.) e no *Zeitschrift der Deutschein Morgenländischen Gesellschaft*. Infelizmente, os *Gazetteers* das províncias da Índia não me foram acessíveis, e só em parte tive acesso ao *Journal of the Asiatic Society of Bengal*. Sobre a literatura indiana como um todo, agora disponível: Winternitz, *Geschichte der Indischen Literatur* (Leipzig, 1908).

elaboração teórica e, no caso da política, até mesmo perfeitamente maquiavélica. Tanto a luta de cavaleiros quanto o exército disciplinado e equipado pelo príncipe tiveram o seu tempo. Aqui o emprego de artilharia, por certo, não foi o que ocorreu em primeiro lugar, como por vezes afirmado, mas certamente desenvolveu-se cedo. Os coletivos de credores do Estado, de arrendatários fiscais, de fornecedores estatais e os monopólios de transportes etc. originaram-se inteiramente dentro de moldes patrimoniais ocidentais. Durante séculos, como veremos, o desenvolvimento urbano foi se aproximando de maneira progressiva, sob vários aspectos relevantes, das formas medievais do Ocidente. O sistema numérico racional hodierno, base técnica de toda a "calculabilidade", tem sua origem na Índia[2]. Em contraste com a China, os indianos cultivaram uma ciência racional (incluindo a matemática e a gramática). Eles presenciaram o desenvolvimento de numerosas escolas filosóficas e seitas religiosas de quase todos os tipos sociológicos possíveis. Em grande parte, essas escolas e seitas cresceram baseadas em profunda aspiração intelectualística e ao mesmo tempo sistematicamente racional, que se impôs nas mais diversas esferas vitais. A tolerância em relação a opiniões doutrinárias religiosas e filosóficas foi, durante longos períodos, quase absoluta e, em todo caso, incomparavelmente maior do que em qualquer lugar do Ocidente em período anterior ao mais recente. O Direito indiano apresenta numerosas facetas que, para o atendimento de demandas capitalistas, também poderiam ter servido como pontos de apoio propícios, exatamente do mesmo modo que as respectivas instituições de nosso desenvolvimento jurídico na época medieval. A autonomia da camada de comerciantes na codificação jurídica foi no mínimo tão ampla quanto a da nossa Idade Média. Tanto as realizações dos artesãos indianos como a especialização dos diversos ramos de atividades estavam em altíssimo grau de desenvolvimento. A busca de lucro por parte dos indianos de todas as camadas, na verdade, nunca deixou a desejar e em nenhum outro lugar se podia encontrar tão exígua oposição ao crema-

---

2. Sistema numérico posicional desde um tempo antigo indeterminado. O zero, comprovadamente desde o século V/VI depois de Cristo. Justamente a aritmética e a álgebra são consideradas autóctones. Para quantidades negativas, usava-se a expressão "chulden" (ksaya).

tismo e tão forte apreço pela riqueza. No universo indiano, porém, o capitalismo moderno não surgiu nem antes, nem durante os séculos de dominação inglesa, mas sim unicamente como produto importado. Foi assumido como um artefato pronto, sem ter encontrado pontos de conexão autóctones. Aqui, portanto, o objeto da investigação deve ser de que modo a religiosidade indiana poderá ter contribuído – como fator ao lado de, seguramente, muitos outros – para essa ausência de desenvolvimento capitalista (no sentido ocidental). A forma nacional dessa religiosidade é o hinduísmo. "Hindu" é uma expressão que só surgiu desde a dominação estrangeira por parte dos maometanos para designar os nativos da Índia não convertidos. Apenas na literatura moderna esses nativos começaram, eles próprios, a denominar seu pertencimento religioso como "hinduísmo". Trata-se da designação oficial do Censo inglês reservada para o complexo religioso ao qual, na Alemanha, também se dava habitualmente o nome de "bramanismo". Esse termo expressa o fato de que um determinado tipo de sacerdote, o dos brâmanes, era o portador da religiosidade que se tinha em mente. Sabe-se que os brâmanes eram e continuam sendo uma "casta" e que a instituição das "castas" em geral era e é uma espécie particularmente exclusiva e rígida, de estamentos fixos por nascimento e que desempenham um papel influente na vida social indiana. E também são conhecidos os nomes das quatro castas principais da doutrina clássica indiana, tal como apresentados, por exemplo, pelo Código de Manu: brâmanes, xátrias (cavaleiros), vaixiás (homens livres em geral) e sudras (servos).

Naturalmente, não se costuma ter informações mais detalhadas a respeito – salvo, talvez, as de caráter muito geral sobre a predominância da crença na transmigração das almas. Essas concepções não são falsas, mas precisam apenas de uma clarificação, com o recurso às fontes e à bibliografia extremamente ricas. As tabelas do *Census of India* de 1911 arrolam na coluna "religião" cerca de 217,5 milhões de pessoas como "hindus", o que equivale a 69,39% da população. Como "não hindus" – ao lado das religiões importadas: "muçulmanos" (66,66 milhões = 21,26%); cristãos, judeus, zaratustrianos e "animistas" (10,29 milhões = 3,28%) –, encontram-se os seguintes registros de religiões nativas da própria Índia: "siques"[3] (cerca de 3 milhões de pessoas = 0,86%), "jainistas" (1,2 milhão = 0,40%) e "budistas" (10,7 milhões de pessoas = 3,42%, os quais, contudo, excetuados cerca de 330 mil, vivem tanto na Birmânia – onde cerca de 90% são desde sempre adeptos dessa última religiosidade – como nas regiões fronteiriças com o Tibete e, portanto, não no solo classicamente indiano, mas sim em território mongol, em parte indochinês e em parte centro-asiático). Na medida de sua comparabilidade – admissível para cada decênio somente com certas ressalvas –, a porcentagem dos "hindus" caiu decenalmente desde 1881, de 74,32% para 69,39%, contra um aumento do islamismo, de 19,74% para 21,22%; do cristianismo, de 0,73% para 1,24%; e, finalmente, do "animismo", de 2,59% para 3,28%. Essa última cifra – e, com isso, parte dessa alteração percentual – baseia-se, a par da natalidade efetivamente considerável dessas etnias incultas de animistas, seguramente também em grande medida nas diferenças de contagem. Uma outra pequena parte desse decréscimo relativo de "hindus" foi ilusoriamente provocada pela ampliação do Censo à Birmânia, a qual teve por consequência um forte crescimento dos budistas recenseados. De resto, esse retrocesso dos "hindus" foi, em parte, condicionado pelas diferenças numéricas de natalidade e mortalidade, que, além de fatores como sua posição social relativamente baixa e o consequente baixo nível de vida das massas hindus, também têm razões de ordem religiosa, tais como casamento de crianças, matança de meninas, celibato de viúvas a condicionar, nas castas superiores, um menor número de nascimentos e grande mortalidade de mulheres, e, nas camadas inferiores, dificuldades de nutrição devidas ao tabu alimentício em caso de más colheitas. Uma outra pequena parte é atribuível às conversões individuais ao islamismo e ao cristianismo, oriundas, principalmente, das castas inferiores em seu anseio por melhoramento da situação social. Conversões formais ao hinduísmo, pelo contrário, não existem oficialmente. E elas não existem por serem impossíveis, ao menos segundo a teoria do hinduísmo, em

---

3. Em nosso contexto, não há motivo para entrar em detalhes sobre esta seita mista de islamismo e hinduísmo, embora constituindo uma ordem politicamente muito importante, no início, pacifista e, mais tarde, belicosa.

sentido propriamente dito. Isso nos conduz, imediatamente, à consideração de importantes peculiaridades de sua essência.

Uma "seita", no sentido sociológico da palavra, e, portanto, uma associação exclusiva de virtuoses religiosos ou simplesmente de pessoas especificamente qualificadas no âmbito da religião, recruta-se por admissão individual após constatada a qualificação. Uma "igreja", enquanto instituição universalista de salvação das massas, advoga-se, como um "estado", o direito a que cada qual, ao menos cada filho de um membro, pertença a ela por nascimento. Ela exige, por certo, ações sacramentais e, eventualmente, a comprovação do conhecimento de suas doutrinas da salvação como pressuposto para os direitos de membro, mas também institui a obrigação de que se executem os sacramentos ou os atos condicionantes para o exercício dos direitos ativos de membro. Em caso de total correspondência a seu tipo ideal e onde puder, ela, seguindo o princípio *coge intrare*, obriga recalcitrantes a isso. Nesse sentido, o indivíduo "é nascido" para dentro dela, ao passo que a conversão individual e a admissão só valem até ser alcançada a meta fundamental: a unificação de todos na igreja universal. O pertencimento a uma religião de nascença em sentido estrito – como é, afinal, o hinduísmo – dá-se pelo mero fato do nascimento de pais hindus. Tal religião é "exclusiva", no sentido de que, em verdade, não se pode, de modo algum, entrar em sua comunidade por outra via, ao menos não nos seus círculos reconhecidos como sendo religiosamente de pleno valor. O hinduísmo não pretende, de modo algum, abarcar toda a "humanidade". Quem não nasceu hindu – qualquer que seja a sua crença ou a sua vida na prática – permanece fora, um bárbaro para o qual, ao menos em princípio, é vedado o acesso aos bens salvíficos do hinduísmo. Também há, em verdade, *open-door-castes*[4], mas elas são impuras. E ao contrário da igreja que,

---

4. Como quase todas as assertivas gerais sobre o hinduísmo, esta também é apenas relativamente correta. Desconsiderando certas medidas modernas – relatadas pelo *Census Report* – de afrouxamento da antiga exclusividade entre castas equiparadas de nível mais elevado, o que continua vigente é o seguinte: o recrutamento de algumas das castas inferiores não inclui apenas membros antigos excomungados de outras castas, mas por vezes também, quase indiscriminadamente, outros mais. Assim, as castas impuras dos banghi, na Província de Bombaim, recrutam-se, em parte, de *outcastes* de castas mais elevadas. E os

como instituição universalista da graça, na ocorrência de determinados sacrilégios, aplica, por certo, a "excomunhão" – mesmo apenas no sentido de que o proscrito perde os instrumentos eclesiais da graça, mas mantém-se

---

banghi das "*United Provinces*" foram exemplo para a ocorrência de recrutamento também por ingresso individual (segundo Blunt, no *Census Report* de 1911, eles são, por isso, frequentemente identificados com os Tschandala, a casta impura mais baixa referida nos Livros Jurídicos antigos). Também há algumas outras castas que, por princípio, admitem indivíduos. Entre as castas que fazem recrutamento aumentando o número de *outcastes* (e isso, com significativa abrangência) estão, nomeadamente, os baishnabs – uma casta de seitas, para a qual ainda aflui, atualmente, boa parte de todos aqueles que se rebelam contra a dominação bramânica. "Tribos" ainda não completamente hinduizadas em "castas", bem como "castas tribais" oneradas por remanescentes de sua origem tribal (sobre isso, falaremos mais tarde) também são, com frequência, permissivas na admissão de indivíduos. As mais permissivas são as castas párias dos tecelões de esteiras e cestos. No entanto, quanto mais uma casta se encontra rigorosamente hinduizada pelo esquema clássico, tanto mais exclusiva ela é; e quanto às castas hindus antigas propriamente ditas, não há qualquer dúvida sobre o fato de que nelas não se conheciam nem se conhecem admissões individuais por meio de "ingresso". Eis por que Ketkar (*Hinduism*, Londres, 1911) vai longe demais ao fundamentar naquela base de fatos a sentença de que, no hinduísmo, "se deixa" para cada casta o poder de decidir se quer ou não admitir estranhos, já que, nesse assunto, nenhuma casta pode prescrever algo para as outras. Esse último ponto está formalmente correto. No entanto, caso a casta em geral se organize de algum modo pelo padrão hindu, toda a ligação com a estirpe passaria a faltar ao indivíduo a partir de seu ingresso. Até o presente, desconhece-se a existência de "regras" de qualquer natureza sobre precondições e modo de tal ingresso individual. Onde quer que seja realmente possível, a entrada de um indivíduo estranho numa casta é expressão da ainda vigente ausência de regras, e não de sua existência. Mesmo havendo hinduização sistemática em uma região, os bárbaros hinduizados (Mlechcha), ao menos segundo a teoria antiga, só podiam ingressar na casta impura mais baixa (Tschandala). Vez por outra (Manu-bhâshya II, 23) discute-se a questão sobre as circunstâncias em que uma terra bárbara conquistada poderia ser apropriada como lugar de sacrifícios, ou seja, poderia tornar-se ritualmente "pura". A resposta a essa pergunta é: *sim, mas* só quando o rei nela instituir as quatro castas e, de um modo ou outro, declarar como *Tschandala* os *bárbaros* subjugados. Obviamente, é compreensível por si mesmo o fato de que outras castas (mesmo as castas Sudras) só possam formar-se em determinado lugar por meio da imigração de hindus pertencentes às respectivas castas (cf. Vanamali Chakravanti, *Indian Antiquities*, 41, 1912, p. 76, em cuja opinião os numerosos Tschandalas das regiões do sudeste originavam-se de tais conquistas "conformes à regra"). Em todo caso, por assim dizer "desde o princípio", o bárbaro enquanto tal só tem que servir e só pode progredir seguindo o caminho da transmigração das almas. Com isso, não se está dizendo que o "bárbaro" seja considerado, de uma vez por todas, socialmente ainda mais baixo do que a casta impura recebida. Tudo depende da situação e dos hábitos de vida. No que concerne às "*Central Provinces*", o *Report* de 1901 refere que as tribos estabelecidas fora das castas, justamente por não estarem "subjugadas", merecem um respeito maior do que as castas inferiores dos trabalhadores impuros das aldeias. Se fossem recebidas como castas, o seriam entre as castas puras. Com isso, há evidentemente semelhança com a avaliação social relativa de índios e negros nos Estados Unidos da América. O motivo último da melhor avaliação concedida aos primeiros é, no fundo: "*They didn't submit to slavery*". Por isso, para o *gentleman*, com estes pode haver conúbio e comensalidade, mas nunca com descendentes de negros. Em regiões nas quais a ordem de castas permanece intacta, um não hindu – por exemplo, um europeu – só encontra como auxiliar doméstico um membro de castas impuras, enquanto, inversamente, os domésticos de castas hindus ritualmente puras são, sem exceção, membros de castas puras (e têm de ser, obrigatoriamente), tal como ainda se haverá de discutir.

33

submetido ao poder penal eclesiástico e, portanto, súdito da instituição –, o hinduísmo é "exclusivo", no sentido de que, ao modo de uma seita, ele apresenta uma lista de sacrilégios que excluem o expulso para sempre de toda e qualquer relação com a comunidade. A readmissão de membros que, por terem sido convertidos à força ao islamismo, solicitavam ser readmitidos foi revogada por uma casta de brâmanes, mesmo após cumpridas as expiações e as purificações impostas, ao constatarem que haviam sido coagidos a comer carne de gado: algo semelhante, por exemplo, às seitas heroísticas do cristianismo e, posteriormente, aos montanistas, que, em oposição à igreja institucional, consideravam a participação no culto ao imperador, imposto pelos romanos, como absolutamente irreparável (por causa de Mateus 10, 33). Esses brâmanes excluídos, ao contrário, pelo menos teriam podido encontrar acolhida em uma daquelas castas impuras que permitiam o consumo de carne de gado (em caso de vigência de recrutamento individual). Mas, numa comunidade hindu, seria absolutamente impossível uma pessoa da qual constasse ter matado conscientemente uma vaca[5].

A forma de propaganda do hinduísmo

Naturalmente, houve propaganda do hinduísmo em altíssimo grau no passado e ainda agora existe em medida praticamente considerável. O hodierno sistema "hinduísta" difundiu-se a partir de uma pequena área no norte da Índia e chegou ao ponto de atualmente, decorridos mais ou menos oito séculos, ultrapassar os 200 milhões de adeptos, e sua expansão prossegue de Censo a Censo, de modo a afirmar-se perante a crença popular "animista" e em meio à luta com religiões salvacionistas muito desenvolvidas. Em modalidade que corresponde aproximadamente ao seguinte tipo: a camada senhorial de uma região tribal "animista" começa a imitar alguns costumes especificamente hinduístas. Portanto, um após o outro, por exemplo: evitar o consumo de carne – em especial, de gado – e sobretudo evitar abater uma

---

5. Ou dito mais precisamente: as castas sob suspeita fundamentada de adotarem a prática do envenenamento de vacas (a saber, castas de curtidores de couro) constituem escória para qualquer hindu, mesmo sendo elas próprias oficialmente castas hinduístas corretas.

vaca; abster-se de bebidas alcoólicas; adotar algumas outras prescrições de limpeza específicas de boas castas hindus; abandonar hábitos matrimoniais eventualmente desviantes[6] – e, em compensação, organizar-se em estirpes exógamas sob a condição de recusa a todo e qualquer casamento de suas filhas com homens de camadas populares socialmente inferiores, com as quais passa a evitar contatos e comensalidade; determinar às viúvas uma vida celibatária; dar em casamento suas filhas sem perguntar e antes da puberdade; começar a cremar seus mortos em vez de sepultá-los e celebrar exéquias em honra aos antepassados (sraddha); e rebatizar suas divindades locais dando-lhes nomes de deuses e deusas hinduístas. Por fim, ela destitui seus sacerdotes tribais e pede a um ou mais brâmanes que assumam o suprimento ritual e que, nesse contexto, também se convençam e atestem que ela – a camada senhorial da tribo – é do mesmo sangue antigo dos cavaleiros (xátrias), apenas temporariamente caído no esquecimento. Ou também, depois de assumirem o modo de vida dos brâmanes e de se apropriarem de alguns conhecimentos do Veda, seus sacerdotes tribais passam a afirmar, em circunstâncias propícias, que eles mesmos, os sacerdotes, seriam brâmanes de tal ou tal escola védica oriundos da estirpe bramânica conhecida desde a Antiguidade (gotra), que, por sua vez, se reporta a tal e tal sábio (rischi), e que havia caído no esquecimento o fato de terem imigrado muitos séculos atrás, provenientes de uma antiga região hinduísta. Buscam estabelecer relacionamento com brâmanes indianos reconhecidos.

Não é sempre fácil encontrar brâmanes autênticos que se deixem levar por tais impertinências, e um brâmane de casta elevada tampouco se deixaria, nem hoje, nem outrora. Não obstante, entre as numerosas subcastas brâmanes encontravam-se e ainda se encontram as que, por certo, têm re-

---

6. Aliás, com frequência, os brâmanes também são amplamente tolerantes em relação aos hábitos matrimoniais. Por exemplo, em relação à hinduização de algumas pequenas regiões, eles deixaram tranquilamente subsistirem as sequências matrilineares existentes, e até hoje reminiscências de uma constituição totemista subsistem em castas inclusive possuidoras de elevada autoestima, como veremos. O mesmo vale para o álcool e os gêneros alimentícios, exceto carne bovina. Nesse caso, como será exposto posteriormente, com frequência os membros das seitas vixnuístas e xivaístas, também em castas ilustres, diferenciam-se mais fortemente entre si do que as castas.

conhecida sua qualidade de brâmanes, mas que, por prestarem serviços a castas inferiores –, por exemplo, às de consumidores de carne ou bebedores de vinho –, são consideradas socialmente degradadas e ficavam e ainda ficam dispostas a prestar tais serviços. Recensões ou mesmo fabulações[7] são escritas ou inventadas e oficialmente reconhecidas, tais como árvore genealógica e, ligada a esta, uma saga religiosa sobre a origem remontando, possivelmente, a tempos épicos ou pré-épicos para gerações senhoriais com pretensão ao *status* hierárquico de "rajaputros" ("parentes do rei", na expressão hoje usada para "xátrias"). Em seguida, eliminam-se as irregularidades ainda persistentes na vida prática, dá-se aos cavaleiros e às camadas a serem reconhecidas como "renascidas" na condição de plenamente livres (vaixiás) uma formação védica provisória, concluída com uma cerimônia em que os efebos são cingidos com o cordão sagrado (consagração dos jovens); e, por fim, regulamentam-se nos moldes hinduístas os direitos e os deveres rituais de cada classe profissional. Feito isto, a camada dominante tenta travar relações em pé de igualdade com as camadas correspondentes de antigas regiões hinduístas, talvez também conseguir conúbio e comensalidade com as estirpes rajaputras e a aceitação, pelos brâmanes locais, de alimento cozido na água, assim como obter, para os brâmanes próprios, a admissão às escolas bramânicas antigas e aos monastérios. Isso tudo é extremamente difícil e fracassa regularmente, num primeiro tempo. Por exemplo, uma lenda sobre as origens de uma camada recente de rajaputros assim formada, ao ser relatada por um europeu interessado a um autêntico brâmane ou rajaputro (ou hoje considerado como autêntico) é ouvida com risos compreensivos e silenciosos; mas a nenhum brâmane ou rajaputro autêntico ocorre a ideia de tratar socialmente os novos companheiros em pé de igualdade. Não obstante, o tempo passa, e, sobretudo, há a contribuição de riqueza – dotes portentosos oferecidos a rajaputros que desposam suas filhas – e de outros recursos sociais de poder. Em algum momento, até mesmo com frequência e com certa rapidez hoje em dia, esquece-se a mo-

---

7. Fleet constatou na Índia Meridional, já no século IX, a existência de grande volume de árvores genealógicas falsificadas de príncipes (*Epigraphia Indica*, III, p. 171).

dalidade da origem, e a aceitação social torna-se realidade, muito embora os *parvenus* habitualmente permaneçam um bom tempo com o ônus de residual desclassificação em seu *status* social.

Este é, quanto ao essencial, o tipo segundo o qual se realizou a propaganda extensiva do hinduísmo em novas regiões desde os tempos de seu pleno desenvolvimento. Além desta, também houve uma propaganda intensiva, em princípio semelhante, dentro de sua área de dominação. Por toda parte havia (e em muitos aspectos ainda há em vários casos) o fenômeno social dos "povos migrantes" no âmbito da comunidade hindu. Entre nós, só os conhecemos hoje em dia em rudimentos, apenas no caso dos ciganos, povo migrante de tempos antigos tipicamente indiano (mas ainda hoje itinerante justamente fora da Índia, ao contrário de outros povos migrantes). Em abrangência muito mais significativa, algo semelhante observou-se na Índia desde sempre. Mas lá – aliás, não apenas lá – o fenômeno não ocorreu nem ocorre de maneira alguma preponderantemente sob essa forma absoluta de povo itinerante, que não deita raízes em parte alguma. Ao contrário, ele assoma com muito maior frequência na forma menos desenvolvida de tribos que, por certo, também têm colônias próprias em vilarejos, mas que igualmente vendem na esfera interlocal os produtos do seu esforço caseiro ou de sua manufatura tribal ou se empregam periodicamente a nível interlocal como trabalhadores ocupados na safra ou em outros serviços ocasionais, em reparos ou atividades auxiliares em geral, ou que, por fim, tradicionalmente detêm o monopólio do comércio interlocal de certos produtos. O crescimento demográfico das etnias bárbaras em áreas florestais e montanhosas, por um lado, e a crescente demanda de mão de obra nas áreas culturais em processo de crescente enriquecimento, por outro, fizeram com que nelas numerosos serviços de baixo *status* ou considerados religiosamente impuros e recusados como ocupação pela população local passassem, por toda parte, para as mãos de trabalhadores de tribos forâneas, que em grande número permaneciam de forma duradoura sobretudo em áreas mais extensas e ficavam, mesmo assim, em sua coletividade tribal. Por fim, a manufatura hóspede, no seu mais alto grau de desenvolvimento, também se fez notar de maneira a colocar-se no umbral da manufatura local, no sentido de que certas atividades artesanais com exigências de elevado nível de instrução ficam inteiramente nas mãos de indivíduos que, embora assentados na localidade, não são considerados membros da comunidade de moradores do povoado, nem moram na aldeia, mas sim fora dela ou, dito em alemão, na *Würth* [*sic*], ou seja, no aterro, não têm parte em nenhum direito dos moradores do povoado, mas, ao contrário, formam entre si uma associação interlocal responsável por eles e que os sentencia, mas que dos aldeães sedentários só recebem direitos de hóspedes, em parte sob garantia da religião, em parte do príncipe. Fenômenos como esses ocorrem, todos eles, também fora da Índia. E bastante frequentemente (ainda que não sempre) também, de tal modo que esses trabalhadores manufatureiros hóspedes, por se acharam excluídos de conúbio e comensalidade, são considerados ritualmente "impuros". Onde existem tais barreiras rituais em face de um povo migrante, nós utilizaremos para o nosso propósito a expressão "povo pária"[8]. Portanto não se deve considerar simplesmente como povo pária nesse sentido específico toda e qualquer tribo de trabalhadores vistos pela comunidade local como "estrangeiros", "bárbaros" ou "magicamente impuros", mas sim apenas uma tribo de trabalhadores que ao mesmo tempo constitui total ou preponderantemente um povo migrante. A esse tipo corresponde no mais alto grau, naturalmente, o caso dos ciganos, e, de maneira diferente, o dos judeus da Idade Média, que se caracterizam por terem perdido completamente sua residência territorial própria e por estarem assim totalmente enredados na economia para cobertura da demanda de outros povos com residência territorial própria. Nesse caso, devido a numerosos graus

---

8. Dita em sentido hinduísta, a expressão seria completamente incorreta. A casta pulayan ou parayan ("pária"), do Sul da Índia, está muito longe de representar a camada socialmente mais baixa ou mesmo uma camada de *outcastes*, como acreditava Abbé Raynal. Elas têm privilégios fixos de casta, apesar de, como casta antiga (mencionada pela primeira vez em inscrições no século II) composta por tecelões (e agora também por trabalhadores rurais), se encontrarem em uma posição social muito elevada e de terem de morar fora da circunscrição da aldeia. Não apenas as castas dos trabalhadores de couro (chamar) e as dos varredores de becos se encontravam abaixo dela, mas também, com maior razão, castas como a dos *dom* (que, em sua maioria, representam a "borra" das castas) e similares. Usamos a expressão "pária" aqui no contexto do sentido europeu agora usual, de modo análogo à expressão "cádi" em "justiça de cádi".

de transição, a passagem do trabalho-hóspede de uma "tribo" ainda estável em seu território para um "povo pária" desse tipo em seu sentido mais puro é naturalmente de todo fluida. Na região do hinduísmo havia e há, então, para todas as tribos não integradas na associação hindu, uma barreira ritual de caráter absoluto. Todas estão magicamente maculadas. Certos trabalhadores hóspedes, imprescindíveis há milênios, presentes em todos os vilarejos – por exemplo, expressamente todos aqueles que têm alguma atividade com pele de vaca, ou seja, com couro –, são, apesar de seu caráter imprescindível, absolutamente impuros. Sua mera presença polui, sob certas circunstâncias, por exemplo, o ar de um ambiente, de tal modo que sua simples presença polui magicamente a refeição aí servida, obrigando que ela seja jogada fora, dada a necessidade de evitar rituais proibidos[9]. Eles se encontram, portanto, inteiramente fora da associação hindu. Nenhum templo hindu lhes é acessível. Só o poder das circunstâncias impôs aqui, de fato, numerosos graus de transição até a plena integração na ordem social. De início havia e ainda há numerosos escalonamentos de separação. Presentes desde tempos mais remotos em todas as aldeias, os trabalhadores hóspedes religiosamente impuros, por certo, não eram nem são membros da associação aldeã. No entanto nem por isso eram ou são privados de direitos. O fato é que a comunidade aldeã lhes devia certa remuneração pelo serviço prestado e que, além disso, também lhes era reservada, em regime de monopólio, a respectiva chance de atividade remunerada. Mesmo seus direitos e deveres rituais eram e continuam sendo regulamentados e, precisamente como evidenciado por sua diferente graduação, são expressão de uma posição jurídica positivamente determinada. E, por mais que o brâmane e outras castas elevadas tivessem de, também com graduação prefixada, evitar o contato com eles ou mesmo a sua mera presença, o ponto decisivo para a natureza desse relacionamento consiste, justamente, nas prescrições positivas de caráter religioso do hinduísmo. Sobretudo: a transgressão dessas normas por um trabalhador hóspede impuro acarretará a intervenção não só por parte dos brâmanes ou da comunida-

---

9. A infecção ritual causada por um homem de casta impura aniquila em um brâmane, eventualmente – dependendo da respectiva casta –, a potência sexual.

de aldeã, mas também, sob certas circunstâncias, por parte da sua própria comunidade, como, em determinadas situações, até mesmo um infortúnio religioso (ou seja, uma desvantagem mágica neste mundo e perdas salvíficas no além). Por esse motivo, ao menos para trabalhadores hóspedes e povos párias sujeitos a tais normas e concepções vigentes na prática, deve-se, necessariamente, afirmar seu pertencimento à comunidade hindu, apesar de esta desprivilegiá-los de forma considerável, de modo que permanece válido há séculos, sem sombra de dúvida: eles não constituem tribos bárbaras forâneas, mas sim "castas impuras" no contexto da classificação hinduísta. É diferente o caso de tribos cuja situação de hóspede esteja, por certo, conforme à tradição e regulada – característica que nunca falta na sua totalidade, nem mesmo no comércio exterior com comerciantes inteiramente forâneos –, porém desprovida de um mínimo *status* religioso positivo ou negativo, o que as leva a serem consideradas apenas como povos bárbaros impuros, por não reconhecerem deveres religiosos de nenhum tipo no sentido do hinduísmo, e não somente por terem deuses próprios, mas também, o que é mais importante, sacerdotes próprios aos quais recorrem exclusivamente – o que, aliás, também acontece com as castas hindus –, só que ignorando as instituições do hinduísmo. Elas não são hindus, do mesmo modo como cristãos e muçulmanos tampouco o são. Mas mesmo aí a transição é amplamente gradual, de modo a facilitar o caminho da hinduização. Uma parte não totalmente insignificante de "animistas" referidos no Censo considera-se a si mesma como hindu, como observa Blunt no *Census Report*. Contudo há outras tribos que são tratadas pelo Censo como castas impuras, mas que, sob certas circunstâncias, inclinam-se a recusar toda e qualquer ligação com o hinduísmo, sobretudo com os brâmanes. Os próprios representantes do hinduísmo, por outro lado, procuram, hoje em dia, na luta pelo reconhecimento da importância de sua cultura nacional, tornar o mais abrangente possível o conceito do hinduísmo, reivindicando como hindus todos aqueles que preencherem qualquer um dos possíveis "testes" do hinduísmo, tal como nos revelam as instâncias censitárias, ou seja, mesmo um jainista, um sique ou um "animista". Nesse caso, é-lhes favorável a tendência para a hinduização, de fato existente nesses *outsiders*. Para tribos hóspedes que vivem no meio do hinduísmo, o processo de hinduização segue um decurso mais ou menos de acordo com o seguinte tipo: membros dessas tribos hóspedes, os quais se encontram em um relacionamento de hóspedes com atividade remunerada, passaram e passam facilmente a demandar dos brâmanes determinados serviços dos quais também castas impuras se servem de forma regular. Em especial, por exemplo, há a posição aferida do horóscopo na ocasião de casamentos e eventos familiares semelhantes – aliás, serviços que essas tribos continuam realizando por meio de seus sacerdotes próprios. Ao dirigirem sua atividade remunerada para ocupações de castas hindus puras ou (na maioria das vezes) impuras, eram obrigados – caso pretendessem evitar forte resistência – a se submeter a prescrições semelhantes às que, em outro lugar, eram válidas para essas últimas. E quanto mais eles se aproximavam do tipo puro de "povo pária" – isto é, quanto mais desaparecia ou perdia sentido seu caráter de residência territorial própria dentro da área fechada da tribo –, mais se aprofundava a exclusividade com que a sua situação social dependia das normas criadas para isso por seu ambiente hindu e maior ficava, ao mesmo tempo, a chance de que eles, em seu comportamento ritual, se adaptassem a esse ambiente e dele fossem assumindo costumes típicos até se encontrarem, por fim, em todos os pontos essenciais, na situação de uma casta hindu (na maioria das vezes impura). Como última reminiscência de sua recepção resta o antigo nome da tribo como designação da casta, seja exclusiva, como no caso de povos párias com antigo monopólio industrial ou comercial, seja acrescentada à designação normal da respectiva casta quando se tiverem agregado a uma antiga casta hindu enquanto seção endogâmica específica. Existe uma enorme diversidade nos graus da transição, isto é, da transformação de uma "tribo" em uma "casta". Entre estes se encontram também casos nos quais a recepção transcorre, em parte, segundo o tipo aqui descrito em relação à propaganda extensiva e, em parte, segundo à propaganda intensiva, ou também casos nos quais uma tribo é acolhida como hóspede em diversas castas, mantendo na tribo determinadas parcelas individuais com sua forma organizacional própria[10]. Essa casuística não nos deve ocupar aqui – ela traz à tona, de qualquer modo, o fato de que os limites do hinduísmo em relação ao exterior são relativamente fluidos.

A propaganda do hinduísmo realizou-se e realiza-se, portanto, sob a forma de uma acolhida de associações como um todo na comunidade hindu num processo geralmente muito lento, e nem poderia ser de outra forma, ao menos em princípio, porque o indivíduo nunca pode ser membro direto dessa comunidade, mas sempre apenas como membro de um outro coletivo: de uma casta. E sempre acontece que, uma vez concluída a recepção, sobrevém a ficção de que o coletivo em questão teria sido desde sempre uma casta, de maneira análoga, por exemplo, a um dogma católico que nunca é algo novo, como se tivesse sido criado à maneira de uma lei moderna, mas sim como algo que, por ser válido desde sempre, só pode ser "encontrado" e "definido". Nisso se expressa justamente a qualidade do hinduísmo como religião de nascença.

Quais foram, então, os motivos que levaram à recepção? Por parte dos brâmanes – que, no caso, atuaram como mediadores –, os motivos foram, antes de tudo, de natureza material: ampliar as chances de rendas em forma de taxas por serviços prestados, indo desde a posição no horóscopo até as prebendas e quotas sacrificais dos sacerdotes domésticos e oficiantes. Profícuas doações em forma de gado, dinheiro, preciosidades e, em especial, terras e rendas fundiárias (rendas de pimenta) remuneravam particularmente, desde sempre, o brâmane ou os brâmanes que forneciam as necessárias "provas"

---

10. Um exemplo misto são os ahir, tribo hinduizada composta, originalmente, por pastores de ovelhas e pecuária em geral. Na Província de Bombaim, ainda agora (1911), há algumas castas que compreendem uma casta ahir e, a seu lado, uma outra subcasta. É o caso, em Khandesh, dos brâmanes, dos sonar, dos lohar e dos koli. Muitas vezes, lá e em outros lugares, deixa-se de lado ainda hoje a prática do conúbio entre, por um lado, carpinteiros, ourives e ferreiros da tribo ahir e, por outro, essas mesmas castas profissionais de tribos não ahir; mas há, por outro lado, casamento entre, por exemplo, carpinteiros e ferreiros da tribo ahir, mesmo que sejam pertencentes a castas diferentes. Membros da tribo ahir que permanecem na casta de pastores organizam-se, frequentemente, ainda hoje, com base em totens como uma tribo, e não com base em estirpes como uma casta. Por outro lado, contudo, em algumas castas, os ahir desapareceram enquanto subcastas, ou nunca existiram como tais. (Mais uma inscrição de um príncipe feudal do Iodhpur – *Indian Antiquary* IX, 272 – menciona que ele teria expulsado a tribo dos ahir de uma aldeia e instaurado a ordem de castas.)

da respectiva origem ilustre das camadas senhoriais hinduizadas de uma região em vias de recepção. E por parte das recebidas? As "tribos" e sobretudo suas camadas dominantes que se tornaram "castas" aceitavam com isso, como ainda veremos, em forma de deveres rituais, um jugo de escravo dificilmente reencontrado no resto do mundo e sacrificavam o gozo de prazeres – como o álcool – ao qual em qualquer lugar muito dificilmente se costuma renunciar de livre e espontânea vontade. Sendo assim, qual foi o motivo? No que diz respeito à camada senhorial, o eficaz, nesse contexto, foi a função de uma religião reconhecida com papel decisivo em se tratando de uma aliança dos poderes políticos e sociais dominantes com o conjunto dos sacerdotes. A inclusão na comunidade hinduísta *legitimava* a posição da camada senhorial na sociedade. Isso significa que ela conferia às camadas senhoriais desses bárbaros não apenas um *status* social reconhecido no mundo cultural do hinduísmo, mas também, por sua transformação em "castas", lhes propiciava segurança para baixo perante as classes por elas dominadas, e isso – como veremos mais adiante – com uma eficácia jamais alcançada por qualquer outra religião. Em busca dessa conquista, as camadas que em tempos remotos foram, de forma regular, as portadoras da recepção do hinduísmo não se constituíram apenas – e por vezes nem mesmo principalmente – como foi presumido antes, em vista das circunstâncias do último século [XIX], de camadas nobres; por razões a serem comentadas mais tarde, não é improvável que essas mesmas camadas tenham sido, em certas ocasiões, adversárias diretas do bramanismo – mas sim, antes de tudo: os reis. Assim como os príncipes eslavos do Leste chamavam para o seu país clérigos, cavaleiros, comerciantes e agricultores alemães, os reis da planura oriental do Ganges e da Índia Meridional até a região do povo tâmil na ponta do extremo sul buscavam brâmanes letrados e instruídos em assuntos administrativos, a fim de, com sua ajuda, organizarem de maneira estável sua dominação em moldes hinduístas, segundo o padrão burocrático-patrimonial e estamental, e de receberem, eles próprios, a consagração como legítimos rajás e marajás no sentido hinduísta dos Dharmaśāstras, Brâmanas e Puranas. Nesse sentido, expressa-se de modo evidente a linguagem de documentos espalhados por toda a Índia sobre dotações fundiárias feitas, por vezes, a dúzias e mesmo centenas de brâmanes certamente imigrados de uma só vez. Se era esse, por um lado, o efeito do interesse por legitimidade nutrido pelas camadas senhoriais, também havia, por parte desses povos párias, interesse análogo, dado seu papel inicial no processo de aceitação voluntária de ritos hinduístas, embora assim caíssem na situação já humilhante de "casta impura". Para o ambiente hindu, eles eram de antemão "impuros" e a aceitação das limitações daí decorrentes, negativas sob o ponto de vista hindu, lhes impunha essa situação. Mesmo assim, havia um aspecto positivo para assegurar sua chance de trabalho remunerado no fato de serem reconhecidos como uma "casta" legítima, por mais desprivilegiada que fosse, e não como um simples povo estrangeiro. Também foi de importância prática o fato de se apropriarem de certas organizações específicas do hinduísmo (por exemplo, as do panchayat das castas, a ser comentado mais tarde) que, especialmente para as castas inferiores, possibilitavam, de modo análogo ao sindical, a representação de interesses reconhecida como legítima tanto no foro externo como no interno. De um modo ou de outro, talvez tenha sido possível criar alguns sucedâneos em seu lugar. Mas, pelo contrário, como veremos adiante, o caráter específico de esperanças religiosas aberto pelo hinduísmo justamente para as camadas socialmente oprimidas poderá ser encarado talvez como um aspecto de importância nada desprezível para a hinduização desses povos párias, pelo menos na Antiguidade. Esses fatores específicos – a serem, em parte, tratados posteriormente – haverão de explicar por qual motivo ouvimos proporcionalmente muito menos a respeito das resistências oferecidas por essas classes desprivilegiadas contra a hinduização do que esperaríamos ante a abissal distância imposta pelo hinduísmo entre as camadas sociais, uma distância inaudita em qualquer outra parte do mundo. Por certo, sempre ocorreram e ocorrem levantes contra a ordem hinduísta, também originados de castas impuras. Algumas profecias especificamente proletárias contra os brâmanes serão tratadas mais tarde (parte II). Ainda hoje, existe, entre elas, um certo número que rejeita expressamente toda e qualquer autoridade bramânica. A posição oficial hinduísta e, por conseguinte, a contagem censitária tendem, nesse contexto, em caso de dúvida, a considerar o respectivo grupo social – de certo modo, a contragosto – como "casta", e não como um povo migrante, desde que, sob qualquer aspecto, se comporte externamente como uma casta. Mas o que, naturalmente, precisa ser esclarecido – e o será mais adiante – não é o fato de que os referidos levantes, sem dúvida alguma, ocorreram, mas sim o fato de não terem ocorrido com muito maior frequência e de que, pelo contrário, as grandes revoluções religiosas historicamente importantes contra a ordem hinduística se originaram em estratos bem diferentes, ou seja, privilegiados, com *status* relativamente alto, os quais, em essência, neles preservaram suas raízes. Por enquanto, basta reter a asserção aproximadamente correta de que a recepção "interna", na ordem de vida hinduística, das camadas desprivilegiadas, tribos hóspedes e párias constituiu, na maioria dos casos, um processo de adaptação das camadas socialmente debilitadas à ordem de castas firmemente estabelecida, no sentido da legitimação de sua situação social e econômica. Ao contrário disso, tanto o movimento contra quanto o movimento a favor da recepção do hinduísmo para extensas regiões resultou, em geral, da iniciativa dos dominadores ou das camadas senhoriais, e, nesse caso, a recepção tinha como motivo indubitavelmente principal o seu respectivo interesse de legitimidade. E o impacto era muito violento. Houve séculos nos quais, em quase todas as áreas culturais da Índia, existiam duas religiões salvacionistas especificamente contrárias aos brâmanes: o jainismo e, em ainda maior medida, o budismo, que não eram, em absoluto, universalmente dominantes, mas sim, em todo caso, confissões recebidas de forma oficial. Foram totalmente submetidas à restauração do hinduísmo, de tal modo que, em 1911, o jainismo teve sua participação percentual na população reduzida para 0,40%, após ter atingido 0,49%, em 1891, e 0,45%, em 1901[11], fato ocorrido com maior intensidade quase exclusivamente em algumas cidades da Índia Ocidental, ao passo que da antiga igreja nacional budista só sobrou a co-

---

11. Cabe duvidar se, como supõe o *Census Report* de 1911, esta diminuição percentual verdadeiramente deriva do aumento da taxa de mortalidade nas cidades. Na realidade, de 1881 a 1891 ocorreu um aumento relativo (de 0,45% a 0,49%). Nas cidades, os jainistas apresentavam um taxa de mortalidade inferior à dos hinduístas urbanos.

munidade de Orissa, com aproximadamente 2 mil pessoas; na Índia Anterior, entretanto, os budistas lá recenseados eram imigrantes. Não faltaram perseguições de fato sangrentas contra essas heterodoxias durante a época da restauração do hinduísmo, mas, ao que consta, elas não constituíram fator decisivo para a vitória extraordinariamente rápida do hinduísmo. O que de fato determinou essa vitória foi, sim, a par de uma série de outras circunstâncias favoráveis de caráter predominantemente político, o fato de que o hinduísmo estava em condições de oferecer um incomparável suporte religioso aos interesses de legitimidade das camadas dominantes, interesses estes – a serem expostos logo mais – derivados, especificamente, das condições sociais da Índia, e cujo suporte aquelas religiões salvacionistas não tinham como oferecer, por motivos a serem igualmente discutidos em capítulos seguintes. Nesse contexto, sobressai-se outro fenômeno correspondente.

Até aqui, conhecemos a forte influência inerente à ordem de castas hinduísta apenas a partir da propagação do hinduísmo por meio da recepção de "tribos". Sua atratividade era e é, onde quer que tenha existido ou exista, tão forte, que sua tendência era incluir em suas formas tudo aquilo que entrasse em contato social com ela, mesmo além dos limites religiosos do hinduísmo. Nesse sentido, dentre os movimentos religiosos expressamente voltados contra os brâmanes e contra a ordem de castas enquanto tal e, portanto, diretamente contra um dos fundamentos do hinduísmo, a maioria acabava por se deixar levar, de modo inteiramente formal, à ordem de castas. Esse processo encontra em si uma fácil explicação. Qualquer seita adversária de castas, ao admitir em sua comunidade indivíduos até então adeptos de alguma casta hinduísta, arrancava-os do seu círculo ritual de deveres, provocando, assim, sua excomunhão pela respectiva casta, como a de todos os prosélitos que renegavam os ritos da casta à qual pertenciam e que então se tornavam sem-casta (*outcastes*). Desse modo, caso não tenha conseguido exterminar a existência da ordem de castas como um todo, mas sim delas retirar apenas parte de seus membros, a seita, na perspectiva da ordem de castas, tornou-se algo como um povo migrante, uma espécie de comunidade hóspede confessional, uma posição inicialmente problemática perante a ordem social hinduísta que continuava vigente em paralelo. O modo como o ambiente hinduísta passaria a lidar com ela na prática dependia da evolução de sua conduta de vida no âmbito da nova comunidade. Caso permitisse uma conduta julgada pelo hinduísmo como impura (consumo de carne de gado), ela era tratada como povo pária, e quanto mais durasse tal conduta, mais impura a casta era considerada: já vimos que a diferença é fluida. Caso não permitisse, seria possível que, a longo prazo, a própria comunidade enquadrada pela estrutura hierárquica de castas estabelecida passasse a se considerar não essencialmente diversa de uma casta com deveres rituais especiais, o que ocorria, em particular, no caso – regularmente observado – em que a nova comunidade tivesse um caráter muito ritual ou ao menos evoluísse nessa direção. E assim ela passava a ter o interesse de assegurar seu *status* social relativamente a outras castas. Para tanto, não havia nenhum empecilho, já que existiam castas hindus que não buscavam serviços de brâmanes, pois tinham sacerdotes próprios. Nesse caso, no correr do tempo, a seita evoluía em um de dois rumos: ou para, como um todo, tornar-se uma única casta reconhecida (casta--seita), ou para formar uma casta com subcastas de *status* sociais diferentes. Isso ocorria quando ela havia atingido uma forte diferenciação social interna. Mas também havia, finalmente, uma terceira alternativa de desenvolvimento, como a que vimos ao tratar da recepção de tribos na ordem hinduísta. Os estratos superiores da seita – sacerdotes, senhores fundiários, comerciantes ricos – procuravam seu reconhecimento como brâmanes, xátrias, vaixiás, e, para o resto da plebe, o reconhecimento como uma ou mais castas de sudras, de modo a se tornarem, nos correspondentes meios hinduístas, partícipes dos privilégios sociais e econômicos das respectivas castas mais altas. Na atualidade, a seita que está passando por uma evolução desse tipo é a antiga seita dos lingayats – originalmente, na Idade Média, uma espécie de reação "protestante" abrupta e fundamental contra os brâmanes e a ordem de castas, reação esta que, na atualidade, entretanto, vem se sujeitando, de Censo em Censo, cada vez mais a essa ordem, passando a reivindicar que seus adeptos sejam registrados e classificados segundo as quatro castas clássicas hindus, já que há muito tempo essa seita estava em meio a uma evolução estamental muito característica[12]. Os adeptos das comunidades jainistas, que, hoje em dia, de modo frequente, praticam o conúbio com determinadas castas (de comerciantes), já são tratados ocasionalmente pelos próprios hindus como "hindus". Como veremos, o budismo não se havia oposto por princípio, de modo algum, à ordem de castas; mas seus monges, por motivos a serem tratados posteriormente, eram e ainda são considerados hereges especiais pelo hinduísmo, e eles próprios também se consideravam não hindus. Isso não impedia que, na fronteira setentrional indiana, as comunidades budistas, deixadas a si mesmas, assumissem uma estrutura de castas peculiar no momento em que os mosteiros foram secularizados e prebendalizados. Mas também o islã sucumbiu na Índia à sucção exercida pela tendência de formação de castas. Nesse caso, essa tendência teve a possibilidade de acoplar-se à estrutura estamental típica do islã clássico, em que os privilegiados se constituíam de descendentes (verdadeiros ou supostos) do profeta, assim como de algumas famílias próximas à sua estirpe sob o aspecto do *status* hierárquico religioso (os sajids e scherifs). Assim também, após ter sido suspensa, por razões de política financeira, a propaganda indiscriminada do hinduísmo e após a isenção tributária concedida aos tradicionais fiéis ter sido negada aos neófitos, esses últimos foram desprivilegiados em comparação com os primeiros; portanto, na Índia, os imigrantes da Ásia Anterior e os persas em comparação com os prosélitos indianos. E, por fim, em conformidade com o caráter feudal da antiga sociedade islâmica, as estirpes dos senhores fundiários foram privilegiadas em comparação com os agricultores sem estirpe e sobretudo em comparação com os artesãos sem estirpe. Essas desigualdades e correspondentes variações determinaram o modo de desenvolvimento das castas islâmicas na Índia. Questões como o fato de que numerosas castas hindus veneram, a par de divindades hindus, também santos islâmicos, ou o surgimento de formações mistas do tipo da seita "sique", ou também a recepção, pelo islã indiano, de numerosos hábitos rituais de proveniência

---

12. Semelhante ao modo da atual nobreza *pedigree* dos pais peregrinos da Mayflower na Nova Inglaterra, em especial os primeiros convertidos eram vistos como uma subcasta ilustre e fortemente privilegiada, em comparação com os prosélitos subsequentes.

hindu são questões das quais não devemos nos ocupar no momento. O que aqui nos interessa é a atratividade da ordenação da vida por critérios hindus, proporcionada, em especial, por sua contribuição específica: a legitimação do *status* na hierarquia social e, sem esquecer, a das vantagens econômicas eventualmente conexas.

A doutrina e o rito no hinduísmo

Essa significação central da ordem de vida social no âmbito do hinduísmo expressa-se, principalmente, no inter-relacionamento do lado doutrinal e do lado ético-ritualístico da religião.

Também o hinduísmo conhece, como a China, o dualismo de "doutrina" e "dever ritual". Mas em outra versão. A terminologia hindu[13] faz, primeiramente, uma distinção entre "darma" e "mata". Mata designa um elemento da soteriologia metafísica. A doutrina cristã (Kristi-mata) tem como elementos principais, por exemplo, que somente os seres humanos, mas também todos eles, têm uma "alma", que um ser supramundano criou do nada o mundo e as almas, que cada alma vive somente uma vez na terra, mas que mesmo assim é "eterna" e mais tarde terá de passar sua existência eterna no paraíso ou no inferno, que Deus gerou com uma virgem um filho deus-homem, cujos atos e feitos são relevantes para a salvação dos seres humanos. O fato de a doutrina cristã, em determinados pontos, estar dividida em confissões não causa nenhuma estranheza para um hindu, pois está acostumado a isso, dadas as crassas contradições doutrinárias existentes em suas escolas filosóficas e seitas: entre os brâmanes, existem algumas seitas vixnuístas e xivaístas que não chegam nem mesmo a pronunciar o nome de Deus respectivamente empregado em outra escola ou seita. Outro fato que não causa irritação no hinduísmo é que, por um lado, também no cristianismo existem dogmas que, se não aceitos, servem como prova de não cristianismo – pois também existem no hinduísmo, como veremos, algumas assertivas desse tipo (embora

---

13. Cf., por exemplo, Shridar V. Ketkar, *An Essay on Hinduism* (Londres, 1911) (considerações "modernistas" sobre o hinduísmo e, portanto, não inteiramente livres de tendenciosidade).

alguns hinduístas o neguem peremptoriamente) – e também há, por outro lado, dentro de uma só e mesma igreja cristã – inclusive em uma igreja como a católica, com sua autoridade de ensino tão rigorosa – sentenças doutrinárias controversas sobre as quais reina liberdade de opinião – liberdade esta existente no hinduísmo na maior amplidão imaginável. E, em tal medida, torna-se explicável em seu âmbito até mesmo a ausência do conceito "dogma". Inclusive posições doutrinárias muito importantes na visão do adepto de uma confissão cristã e sobretudo sumamente características específicas para cada uma das confissões cristãs simplesmente poderiam ser aceitas por um hindu, sem que este deixasse de ser hindu. Assim, por exemplo, a cristologia em seu todo e em seus apêndices (que, aliás, reconhecidamente, exerceram profunda influência sobre a evolução da mitologia vixnuística de Krishna). Assim também, até certo ponto, a doutrina da justificação pela fé (a qual já existia no hinduísmo e, especificamente, na Bagavata, bem antes da era cristã). Do ponto de vista hindu, são outros os pontos que tornam a doutrina cristã uma doutrina de bárbaros (Mlechha-mata), semelhante ao que os helenos consideravam a doutrina cristã como "a filosofia dos barbáros" (η των βαρβαρω φιλοσοφια). Devido a essas diferenças, tanto a cristologia quanto a doutrina da justificação alterariam fortemente seu sentido no contexto do hinduísmo. E sobretudo essas doutrinas teriam que abdicar de sua pretensão de validade universal para todos os hindus. É que no hinduísmo uma doutrina pode ser "ortodoxa" sem ser "vinculante", de modo semelhante ao que ocorre quanto às diferenças doutrinárias sobre a Santa Ceia entre os protestantes reformados e os luteranos numa igreja evangélica regional unida. Não se trata, aqui, de pontos secundários, mas sim de questões fundamentalmente importantes, segundo nossa conceção de religião. Nesse sentido, o próprio tipo do objetivo de salvação (sadhya), ou seja, da promessa que constitui, no conceito cristão, o único motivo de pertencimento a uma "religião". E, com mais forte razão, a doutrina do "caminho da salvação" ("marga"), ou seja, dos meios pelos quais aquele objetivo de salvação se torna acessível ao ser humano. Deixando de lado os bens de salvação neste mundo próprios do hinduísmo, este disponibiliza, paralelamente, para o além-mundo, no mínimo três metas de salvação (com subtipos) que, embora vistas como unidade, aparentemente se excluem de forma mútua. A saber: 1) renascimento na terra para uma vida nova temporária em situação igualmente feliz ou até mais feliz do que a anterior. Ou também algo que para o hindu, contrariamente ao cristão, pertence à mesma categoria: renascimento em um paraíso a) no mundo de Deus (salokya), ou b) na proximidade de Deus (samipya), ou c) ser transformado em Deus (sarupya), mas tudo com a mesma ressalva quanto ao renascimento na terra, ou seja, temporariamente e de forma a realizar-se, mais tarde, novamente, um renascimento na terra; 2) acolhida por tempo ilimitado à bem-aventurada presença de um deus supraterreno (Vixnu) e, portanto, imortalidade da alma individual em uma das formas de renascer em um paraíso citadas anteriormente; e 3) término da existência individual com a) absorção da alma no Todo-Uno (sayujya) ou b) imersão no "nirvana", observando-se, porém, que, nesse caso, a interpretação, em parte, oscila de diversas maneiras ou, em parte, permanece obscura. Todos os três tipos de objetivos de salvação são "ortodoxos", apesar de o terceiro (mais precisamente, o 3a) constituir o objetivo especificamente bramânico, propugnado, por exemplo, pela mais ilustre seita bramânica, a dos smarta, e em que pese ser a "imortalidade" (2) considerada por esses círculos, por certo, não como anti-hindu, mas sim, especificamente, como um tipo "não clássico", de algum modo semelhante ao que confucianos julgam sobre a doutrina salvacionista taoísta ou ao que luteranos clássicos sustentam perante a forma pietista de apropriação da graça. Mas até "o mais clássico" dentre todos os hindus tem, em todo caso, a opção entre o primeiro e o terceiro objetivo de salvação. E os caminhos que conduzem a cada um desses tipos de salvação são inteiramente diversos, conforme a doutrina professada: ascese, contemplação, boas obras puramente rituais, boas obras em sentido de benemerência social, particularmente: a virtude profissional e a devoção íntima para com Deus (bhakti) – tudo isso é levado em consideração, em parte cumulativamente, em parte alternativamente (conforme o tipo de salvação) e em parte exclusivamente, mas tampouco falta na literatura clássica (Maabárata) a concepção de que o indivíduo recebe simplesmente aquele tipo de bem salvífico, por certo, em seu caminho e daquele Deus a quem e a cujos meios e caminhos salvíficos recorre com sinceridade. Portanto, a expressão "que te aconteça conforme creste" tem aqui a sua mais arrojada acepção.

Nessa visão, parece difícil haver alguma possibilidade de fazer crescer ainda mais a "tolerância" religiosa *no interior* de uma só e mesma "religião". Em verdade, talvez se deva concluir que justamente o hinduísmo constitui algo diverso de uma "religião" em nosso sentido da palavra. Isso é também o que nos asseguram enfaticamente seus representantes (Ketkar e outros). No acervo conceptual hindu, o que mais se aproxima da expressão ocidental de "religião" é a palavra "Sampradaya". Por esse conceito, o hindu compreende comunidades para as quais o pertencimento não se dá por nascença – que, nesse sentido, constituem, desse modo, *"open-door-castes"* –, mas sim pela comunhão de objetivos e caminhos religiosos de salvação, "teofratrias", na designação adotada pelos literatos hindus. Tais teofratrias eram principalmente o jainismo e o budismo, e também alguns dentre os elementos reavivados da religiosidade salvacionista vixnuísta, assim como, por exemplo, a já mencionada seita xivaísta dos lingayats, as quais eram todas consideradas – justamente por isso – inteiramente hereges e ainda o são, na medida em que mantêm essas posições básicas. Embora, por exemplo, o budismo não conteste a existência nem o poder dos deuses hindus, ao contrário das seitas teofrátricas vixnuístas e da seita dos lingayats, que veneram, respectivamente, um dos grandes deuses da trindade hindu (Brama – Vixnu – Xiva). E também apesar de que os bens de salvação e caminhos salvíficos próprios deles sejam, no fundo, de modo algum divergentes dos do hinduísmo ortodoxo – ao menos sob o nosso ponto de vista e o do próprio hinduísmo –, ou de que o sejam apenas na mesma medida em que os diversos caminhos de salvação admitidos como ortodoxos se distinguem uns dos outros. Ao contrário do hinduísmo, todas essas "teofratrias" admitem em sua comunidade o indivíduo enquanto indivíduo. Mas não é essa a razão decisiva, pois a pertença a uma "seita", por si só, não apenas não leva a excluir do hinduísmo, mas, pelo contrário, desde a emergência da religiosidade especificamente hindu tal como descrita em textos mais recentes da Epopeia e nos Puranas, constitui uma ocorrência totalmente normal. Em sentido próprio, um hindu fiel não é apenas hindu, mas também membro de uma seita hindu. E como tal, inclusive no sentido de que o pai, por exemplo, pode ser xivaísta e o filho, vixnuísta[14]. Isso significa, na prática, que um deles foi instruído por um *directeur de l'âme* ("guru") [diretor espiritual] pertencente a uma seita xivaísta e o outro, por um filiado à seita vixnuísta; e também que, terminada a fase de instrução, é admitido na seita com a revelação do "mantra" de admissão (fórmula oracionista estereotipada), passando a usar as insígnias da seita (pintura da testa etc.), frequentar seus templos, orar exclusivamente a Vixnu ou – conforme o caso – a Xiva, diretamente ou por intermédio de uma de suas encarnações (as outras formas da tríade são por ele consideradas simples modos de aparição de seu deus) e segue tanto os ritos de sua casta como os específicos da seita. Esse é um comportamento hindu perfeitamente ortodoxo. A heresia teofrátrica consiste, muito pelo contrário, no fato de – em contraste com as seitas ortodoxas – extirpar do indivíduo seus deveres rituais próprios e, portanto, os deveres de casta e, assim, ignorar ou destruir seu "darma". E, desse modo, caso se trate de deveres importantes, o indivíduo perde a sua casta e, com esta, a sua comunidade hindu, visto que só se pertence a esta por meio da casta. O darma e, portanto, o dever ritual é decisivo. O hinduísmo é, primariamente, ritualismo, o que seus representantes modernos expressam da seguinte forma: mata e marga (doutrina e objetivo da salvação) são mutáveis e "fugazes" – no sentido de "opcionais" –, ao passo que o darma é "eterno" – no sentido de "válido de modo absoluto". Eis por que, perante qualquer outra religião, o hindu não coloca em primeiro lugar a questão referente à "doutrina" (mata), mas sim ao darma. Para ele, o "Kristi-darma" de um protestante compõe-se, pelo lado positivo, de batismo, comunhão, frequência à igreja e repouso aos domingos, bem como em demais festividades cristãs, de oração nas refeições. Todas essas práticas seriam compatíveis com o pertencimento ao hinduísmo de boas castas, *exceto no caso da* comunhão sob as duas espécies, pois esta

---

14. É o que se encontra já nas antigas fontes epigráficas. Assim, um marajá renova uma fundação de seus ancestrais (no ano 706 d.C.), e aí é feita menção de que um deles venerava Vixnu e o outro, Xiva, enquanto os netos e os bisnetos veneravam os bagavatas (Durga ou Lakschmi).

incluiria o consumo de álcool e, portanto, também obrigaria, necessariamente, à comensalidade com pessoas não pertencentes à casta. No entanto, já os elementos negativos do Kristi-darma – por exemplo, o fato de ser permitido aos cristãos comerem carne, sobretudo a de bovinos, ou tomarem cachaça – faz com que sejam estigmatizados como bárbaros impuros (Mlechha-darma). E qual é mesmo o conteúdo do "darma" de um hindu? Eis a resposta que recebemos a respeito: o darma varia conforme a situação social e, por estar ainda sujeito a "desenvolver-se", não se encontra absolutamente "encerrado". O que também se tem em mente é, antes de tudo, que o darma se orienta conforme a casta em que cada qual nasceu e assume uma especialização com novas castas surgidas a partir da cisão de antigas. Também há o entendimento de que o darma pode se desenvolver ulteriormente graças ao progresso do conhecimento. Entretanto, para círculos hinduístas conservadores, essa afirmação só poderia ser reconhecida sem ressalvas no passado remoto, época dos dons espirituais proféticos, que, atualmente (na Índia: na época Kali), são julgados desnecessários para a defesa contra inovações por qualquer religião regulamentada por parâmetros sacerdotais, tais como o judaísmo, o cristianismo e o islamismo. Mas em todo caso, como numa religião confessional os preceitos divinos evoluem, assim também o darma pode evoluir mediante a "descoberta" de consequências e verdades até então desconhecidas, mas válidas desde sempre. Isso ocorre em primeira linha por processos judiciais e respostas vinculantes dadas pelas instâncias competentes, por exemplo: para os brâmanes, os sastris e os pânditas (peritos em direitos sagrados formados regularmente em escolas de brâmanes), as escolas superiores bramânicas e, por fim, as da sagrada Sé de Sringeri (para o sul) ou de Schri Sankaratscharya de Sankeschwar (para o norte e o noroeste) e os superiores bramânicos de mosteiros, cuja posição é comparável à dos monastérios irlandeses ao tempo da organização monacal da antiga igreja irlandesa. E para outras castas: a instituição judicial de seus órgãos de casta, os quais se serviam dos vereditos pronunciados pelos brâmanes conforme a necessidade, anteriormente com maior frequência do que hoje em dia. O darma baseia-se, portanto, em primeiro lugar, na tradição sagrada: na prática sentencial e na doutrina dos brâmanes desenvolvida de forma literária racional. Do mesmo modo que no islã, no judaísmo e na antiga igreja cristã, falta aqui a autoridade doutrinal "infalível" de determinado ofício sacerdotal, porque os brâmanes não constituem uma hierarquia de funcionários. O darma vigente na prática de cada casta deriva, substancialmente, em grandíssima parte, do passado remoto de normas mágicas tabuizadas da práxis de feiticeiros. Mas sua vigência como darma hinduísta é, em medida até maior e praticamente bem mais importante do que, por exemplo, os hodiernos preceitos rituais da Igreja Católica, um produto exclusivo dos sacerdotes e da literatura por eles criada. Esta deu origem a profundas transformações.

A posição dos Vedas no hinduísmo

É bem verdade que, oficialmente, o hinduísmo apresenta, como qualquer outra religião livresca, seu livro absolutamente sagrado: os Vedas[15]. Oficialmente se encontra, entre os poucos deveres de "fé" de um hindu, ao menos quanto ao essencial, o seguinte: que ele ao menos não ponha diretamente em dúvida a autoridade dos escritos sagrados. Segundo a concepção sem dúvida tradicional, uma seita que – como a dos jainistas e dos budistas – assim procede não constitui, por isso mesmo, nenhuma casta hindu. Ainda hoje isso não é absolutamente válido em toda parte, mas sim apenas normal. Porém o que significa o referido reconhecimento dos Vedas – uma coletânea de cânticos e hinos, fórmulas rituais e mágicas de idade muito variada – na prática? Também após terem sido transcritos, para a forma escrita, a partir da tradição originalmente apenas oral das escolas bramânicas diferenciadas conforme seus principais componentes (ligados à antiga divisão de tarefas dos sacerdotes védicos no rito sacrificial), os Vedas permaneceram, na antiga praxe correta, subtraídos à leitura por parte dos não brâmanes – do mesmo modo que a Bíblia na Igreja Católica – e só podiam ser ensinados pelos brâmanes a leigos membros de castas superiores, e, mesmo assim, apenas

---

15. Nesse contexto, compreendam-se apenas os Samhitas, ou seja, as coleções de hinos, orações, fórmulas. Em um sentido mais amplo, também foram incluídos nos Vedas todos os livros "sagrados", quer dizer, também os Brâmanas e os Upanishads de cada Vedas e, finalmente, também os Sutra.

em determinadas passagens. Isso estava condicionado não somente ao monopólio das fórmulas mágicas originalmente exercido por igual por todos os sacerdotes como arte secreta, mas também a razões objetivas que, com premência ainda maior do que no caso da Vulgata, se fizeram valer justamente depois que os brâmanes – uma vez consolidados em suas posições – abriram mão dessa restrição. Enquanto o Novo Testamento continha passagens de cunho ético que, primeiramente, tiveram de ser relativizadas mediante interpretação por sacerdotes e, em parte, adaptadas até o ponto de se converterem no seu contrário e, assim, se tornarem aplicáveis tanto à igreja de massas em geral quanto à respectiva organização sacerdotal em particular, para os Vedas esse ponto de vista estava ausente. Neles não há absolutamente nada em relação a uma "ética" propriamente dita no sentido racional da palavra e seu mundo ético é simplesmente o de todas as épocas heroicas, refletidas na concepção dos bardos dependentes das dádivas de reis, assim como na de heróis, que não descuidavam de recomendar-lhes o seu próprio poder e o dos deuses influenciados por sua magia. O fato de que os hinos e sobretudo as fórmulas oracionais foram, desde cedo, considerados de comprovada eficácia mágica e, por conseguinte, estereotipados de modo hierático preservou-os daquela espécie de purificação, pela qual passaram, por obra de Confúcio (e talvez de outros mais), tanto a literatura chinesa antiga, de igual cunho, quanto, posteriormente, a literatura histórica e cosmogônica judia por obra da coletividade sacerdotal. Daí que os Vedas não contêm quase nada de assuntos divinos e humanos de importância fundamental para o hinduísmo. Os três deuses do hinduísmo lhes são desconhecidos, em parte até mesmo no que se refere à sua existência, em parte quanto ao nome hodierno, e todos os três no que se refere ao que posteriormente se tornou seu caráter específico. Seus deuses são funcionais ou heroicos de tipo externamente semelhante ao homérico, reis beligerantes sediados em castelos, inteiramente a modo dos heróis do tempo védico, combatendo em carros de guerra e coadjuvados tanto aqui quanto lá por séquitos de tipo homérico e por camponeses intensamente dedicados sobretudo à criação de gado. Os grandes deuses védicos, e, dentre eles, justamente os dois maiores e, em seu antagonismo, os mais característicos – Indra, o deus da trovoada e, enquanto tal (como Javé), deus beligerante e heroico agindo apaixonadamente e, portanto, deus do destino irracional dos heróis; e Varuna, o deus funcional da ordem eterna, sobretudo da ordem jurídica, o deus sábio e onividente – estão quase desaparecidos no hinduísmo, não são cultuados e vivem uma vida histórica substancialmente à mercê de sábios formados nos Vedas. Mas isso seria o mínimo que se poderia dizer, dada a labilidade de numerosas divindades hindus e também, na expressão de Max Müller, o hábito do "henoteísmo" cultivado já pelos antigos bardos que consistia em caracterizar o deus invocado como o mais poderoso ou também o único deus, a fim de conquistá-lo. Mas os Vedas contrastam frontalmente com o darma do hinduísmo. Assim como para o cristão o reconhecimento oficial dos Vedas poderia afigurar-se como o "princípio formal" do hinduísmo, ao modo do reconhecimento da Bíblia pelos protestantes – sempre com a ressalva de não ser simplesmente indispensável –, igualmente com algumas ressalvas, no mínimo o caráter sagrado da vaca e, portanto, a proibição absoluta do seu respectivo abate fazem parte dos "princípios materiais" do rito no hinduísmo e, por conseguinte, integram o darma universal hindu. Quem não observa expressamente essa proibição não é hindu[16]. Quem come carne de bovino ou é um "bárbaro" ou não é membro de casta alta. Não nos ocuparemos aqui da origem dessa norma no hinduísmo. De qualquer modo, ela não só está ausente nos Vedas como, pelo contrário, eles veem com naturalidade a inexistência de ressalvas ao consumo de carne bovina ou a falta de desprezo pelo abate de vaca. Os "modernistas" do hinduísmo explicam esse fato alegando que a atual época (do Kali) está tão corrompida que não foi possível preservar-lhe a liberdade da antiga época

---

16. A veneração da vaca (e, de maneira atenuada, dos bovinos em geral) chegou ao extremo, tanto nas suas consequências econômicas quanto nos rituais. Ainda hoje a pecuária racional fracassa ante o preceito de que esses animais, por princípio, só podem morrer de maneira lícita de morte natural, devendo, portanto, ser alimentados mesmo após já não terem nenhum valor útil. (Uma saída consiste no envenenamento, ritualmente ilegal, praticado por castas rejeitadas.) Esterco e urina de vacas limpam tudo. Um hindu correto que tenha participado de uma refeição com um europeu ainda hoje irá desinfetar-se (eventualmente também sua residência) com esterco de vaca. Nenhum hindu correto passará por uma vaca que esteja a urinar sem tocar com a mão o jato de urina e passá-la na testa, na vestimenta etc., como o católico com água-benta. Em caso de má colheita, salva-se, de maneira extremamente heroica, antes de tudo, a forragem para a vaca.

de ouro nessa área. Desviando agora nosso olhar das prescrições rituais para a estrutura intrínseca e o sentido do hinduísmo, logo constatamos a completa ausência, nos Vedas, de conceitos fundamentalmente importantes, tais como a transmigração das almas e, nela fundamentada, a doutrina do carma (retribuição) – à qual voltaremos mais tarde –, além do fato de que esses conceitos, no máximo, mediante uma interpretação forçada, poderiam ser inseridos em passagens um tanto ambíguas e de idade desconhecida. A religião védica conhece apenas um Hades: o reino do Yama, e um céu de deuses, comparável, substancialmente, à época heroica de Homero e dos germanos: o "reino dos Pais". Mas desconhece tanto o céu muito particular de Brama quanto os de Vixnu ou Xiva, parecidos, em parte, com o cristão e, em parte, com o Olimpo, como com a "roda" dos renascimentos, para não falar no nirvana. Ela diz "sim" à vida e a seus bens, não apenas no sentido em que mais tarde o faria também a religiosidade de massas do hinduísmo, ao contrário da religiosidade dos virtuosos, mas também no sentido de uma orientação voltada totalmente para este mundo, como no caso de semelhantes religiões que em todo lugar surgiram de comunidades semicarismáticas e semifeudais de guerreiros e assaltantes.

Portanto, como já agora se constata claramente, poderemos extrair dos Vedas informações talvez sobre a pré-história do hinduísmo, mas não sobre o seu conteúdo, nem sobre o das mais antigas formas históricas de religiosidade realmente hinduísta, de alguma forma acessíveis. Eles constituem um livro sagrado do hinduísmo apenas em sentido aproximado ao do Deuteronômio para o cristianismo. O reconhecimento da autoridade dos Vedas, tal como exigido pelo hindu, tem o sentido de *fides implicita* de forma muito mais fundamental do que na Igreja Católica – já por não se relatar nenhum "Salvador" que, em virtude de uma revelação, tivesse colocado as novas leis no lugar das antigas. Na prática, esse reconhecimento significa, simplesmente, o acato, por um lado, à tradição hinduísta na esteira dos Vedas com a continuidade interpretativa de sua visão de mundo e, por outro, à posição social hierárquica de seus portadores, quais sejam: os *brâmanes*. Quanto a esses últimos e à sua posição no hinduísmo clássico, constam nos Vedas apenas os primeiros estágios preliminares do desenvolvimento havido posteriormente.

A posição dos brâmanes e a essência da casta em relação à "tribo", à "corporação" e ao "estamento"

A posição dos brâmanes no hinduísmo clássico e hodierno só pode, entretanto, ser comentada no contexto de uma instituição já várias vezes aludida e sem a qual o hinduísmo, como o demonstra tudo o que se disse até aqui, fica totalmente incompreensível: a da *casta*. Os Vedas antigos – e essa é, provavelmente, a sua mais grave lacuna – também a desconhecem. Ou seja: eles só conhecem os nomes posteriores das quatro castas em uma única passagem considerada de data muito posterior, mas em lugar nenhum o conteúdo objetivo da ordem de castas na acepção que assumiu mais tarde para tornar-se característica do hinduísmo enquanto tal[17]. As castas – e isso quer dizer, portanto, os deveres e os direitos rituais que elas impõem e outorgam – constituem, juntamente com a posição dos brâmanes, as instituições fundamentais do hinduísmo. A saber, sobretudo: a casta. Sem casta não há hindu, ao passo que a atitude em relação à autoridade do brâmane pode variar extremamente, indo desde a submissão incondicional tomada por norma até a contestação de sua autoridade, conforme ocorre em algumas castas. No entanto, essa contestação significa, na prática, unicamente que os brâmanes são rejeitados em seu caráter de sacerdotes, que seus pareceres não são reconhecidos como decisivos em questões rituais duvidosas e que nunca são procurados para aconselhamento. Por certo, esse fato parece contrastar, à primeira vista, com a afirmação de que "castas" e "brâmanes" pertencem ao hinduísmo. E mais: se, para cada hindu, a casta é algo de absolutamente essencial, pelo menos hoje em dia o inverso não ocorre, pois nem toda casta é uma casta hindu. Como vimos, também entre os maometanos da Índia existem castas assumidas dos hinduístas,

---

17. A Magna Carta do sistema de castas encontra-se, segundo especialistas, no Purusha Sukta do Rigveda, um produto tardio da época védica. Sobre o Atarvaveda, cf. mais adiante.

assim como entre os budistas. E mesmo cristãos indianos não puderam subtrair-se totalmente ao reconhecimento prático delas. Entretanto, a essas castas não hinduístas faltava não somente – como veremos mais tarde – a fortíssima ênfase prestada pela doutrina salvacionista especificamente hindu à casta, mas também a determinação altissimamente característica de casta conforme a distância que a separa de outras castas hindus e, com isso, em última instância, do brâmane. Pois o ponto decisivo para a conexão entre castas hindus e brâmanes é o seguinte: por mais que uma casta hindu possa rejeitar os brâmanes enquanto sacerdotes, autoridade doutrinária e ritual ou sob qualquer outro aspecto, inevitavelmente permanece para elas a situação objetiva: de que o *status* de sua posição social enquanto casta continua determinado, em última instância, pela qualidade positiva ou negativa de seu relacionamento com o brâmane. Pois bem, "casta" é, em ampla medida, essencialmente *status* social, e o papel central dos brâmanes no hinduísmo se baseia, mais do que em qualquer outro aspecto, no fato de que a casta é de *status* social determinado a partir do brâmane. A fim de entendermos isso, voltemo-nos agora para a presente situação das castas hindus, tal como retratada por trabalhos científicos – em parte, excelentes – que constam nos relatórios censitários, aos quais anexaremos uma breve consideração da teoria clássica contida nos antigos Livros Jurídicos e outras fontes.

A ordem hinduísta de castas encontra-se, hoje em dia, profundamente abalada. Sobretudo na região de Calcutá, antigo portão de entrada para os europeus, numerosas normas praticamente perderam sua vigência. As ferrovias, as hospedarias, as recolocações profissionais e as associações laborais realizadas surgidas com a indústria importada, as universidades e assim por diante têm cada qual sua parte nesse processo. Enquanto há apenas uma geração os "frequentadores de Londres" – isto é, os que fizeram seus estudos na Europa e os que negociavam livremente com europeus – se tornavam *outcastes*, hoje em dia isso vai desaparecendo de maneira progressiva. Nos trens, não foi viável introduzir repartições separadas como ocorreu nos vagões e nas salas de espera americanos, com partes distintas para "brancos" e "negros" nos estados do sul. Todas as relações hierárquicas de castas estão abaladas, e a camada de intelectuais formada pelos ingleses – portadora, tanto aqui como alhures, de específico nacionalismo – haverá de corroborar ainda mais esse processo lento e irrefreável. Mesmo assim, o edifício se mantém, por enquanto, bastante estável.

Pois bem, em primeiro lugar: quais são as características conceptuais de uma "casta"[18]? Perguntemos, antes, de forma negativa: o que ela *não* é? Ou: quais são as características de outras coletividades real ou aparentemente similares que lhe faltam? Só para começar por esse ponto, o que distingue uma casta de uma tribo? Uma tribo, em geral – ou seja, enquanto não se tiver transformado inteiramente em povo migrante ou pária –, tem uma região tribal própria estabelecida. É o que uma casta propriamente dita nunca tem. É bem verdade que, no campo, os membros de uma casta, em fração bastante significativa, vivem separadamente em diferentes aldeias. Mas no mínimo existe ou existia como costume em cada aldeia uma determinada casta à qual cabia com exclusividade o pleno direito fundiário. Nesse caso, porém, ela mantém em seu meio artesãos e operários dependentes. Mas não forma uma entidade territorial local: seria contra a sua natureza. Direta ou indiretamente, uma tribo está unida – ao menos em sua origem – pelo dever de vingança de sangue transmitido por intermédio da estirpe. Uma casta nunca tem algo a ver com isso. Via de regra, uma tribo compreende, em seus primórdios, ocupações econômicas normalmente numerosas, frequentemente – em sua quase totalidade – necessárias e simultaneamente possíveis para cobrir as necessidades. Uma casta pode – pelo menos hoje em dia (e para certas castas superiores já desde tempos muito remotos) – abranger pessoas com ocupações muito diversas. Mas, de qualquer modo, enquanto a casta como tal não se tiver descaracterizado, sempre ficam determinadas de maneira rígida as formas de ocupações permitidas sem perda de filiação à casta. Contudo, com grande frequência ainda hoje em dia, "casta" e "espécie de ocupação" ficam vinculadas reciprocamente de maneira tão estável que

---

18. Expressão originada da língua portuguesa. O antigo nome indiano era "*varna*", isto é, "cor".

qualquer alteração nesse ponto acarreta uma cisão da casta. Na "tribo" não há algo assim. Normalmente, uma tribo compreende pessoas de qualquer posição social. Uma casta, por certo, pode se subdividir em subcastas de *status* extraordinariamente diversos, o que ocorre hoje em dia como regra quase sem exceção, chegando mesmo a várias centenas. Assim sendo, as subcastas podem interrelacionar-se de modo exatamente ou quase como castas diferentes umas das outras. Quando isso de fato ocorre, as subcastas passam a ser castas, na realidade; o nome de casta comum a todas fica, então, com relevância somente – ou, em verdade, quase somente – histórica, servindo apenas – para as já degradadas entre elas – como base para a sua pretensão social de subir ao grau mais alto em relação a terceiras castas. Portanto casta permanece, por sua natureza inseparavelmente ligada ao *status* social, no âmbito de uma comunidade mais ampla. Uma tribo – eis o ponto decisivo – constitui, via de regra e em suas origens, uma associação política. Ou bem, e sempre primariamente, independente. Ou bem como parte integrante de uma associação tribal. Ou também como uma "Phyle", quer dizer, como parte dela, regulamentada por intermédio de uma associação política para objetivos políticos e incumbida de determinadas tarefas e direitos de caráter político: direitos de voto, quotas de participação em cargos políticos, deveres de rotação ou de quotas de natureza política, ligada à economia estatal, leitúrgica [referente a serviços prestados como quitação fiscal]. Uma casta nunca é associação política, embora possa, em casos isolados – como de resto também podem ocorrer em guildas, corporações, estirpes e associações de qualquer natureza –, ser obrigada pela associação política a cumprir deveres leitúrgicos, como talvez tenha ocorrido várias vezes na Idade Média indiana (Bengala). Ela é sempre, por sua natureza, uma associação-parte no âmbito de uma comunidade social, e seu caráter é puramente social e eventualmente profissional. Mas associação-parte dentro de uma única associação política, não necessariamente nem de modo algum regularmente, podendo, pelo contrário, tanto ultrapassar de maneira ampla os seus limites como ficar muito aquém deles. Existem castas que se difundiram por toda a Índia[19], e, hoje em dia, todas as subcastas – mas também a maioria das castas pequenas –, por outro lado, fazem-se presentes apenas em um distrito pequeno. A separação política exerceu, de modo frequente, forte influência sobre a estruturação regional das castas, mas justamente as principais castas permaneceram interestaduais. Quanto ao conteúdo substancial das normas sociais, uma tribo costuma se diferenciar de uma casta pelo fato de que, na primeira, ao lado da exogamia das estirpes, também havia a exogamia do totem e das aldeias, e uma endogamia tinha vigência para a tribo como um todo apenas conforme as circunstâncias, mas de modo nenhum sempre. Ao passo que a casta tem por base essencial o conjunto de regras da endogamia. Regras para comida e comensalidade não são, de maneira nenhuma, características da tribo, mas sim da casta.

Já vimos que, ao perder seus laços territoriais locais [*Bodenständigkeit*] e se tornar um povo migrante ou pária, uma tribo adquire características cada vez mais próximas de uma casta, até atingir a impossibilidade de diferenciar uma da outra[20]. As diferenças restantes serão tratadas no contexto das características positivas das castas. Primeiro, porém, surge a questão: dado que a casta, ao contrário da tribo, costuma ter estreitas relações, por um lado, com o tipo de ocupação, mas, por outro, também com o *status* social, como se rela-

---

19. Dentre as hodiernas castas hindus (castas principais), pode-se dizer que cerca de 25 delas estão espalhadas pela maioria das regiões indianas. Estas compreendem 88 milhões de hindus (de um total de 217 milhões). Encontram-se, entre elas, a par das antigas castas de sacerdotes, guerreiros e comerciantes – brâmanes (14,6 milhões), rajaputros (9,43 milhões), baniya (aproximadamente 3 milhões ou apenas 1,12 milhão, conforme se incluam ou não as subcastas cismáticas) – e da antiga casta dos servidores públicos (escrivães) dos kayasth (2,17 milhões), tanto as antigas castas tribais dos ahir (9,5 milhões) e dos jat (6,98 milhões), como também as grandes castas profissionais impuras dos chamar (operários do couro, 11,5 milhões), a casta sudra dos teli: espremedores de óleo (4,21 milhões), a casta ilustre de artes e ofícios de ourivesaria (sonar, 1,26 milhão), as antigas castas artesanais de aldeães dos kumhar (oleiros, 3,42 milhões) e lohar (ferreiros, 2,07 milhões), a casta de baixo *status* dos camponeses agricultores koli (kuli, derivado de kul, clã, significado próximo a "compadre", 3,17 milhões) e outras classes de diversas origens. Uma comparação direta entre as castas nas diferentes províncias afigura-se extremamente difícil devido à enorme diversidade de denominações de castas e também por causa de algumas diferenças de *status* social dentro de castas obviamente iguais quanto à origem.

20. Os banjari, por exemplo, se organizam nas *Central Provinces*, em parte, como "castas", mas, em Mysore, como "tribo" ("animista"), e exercem em ambos os casos a mesma espécie de ocupação. Casos semelhantes ocorrem com certa frequência.

ciona com associações cujo princípio constitutivo deriva, justamente, por um lado, do seu relacionamento com a associação profissional (guilda, corporação) e, por outro, com o "estamento"? Em princípio, então, o relacionamento com as primeiras. Na Índia, existiam dentro e, às vezes, fora das cidades já nos tempos do desenvolvimento urbano, ou seja, na era do surgimento das grandes religiões salvacionistas – e, como veremos, não sem conexão com estas –, "guildas" de comerciantes, ofícios com atividades de comerciantes, ou seja, com vendas próprias, e também "corporações" artesanais que, em parte, perduram ainda hoje. Durante sua fase de prosperidade, a posição das guildas era perfeitamente igual à encontrada nas cidades da Idade Média no Ocidente. A associação das guildas (o Mahajan, literalmente igual a *popolo grasso*) se defrontava, por um lado, com os príncipes e, por outro, com os artesãos economicamente dependentes, mais ou menos como, no Ocidente, as grandes corporações de letrados e comerciantes tinham pela frente as corporações de artesãos de baixo nível (*popolo minuto*). Também havia associações desses últimos (do "panch"). E, além disso, talvez não tenha faltado de todo nos estados patrimoniais emergentes a corporação leitúrgica a modo da egípcia ou da romana tardia. Mas o específico, propriamente dito, da Índia foi que esses primórdios de organização em guildas e corporações urbanas não desembocaram na autonomia da cidade à maneira do Ocidente nem, após a emergência dos grandes Estados patrimoniais, na organização social e econômica dos territórios nos moldes da "economia territorial" do Ocidente, mas sim no fato de que o sistema hindu de castas – cujos primórdios seguramente remontam a tempos ainda mais antigos – tornou-se o único sistema dominante, depois de suplantar completamente aquelas organizações, deixar que estiolassem ou impedir que alcançassem pelo menos uma relevância digna de nota. Mas esse sistema de castas é, por seu "espírito", algo totalmente diverso de um sistema de guildas e corporações.

Também as guildas e as corporações do Ocidente cultivaram interesses religiosos. A questão do *status* social lhes era de relevância igualmente considerável, sobretudo nesse contexto. Por exemplo: qual era a ordem hierárquica a ser observada pelas corporações nas procissões? Sob certas circunstâncias, essa questão era debatida até de forma mais acirrada do que em relação a interesses econômicos. E mais: numa corporação "fechada", ou seja, com um contingente fixo para postos remunerados, a posição de mestre era hereditária e havia associações análogas a guildas ou delas derivadas, nas quais o direito de filiação constava como objeto de hereditariedade. No período tardio da Antiguidade, a filiação a corporações leitúrgicas constituía até mesmo um dever hereditário compulsório, como o do vínculo do servo à gleba. E por fim, também na Idade Média ocidental, havia artes e ofícios "desonestos", religiosamente desclassificados, correspondentes às castas "impuras" da Índia. Mas isso em nada diz respeito à diferença fundamental entre associação profissional e casta.

De saída: o que para aquelas é, em parte, exceção e, em parte, consequência fortuita, para a casta é o ponto fundamental propriamente dito. É esse o caso da distância mágica das castas em seu relacionamento recíproco. Ainda em 1901, nas *United Provinces*, cerca de 10 milhões de pessoas (de um total de 40 milhões) pertenciam às castas em que o mero contato físico causava mancha ritual; já na *Madras Presidency*, a simples aproximação de aproximadamente 13 milhões de pessoas (de um total próximo de 52 milhões) causava infecção já a partir de uma certa distância variável, inclusive sem contato direto. Para guildas e corporações da Idade Média, pelo contrário, não havia absolutamente nenhuma barreira ritual entre diferentes guildas e artesãos, com exceção – como já mencionado – da pequena camada de "gente desonesta": povos párias ou operários párias (como o esfolador e o carrasco), que, devido a essa peculiar posição social, eram sociologicamente parecidos com as castas impuras indianas. Havia barreiras factuais para o conúbio entre profissões de diversa estimação social, mas não barreiras rituais, que, no caso da casta, são absolutamente essenciais. Também inexistiam totalmente – no âmbito das pessoas "honestas" – as barreiras rituais para a comensalidade, que também estavam entre as diferenças básicas entre castas. A hereditariedade da casta é outro ponto essencial à mesma. E esta não era nem é apenas consequência do contingenciamento das chances monopolizadas de atividades remuneradas restritas a um número máximo de postos, como o era, por exemplo, no caso das corporações absolutamente fechadas do Ocidente, que, numericamente, nunca foram predominantes. Tal contingenciamento havia e ainda há, em parte, também nas castas profissionais indianas. Mas em maior número não nas cidades, e sim nas aldeias. Entretanto, justamente nas aldeias, o contingenciamento, quando vigente, não se relaciona com uma organização de "corporação", que nem mesmo o necessita. Pois os artesãos típicos das aldeias indianas eram e ainda são – como veremos – gente da aldeia em colocações hereditárias com remuneração em naturais ou em dinheiro (respectivamente, *Instleute* e *Deputatleute*, como se diz em alemão oriental). A maioria das castas, embora não sua totalidade, garantia a cada um de seus membros um ganha-pão, de modo semelhante ao de nossos mestres artesanais. E nem todas as castas monopolizavam um ramo artesanal – como o fazia a corporação – ou, no mínimo, o aspirava. A corporação do Ocidente, pelo menos na Idade Média, baseava-se, via de regra, na livre-escolha do mestre-instrutor e, assim, possibilitava a transição dos filhos para outras profissões, justamente o que na casta falta. Essa é a diferença fundamental. Enquanto, por um lado, nas corporações, o grau de oclusão perante o mundo externo aumentava na medida em que se reduzia a margem de manobra para ocupações remuneradas, o que se observa nas castas é, com frequência, o contrário: elas conseguem manter com maior facilidade a conduta de vida prescrita ritualmente e, portanto, sua ocupação herdada exatamente em condições propícias para a margem de renda. Mas uma outra diferença é ainda mais importante.

No Ocidente, as associações profissionais da Idade Média encontravam-se, com frequência, em veemente combate umas contra as outras. Contudo também manifestavam, paralelamente, a tendência para a fraternização mútua. A *mercanzia* [mercadoria] e o *popolo* [povo] na Itália, a "burguesia" no norte, eram, via de regra, associações de profissões. O *capitano del popolo*, no sul, e o burgomestre (nem sempre, mas tampouco raramente), no norte, eram, em seu específico sentido originário, os cabeças de uma aliança juramentada das associações profissionais, a qual se apropriava, legal ou ilegalmente, do poder político. Independentemente de corresponder ou não à forma jurídica, a cidade da fase avançada da Idade Média, na configuração política que continha suas principais características sociológicas peculiares, baseava-se, *de maneira categórica*, na fraternização de seus cidadãos economicamente ativos, fraternização esta que se realizava, na maioria das vezes, em moldes corporativos, do mesmo modo que a pólis antiga, por sua própria natureza específica intrínseca baseada na fraternização da associação de defesa armada e da estirpe. Note-se bem: na "fraternização". Com efeito, não era de importância secundária o fato de que qualquer fundação de cidade no Ocidente, tanto na Antiguidade quanto na Idade Média, tenha ocorrido concomitantemente com a instituição de uma comunidade cultual dos cidadãos; tampouco tinha menos importância o fato de que a refeição comunitária dos pritanos, as tavernas das guildas e corporações, assim como suas procissões comunitárias na direção da igreja, tinham tanto destaque nos documentos oficiais das cidades ocidentais, bem como o fato de que os cidadãos medievais tinham sua forma de comensalidade, pelo menos em sua mais solene configuração: a celebração da Santa Ceia. Toda e qualquer fraternização, em qualquer época, pressupunha a comensalidade. Não a cotidiana, real, mas sim a sua possibilidade ritual. E é justamente o que a ordem das castas exclui. Fraternização plena[21] de castas era e ainda é impossível, porque pertence aos princípios constitutivos das castas o de que, pelo menos em sua plenitude, a comensalidade entre castas diferentes encontre barreiras ritualmente invioláveis[22]. O simples olhar dirigido a uma refeição de um brâmane por um homem de casta inferior é suficiente para manchar ritualmente o primeiro. Por ocasião da mais recente crise generalizada de fome[23], a administração inglesa

---

21. Aqui também, como em qualquer fenômeno sociológico, o contraste não é absoluto nem sem transições, mas sim de características "essenciais", que, no desenrolar da história, se tornaram decisivas.

22. Ocorrências de comensalidade plena entre castas diferentes são, neste contexto, realmente apenas confirmações da regra. Dizem respeito, por exemplo, à comensalidade entre certas subcastas de rajaputros e brâmanes baseada no fato de que, desde antigos tempos, os últimos eram os sacerdotes das famílias dos primeiros. Cf. nota 19.

23. Uma casta inferior bengalesa (os kallars) surgiu como própria de pessoas que, na crise alimentar de 1866, haviam transgredido tanto as leis rituais quanto as das refeições, sendo, por conseguinte, excomungadas: dela separou-se a minoria dos que se tornaram culpados da infração somente pelo preço de 6 seers [medida de peso] por rupia, tornando-se a subcasta dos que cometeram o sacrilégio já pelo preço de 10 seers por rupia.

mandou construir cozinhas populares abertas para o público em geral, fato que se refletiu nas estatísticas: pessoas empobrecidas de todas as castas, em sua situação de carência, frequentaram as referidas cozinhas, apesar de que, obviamente, estas eram duramente desprezadas sob o ponto de vista ritual por pessoas de outras castas. Mas, ainda naquele tempo, as castas rigorosas não se contentavam com a possibilidade de limpar essa mancha mágica por penitência ritual. Contudo conseguiram impor, sob ameaça de excomunhão contra os participantes, que fossem contratados cozinheiros de casta superior, cujas mãos eram consideradas ritualmente limpas por todas as castas; e frequentemente também impunham que, além disso, se marcasse o espaço de cada casta ao redor das mesas com traços de giz ou outros meios, de modo a criar uma espécie de *chambre séparée* [*sic*] simbólica para cada casta. Deixando de lado o fato de, ante a iminente morte por inanição, qualquer poder mágico fracassar, por mais forte que fosse, frise-se aqui que, em casos tão extremos, toda religião rigorosamente ritualística – como a indiana, a judaica e a romana – tem aptidão para abrir ritualmente uma porta de emergência. No entanto, desse ponto até a possibilidade de comensalidade e fraternização como a registrada no Ocidente, há um caminho muito longo a percorrer. Encontramos, por certo, na era do surgimento dos reinos, o fato de que o rei convidava para sua mesa as diferentes castas, inclusive a dos sudras. Mas, pelo menos na versão clássica, elas tomam assento em salas separadas, e o fato de uma casta pretensamente de vaixiás ter sido posta junto com sudras ocasionou, no Vellala Charita, um célebre conflito (semilendário), a ser tratado mais tarde.

Agora voltemos nosso olhar para o Ocidente. Na Carta aos Gálatas II (12, 13ss.), o Apóstolo Paulo repreende o Apóstolo Pedro por haver este tomado assento junto a incircuncisos, mas depois ter-se separado deles por influência do pessoal de Jerusalém, e acrescenta que "com ele fingiam os demais judeus". O fato de essa objeção de hipocrisia ter sido feita sem ser refutada, e que o foi justamente a este apóstolo, deixa, por si só, tão claro quanto o próprio episódio em si a alta relevância dada ao ocorrido pelos primeiros cristãos. De fato, a detonação das barreiras rituais vigentes para a comensalidade teve o significado de detonação de um gueto voluntário com efeito muito mais radical do que o de um gueto forçado: fim da situação de povo pária do judaísmo imposta pelo rito, por conseguinte o surgimento da "liberdade" cristã, por Paulo triunfalmente celebrada repetidas vezes, o que queria dizer: universalidade internacional e interestamental de sua missão. A abolição de todas as barreiras rituais de nascença, tal como efetivada em Antioquia para a comunidade eucarística, também foi – no que diz respeito às precondições religiosas – a hora da concepção da "burguesia" no Ocidente, em que pese seu nascimento só se ter efetivado mais de um milênio mais tarde, em meio às *conjurationes* revolucionárias das cidades medievais. É que, sem a comensalidade – ou, dito na linguagem cristã, sem a Santa Ceia em comum –, não teriam sido possíveis, de modo algum, nem uma fraternidade juramentada, nem uma burguesia urbana de tipo medieval. A ordem de castas da Índia constituía para tal – ao menos se tentada apenas por força própria – um empecilho insuperável. Entre as castas não só existem essa separação ritual externa[24], mas também, via de regra, mesmo na ausência de interesses econômicos conflitantes, profundíssima estranheza recíproca, muitas vezes ciúme mortal e, de um modo geral, inimizade, por estarem – ao contrário das associações profissionais do Ocidente – focadas unicamente no *status* social". Independentemente do papel reservado, no Ocidente, para questões de etiqueta e *status* social (amiúde bastante considerável) pelas associações profissionais, nunca tais questões se exasperaram a ponto de atingirem aquele grau de relevância ancorada na religião que tinham para o hindu. As consequências dessa diferença são muito importantes também no aspecto político. Graças à sua grande solidariedade, a união das guildas indianas – o mahajan – tinha um poder tão intenso que os príncipes eram fortemente constrangidos a levá-lo em conta de forma ampla. Dizia-se assim: "O príncipe tem de reconhecer o que de misericordioso ou cruel as guildas fazem para o povo". Em troca de

---

24. O fato de um Nabob de Bankura ter procurado, a pedido de um chandala, obrigar a casta de karnakar (operários metalúrgicos) a comer com ele, fez com que (segundo a lenda original dos mahmudpurias) parte da casta fugisse para Mahmudpura, onde formou uma subcasta própria, com aspirações sociais mais elevadas.

empréstimos em dinheiro, as guildas adquiriam dos príncipes privilégios que nos lembram a situação em nossa Idade Média. Os schreschti (anciãos) das guildas estavam entre os proeminentes mais poderosos e gozavam de um *status* social à altura da nobreza guerreira e sacerdotal de seu tempo. Nas regiões e nas épocas em que reinavam essas condições, o poder das castas não se encontrava em estágio desenvolvido, por estar parcialmente inibido e abalado pelas religiões salvacionistas, inimigas dos brâmanes. A reviravolta, posteriormente ocorrida, em favor da dominação exclusiva por parte do sistema de castas viria a aumentar não somente o poder dos brâmanes, mas também o dos príncipes, acabando com o das guildas. As castas excluíam toda e qualquer solidariedade ou fraternidade poderosa em termos políticos da burguesia e dos ofícios. O príncipe que, das castas por ele consideradas mais importantes, levasse em conta as respectivas tradições rituais e pretensões sociais daí derivadas, adquiria a capacidade de não somente jogá-las umas contra as outras – como de fato ocorria –, mas também de se livrar de qualquer temor ou ameaça da sua parte, particularmente se contava com os brâmanes a seu favor. Eis por que, já agora, não é difícil adivinhar quais eram os interesses políticos que desempenharam um papel na reviravolta do sistema de castas, o qual, durante algum tempo, esteve, aparentemente, no limiar de um desenvolvimento urbano de tipo europeu, e que mudaram o rumo da estrutura social da Índia, subtraindo-lhe qualquer possibilidade para um desenvolvimento em moldes ocidentais. O contraste – de fundamental importância – entre, por um lado, "casta" e, por outro, "corporação" ou "guilda", ou qualquer "associação profissional", repercute de maneira convincente nessas diferenças de alcance histórico universal.

Portanto, se comparada com uma "corporação" ou qualquer outro tipo de simples associação profissional, a casta é fundamentalmente heterogênea, e, se está intrinsecamente ligada ao *status* social, cabe-nos agora perguntar como se relaciona com o "estamento", que também encontra lá sua natureza intrínseca. O que é um "estamento"? "Classes" são grupos de seres humanos cuja situação econômica, quanto a determinados interesses, é da mesma espécie. A posse ou não posse de bens materiais ou qualificações para o trabalho de certo tipo constituem a "situação de classe". "Estamento" é uma qualidade de honra ou desonra social, e é tanto condicionada quanto expressa, principalmente em determinada espécie de conduta na vida. Honra social pode prender-se diretamente a uma situação de classe e, na maioria dos casos, também ser condicionada, de algum modo, entre outros fatores, pela situação média da classe social dos demais membros do estamento. Só que não é necessariamente esse o fato. Pertença ao estamento, por outro lado, influi por si mesma a situação de classe conforme a preferência conferida a determinados tipos de posse ou de ocupação econômica por uma conduta de vida correspondente ao estamento e por esta rejeitada a outros. Um estamento pode ser fechado ("estamento de nascença") ou aberto[25]. Por conseguinte, casta constitui, indubitavelmente, um estamento fechado, na medida em que todos os deveres e limites decorrentes da pertença a tal estamento também sejam válidos para ela e, notadamente, de forma ampliada ao extremo. O Ocidente conhecia estamentos juridicamente fechados, no sentido de que neles inexistia a possibilidade de conúbio com membros não pertencentes ao estamento. Mas, via de regra, apenas na medida em que um casamento contraído mesmo apesar da proibição constituía um "casamento ruim" [*Mißehe*], com a consequência de que a prole seguia a "mão ruim" [*ärgere Hand*]. Na Europa, essas barreiras estamentais são conhecidas no âmbito da alta nobreza. Os Estados Unidos da América as têm nos estados do sul entre brancos e pretos (inclusive todos os mestiços). Aqui, porém, no sentido de que o casamento em si é juridicamente inadmissível, sem falar no boicote social que acarretaria. Quanto à casta hindu, abomina-se, hoje em dia, de modo geral, não só o casamento entre castas diferentes, mas também entre diferentes subcastas. Mestiços oriundos desse tipo de casamento pertencem, já nos Livros Jurídicos, a uma casta inferior à de cada um dos genitores e nunca farão parte de uma das três castas superiores ("renascidas"). Mas a situação era outra na

---

25. Seria incorreto apresentar, como segunda alternativa, um "estamento profissional". O aspecto decisivo nunca é a "profissão", e sim a "conduta de vida". Esta poderá exigir uma determinada prestação profissional (serviço militar, por exemplo), mas sempre continua decisivo o tipo de prestação profissional conforme as exigências da conduta de vida (por exemplo, serviço militar de cavaleiros, em vez de serviço militar de mercenários).

Antiguidade ainda mai. remota e hoje em dia ainda o é em castas importantes. Atualmente, às vezes, constata-se o conúbio em pleno sentido entre subcastas da mesma casta e, em casos isolados, também entre castas socialmente equiparadas[26]. Na Antiguidade mais afastada, isso era, sem dúvida, ainda mais frequente. Mas sobretudo é óbvio que, de modo geral, originalmente, não se rejeitava o conúbio como tal, mas sim a hipergamia[27]. O casamento de uma moça de casta superior com um varão de casta inferior era considerado pela família da moça como ofensa à honra estamental, porém não a posse de uma mulher de casta inferior, e os filhos desta não eram degradados, mas, em questões hereditárias, eram prejudicados apenas parcialmente e por normas jurídicas elaboradas depois (como ocorrido também em Israel e outros lugares, onde só mais tarde surgiu uma norma jurídica regulamentando a sentença de que "em Israel, filhos de mulher serva" – e de estrangeira – "não deviam receber herança"). Entre homens de camadas superiores, economicamente habilitadas para a poligamia, o interesse em legalizá-la perdurou também em épocas nas quais já não subsistia a carência de mulheres causada pelas invasões de guerreiros conquistadores e que em toda parte constrangia aos casamentos com as filhas de subjugados. Mas daí seguiu-se que, por um lado, as moças de subcastas dispunham de um grande mercado nupcial, tanto maior quanto mais baixa a casta, ao passo que, por outro lado, as moças de castas superiores só o tinham nos limites de sua casta e, ainda por cima, sem ser assegurado de maneira monopolística, devido à concorrência das moças de castas inferiores. Esse fato acarretou, como consequência da demanda, que a mulher de castas inferiores tivesse um alto preço nupcial – gerando, inclusive, como consequência do encarecimento das mulheres, em parte, a

---

26. É o que ocorreu, como consta do Relatório Geral de Gait para 1911 (*Census Report*, vol. I, p. 378), entre as castas de *status* igualmente ilustres baidya e kayast, em Bengala, assim como entre kanets e khas, no Panjab, e, em alguns casos, entre brâmanes e rajaputros, e entre sonar e nnais com kanets. É permitido a agricultores enriquecidos da casta dos maratas desposar mulheres dos maratas, desde que ofereçam dote suficiente.

27. Isso ainda subsiste no Panjab entre rajaputros tão intensamente que são compradas até moças da casta chamar.

poliandria[28] – e, nas castas superiores, pelo contrário, maiores dificuldades para a venda de moças a um noivo à altura do *status* estamental, de modo que, quanto mais difícil a venda, tanto mais seu malogro tinha a avaliação de vergonha para moças e pais. Assim, o noivo tinha de ser conquistado pelos pais ao custo de dotes exorbitantes, e a obtenção do mesmo (por mediadores matrimoniais) se tornava desde a mais tenra idade a principal preocupação deles, até chegar-se, afinal, ao ponto de considerar "pecado" uma jovem chegar à puberdade sem ter se casado[29]. Eis por que, a par do casamento de crianças[30], a matança de moças, de outra forma produto da oportunidade de rendas típicas para populações pobres, era aqui justamente um instituto das castas superiores[31]. Tudo isso mostra que, no que tange ao conúbio, a casta levava ao extremo os princípios "estamentais". Hoje em dia, a hipergamia con-

---

28. Não um supostamente "primitivo resíduo de casamento grupal", mas sim a criação de cartéis matrimoniais entre aldeias ou entre associações especiais: golis, como as encontradas várias vezes, por exemplo, nas castas vania (de comerciantes) em Gujarat, mas também em castas de agricultores, constitui um contragolpe contra a hipergamia dos ricos e dos moradores urbanos, que fez encarecer o preço nupcial para estamentos médios e moradores do campo. O fato de que, na Índia (*Census Report*, 1901, XIII, p. I, p. 193), uma aldeia se concebe a si mesma em sua totalidade – *nesta compreendidas as castas impuras* – como mutuamente "aparentada", de modo que o noivo a ela filiado por matrimônio passa a ser tratado por todos como "genro" e pela geração mais idosa como "tio", deixa evidente que, aqui ou em qualquer outro lugar, isso simplesmente nada tem a ver com origem a partir de um "matrimônio grupal primitivo".

29. Esse fato provocou consequências grotescas, tais como a práxis matrimonial dos brâmanes kulin, que alcançou certa celebridade. Altamente cobiçados, os homens dessa casta resolveram fazer disso um negócio que consistia em desposar a moça *in absentia* a pedido por contrato e contra pagamento, de modo que a moça assim escapava da vergonha ligada à virgindade, mas permanecia na sua família e só tinha a ocasião de ver o noivo quando este fortuitamente, por motivo de negócios ou outros, passasse pelo lugar em que ele tivesse uma (ou mais) dessas "esposas" lá morando. Na ocasião, ele apresenta ao sogro seu contrato e então recebe dele sua "hospedagem" – e ainda por cima o desfrute da moça gratuitamente, por ser esta considerada sua "legítima" esposa.

30. Daí resultaram, na Índia, fenômenos tais como 1º) o celibato de meninas enviuvadas já na idade dos cinco aos dez anos (permanecendo viúvas a vida inteira) e o subsequente suicídio de viúvas – suscitado, aqui como alhures, pelo costume dos cavaleiros de entregarem ao senhor morto suas posses pessoais e sobretudo suas esposas; 2º) e também o casamento prematuro condicionava a alta mortalidade puerperal.

31. Nomeadamente, dos rajaputros. Apesar das rigorosas leis inglesas (de 1829), ainda em 1869 foram encontradas em 22 aldeias de Rajputana apenas 23 moças, contra 284 rapazes. Em 1836, um Censo em várias regiões dos rajaputros revelou não haver nenhuma moça viva em idade acima de um ano (em cada grupo de 10 mil almas!).

tinua vigente como regra geral apenas dentro da mesma casta, e mesmo nesse caso constitui uma especialidade da casta dos rajaputros e de algumas castas próximas a esta social ou geograficamente desde a Antiguidade (como bhat, chattri, karwar, gujar, jat). Mas, na casta, a regra é a estrita endogamia, que só é desrespeitada graças aos cartéis matrimoniais da endogamia da subcasta.

Algo semelhante ocorre no que diz respeito à comensalidade. Um estamento não cultiva nenhum contato social com outro de *status* social inferior. Nos estados meridionais dos Estados Unidos da América, o contato de um branco com um preto acarretaria o boicote social do primeiro. Vista na perspectiva do "estamento", a "casta" significa maior fechamento social e transposição de si própria para o âmbito religioso ou, antes, mágico. Os antigos conceitos de "tabu" e sua versão social – particularmente difundida na vizinhança geográfica da Índia – com certeza forneceram material para tanto. Outrossim contribuíram o ritualismo totemista adotado, assim como, por fim, concepções de impureza mágica, própria de certas formas de lidar disseminadas de alguma forma por toda parte, embora com conteúdo e intensidade bem variáveis. As regras hindus para as refeições não são de natureza muito simples nem dizem respeito apenas à questão de saber 1º) o que se pode comer e 2º) com quem é permitido sentar-se à mesma mesa – o que, na maioria dos casos, fica estritamente limitado a pertencentes a igual casta –, mas incluem também, e principalmente, questões ulteriores como: 3º) sobre a mão de quem se poderá aceitar determinado tipo de comida – quer dizer, na prática, sobre quem (sobretudo em casas ilustres) se poderá utilizar como cozinheiro –; e 4º) sobre quem deverá impedir-se até de lançar um mero olhar para a comida. Quanto à terceira regra, há uma diferença no que se refere à comida e à bebida, conforme se trate, ou pratos em água e cozidos em água (kachcha) ou pratos cozidos em manteiga derretida (pakka). As primeiras são de longe mais exclusivas. Em sentido mais estrito, as normas da comensalidade propriamente dita também têm a ver com a questão: de saber com quem é permitido fumar (o que, originalmente, era feito circulando o mesmo cachimbo e permanecendo, portanto, dependente do grau de pureza ritual do parceiro). No entanto, todas essas regras pertencem a uma só e mesma categoria no âmbito de uma classe muito mais ampla de normas; todas elas, igualmente, são elementos característicos "estamentais" do *status* ritual próprio da casta. Assim como o *status* social de todas as castas depende de quem são as mais altas castas – no caso das castas hindus, em última instância, sempre: os brâmanes recebem kachcha e pakka, com quem tomam a refeição e fumam juntas, assim também é de igual importância, e com ela conectada, naturalmente, a questão de saber: se quem assume o serviço religioso dos membros de uma casta é um brâmane e a qual das subcastas pertence (pois estas são avaliadas em graus acentuadamente divergentes). E do mesmo modo como o brâmane é certamente a última instância – embora não a única –, cujo comportamento em questões de comensalidade determina o *status* social de uma casta, assim também ocorre no que se refere a essas questões. O barbeiro de uma casta ritualmente pura presta seu serviço sem qualquer condição apenas para determinadas castas. Para outras, ele afeita a barba e atua como "manicuro", mas não como "pedicuro". E a outras mais ele nem atende. Assim também outros ofícios assalariados, como o lavadeiro, por exemplo. A comensalidade, com várias exceções, costuma vincular-se mais à casta, o conúbio quase sempre à subcasta, geralmente a essa última – mas com exceções – o serviço prestado por sacerdotes e ofícios remunerados.

A ordenação do *status* social nas castas em geral

O que foi exposto deve ser suficiente para mostrar o extraordinário grau de complexidade próprio das relações de *status* das castas e simultaneamente, também, aquilo que as diferencia de uma ordem estamental costumeira. Trata-se – em medida altíssima e sequer aproximadamente alcançada alhures – de uma ordem estamental orientada ritual e religiosamente, à qual se poderia dar o nome de "eclesiástico-estamental", caso a expressão "igreja" não fosse (como vimos) inaplicável ao hinduísmo.

Quando o Censo empreendeu a tentativa de ordenar segundo a respectiva posição do *status* social das 2 a 3 mil hodiernas castas hindus – número variável conforme a contagem –, foram divididas as administrações provinciais [*presidencies*] em grupos diferenciáveis de acordo com as suas características, dentre os quais: em primeiro lugar, os brâmanes; em seguida, uma série de castas que – com ou sem razão – reivindicam pertencer de direito às outras castas denominadas pela doutrina clássica como "renascidas", isto é, as castas xátrias e vaixiás, as quais, como sinal de pertencimento, tinham o direito de cingir-se com a "cintura sagrada" – um direito que apenas recentemente voltou a ser reivindicado por algumas dentre elas, mas que, segundo as castas bramânicas de *status* mais antigo, só caberia a uma parte das mesmas. Na medida em que é admitido para uma casta, esta passa a ser considerada ritualmente "pura", sem ressalvas. Dela, brâmanes de casta elevada aceitam comida de qualquer espécie. Segue-se, geralmente, um terceiro grupo de castas classificadas entre os satsudras, ou seja, os sudras "bons" da doutrina clássica ("puros", *clean Sudra*). Na Índia Setentrional e Central, elas constituem as jalacharaniya, isto é, castas nas quais é permitido fornecer água a um brâmane, que a bebe da *lota* (chaleira) a eles pertencente. A seguir vêm castas cuja água, na Índia Setentrional e Central, um brâmane nem sempre bebe (por eventual recusa alegada conforme seu *status*) ou nunca bebe (jalabyabaharya); às quais um barbeiro de casta alta não necessariamente atende (e nunca como pedicuro); cujas roupas o lavadeiro não lava; embora não sejam consideradas pelo ritual como absolutamente "impuras": são as dos sudras comuns da doutrina clássica. Finalmente, as castas consideradas "impuras" e, por isso, excluídas da possibilidade de entrar em qualquer templo e de receber serviços de brâmanes e barbeiros, obrigadas a morar fora do perímetro da aldeia e que causam contágio ao tocarem alguém ou mesmo, na Índia Meridional, já à distância (que junto aos Parayans pode atingir 64 pés): correspondem às classes que, pela doutrina clássica, se originam do ato sexual praticado por pertencentes a diferentes castas. Ulteriores escalonamentos de *status* das castas poderão ser realizados dentro dessa classificação em grupos, desde que feitos razoavelmente em suas grandes linhas, mas não em toda parte, tampouco de modo uniforme, e sim com notáveis rupturas, sob a condição de aplicar-se um espectro extremamente amplo de características: conforme a correição da práxis de vida observada no interior das castas superiores no que se refere à organização da estirpe, à endogamia, ao casamento de crianças, ao celibato de viúvas, à cremação de defuntos, ao sacrifício aos ancestrais, à comida e à bebida, às relações com castas impuras. E, dentro das castas inferiores, conforme o *status* dos brâmanes que ainda se declaram dispostos ou já não dispostos a prestar-lhes serviço, e também conforme a disposição de castas outras que dos brâmanes a aceitarem ou não água da respectiva casta[32]. Para tanto, o aspecto decisivo quanto ao *status* da casta e, portanto, um sintoma – mas um sintoma precário – consiste na permissão ou na recusa de carne, ao menos de carne bovina. Para todas as castas, entretanto, o aspecto determinante é sobretudo o tipo de ocupação e remuneração com as mais abrangentes consequências para conúbio, comensalidade e ordem de *status* ritual – sobre isso, comentaremos mais tarde. Além disso, há uma grande quantidade de características isoladas[33]. Nessas condições, evidentemente, não é possível estabelecer uma lista ordenada de *status* para todas as castas indianas. E isso já por motivos de ordem local, pois o *status* social da casta é totalmente diverso de um lugar para outro e somente parte das castas está espalhada universalmente, ao passo que uma parte muito ampla tem presença apenas no âmbito local, de modo a tornar impossível a constatação a nível interlocal de uma ordem de *status* entre as castas. Além disso, porque no interior de cada casta – sobretudo no caso das de grau superior, mas também das de grau médio – existem, nas suas subcastas, diferenças de *status* tão marcantes que não raro algumas poderiam colocar-se bem abaixo de uma casta que,

---

32. Em todos esses casos, não é raro que castas inferiores sejam mais rigorosas em suas exigências do que castas consideradas superiores a elas. A extraordinária variedade dessas regras de graduação de *status* impede qualquer ulterior detalhamento a respeito.

33. Nesse sentido, os makishya kaibarthas rejeitam cada vez mais a comunidade com os chasi kaibarthas (em Bengala) devido ao fato de que esses últimos vendem seus produtos (agrícolas) *pessoalmente* no mercado, ao passo que os primeiros, nao. Outras castas são vistas como desclassificadas pelo fato de que suas mulheres participam das vendas em loja e também porque, de um modo geral, a atividade feminina na economia é considerada como especificamente plebeia. A constituição social e de trabalho na economia agrícola está muito condicionada por diversas formas de lidar consideradas, simplesmente, degradantes. O *status* da casta é amiúde determinante para a utilização ou não utilização econômica de quais e quantos bois, cavalos ou outros animais de tração e transporte (por exemplo, o número de bois utilizados determina o *status* da casta de espremedores de óleo).

de resto, seria considerada inferior. Daí surgiu a dificuldade básica: qual é a unidade que, em última instância, se deve avaliar como "casta"? Pois dentro de uma única casta, isto é, no interior de um grupo assim considerado segundo a tradição hinduísta, não existe, necessariamente, nem conúbio – como é bem mais o caso em algumas poucas castas, e nelas não sem reservas – nem comensalidade completa sempre. A unidade endogâmica é, de longe, predominantemente, a "subcasta", e algumas castas têm centenas de subcastas. Essas subcastas são associações delimitadas e especificamente classificadas seja por critérios apenas locais (no âmbito de um perímetro mais amplo, de tamanho variável), seja, paralela ou alternativamente, por sua pretensa ou verdadeira origem, por tipo de atividade profissional anterior ou atual; ou são associações delimitadas e especificamente classificadas por outras diferenças referentes à conduta de vida que se concebem como partes da casta e adotam o nome desta ao lado do próprio, seja porque dela se originaram por cisão da casta ou, vice-versa, por se terem agregado a ela por meio de recepção ou por se terem legitimado mediante usurpação do *status*. Somente elas, na verdade, estão regulamentadas e – na medida em que existe uma organização de casta – organizadas de maneira unificada em sua conduta de vida. A casta propriamente dita não raro reflete quase exclusivamente a pretensão social levantada por tais associações fechadas, e ela própria é, muitas vezes – mas nem sempre –, seu regaço materno e abarca, em algumas ocasiões – mas raramente –, certas organizações comuns a algumas subcastas e, de modo mais frequente, certas características de conduta de vida tradicionalmente comuns à casta em sua totalidade. Não obstante, a unidade da casta é, via de regra, uma realidade a par da subcasta. Não somente matrimônio e comensalidade realizados fora da casta são punidos, em geral, com maior severidade do que entre membros de uma subcasta da mesma casta, mas, dado que as subcastas se recompõem mais facilmente, com certeza os limites entre estas serão mais instáveis, ao passo que os existentes entre comunidades já vigentes como castas são mantidos com rigidez extraordinária.

Mesmo desconsiderando essas dificuldades, a ordem de *status* das castas era e é, frequentemente, impossível de fixar de forma nítida sem ter sido contestada e mutável. A tentativa empreendida pelo Censo de 1901 não se repetiu por ter causado irritação e mal-estar inteiramente desproporcionais ao resultado obtido, pois ele deu o sinal de partida para uma competição das castas por *status* social e respectivas "provas históricas": isso suscitou refutações e protestos de toda espécie. Tudo isso fez surgir uma literatura nada desprezível e, em parte, instrutiva. As castas afetadas por um posicionamento questionado de seu *status* procuravam utilizar o Censo para sua confirmação e – como se exprimiu um relator censitário – para utilizar a Repartição Censitária como uma espécie de Ofício de Arautos. Surgiram, assim, as mais espantosas reivindicações de *status*. Assim, por exemplo, os Tschandala bengaleses, membros da mais baixa casta, supostamente formada por mestiços filhos de mulheres brâmanes com homens sudras – na verdade, um povo migrante bengalês hinduizado –, rebatizaram seu nome para Namasudra, na tentativa de "comprovar" sua descendência de uma casta pura e, em definitiva, até mesmo de sangue bramânico. Mas abstraindo desses casos, diversas tribos antigamente de mercenários e assaltantes, que desde a pacificação do país levavam uma vida tranquila como membros de castas de agricultores, aproveitaram a oportunidade para arvorar-se em xátrias, brâmanes não reconhecidos (sacerdotes anciãos da tribo) reiteraram suas pretensões, toda espécie possível de castas ligadas a atividades comerciais reclamaram reconhecimento como vaixiá, tribos animistas exigiram registro como castas – até do mais alto *status* possível – e algumas determinadas seitas – como já mencionado anteriormente – procuraram reinserção na ordem estrutural da sociedade hindu.

Certamente, nunca se tinha visto um tumulto assim em assunto de *status*, tal como o ensejado pelo Censo. Mas nunca o passado ficou livre de convulsões quanto à ordem hierárquica do *status* social das castas. E quem resolvia tais contendas por *status* social? E perguntemos, nesse mesmo contexto, quem decidia sempre que se tratasse fundamentalmente de assuntos de castas, uma área de problemas cuja abrangência também desejamos simultaneamente conhecer? Já se disse, de modo geral, que, pela teoria, os brâmanes gozam ainda hoje de autoridade decisiva em questões de ordenamento do *status* de castas. Desde sempre, questões de *status* em banquetes oficiais com participação prevista de brâmanes precisavam de solução correta. Não obstante, desde tempos antigos, os brâmanes não estavam em condições de, sozinhos, darem conta dos problemas. Em épocas passadas, ainda antes das conquistas por estrangeiros, quem decidia questões de *status*, tanto quanto se sabe, era sempre o rei ou seu servidor ritual, ele próprio um brâmane ou ao menos alguém que buscava o conselho de um brâmane conhecedor da matéria. Mas há um suficiente número de fatos em que reis indianos, por iniciativa própria, desclassificavam com todas as formalidades certas castas ou delas expulsavam indivíduos, inclusive brâmanes – o que, por certo, suscitava com frequência nos atingidos a sensação de terem sofrido uma ingerência ilegal em direitos justamente adquiridos e, nas castas degradadas, muitas vezes contestações sustentadas durante séculos, mas geralmente aturadas pelos brâmanes. E também a ordem original ou a reordenação do *status* da casta em vastíssimas regiões, como na região de Bengala Oriental, por exemplo, sob a dinastia Sena, permaneciam formal e – ao que parece – substancialmente nas mãos do rei, aconselhado por brâmanes imigrados por convocação dele próprio. Entretanto isso também valia em ampla abrangência no atinente a decisões sobre determinados deveres de casta. Sob o último grande governo nacional indiano, o dos maratas (século XVIII/XIX), as respostas dos brâmanes a tais perguntas eram submetidas ao peschwa, descendente de uma família de brâmanes, o qual dava ele próprio o *exequatur*, e isso, obviamente, após exame substantivo dos pontos controversos, realizado por ele pessoalmente. Esse apoio por parte do braço secular, hoje fora de uso – à exceção dos Estados vassalos hindus ainda existentes, onde subsistem resíduos –, é visto como uma das razões para a sensível queda na observância de decisões tomadas pelos brâmanes. O poder clerical e o poder secular cooperavam enquanto interessados na ordem legítima. O fato de que o rei, nesse contexto, conseguiu ampliar consideravelmente seu poder objetivo resultou, em especial, da circunstância de que a casta dos brâmanes não era nem um coletivo sacerdotal hierarquicamente estruturado, nem uma guilda organizada de magos, mas bem mais do que isso: dispensava de modo absoluto uma organização unificada, a nosso ver, desde sempre. Eis por que o rei estava em condição de escolher o brâmanc mais submisso a ele – e o mais admirável, nesse contexto, não é o poder do rei, mas sim, inversamente, a imponente e poderosa posição dos brâmanes e das castas em geral. Essa era uma sequela da inquebrantabilidade de tudo o que, para evitar o mau feitiço, fosse considerado direito sagrado. Em questões de castas na Índia, tinha vigência perante o rei, por princípio, o enunciado "arbítrio quebra direito local", de maneira incondicional e sujeito a sanção dos magos – em contraposição ao poder das guildas, baseado apenas em seu significado econômico. O juiz da corte real tinha de decidir em total conformidade com os costumes tradicionais de cada casta, devia convocar necessariamente jurados da casta em questão, e só podiam ser-lhe submetidas causas provenientes do âmbito de um processo legal dos órgãos decisórios da própria casta. Ainda hoje são esses órgãos de casta que decidem seus assuntos, excomungando, impondo penas, dirimindo pontos controversos e desenvolvendo normas para questões jurídicas novas mediante jurisprudência própria e essencialmente independente. Não vamos agora permitir-nos escapar de uma visão geral sobre os objetos sujeitos à jurisdição das castas, sobre sua práxis e, portanto, também sobre os seus órgãos, mas para tanto também temos de procurar responder de maneira sistemática a questão, até aqui apenas ocasionalmente aflorada, referente aos princípios em que se baseiam a estrutura e a delimitação recíproca das espécies de castas, bastante diferenciadas umas das outras.

A posição da estirpe e as castas

Antes, porém, deve-se analisar apenas um importante aspecto peculiar da configuração social indiana, estreitamente conectada ao sistema de castas. Entre suas características fundamentais encontram-se não somente a formação da casta, mas também o aumento de importância da *estirpe*. Mais abrangente do que em qualquer outra parte do mundo, a ordem social baseia-se aqui no princípio do "carisma gentilício". Entenda-se por essa expressão, nesse contexto, como uma qualificação pessoal extracotidiana (originalmente concebida como apenas mágica) e, em qualquer caso, não universalmente acessível: um "carisma", mas inerente aos membros de uma estirpe enquanto tais e não mais restrita a um portador pessoal (como sempre fora nas origens). Dessa concepção, eminentemente importante sob o aspecto sociológico, temos conhecimento de reminiscências sobretudo no caráter hereditário do mote "por graça de Deus" de nossas dinastias; em menor medida, também pertence a esse contexto, naturalmente, toda lenda referente à qualidade específica do "sangue" de qualquer pessoa nobre de nascença, sem importar qual sua proveniência. Essa concepção é um dos caminhos seguidos no processo de cotidianização do carisma, puramente atual e pessoal na origem. O rei guerreiro e seus homens – ao contrário do caráter hierárquico do cacique de paz, que em várias tribos podia ser uma mulher – eram, originalmente, heróis qualificados de forma específica pelo caráter mágico pessoal e comprovados por seus sucessos: a autoridade do comandante da guerra baseava-se com exclusividade no seu carisma estritamente pessoal, tal como o do mago. Também seu sucessor assumia a dignidade originalmente por força do carisma puramente pessoal. A fim de equacionar a questão sucessória, a inevitável necessidade de ordem e regras fez surgir – dada a atenção exigida – várias possibilidades. Ou bem designação, pelo próprio detentor da dignidade, do sucessor qualificado. Ou bem apuração por parte de seus discípulos, seguidores ou funcionários oficiais, dando origem, com a progressiva regulamentação dessas questões de início especificamente refratárias a regras, à introdução, para tais funcionários, de colégios eleitorais semelhantes aos estabelecidos para "príncipes-eleitores" e "cardeais". Ou bem, finalmente, impôs-se por toda parte a sugestiva crença de que o carisma fosse uma qualidade inerente à estirpe como tal e que, por conseguinte, os qualificados deveriam ser procurados dentro dela própria, dando lugar, assim, à transição para a "hereditariedade", com a qual a concepção original do carisma gentílicio nada tinha a ver. Quanto mais amplas as regiões que a crença mágica em espíritos abrangia e quanto mais consequente o seu trato conceitual, tanto maior a amplitude da esfera alcançada pelo carisma gentílicio. Desse modo, não somente as aptidões heroicas e mágico-cultuais, mas também todo tipo de autoridade e qualquer espécie de aptidão peculiar – tanto artística quanto artesanal – podiam ser vistas como condicionadas por magia e associadas ao carisma gentilício mágico. Pois bem, esse processo atingiu, na Índia, formas cabais que superaram amplamente a medida alcançada em outros lugares. Esse não se tornou de imediato o único processo dominante, como veremos em diversas ocasiões, mas, pelo contrário, encontrava-se em conflito tanto com o genuíno carismatismo antigo – que só considerava válido o talento altissimamente pessoal do indivíduo – quanto com a esfera de concepções ligadas ao estamento "culto" (educado com cultura geral).

O princípio do carisma pessoal deixou nas diversas formalidades do currículo e no exercício do artesanato pegadas ainda perceptíveis na Idade Média da Índia em profundidade superior à das deixadas nas marcas mágicas do noviciado e do "encerramento do aprendizado" que fez do aprendiz um oficial artesanal. Mas o fato de a estrutura profissional ser originalmente interétnica em grau tão alto e de muitos dos ofícios serem exercidos por tribos párias contribuiu naturalmente para o desenvolvimento da magia carismático-gentilícia. Mas a mais forte expressão da dominação carismático-gentilícia expressou-se na esfera das posições de autoridade. O normal na Índia era a hereditariedade delas em toda parte, ou seja, sua ligação carismático-gentilícia à estirpe. Quanto mais antiga a aldeia, mais universalmente ela tinha líderes "hereditários", e a guilda, a corporação e a casta tinham seus anciãos "hereditários", sem que normalmente alguém sequer levasse em consideração. A hereditariedade do carisma de sacerdotes, reis, cavaleiros e funcionários públicos é tão natural que somente em caso de fortes abalos da tradição, ou em caso de novidades organizacionais em estágios anteriores à estabilização do novo estado de coisas, havia espaço para que se impusesse a livre-nomeação do sucessor introduzida sob o domínio de soberanos patrimoniais para cargos oficiais, do mesmo modo que, por exemplo, a livre-mudança da dinastia sacerdotal ou dos artesãos que estavam a serviço de uma família, ou a livre-escolha da profissão, tal como observada nas cidades. Note-se bem: para que se impusesse como "princípio", pois, no caso particular, não somente era possível que, por evidente perda de suas qualidades mágicas, tanto uma estirpe régia ou sacerdotal quanto um indivíduo viessem a perder seu carisma. Mas também era possível que um *homo novus* se comprovasse portador de carisma e, assim, legitimasse toda a sua estirpe como carismática. Portanto, em casos peculiares, qualquer autoridade carismático-gentilícia podia ser instável. Referido por W. Hopkins, o nayar-sheth da atual Ahmadabad – cargo correspondente ao de "burgomestre" da Idade Média ocidental – era o respectivo aldeão mais idoso da família mais rica (jainista) da cidade. Tanto ele quanto o igualmente hereditário sheth vixnuísta da guilda de tecelões eram, de fato, decisivos para a opinião pública em todas as questões sociais (rituais e de etiqueta) da cidade, ao passo que, fora de suas respectivas guildas e castas, os demais sheth (todos eles hereditários) exerciam uma influência menor do que a deles. Mas, na época em que Hopkins executava seus estudos, teve início uma concorrência bem-sucedida movida contra eles por um fabricante rico que não pertencia a nenhuma guilda. Quando o filho de um líder da guilda, da corporação ou da casta, ou o filho de um sacerdote, um mistagogo ou um artesão de arte, se revelava evidentemente inapropriado, sua influência minguava e passava para membro mais apropriado da sua mesma estirpe ou para o líder (habitualmente) da estirpe imediatamente mais rica. Pois não era o fato de ser novo rico, mas sim o de ser grande rico, o que, junto ao carisma pessoal, legitimava seu possuidor e sua estirpe sempre que a situação estamental ainda – ou novamente – se encontrasse em andamento. Portanto, por instável que fosse a autoridade garantida pelo carisma gentilício, era a prática cotidiana que, mesmo assim, continuamente, orientava e reorientava ao leito da fidelidade para com a posição outrora conquistada por uma estirpe como tal. Sempre, e em todos os campos, o reconhecimento do carisma – uma vez prevalecido – não redundava em benefício do indivíduo, mas sim da estirpe.

Já foi exposto anteriormente qual foi, na China, o impacto econômico da crença nos espíritos sobre o encadeamento mágico das estirpes. Na mesma linha apontava, na Índia, o efeito econômico da transfiguração carismático-gentilícia da estirpe, com o qual haviam rompido as instâncias de controle próprias do patrimonialismo na China. A organização das castas e sua ampla autonomia, assim como a das guildas – ainda maior devido ao seu descomprometimento ritual –, colocaram a evolução do direito comercial, na prática, totalmente nas mãos dos próprios interessados. Dada a extraordinária importância do comércio na Índia, seria necessário acreditar que daí poderia resultar um direito comercial, civil e empresarial com caráter racional. No entanto, ao compulsar a literatura jurídica medieval, constata-se com estupor sua sobriedade. Tanto o direito quanto o processo de coleta de provas eram influenciados, hierocraticamente e por conseguinte, em parte, de modo formalista, mas irracional (mágico), e, em parte, de modo não formal por princípio. Questões de relevância ritual só podiam ser resolvidas por um ordálio. Quanto às demais, eram consideradas como fontes de direito as leis morais gerais ou o "estado da causa", ou, de forma prioritária, a tradição e, supletivamente, eventuais éditos régios. Pelo menos havia, em contraste com a China, um desenvolvimento processual formal com intimação regulamentada (*in jus vocatio*, entre os maratas, intimação por funcionário judicial). A responsabilização de herdeiros por dívidas também existia, por certo, mas era limitada de acordo com a geração. E o mais importante: embora se conhecesse a escravidão por dívida, a execução da dívida ainda se encontrava no estágio mágico ou no de um sistema modificado de depósito. Inexistia, ao menos enquanto norma, a responsabilização solidária de diversos parceiros. Desenvolvido apenas tardiamente e acoplado ao direito de irmandades religiosas, o direito societário em geral permaneceu em estágio extremamente precário. Corporações de diversas espécies e estados de posse conjunta tratavam-se de maneira misturada. A distribuição do lucro é regulada, paralelamente, também em caso de cooperação de vários artesãos sob a autoridade de um chefe: portanto, no ergastério[34]. Mas sobretudo havia a vigência de um princípio básico que conhecemos com respeito à China: só podemos dar crédito, pura e simplesmente (ou com penhora), a um companheiro de fratria pessoalmente relacionado, parente ou amigo. Em relação a outrem, só era válida a dívida com aval ou título de dívida com testemunhas[35]. Em casos particulares, po-

---

34. Brihaspati (trad. de Jolly, *Sacred Books of the East*, 33) XIV, 28, 29.

35. Brihaspati (trad. de Jolly, *Sacred Books of the East*, 33) XIV, 17.

rém, a jurisprudência posterior também levou em conta, de forma adequada, as necessidades de transações empresariais, mas dificilmente as estimulou por iniciativa própria. E o fato de que, mesmo assim, houve, ao menos durante algumas fases, um desenvolvimento capitalista não desprezível – como já mencionado e ainda o será – já estará explicado, essencialmente, não pelo fator jurídico – como o demonstra o estado em que se encontra –, mas sim pelo poder das guildas que, por meio de boicotes e ações violentas, souberam impor seus interesses e redirecionar, tanto quanto possível, todos os casos a juízes pautados por conhecimento de causa. Nessas circunstâncias, o normal continuava sendo a vinculação do crédito à estirpe.

Contudo, a preponderância carismático-gentilícia também teve consequências de longo alcance em outra área situada fora do âmbito do direito comercial. Dado que o feudalismo do Ocidente se apresenta, de maneira preponderante, como um sistema de vinculações sociais e econômicas, facilmente nos escapa a visão do seguinte: qual é o significado pretendido com o fato de que, coagida pelas necessidades militares na época de sua emergência, a relação feudal fez do *livre-contrato* entre *membros de diferentes estirpes* a base do relacionamento de fidelidade entre senhor e vassalo e qual o significado de que todos os portadores do sistema feudal acabaram por considerar-se não como companheiros de estirpe, clã (fratria) ou tribo, mas sim meramente como companheiros de estamento, já que, progressivamente, se haviam percebido como unidade estamental e, em seguida, como estamento de cavalaria, de nascença, fechado e desenvolvido com base na singularidade de estirpes reciprocamente estranhas e adversárias. Na Índia ocorre algo inteiramente diverso. Não que tenha faltado a enfeudação individual de vassalos e servidores em forma de terras ou direitos políticos. Sua existência é inequivocamente comprovável na história. Porém não foi isso que conferiu ao estamento senhorial sua marca específica; tampouco foi o feudo a base da formação feudal de estamentos, mas sim, a estirpe, o "clã" (fratria) e a tribo, como acentuou Baden-Powell – e com razão[36]. O chefe

---

36. Na sua obra *Indian Village Community* (1896). Aqui e acolá se poderá, talvez, contestar algumas afirmações de Baden-Powell. A expressão "clã", de origem irlandesa, tem vários significados. A estrutura

carismático-gentilício da fratria fazia a partilha da terra conquistada: os direitos senhoriais para seus companheiros de estirpe e as parcelas de terra para os simples membros da estirpe. Devemos conceber essas classes de conquistadores como um círculo de fratrias (clãs) e estirpes senhoriais que se vai espalhando pela área conquistada, cujo senhor é visto como a tribo. A "enfeudação" com direitos senhoriais era realizada pelo chefe da fratria (rajá) ou pelo rei da tribo (marajá), quando este existia, e destinava-se, na maioria dos casos, somente aos seus agnados e na sua qualidade de tal, mas não por motivo de uma relação de fidelidade estabelecida livremente. Os companheiros de estirpe reclamavam para si essa concessão como um direito de nascença devido a seu pertencimento à estirpe. Cada conquista criava, em primeira linha, novos feudos oficiais para a estirpe régia e para as estirpes sub-régias. Daí que conquistar era o darma do rei. A diferença em relação ao Ocidente poderá ser bastante sutil, mas esse contraste foi determinante para a estrutura divergente do estamento senhorial secular na Índia antiga. Em casos isolados, por numerosos que sejam, um arrivista carismático poderá detonar a estrutura fixa das estirpes antigas, mas sempre o desenvolvimento retomará o rumo estabelecido no sentido da organização carismático-gentilícia em tribos, fratrias, estirpes.

Bem cedo, o carismatismo gentilício se impôs aos portadores do poder hierocrático. E a estes, da maneira mais completa possível, pelo fato de eles estarem, desde o início, por força de seu carisma mágico, mais além da organização do totem (ou de associações de tipo totêmico). Até a Idade Média

---

típica de coletividades organizadas militarmente é a seguinte: 1) a "tribo", enquanto comunidade de "fratrias" – isto é, na terminologia aqui usada principalmente: como associações de soldados treinados em habilidades militares (originalmente, mágicas); 2) a estirpe (na terminologia aqui adotada) enquanto conjunto de personalidades preeminentes no sentido carismático-gentilício descendentes por agnação de caciques carismáticos. O simples soldado não era necessariamente de uma estirpe, mas pertencia – além de sua fratria e talvez também de seu grupo etario militar – a uma "família" ou associação totêmica (ou similar). Uma dinastia senhorial, pelo contrário, não tinha um totem, ou melhor, não o mantinha, mas sim emancipava-se do mesmo: quanto mais plenamente concluído o desenvolvimento das tribos senhoriais indianas rumo ao estágio final de classe senhorial, mais desaparecem as reminiscências totêmicas (devaks) e surgem (ou melhor, permanecem) unicamente as "estirpes". A extinção de diferenças carismático-gentilícias ocorria, por outro lado, na medida em que a fratria passava a se perceber como uma comunidade de descendentes, em vez de confraternidade de defesa, tornando-se, assim, uma espécie de "estirpe".

houve regiões na Índia, dentro das áreas de conquista, em que a nobreza guerreira não cessava de considerar o mago – por mais temido que fosse – como um demiurgo de estamento subalterno. Entre os arianos, já nos tempos dos Vedas mais antigos, os antigos sacerdotes sacrificiais haviam se tornado uma nobreza sacerdotal ilustre, cujas estirpes se subdividiam, cada qual, em "escolas" hereditárias respectivamente de acordo com suas diversas atividades hereditárias e com o correspondente carisma gentilício. Dada a elevada preeminência do carisma gentilício mágico reivindicado por elas e por seus herdeiros, os brâmanes, elas tornaram-se os principais difusores para toda a sociedade hindu desse princípio fundamental.

Pois bem, assim como, por um lado, o carismatismo gentilício mágico foi extraordinariamente propício para fixar, de maneira estrutural, a singularidade mágica entre as castas – que, em verdade, já está nelas presente em germe –, assim também, por outro lado, a ordem de castas serviu de modo igual em grau eminente como fator de fixação da importância e da significação da estirpe. Todas as camadas pretendentes ao *status* de ilustres tinham, necessariamente, de estruturar-se nos moldes das castas senhoriais. E, para todos os cargos de autoridade, a derradeira sagração decisiva advinha do princípio básico de hereditariedade inerente à posição social, ao dever ritual, à conduta de vida e à colocação profissional. Assim como o carisma gentilício era o sustentáculo da casta, a casta o era para o carisma da estirpe.

E, com isso, voltamo-nos às castas concretas.

Os principais grupos das castas

Durante muito tempo, as quatro castas da doutrina clássica têm sido consideradas, pela ciência moderna, como construções meramente literárias. Entrementes, essa posição foi abandonada. Já o exposto até aqui deixa claro: tal posição foi longe demais. Ainda hoje, o *status* em que se insere a casta em uma das quatro classes antigas é determinante para o tipo da fórmula de saudação empregada pelo brâmane, e por isso não admira que as castas hodiernas façam questão de serem contadas como uma delas. As fontes monumentais – nas quais estas aparecem com grande frequência –

confirmam a relevância das quatro "castas" antigas. É de se notar, por certo, que os autores das inscrições – todos eles – estavam sob o influxo da tradição literária, e também o estão os modernos representantes das castas que, hoje em dia, reivindicam o *status* de "xátria" ou "vaixiá". Mas a natureza objetiva confirma a suposição de que as precisas indicações dos Livros Jurídicos não terão sido construídas simplesmente a partir do nada, pois tais livros – por mais que tenham sido reestilizados ao modo de um tipo ideal – representam, necessariamente, de alguma forma, um espelho de situações de seu tempo. Contudo as chamadas castas inferiores dos Livros Jurídicos talvez nunca tenham sido castas no sentido hodierno, mas sim, já na época clássica, classes de *status* de castas. Originalmente, porém, terão sido, sem dúvida, simples "estamentos". "Os vaixiás e os sudras existiam" – como reza um texto da tradição – "antes de existirem os brâmanes e os xátrias". Os vaixiás são os antigos "homens livres"; sobre estes se sobrepõem as estirpes da nobreza: em parte, guerreiros – ou seja, estirpes de caciques e, posteriormente, de cavaleiros –, em parte, estirpes sacerdotais, como nobreza também presente em outros lugares. O que, mais abaixo, não pertencia a homens livres era "Hilota" (sudra). Realizada na festa de Gravamayana, a luta simbólica[37] de um arya com um sudra corresponde, no mesmo sentido, às cerimônias celebradas em Esparta. Na realidade, esse contraste é sensivelmente mais forte do que o existente entre as outras duas castas superiores e os vaixiás. Ao brâmane e ao xátria estava prescrita e reservada uma atividade precisa como decorrência da conduta de vida estamental: ao brâmane, culto sacrificial, estudo dos Vedas, recebimento de doações, especialmente doações de terra, assim como ascese; ao xátria, dominação política e heroísmo de cavaleiro. A ambas as castas não era adequado ao estamento em primeira linha realizar aquilo que o vaixiá fazia: exercer agricultura e comércio (principalmente emprestar outrossim dinheiro a juros). Contudo, em tempos de penúria, quer dizer, ante comprovada impossibilidade de prover o próprio sustento de modo condizente com o estamento, era-lhes

---

37. A. Weber, *Collektaneen*, Indische Studien X.

permitido – com poucas reservas e exceções – viver durante certo tempo economicamente como um vaixiá. A condição de vida de um sudra, pelo contrário, significava atividade servil[38]. Nas fontes clássicas, entende-se por esse conceito qualquer *ofício econômico*. O fato de que a atividade econômica passou a significar – de maneira muito mais expressa e literal do que originalmente – um serviço não remunerado exercido para outras castas explica-se pela natureza típica na Índia justamente da ordenação primitiva das antigas artes e ofícios aldeães. Como já brevemente mencionado, todos os artesãos que – dito na terminologia inglesa – pertencem ao *establishment*[39] constituem, na realidade, uma espécie de categoria de trabalhadores dependentes (*Instleute*), mas não de servos de determinados indivíduos, e sim de hilotas da comunidade aldeã, que lhes concedia, de forma hereditária, por seu serviço, uma parcela de terra e os remunerava regularmente não a modo de assalariados por tarefa executada, mas sim por parte fixa na colheita ou em naturais [*Deputat*]. Os artesãos pertencentes a esse grupo diferiam de acordo com a área específica, mas dentro de cada área eram bastante diferenciados tipicamente, e ainda o são hoje em dia. Consideremos, agora, a estruturação profissional hodierna dos brâmanes e dos rajaputros. Constatamos ser extremamente raro, na atualidade, que um membro destas, por mais que tenha sido degradado, abrace um desses ofícios artesanais *antigos*. Pelo contrário, é muito frequente que um rajaputro seja "agricultor", e, muitas vezes, é esse o caso para a maioria de seus membros.

---

38. Ao brâmane correto também é impossível o ingresso nas forças armadas modernas, pois, nesse caso, ele deveria obediência a um superior proveniente de casta inferior ou de origem bárbara.

39. No Decão, entre os Maratas, havia duas categorias típicas desses serviçais da aldeia: os baruh balowtay, dentre os quais constavam as antigas atividades típicas de ofícios: marceneiro, ferreiro, sapateiro, oleiro, barbeiro, lavadeiro, bardo, astrólogo, curtumeiros, guardas, lavadeiros de imagens divinas, mullah (em aldeias unicamente hindus, é aquele que abate ovinos para os sacrifícios); e os baruh balowtay, dentre os quais se exerciam atividades artesanais surgidas mais tarde, tais como ourives de ouro e cobre, ferreiro, carregadores de água, porteiros da aldeia, mensageiros, jardineiros, prensadores de óleo e um bom número de funcionários religiosos subalternos. Raramente os postos estavam de fato ocupados em sua totalidade (cf. Grant Duft, *History of the Mahrattas*, Londres, 1912). Lá tampouco era típico sob todos os aspectos o modo como se compunham esses empreiteiros (*Deputatisten*). Na Província de Bombaim também pertenciam a esse grupo os mahar, antigamente agricultores, a seguir degradados à condição de remunerados por tarefa na mensuração de fronteiras e instalados em áreas externas de pasto ou cultivo (atualmente, muitas vezes, motoristas, apesar do protesto de conservadores).

Mas ainda hoje em dia o rajaputro que empunhe o arado pessoalmente está em posição de degradado em comparação com o rentista agrícola. E o aumento da renda fundiária resultante da exportação para além-mar foi provavelmente um dos fatores que acarretaram uma proliferação extraordinariamente rápida da categoria dos rentistas agrícolas. Outras castas reivindicantes do *status* social de xátria costumam exigir que sejam preferencialmente apreciadas com *status* superior ao de rajaputros "ruralizados". A antiga recusa, pela casta, de exercer qualquer atividade produtiva, assim como a sua tradição de serviço à Corte, leva os rajaputros a assumirem, de preferência, qualquer espécie de serviço doméstico pessoal – inclusive o mais humilde serviço caseiro que ainda seja considerado ritualmente puro – e qualquer ofício artesanal. E, do outro lado, é naturalmente muito grande a demanda em busca de pertencentes a castas superiores para o serviço doméstico, visto que tais indivíduos têm de ser ritualmente puros e habilitados a prestarem fisicamente serviço ao senhor e à senhora, sobretudo no que se refere a ministrar-lhes água. Circunstância igual a esta condiciona a existência de determinados monopólios da hodierna casta dos brâmanes; um deles é seu aproveitamento quase exclusivo como cozinheiros nas casas de casta elevada. De resto, os brâmanes acorrem em peso a profissões que exigem aptidões de escrita e formação – algo semelhante aos clérigos da nossa Idade Média –, e portanto, ao serviço administrativo. No sul, os brâmanes mantiveram essa posição monopólica na administração até os tempos modernos[40].

Tudo isso está em consonância com a imagem da tradição.

E para a conduta de vida regulamentar própria das castas superiores, há, no quadro expresso nos Livros Jurídicos, outros delineamentos com carimbo de autenticidade e, em parte, de grande antiguidade. Quem não obtém o cinturão sagrado dentro do limite de idade fixado é visto nos Livros Jurídicos como degradado. Esses livros também referem grupos etários típicos de conduta de vida. Por certo, estes só eram realmente observados pela casta mais

---

40. Ao contrário disso, o ritual dificultava aos brâmanes a participação na profissão médica e ainda hoje é igualmente fraca sua presença na de engenheiro.

alta, a dos brâmanes, os quais nunca foram uma "tribo", em que pese o fato de mais da metade deles estar sediada no vale do Alto Ganges – berço de sua posição de poder –, assim como na região de Bengala. Eles eram magos e tornaram-se uma casta culta hierocrática. O brâmane tem de passar por um currículo que – já na Era Clássica – consistia, essencialmente, apenas em aprender as fórmulas sagradas (mágicas) e os atos rituais, e em decorar de maneira mecânica os Vedas transmitidos de modo oral sob a orientação de um instrutor brâmane livremente escolhido, o qual recitava as obras clássicas palavra por palavra e em voz alta. Essa espécie de aprendizado inicial, uma formação sacerdotal puramente literária em seu aspecto externo, contém alguns vestígios de ascese mágica antiga, dos quais se depreende que a origem do brâmane provém da prática primitiva da magia. Sua evolução rumo à formação de uma casta está esclarecida quanto aos estágios gerais, mas não em suas razões. O presbiterado da era védica certamente não constituía um estamento fechado de nascença, apesar de estar estabelecida com firmeza a qualidade carismático-gentilícia das antigas dinastias de sacerdotes cultuais, uma qualidade que se instalou no interior do conjunto da população paralelamente ao carisma somente pessoal do antigo mago. Entre os sacerdotes que participavam do culto na observância de uma divisão de tarefas, o papel principal cabia ao Hotar, sacerdote do fogo. Pois bem, a emergência dos brâmanes no decorrer do ulterior desenvolvimento parece ter várias razões. Provavelmente – segundo uma suposição mais antiga – uma dessas razões terá sido a de que a crescente estereotipização do culto e das fórmulas mágicas teria feito do "mestre de cerimônias" nos sacrifícios, ou seja, justamente o brâmane, o líder cada vez mais determinante. E o fator principal terá sido provavelmente a crescente importância do sacerdote de família dos príncipes e nobres em comparação com a dos sacerdotes celebrantes dos cultos sacrificiais da comunidade[41]. Caso esteja correta a assertiva hoje aceita, haveria aqui a expressão da perda de importância da comunidade de defesa em benefício do principado e de seus vassalos. Portanto, os magos teriam se

---

41. Cf. Caland, *Wiener Zeitschrift für die Kunde des Morgenlands*, XIV (1900), p. 114.

inserido nos círculos da antiga nobreza sacerdotal cultual, acabando por assumir seu legado. Com a ascensão dos brâmanes a partir dos "capelães domésticos" mágicos, ficaria explicado por que essa coletividade de sacerdotes hindu teria permanecido totalmente avessa a qualquer evolução rumo a um "cargo oficial". Sua posição social significava, justamente, uma evolução das universalmente difundidas organizações corporativas dos magos rumo à formação de uma casta hereditária com aspirações estamentais em contínuo crescimento. Essa evolução representava, de maneira simultânea, a vitória do "saber" (referente às fórmulas de eficácia mágica) sobre o "ser capaz de fazer" meramente empírico dos antigos sacerdotes. Como quer que seja, o crescente poder dos brâmanes também está em conexão com a importância cada vez maior do mago em todas as áreas da vida. A escola agrupada em torno do Atarvaveda – a coletânea das fórmulas especificamente mágicas – levantou a reivindicação de que o capelão domiciliar (Purohita) do principado fosse sempre recrutado em seu meio, e nele reside o lugar original da astrologia e outras áreas do saber brâmane[42]. Há nos Livros Jurídicos suficientes indícios de que, em todas as áreas da vida, não ocorreu vitória da magia sem lutas. Ela foi obtida com e mediante o crescente poder dos brâmanes. Tanto a vitória do rei na guerra como qualquer outro sucesso na vida passaram a depender doravante de bem-sucedida magia, ao passo que a culpa do insucesso recaía, a par de infrações rituais por parte do atingido, sobre o seu sacerdote de família. Visto que o saber dos brâmanes era doutrina secreta, daí derivou naturalmente a monopolização da admissão à doutrina pela descendência própria. E assim se introduziu a qualificação por ascendência, ao lado da qualificação por formação. Para o daçapaya (parte da oferenda), inseriu-se, necessariamente, a verificação do ancestral: dez antepassados que tenham bebido o Soma, de início, presumivelmente pelo motivo de que, no sacrifício, eram comemorados os méritos dos ancestrais. A antiga concepção de que a qualidade bramânica tinha por base o carisma pessoal persistiu somente em reminiscências ocultas. Mesmo assim, o noviço (bramacarin, aluno de brâmane)

---

42. Cf. Bloomfield, *The Atarva Veda. In*: Bühler, *Grundriss*.

ainda ficou submetido a uma regulamentação da vida relativamente rígida ao modo da ascese mágica. Uma ascese antes de tudo sexual e econômica: ele tinha de viver casto e da mendicância. Segundo a antiga concepção, o mestre "faz" do discípulo um brâmane por método mágico, originalmente desconsiderando sua ascendência. E também foi visto de modo peculiar como tendo qualidade carismática o próprio conhecimento dos Vedas, fonte decisiva de poder do brâmane em plenitude. Ante a objeção de ser descendente de uma mulher sudra, um brâmane responde ao adversário propondo um ordálio de fogo sobre qual era mais versado nos Vedas[43]. Concluído seu aprendizado e realizadas as correspondentes cerimônias, o brâmane devia constituir um lar e tornar-se um grihastha. Começava então a agir como brâmane – caso tivesse mesmo decidido abraçar uma atividade profissional, em vez de permanecer pensionista ou se dedicar a uma das profissões emergenciais admitidas. A atividade do brâmane consistia em cultos sacrificiais e ensino. Estava sujeita à estrita observância da etiqueta, particularmente sob o aspecto econômico. E isso de maneira a chamar a atenção e, assim, evitar que se usasse o serviço prestado para fins de obtenção de um "ganha-pão" fixo, como se fosse uma "profissão". O brâmane somente aceitava "presentes" (dakshina), e não "ordenado". No entanto, uma vez aceito o serviço solicitado, constituía obrigação ritual a oferta de um presente. Sacrifício sem dádiva causava mau-olhado, e, quando recusada, o brâmane, por força de seu poder mágico, estaria em condições de exercer severa vingança – para esse caso, havia se instituído um "método" formal –, rogando praga ou cometendo, propositalmente, no sacrifício, erros rituais que poderiam resultar em desgraça para quem o encomendara. Fixou-se um mínimo para as dádivas, e a concorrência desleal entre brâmanes tornou-se objeto de zombaria. Era permitido – e, em certas circunstâncias, prescrito – que se informasse previamente o montante do presente pretendido, e isso, segundo a expressão de A. Weber, possibilitava aos brâmanes, graças ao seu terrível poder mágico, "verdadeiras orgias de cobiça". Mas o enunciado – semelhante à conhecida passagem (sobre

---

43. Pañcav, 14, 6, 6, citado segundo A. Weber, *Collektaneen über die Kastenverhäntnisse der Brahmanen*, Indische Studien, X, p. 1ss.

o estômago da Igreja) no *Fausto* – de que nada faz mal à barriga do brâmane tem um significado puramente ritual: um brâmane podia, por meios bem simples, fazer expiar toda (ou *quase* toda) transgressão do ritual das refeições[44]. Os privilégios sociais e econômicos dos brâmanes eram de dimensão tal que os tornava inalcançável para qualquer organismo sacerdotal no mundo inteiro. Até o excremento de um brâmane, enquanto instrumento de adivinhação, podia ser relevante sob o aspecto religioso. A norma do ajucyata – proibição de exercer pressão sobre um brâmane – incluía, entre outras coisas, que um juiz nunca negasse razão a um brâmane diante de outro, e que a "arca" (reverência) devida a um brâmane fosse, pelos menos a seus próprios olhos, incomparavelmente maior do que a de um rei. Mais tarde (na parte II) será abordada a peculiaridade do brâmane enquanto estamento religioso. Aqui nos ocupamos apenas das vantagens econômicas ligadas ao direito específico às dádivas, "danam", por parte da casta. A forma clássica de remuneração por parte dos senhores ilustres consistia em bovinos e, a par de dinheiro e preciosidades de valor pecuniário equivalente, sobretudo terra e dádivas rendosas baseadas em receitas fundiárias ou fiscais. Receber presentes de terra era considerado – pelo menos segundo a teoria bramânica – monopólio da casta dos brâmanes e constituía seu principal apanágio econômico. As doações prebendárias documentadas em inscrições (que constituem a maioria do total de inscrições indianas preservadas) comprovam que, de fato, o brâmane típico de casta em sentido pleno era, na Idade Média indiana, um prebendado hereditário. Entretanto a posição intramundana originalmente mais alta do brâmane era e ainda é a de *purohita*, capelão domiciliar de um príncipe[45] e, com isso, ser seu diretor espiritual em todos os assuntos pessoais e políticos. E era sobre tal posição enquanto "pão do bramanismo", como era talvez denominada, que repousava sobretudo a posição de poder político e social da casta. Sem *purohita* um rei não é rei de pleno alcance, do

---

44. Em nota de n. 674, B 62 sobre os "Limites externos", em vez da p. 620 aqui citada mas inexistente, a edição crítica da BAW remete à p. 58-59, correspondente às páginas 4 e 5 do manuscrito traduzido, em que ele compara a excomunhão da Igreja Institucional e no Hinduísmo [N.T].

45. Segundo A. Weber, *Collektaneen, Indische Studien*, X, também há ocorrências de um *purohita* para *mais de um* príncipe.

mesmo modo que um brâmane sem rei nunca seria um brâmane de pleno valor. Até então a opinião do brâmane se baseava nessa posição ritual de confessor e no caráter indispensável do brâmane em numerosas cerimônias familiares de um lar ilustre em muito maior medida do que na organização quase inexistente da casta enquanto tal. Na posição de sacerdotes da casa, os brâmanes impunham, às castas que desejassem ser consideradas ilustres, as respectivas regulamentações, tais como o sistema de estirpe ou o matrimonial, por exemplo, sem passar por resoluções de sua casta em qualquer instância. Do ponto de vista econômico, a posição do sacerdote domiciliar bramânico era aproximadamente semelhante à do nosso "médico de casa". Ao princípio de que não se devia, sem necessidade, mudar de sacerdote após aceitar um serviço seu – segundo antigas fontes, pelo menos não no mesmo ano –, correspondia a proteção das relações jajmani (de clientela) contra a concorrência de outros brâmanes segundo rigorosa etiqueta, igualmente de maneira similar ao costume de nossos médicos de, em seu formalismo e por interesse estamental, observá-la não raro até mesmo em detrimento do paciente. Esse relacionamento, absolutamente voluntário, em relação à clientela representa um sucedâneo à falta de instâncias competentes, próprias de uma igreja organizada de maneira hierárquica. Quanto a isso, em sua integral posição, o brâmane permaneceu comparável ao antigo mago e curandeiro.

Quando chega a ver o filho de seu filho, o brâmane deve abandonar a vida de dono de casa e tornar-se silvícola. Enquanto tal, ele está em condições de, mediante exercícios de ascese, obter a força milagrosa de um mago e o poder mágico sobre deuses e seres humanos, terminando por tornar-se um "super-homem" endeusado. Esse dever de casta – hoje teoricamente válido em sua essência – constitui um rudimento da organização dos magos para a velhice.

Mas o que pelo menos o brâmane ilustre, via de regra, não chegou a tornar-se foi um funcionário estável de uma comunidade, pois a religião hindu não tem conhecimento de uma "comunidade" enquanto tal. Tampouco há ocorrência de brâmanes de alta casta empregados como sacerdotes por uma seita hindu ou integralmente como sacerdotes de uma associação de aldeias[46]. Veremos, mais tarde, que o relacionamento entre os fiéis das seitas hindus e os sacerdotes ou mistagogos se regulava e ainda se regula de forma bem diferente do que a de uma comunidade sectária ocidental para com seus "ministros" empregados. Nenhum brâmane de casta alta presta-se ou se prestava com prazer a agir como "servente" de uma comunidade à maneira de um sudra. Já a própria aceitação de um ofício como sacerdote do templo podia, sob certas circunstâncias, redundar em forte degradação. Esse fato está ligado, parcialmente, à peculiaridade social do estamento bramânico enquanto casta de magos e, em parte, também à estrutura feudal da sociedade indiana e à posição ocupada pelos sacerdotes nas tribos e nas comunidades aldeãs antes de sua conversão ao hinduísmo. De modo geral, as pessoas encarregadas de funções cultuais pertenciam simplesmente ao *establishment* hereditário da aldeia – como o Mullah e tantos outros servidores do templo ainda hoje[47]. Cada uma das tribos párias, que progressivamente iam se tornando castas hindus, não apenas tinham numerosas divindades próprias, mas também sacerdotes próprios que, assim, se tornavam divindades de casta e sacerdotes de casta. Com grande persistência, castas artesanais que viviam misturadas com outras insistiam em deixar-se servir somente por membros de sua própria casta, repudiando os brâmanes[48]. Em castas de tribos que viviam em aldeias separadas, a regra era ficar completamente com os sacerdotes tradicionais. Os brâmanes adquiriam influência sobre elas, essencialmente, pelo poder de sua formação, isto é, devido, especificamente, à sua formação astrológica, com a qual os sacerdotes da aldeia e da casta não tinham como concorrer.

---

46. Há uma ocorrência frequente (p. ex., entre os Gujarat-Yajurvedis) de brâmanes no exercício tanto do sacerdócio vixnuísta quanto do serviço, mesmo de *status* inferior, em templos (como nos ofícios bem pagos da seita vallabbhachary), mas nunca sem certa degradação.

47. Cf. nota de rodapé n. 39.

48. Em vez dos numerosos exemplos contidos nos *Census Reports* – inclusive para a atualidade –, mencionem-se aqui os kammalar, artesãos com aprendizado em metal, madeira e pedra pretensamente descendentes de Visvakarma, o deus do artesanato, e que, convocados pelos reis, se disseminaram até Burma, Ceilão e Java, reivindicando uma posição superior à dos sacerdotes e também dos brâmanes imigrados. Eles foram procurados também por outras castas como gurus, isto é, diretores espirituais, ao que tudo indica, por serem portadores de arte mágica: "O Kammalar é o guru de todo mundo" (Pulney Andy, *Journal of Indian Art and Industry* apud Coomaraswamy, *The Indian Craftsman*, p. 55). Sobre o assunto, cf. a seguir.

Sem dúvida, esses últimos constituíam castas totalmente degradadas aos olhos dos brâmanes, se é que toleravam sua existência – vista como natural pelas castas impuras, mas como escandalosa pelas puras. Por outro lado, os sacerdotes tribais a serviço de dinastias senhoriais conseguiam, por vezes, como vimos, impor seu reconhecimento como brâmanes, mesmo que na maior parte das vezes apenas como brâmanes socialmente degradados. Não faria sentido aprofundar, a esta altura da exposição, a fortíssima diferenciação social introduzida na casta dos brâmanes tanto como efeito do referido processo quanto da degradação de brâmanes que haviam prestado serviços a castas inferiores[49]. O mesmo pode ser dito do *status* de casta, próprio dos numerosos brâmanes com nova profissão – hoje em dia, a maioria deles. O que nos interessa aqui é unicamente a estreita ligação da posição especial dos brâmanes à sua relação com os reis e com a casta dos cavaleiros – os xátrias. É a esta que nos voltaremos agora.

O antigo rei guerreiro indiano dos Vedas é o *primus inter pares* entre os Maghavan, mais ou menos correspondentes aos "nobres" dentre os Feacos. Na Era Clássica, a casta dos xátrias – objetivamente extinta mais tarde – está no lugar dessas dinastias.

No início da constituição militar indiana, escassamente relatado nas fontes mais antigas, encontram-se os reis com cidadelas de tipo homérico com suas estirpes e suas comitivas (pessoal do rei). Mas já então estava ultrapassada a forma carismática de heroísmo, que se havia alastrado universalmente nos moldes dos berserkers nórdicos, dos modschuahs israelitas, dos degas carismáticos, caciques de guerra carismáticos. Disso só subsistiram vestígios até o tempo da Epopeia. Desapareceram totalmente a antiga organização das comunidades guerreiras em confrarias juvenis, outrora universalmente difundida; a sistemática ascese heroica, mágica, ministrada a meninos; os graus do noviciado guerreiro e da admissão do efebo à fratria da comunidade guerreira vivendo no lar masculino (ανδρειον) com raparigas furtadas, sem matrimônio, em regime de economia comum; a volta ao matrimônio e ao

---

49. Os *Census Reports* fornecem informações a respeito, em parte, bastante detalhadas.

lar do guerreiro reformado (Landwehr); o asilo da velhice (no Japão, inkyo) para desabilitados. Por certo, ficaram preservados como vestígios na grande significação das cerimônias Upanayana (antiga iniciação de jovens), de que somente depois de passar por essa cerimônia o rapaz da casta "renascida" é reconhecido como pertencente ao seu estamento, ao passo que antes dela não passava de um sudra (como a mulher), o antigo exame do guerreiro sob o aspecto carismático e o princípio básico de que quem não ingressa na associação de defesa armada permanece "mulher", politicamente sem direitos. Mas a cerimônia como tal, realizada em idade muito jovem, era uma reminiscência, mais ou menos como a nossa "confirmação" [a "crisma" evangélica].

Os xátrias da literatura clássica não tinham a característica da cavalaria de nossa Idade Média, pois sua posição social não se baseava numa hierarquia feudal, mas sim no carisma da estirpe e do clã já desde antes de ter se concretizado a ordem de castas, e assim ficou. Eles eram e permaneciam reis, sub-reis e, na camada mais baixa, aristocratas aldeães nobres dotados de determinados privilégios econômicos.

Ao xátria compete, segundo as fontes clássicas, "proteger" política e militarmente a população. No caso de não proteger seus súditos contra ladrões e assaltantes, o rei é considerado devedor de ressarcimento. De acordo com os documentos, igual dever fundamental de proteção e de eventual indenização também incumbia a cada servidor dos subsequentes reinados, incluindo o arrendatário fiscal, em raio variavelmente fixado de acordo com o tamanho da localidade. Nesse sentido, esse dever de casta é descendente da vida. E mais, ele contém – como comprovam indícios ulteriores – rudimentos da concepção mais antiga, relativa à posição do reino na escala do carisma. O rei que perde uma guerra não só é ele próprio pecador, mas também fica onerado com os pecados de seus súditos. O rei que pronuncia sentenças falsas torna-se magicamente culpado pelas faltas da parte cujo direito ele ofendeu – uma semelhança bastante acentuada com a concepção em que se baseia a nossa "reprimenda à sentença judicial". Rei bom é aquele cujos súditos passam bem e em cujo reinado inexiste crise de fome – sempre sinal de erros de magia do soberano ou sua insuficiência carismática. Se for o caso, o rei faz penitência.

Um rei que assim se despoja continuamente de seu próprio carisma pode e deve ser afastado. A partir dessa concepção de carisma teve origem com facilidade, nos grandes reinos da Idade Média indiana, a teoria patriarcal do "bem-estar" e da "proteção". Mas, ainda assim, ela ficou completamente atrás da transformação do carisma heroico em um "dever profissional" cavalariano estamental. Segundo as fontes das idades clássica e medieval, o darma do xátria é a guerra como tal, em permanência na Índia das monarquias universais, salvo interrupções, como as havidas entre as pólis antigas. Somente após ter subjugado todos os demais reis, o rei ficava legitimado para a cerimônia do grande sacrifício do cavalo, na qual propiciava ao brâmane que a celebrava 100 mil bovinos – cerimônia que, aliás, se assemelhava, inclusive na frequência, à do fechamento do templo de Jano em Roma[50]. A possibilidade de um rei nunca ter pensado em subjugar, pela força ou pela astúcia, todos os seus vizinhos nunca chegou sequer a ser aventada pela literatura hinduística profana e religiosa[51]. Por conseguinte, a morte na cama representava, no código de honra militar do xátria, não somente algo de menor valor, mas até o pecado contra o darma da casta. Ao perceber que suas forças vão diminuindo, o xátria deve buscar a morte em combate.

Reza a lenda que os antigos xátrias, num ato de vingança por sua rebeldia contra os brâmanes, foram devorados pela terra. Há um grão de verdade nessa história, seguramente, como aliás também na da luta de Viçvamithra contra Vasischtha. Ao tempo de Buda (século VI a.C., aproximadamente), os antigos xátrias constituíam um estamento bastante instruído de nobres dinastias castelãs urbanas, comparáveis, nesse ponto, ao estamento de cavaleiros provençais de inícios da Idade Média. Posteriormente, foram substituídos pelos rajaputros. Esses últimos, provenientes de regiões da Rajaputrana hodierna e do Oudh meridional, eram e ainda são tão iletrados que, desde o século VIII, foram ascendendo à posição senhorial e continuaram a espalhar-se pelos reinos como camada típica de guerreiros. Dessa forma, já

---

50. A celebração está historicamente transmitida.

51. Quando o fundador do reino dos Maratas ficou um ano sem guerrear, esse fato foi visto pelos soberanos da vizinhança como sinal seguro de adoecimento mortal.

foram constituindo uma transição para que tribos subsequentes e mais tarde numerosas passassem ao serviço dos grão-reis primeiramente como cavaleiros-mercenários ou apenas como mercenários[52]. Ao menos entre as tribos hinduizadas pelos grão-reis, foi esta a mais ilustre e a mais completamente hinduizada a modo dos xátrias. As antigas dinastias de xátrias concorriam com os brâmanes quanto ao grau de instrução e eram, como veremos, os portadores de religiões salvacionistas (como o budismo). Os rajaputros, pelo contrário, tiveram de reconhecer a superioridade da formação bramânica e, juntamente com o reino patrimonial, constituíram-se em promotores da restauração hindu. Característica exclusiva deles, a diferenciação não clássica que realizaram em subdivisões exógamas reflete sua origem em uma tribo de cavaleiros mercenários. Nenhuma árvore genealógica chega a séculos anteriores ao século V, e 90% deles estão sediados na Índia setentrional, especialmente no Noroeste.

O sistema político feudal dominante em Rajaputrana até a época moderna correspondia em altíssimo grau às fontes da Era Clássica. O rajá tinha como domínio (em persa, khalsa) a terra de melhor qualidade. Os vassalos, enfeudados com direitos políticos soberanos, também tiveram concessões de terra, tinham a obrigação de prestar serviços de cavalaria, assim como de comparecer à corte do rei, de receber a investidura e de pagar a taxa sucessória após a morte do senhor feudal [*Herrenfall*]. O rajá tinha: 1) o direito a parte da tributação sobre a colheita; 2) o direito de dispor sobre o terreno baldio e de nele concessionar direitos de fazer lenha em troca de taxas de corte, bem como, mediante aceitação de rendas fixas, o direito de roçar e a posse hereditária; 3) o direito de exploração de minas, tesouros encontrados e regalias similares e outras habituais; e 4) o direito de exigir multas em casos de punição. Todos esses direitos econômicos eram transmissíveis como bens feudais, também parcelados. Só que a transmissão feudal, pelo menos na Índia, por causa da universalidade do princípio carismático-gentilício, costumava se realizar na camada senhorial – ao menos principalmente – só com

---

52. Rajaputros residentes na *cidade* constam em inscrições do século X. Cf. *Epigraphia Indica*, III, p. 169.

membros da estirpe ou companheiros do clã, mas não baseada na relação fiduciária pessoal com não membros da estirpe. E, em épocas mais remotas, ela geralmente não incluía a concessão de direitos fundiários soberanos, mas sim de direitos econômicos e pessoais de origem política. Os xátrias eram estirpes de rei, e não senhores feudais fundiários. Nos estados dravídicos, o rei tinha em cada aldeia uma propriedade agrícola régia (majha), a par da qual também havia o grau sacerdotal (pahoor), que gozava isenção fiscal. Ao lado e no lugar do antigo cacique da aldeia (munda), o rei colocava seu *mahta*. As famílias privilegiadas (bhuinbar) de maneira carismática, das quais provinham esses caciques da aldeia, tinham terra isenta de impostos, ao passo que as famílias sem-terra (khun) ficavam sujeitas a impostos e eram vistas, então, como "terra do rei"[53]. Isso foi adotado, em essência, pelos conquistadores, mas, na maioria dos casos, feudalizado. E, de fato, elementos genuinamente feudais encontram-se na estrutura social da maioria das regiões da Índia – em especial, em parte ocidental –, muitas vezes totalmente conforme o estilo do mundo ocidental. Os rajás tinham seu próprio brasão[54]. Também há investiduras com a cerimônia do golpe de espada[55]. Mas os Livros Jurídicos não dão conta de direitos fundiários feudais propriamente ditos nas aldeias. Estes são resultados não da feudalização, mas sim da prebendalização do poder político, ocorrida posteriormente.

No tempo dos grão-reis, os altos postos de comando militar estavam ligados, muitas vezes, a benefícios feudais territoriais, que se tornaram fonte de direitos econômicos hereditários[56], bem como a cargos de *status* mais alto[57]. Também naquela época, predomina entre os grandes feudatários polí-

---

53. Sobre os drávidas: Hewitt, *Journal of the Royal Asiatic Society*, abril de 1890.

54. Cf. *Epigraphia Indica*, VIII, p. 229.

55. Cf. *Epigraphia Indica*, VI, p. 53 (século X). Assim se interpreta a denominação indiana.

56. *Epigraphia Indica*, VI, p. 47 (século X): Após a morte de um vassalo em combate, seu posto de comandante da respectiva tropa é repassado sob outros aspectos. O feudatário recebe algumas aldeias enquanto feudo de terra inculta, isto é, hereditária.

57. *Epigraphia Indica*, VI, p. 361.

ticos a descendência régia ou de parentes do rei[58], mas não exclusivamente[59]. Os direitos de dominação, tanto do príncipe quanto do vassalo, eram considerados, com certa abrangência, alienáveis[60]. Vastas áreas da Índia encontravam-se em combate incessante. No sul são típicos os epitáfios de aldeias para cavaleiros que, tombados na luta contra ladrões de gado vindos de fora, vão para o céu por esse motivo[61].

Quanto à questão da natureza da proveniência – ainda hoje característica – dos elementos remanescentes da casta dos rajaputros que atualmente se possam julgar em grau máximo como representantes das tradições mais antigas, somente se poderá dizer o seguinte: de que sejam provenientes de dominadores políticos, ou pequenos principados, ou cavaleiros feudais, ou nobres com função ministerial, ou senhores fundiários com direitos e deveres políticos. Apenas com a ressalva de que essa nobreza, de qualquer modo, não era uma nobreza puramente oficial (de escrivães) em sentido estrito, mas sim um estamento de portadores de feudos político-militares de tipo bastante diferente, inclusive nomeadamente de prebendários militares, que serão comentados em breve. Nisso encontram expressão as transformações da constituição e da administração indianas, particularmente da constituição militar.

O exército da Epopeia – assim como o dos mais antigos relatórios históricos (Megástenes e Arriano) – encontra-se em fase de transição similar à do exército homérico, se bem que já em fase mais adiantada. Os heróis (curah), juntamente com seu séquito (arugah), são os combatentes de vanguarda, não raro com lutas corpo a corpo. Os chefes de divisões do exército não são "es-

---

58. Concessão e, ao mesmo tempo, unificação em um só distrito político especial de doze aldeias: *Epigraphia Indica*, IV, p. 185 (região do Tamil, século XI).

59. Pelo menos é de presumir-se que não tenha sido apenas para parentes a concessão maciça de terras a vassalos feita após a aniquilação do Reino de Chola e referida como fato em documento datado do acampamento de guerra do Rei Krishna (século X). Cf. *Epigraphia Indica*, IV, p. 290.

60. Partes do poderio de um príncipe como dote: cf. *Epigraphia Indica*, IV, p. 350. Sobre a venda de uma aldeia inclusive com direitos senhoriais (?) [*sic*] por um vassalo a outro, cf. *Epigraphia Indica*, III, p. 307ss. (século XI).

61. Cf., por exemplo, *Epigraphia Indica*, IV, p. 180; V, p. 264.

trategistas" ou "oficiais, mas sim soldados qualificados por seu carisma de heróis particularmente bons. A batalha prepara-se, por certo, com o enfileiramento do exército, mas processa-se de maneira desordenada, visto que os heróis se precipitam ao lugar em que divisam o adversário por eles visto como o de maior dignidade. Naturalmente, na era da Epopeia, a morte do chefe significa também a derrota do exército. A par do respectivo séquito, não se encontram como ministros do rei e da nobreza somente guerreiros que, por si próprios, não podem se equipar com armas e carros de combate, mas também guerreiros mercenários que, em tempos de paz, recebem do príncipe seu soldo e, assim, passam bem e, ao tombarem em combate, deixam suas viúvas aos cuidados do rei. Inferiores aos nobres e sacerdotes quanto à posição social, mas separados dos agricultores, os guerreiros fabricavam eles próprios suas armas, segundo Arrian. Já naquele tempo, além da estruturação por fratrias como as descritas por Homero, também havia a formada por destacamentos meramente táticos de 10, 100 ou 1000 unidades – o número de elefantes e carros calcula-se, tipicamente, em proporção ao da cavalaria e da infantaria. Em seguida, o exército tornou-se uma "armada" sob as ordens de oficiais, mantida e progressivamente também equipada pelos magazines reais. Ele já não continha vestígio algum de chamada às armas nem de recrutamento de cavaleiros.

A administração do rei tornou-se burocrático-patrimonial. Isso significa que, por um lado, apresentava traços de uma ordem estamental de servidores públicos regulamentada hierarquicamente tanto com competências locais e substantivas ordenadas como com instâncias de apelação. Por outro lado, a separação dos cargos da corte não estava concluída e as competências dos diversos servidores agindo com desconcertante intensidade[62] não raro estavam delimitadas de maneira fluida ou vaga e não racional, mas sim de acordo com circunstâncias fortuitas. Segundo inscrições[63], já a partir da primeira dinastia dos grão-reis, a dos Máurias (séculos IV e III a.C.), um vasto setor de escri-

---

62. Sobre esse assunto, cf. Rose, *Indian Antiquary*, 36 (1907).

63. Bühler, *Indian Antiquary*, XXV (1896), p. 261ss.

turação desenvolveu-se com base na economia de almoxarifado e tributação. A incrível avidez da administração do grão-rei budista Ashoka pela escritura, incomensurável em seus inúmeros éditos, está fartamente conhecida[64]. No entanto, como na maior parte das configurações burocrático-patrimoniais, assim também os distritos do território estatal geralmente continuavam a ser concedidos na medida do possível a parentes enquanto representantes. Esse quadro recebe um complemento no Arthasastra (Ciência do Estado) do Kautaliya, com a redação de Chanaukya[65], de autoria presumivelmente de um ministro do grão-rei máuria, Chandragupta. A administração deve ter por base uma estatística abrangente. Todos os habitantes devem estar registrados por castas, estirpes, profissão, posse, renda, submetidos à obrigação de ter um passaporte e ser controlados em toda a sua conduta de vida. Nesse contexto, sob o ponto de vista fiscal considera-se como o mal mais perigoso, a par de conspirações políticas, pôr em risco o "prazer pelo trabalho"; por esse motivo, deve-se impor, no campo, restrições ao teatro e a bandas de música, mas em toda parte ao comércio de bebidas alcoólicas e tabernas, e a administração régia tem de entrar, por seus "espiões", no mais íntimo da vida privada dos súditos. O rei pratica o comércio por conta própria[66], e a sua administração regula os preços por pressões sobre o mercado, que aqui surge como elemento da política fiscal do grão-rei, ao contrário da situação pretendida nos Jatakas. Introduziram-se todas as fontes tributárias imagináveis, desde taxas para cortesãs mantidas pelo rei para as necessidades dos comerciantes em viagem até multas em dinheiro para cidadãos que o rei, a conselho do autor, instigara por intermédio de agentes provocadores a cometerem atos sujeitos a punição. Os interesses da administração restringiam-se visivelmente – na medida em que se tratava de reis piedosos pertencentes a

---

64. Por um lado, afirma-se (cf. A. Smith, Açoka, Oxford, 1901 e sobretudo Bühler, *Indian Antiquary*, 26, p. 334) e, por outro, contesta-se (cf. S. Levy) que os "escrivães" aparecem pela primeira vez sob Ashoka como servidores públicos encarregados de exarar e autenticar éditos reais.

65. As passagens aqui consideradas foram traduzidas por R. Shamasastry em *Indian Antiquary*, 34 (1905).

66. O monopólio comercial do rajá permaneceu em vigor na Caxemira para o açafrão; no sul da Índia para pedras preciosas; no oeste para cavalos; no leste para armas e artesanato fino; e em toda a Índia para elefantes.

seitas hindus, e não budistas ou outras – a dois pontos centrais: disponibilização dos contingentes necessários para o exército e arrecadação de impostos. Cada vez mais, e em grau máximo, sob o reino dos mogóis, a administração procurava assegurar ambos os pontos mediante fixação de valores globais ou por prebendalização. Prebendas militares eram concedidas de maneira a que o prebendado assumisse a mobilização de um determinado contingente, sendo, então, financiado para arcar com soldo, nutrição e demais pagamentos devidos. Esse procedimento ensejou o surgimento de prebendas jagir, obviamente pautadas em sua forma pelas antigas prebendas templárias e bramânicas. O prebendário jagir tendia facilmente a se tornar um senhor fundiário[67], sobretudo quando recebia como feudo o direito de dispor sobre terra inculta, apesar de a origem de seus direitos ser de caráter unicamente político-militar. Ainda por volta do ano 1000 d.C., os servidores propriamente ditos viviam essencialmente dos magazines régios[68], e a introdução da economia monetária no orçamento do Estado efetivou-se com impulsos intermitentes, assim como, ao modo da Ásia Anterior, com ajuda do capital privado. O rei assegurava os impostos por meio de arrendamento ou concessão enquanto prebendas, em troca de pagamentos globais fixos à caixa do Estado. A partir dos prebendários fiscais, desenvolveu-se a classe de senhores fundiários denominados zamindari (na região de Bengala) e talukdari (nomeadamente no Oudh). Eles também se tornaram senhores fundiários propriamente ditos somente a partir do momento em que a administração inglesa os incluiu no registro fiscal como responsáveis pelo montante tributário devido e, *por essa razão*, passou a tratá-los como "proprietários". Quanto à origem, também seus direitos – levando-se em conta a lista completa do que lhes era devido na época da dominação mogol – têm origem no hábito da administração mogol de tratar os garantidores distritais de fornecimentos militares e financeiros como responsáveis também pelo resto da administração (inclusive jurisprudência), cujos custos deviam honrar previamente. Também no mundo

---

67. Feudos militares propriamente ditos existiam no estilo romano como feudos militares de fronteira: os *ghahtala*.

68. Rose, *Indian Antiquary*, 36 (1907).

ocidental dos primórdios da Idade Moderna, o Estado conhecia tanto o arrendamento fiscal quanto a remissão da mobilização de contingentes militares a empresários, a cujo critério o financiamento era então entregue em medida abrangente. O que ficou faltando nos grão-reinos indianos foi o desenvolvimento de órgãos controladores, como aqueles pelos quais o poder principesco ocidental foi retomando paulatinamente a administração militar e financeira em suas próprias mãos. Somente os maratas recuperaram sistematicamente a sua própria economia estatal, a ponto de superarem os reinos mogóis em técnica administrativa. Pois – ao menos em desejo – eles constituíram uma dinastia nacional, ao passo que a dominação externa ficou muito mais acentuadamente na contingência de recorrer a intermediários. Eis por que os maratas utilizaram a casta bramânica para todos os objetivos administrativos, inclusive militares, enquanto, em outros lugares, eram as castas inferiores de escrivães que faziam concorrência aos brâmanes. Particularmente, o islã serviu-se, na administração, das castas escrivãs em vez das bramânicas.

O rumo assim tomado pela história administrativa da Índia acabou por levar ao desenvolvimento de inúmeras prebendas com as mais variadas características, e sobretudo ao fato de que os arrendatários fiscais e prebendários militares – obrigados a arcar com os custos administrativos de seus distritos e a assumir a garantia por todos os serviços militares e financeiros sem ter de recear controle ou intromissão, desde que ficassem nos limites dessas obrigações – tornaram-se o ponto de partida para a formação de uma camada de senhores fundiários cujos camponeses dependentes ficaram assim, na realidade, quase completamente "mediatizados".

É peculiar ao desenvolvimento indiano o fato de que, em certas circunstâncias, toda uma série de rendas, acumuladas uma sobre a outra, se baseava no dever fiscal dos agricultores e tinha de ser paga com os produtos da terra. Acima do "agricultor" propriamente dito – isto é, do efetivo cultivador da terra – podia situar-se, inicialmente, um rentista fundiário ou, via de regra, uma comunidade de rentistas fundiários considerados proprietários da terra e responsáveis, perante a instância superior, pelo correspondente montante de impostos. Mas, por sua vez, geralmente havia entre estes e o poder estatal um intermediário – o zamindar ou o talukdar –, cujo dever consistia em exigir apenas parcelas de renda (no Nordeste, frequentemente, 10% do valor fiscal global[69]) ou também, mais amplamente, direitos feudais fundiários propriamente ditos. Às vezes, porém, não havia apenas esse único intermediário, mas também, além do antigo arrendatário fiscal, um beneficiário na qualidade de morador rural financiado com direitos a renda ou enquanto senhor fundiário, cujos direitos decorriam do fato de ele ter "comprado" a aldeia em troca de assumir a obrigação de pagar os atrasados fiscais. Além disso, também podiam acrescentar-se, por fim, os eventuais direitos rentistas do chefe hereditário da aldeia que conferiam a este certa característica de senhor feudal fundiário. Desde o início do século XVIII, a dominação dos maratas realizava sistematicamente essa repartição das receitas fiscais entre os prebendários de modo prévio ao fisco, o qual retinha o resto e assim zelava – ao modo da política feudal dos normandos – para que, na medida do possível, nenhum prebendário restringisse suas receitas à própria circunscrição oficial, mas que as recebesse também, pelo menos em parte, das circunscrições de fora.

O caráter específico das camadas sociais baseadas nesse substrato econômico está determinado pela origem e especificidade desse último. No Ocidente, o senhorio feudal desenvolveu-se, tal qual o senhorio oriental indiano, a partir da corrosão do poder central do Estado patrimonial lá, do reino carlovingiano, e aqui, do poder dos califas[70], dos marajás ou dos grão-mogóis. Mas, no reino carlovingiano, o desenvolvimento deu-se com base em forte predominância da economia natural e no aproveitamento da fidelidade dos vassalos enlaçada, em última instância, à instituição do séquito real no intento de conectar com o rei a ascendente camada feudal a assomar entre este e os homens livres [Gemeinfreie]. Também na Índia havia condições feudais, como vimos. Mas não eram decisivamente determinantes para a educação da nobreza e dos senhores fundiários. No Oriente em geral – e, portanto, também na

---

69. Originado no contingenciamento do lucro dessa categoria de arrendatários fiscais a 10% da arrecadação fiscal, de modo semelhante ao encontrado na região oriental da Ásia Anterior.

70. Cf. sobre o islã: C. H. Becker nas obras a serem citadas mais tarde.

Índia – o que se desenvolveu mais acentuadamente foi o típico senhorio fundiário a partir do arrendamento fiscal, assim como das prebendas militares e fiscais de um aparato estatal de caráter burocrático substancialmente mais forte. Foi por isso que tal senhorio permaneceu, em sua essência, "prebenda", e não "feudo". O que houve, portanto, não foi uma feudalização do Estado patrimonial, mas sim sua prebendalização, e analogias ocidentais – embora pouco pronunciadas – podem ser vislumbrada não nos feudos medievais, mas sim na compra de cargos públicos[71] e nas prebendas, por exemplo, dos papas do século XVII ou da *noblesse de robe* na França. Além da diferença de estágio histórico do ponto de partida do desenvolvimento aqui e acolá, também foi importante o fato puramente militar de que, na Europa, ao tempo do feudalismo, a arma tecnicamente mais desenvolvida foi a cavalaria, ao passo que, na Índia, apesar de considerável numericamente quanto à relevância militar e capacidade de desempenho, a cavalaria ficou bastante atrás, e isso tanto no tempo de Alexandre quanto no dos exércitos mogóis.

Ao que se sabe, as formalidades da administração no Estado grão-mogol aproximam-se às dos tipos turcos e respectivos modelos conhecidos: os da administração dos califas e dos sassânidas. Entretanto, já nos tempos anteriores aos da dominação estrangeira, a instituição da escrita veio a impor-se como consequência da extraordinária racionalização do setor fiscal, intensificando-se até o limiar de associação política: o escrivão da aldeia, que em toda parte tinha sua posição ao lado do líder aldeão, era a instância mais baixa, embora muito importante, dessa burocracia de escrivães, cujas volumosas prebendas eram objeto de conflitos entre os brâmanes e outras castas, tanto das de ilustres quanto das de *parvenus*. A dominação dos maratas foi provavelmente a que experimentou com maior consequência o dualismo de deschmukh (funcionários distritais) e patel (líderes aldeães), ambos maratas, e, em situação paralela, o dos deschpandya e kulkurnu (contadores aldeães), geralmente brâmanes.

---

71. Ocasionalmente, os rajás indianos também vendiam prebendas fiscais e outras prebendas políticas de toda espécie.

A exígua clareza do conceito de xátria – famílias de pequenos reis ou cavalaria? – também se explica a partir da estruturação política da Índia enquanto processo oscilante entre fragmentação em inúmeros pequenos reinos – na origem, simplesmente "comunidade do cacique" – e da aglutinação destes em reinos administrados de maneira patrimonial. A era da Epopeia, conforme vimos, já conhecia, por um lado, a luta de heróis e, por outro, os primórdios da disciplina de exércitos não mais equipados por si próprios, mas sim equipados e abastecidos pelos magazines reais, como na época da invasão por Alexandre. Um dos maiores contrastes históricos atinentes à configuração do exército – o dualismo de autoequipagem *versus* a separação de equipamentos bélicos e guerreiro – persistiu durante épocas posteriores e ainda não havia desaparecido sob a dominação mogol. O guerreiro que se autoequipava sempre teve uma avaliação social diversa daquele a quem o rei ou seu oficial de recrutamento fornecia o equipamento. No entanto, desde o tempo dos rajaputros, o sistema de mercenários das mais diversas tribos semibárbaras e o enfeudamento com direitos fundiários e de senhorio do cavaleiro mercenário que o merecera devem ter amenizado fortemente as diferenças estamentais. Além disso, também contribuiu para tanto a estrutura social das associações políticas com sua oscilação entre organização feudal e patrimonialismo. No caso da primeira, no mundo inteiro, o rei utilizava como sustentáculos do poder político, em toda parte, as antigas estirpes nobres tanto seculares quanto clericais; e, no caso da segunda, os descendentes de estamento inferior.

Ninguém sabe dizer alguma coisa[72] sobre o grau de influência da antiga nobreza de chefes e séquitos em vigor ainda hoje entre os rajaputros – com certeza, não muito alto. É que, nas épocas de burocracia patrimonial, grandes massas de elementos provenientes das camadas de arrendatários fiscais e prebendários de ofícios e enobrecidos ao nível de senhores fundiários graças à concessão de terras ascenderam à posição hierárquica da antiga nobreza. Além disso, muito frequentemente, mercenários e legionários reclamavam,

---

72. Cf. R. Hoernle, *Journal of the Royal Asiatic Society*, 1905, p. Iss.

passadas algumas gerações, reconhecimento como xátrias, tal como ainda hoje sucede, amiúde, com numerosas tribos de camponeses semi-hinduizados e com castas de agricultores – outrora quadro de recrutamento daqueles mercenários e, com o fim do mercenarismo e a pacificação da Índia, obrigadas a abraçar uma ocupação econômica pacífica. Outras tribos, no passado conquistadoras de reinos bastante grandes, assumiram, definitivamente, a decadência daqueles reinos e sua subsequente sujeição à dominação inglesa, peculiar posição intermédia entre "tribo" e "casta".

A essas últimas pertence, principalmente, a tribo dos Maratas, nativa da costa noroeste. O nome da tribo (maharatha = grande guerreiro) já se encontra em inscrições anteriores à nossa era. Em sua descrição de viagem, Hiuen Tsang celebra seu modo cavalariano de combater. Contudo, já naquele tempo, eles lutavam em fila, embora a embriaguez (de guerreiros e também de elefantes) frequentemente praticada antes do combate tenha persistido, ao que parece, como reminiscência do êxtase de heróis. Após terem mantido, sob a dominação islâmica, tanto seus feudos castelares quanto sua atuação como cavaleiros remunerados, eles impuseram, em levante contra a dominação do grão-mogol no século XVIII, a instauração dos últimos Estados estabelecidos na Índia sobre fundamentos nacionais hinduístas. A "nobreza" (assal) – isto é, os ex-guerreiros – reivindicou para si o *status* de xátria, e tudo indica que também houve uma miscigenação com famílias de rajaputros. Quanto ao essencial, mantiveram tanto o ritual quanto a classificação das estirpes em conformidade com o modelo hindu, servem como sacerdotes os brâmanes bons (deschaschth), mas resíduos de organização totêmica (Devak-maratas) ainda deixam entrever sua origem tribal. Deles se distinguem de maneira estamental os agricultores (Kunbi-maratas).

Se o *status* de nobre para as referidas tribos de cavaleiros forâneos não ficou sem contestação, muito menos dúvidas houve quanto à recusa do reconhecimento como xátrias pretendido por puras tribos de mercenários. Nesse sentido, no início de nossa era, a ordem estamental dos tâmiles da

Índia Meridional[73] distinguia claramente, já nos primeiros passos de sua hinduização, entre os brâmanes (imigrados) – os únicos a serem considerados "renascidos" (por serem os únicos a cingirem-se com o cinturão sagrado) –; a seu lado, os sacerdotes tâmiles (arivars, ascetas); depois, a nobreza fundiária dos ulavars, os "senhores das águas" (da irrigação) dos quais se originaram reis e vassalos políticos; em seguida, diversas castas de criadores de gado e artesãos; e, finalmente, como quinto estamento, os padaiachia (soldados) – todos esses estamentos rigorosamente separados uns dos outros. E mesmo a classificação bramânica posterior, que colocava os comerciantes acima dos vellalars (antigos ulavars) – entrementes fortemente ruralizados –, não conferiu aqui nem em outro lugar, aos soldados profissionais, o *status* de casta de renascidos[74].

Continuou problemática a posição dos detentores de cargos de origem não militar. Os zamindari, arrendatários fiscais com dedicação exclusiva do reino Mogol, eram recrutados de diversas castas e não obtiveram *status* de casta especial. É, em parte, diferente o caso dos prebendários de ofícios mais antigos, na medida em que conseguissem chegar a tais postos indivíduos com nível inferior ao de brâmane ou rajaputro (ou ao de castas com *status* equivalente). Isso ocorria, de acordo com o tipo de administração, em grau muito variável. Por fim, e de modo plenamente compreensível, até hoje permaneceu controversa ao extremo a ascensão de *status* obtida pela burocracia escriturária dos grandes reinos, uma burocracia inteiramente não militar em sentido próprio. A origem patrimonial do funcionalismo público fica patente já com a denominação Amatya (no sentido original,

---

73. Sobre isso, cf. o excelente livro de V. Kanakasabhai, *The Tamils 1800 years ago*, Madras 1904.

74. Antigas tribos de "guerreiros" (em verdade, frequentemente, tribos de assaltantes e ladrões de gado) eram, por exemplo, os khati, donos de castelos fortes em Sindh e, após sua expulsão, instalados em Ahmadabad – hoje em dia, em parte, senhores fundiários (talukdari) e, em parte, agricultores. Eles são veneradores do sol, têm brâmanes como sacerdotes e dispõem de uma organização central. As antigas tribos não ilustres de mercenários são relativamente instáveis quanto à escolha da profissão. Os khatris em Bombaim, originalmente uma casta de guerreiros com pretensões ao *status* de xátria e ainda hoje portadora do cinturão sagrado, tornaram-se tecelões de algodão. Na mesma área, a antiga tribo de mercenários assaltantes dos halepaika passou a ocupar-se, após a queda dos reinos dravídicos, com a destilação do suco de palma.

"companheiros de casa"). Até onde se pode constatar, os reis indianos, pelo menos a nível nacional, não empregavam funcionários pessoalmente não livres, como habitual na Ásia Anterior[75], somente o *status* social das classes de origem dos funcionários. O antigo monopólio da cavalaria para cargos públicos foi rompido pelo patrimonialismo. Os grão-reis – já sob as dinastias Máurias (século IV a.C.) e, depois, sob a de Gupta (a partir do século IV d.C.) – governavam o país com funcionários recrutados na casta dos sudras, fato relacionado pela literatura bramânica no contexto do alvorecer da época Kali, mas que, em seu cerne, corresponde ao Estado patrimonial e, de modo particular, ao patriarcalismo oriental, praticamente iguais em todo o mundo. A antiga casta dos xátrias havia, por certo, considerado como seu monopólio específico a concessão de poder político. Mas não conseguiu impô-lo, e foi justamente o que lhe causou a decadência. O Estado patrimonial necessitava para o cargo de funcionários não apenas castas de brâmanes, mas também membros de outras castas habilitados à escritura. Conferia suas prebendas de arrecadação fiscal a arrendatários fiscais civis e as de recrutamento para o exército a *condottieri*, criou prebendários fiscais de toda espécie dotados de poder político nas figuras de jagirdar, talukdar e zamindar, e não se vinculou nesse contexto a nenhum estamento. Ainda mais que, com relativa frequência, os próprios reis eram felizes *parvenus*. Há a ocorrência de monarcas que, nas inscrições, se caracterizavam como brotos dos pés de Brama (e, portanto, como sudras). Pelo rigor teórico, nem mesmo a descendência de um rei torna nobre um sudra: na região de Bengala, a casta rajbansi excomungou um de seus membros por ter dado uma filha em casamento a um membro da casta koch, o qual descendia de um rajá.

Contudo, via de regra, era o peso político da posição de poder que exercia um efeito irresistível. Por isso, com vistas ao *status* social da casta, a no-

---

75. O senso estamental do funcionário livre exprime-se em fórmulas como a seguinte: o funcionário ocupa sua posição "após entendimento amigável com o rei, seu senhor" (como consta na inscrição *Epigraphia Indica*, V, p. 213, proveniente do reino da dinastia dos chalukya ocidentais, nos séculos XII e XIII). No entanto, a maioria do funcionalismo pertencia à categoria dos bhritya, que compreendia tanto guardas de harém quanto legionários pobres.

breza não militar do funcionalismo público concorre com os rajaputros e a nobreza militar em geral, e, principalmente, com as grandes castas de letrados. É o caso da casta composta apenas por burocratas dos kayastha na região de Bengala e, por exemplo, também o da casta semiburocrática de prebendários militares dos prabhus em Bombaim, uma camada hoje numericamente pequena que se encontra apenas naquele lugar. Outrora uma classe militar, já desde a dominação Gupta ela havia recebido como direito feudal a gestão da administração local (arrecadação de impostos, gerência de documentos e administração militar), e assim permaneceu no correr do tempo. Na região de Bengala havia poucas estirpes de rajaputros residentes no campo: aparentemente, apenas uma das famílias conhecidas fazia parte delas com certeza; desde a dinastia Sena a região estava organizada de modo burocrático-patrimonialístico. Os kayastha, agindo como casta de escriturários também em outras regiões e ainda no Vellala Charita (século XVI) considerados como "puros" sudras, atualmente reivindicam, na região do país de Bengala, serem xátrias de *status* mais elevado do que os rajaputros.

Essas castas de funcionários instruídos em letras têm hoje uma composição claramente diversa da dos rajaputros, cuja fração de analfabetos é, em especial, alta, e também inteiramente diversa da de outras antigas castas de soldados. É muito pequena a representação de rajaputros na moderna administração burocrática dos setores político e da economia privada, nos quais as castas de brâmanes e escrivães desempenhavam um excelente papel. O mesmo vale para a advocacia, a imprensa e as profissões "aprendidas"[76]. O *status* de casta dos kayastha é objeto de constante e apaixonada controvérsia, nomeadamente por parte da antiga casta bengalesa de médicos dos baidya,

---

76. Na cidade de Calcutá, 30% dos kayastha são empregados administrativos; brâmanes e kayastha disputam para obter o primeiro lugar entre kommis, advogados, médicos, redatores, engenheiros. Na província de Bombaim, encontram-se na agricultura 74% dos rajaputros e 92% dos maratas, mas apenas 2% e, respectivamente, 0,3% na administração política; 0,8% e 0,02% nas profissões "aprendidas" – porcentagens iguais às da desprezada casta agrícola dos kuli em Gujarat. Lá as porcentagens de brâmanes e prabhus perfazem, respectivamente, 7% e 27% na administração; e 22% e 18% nas profissões "aprendidas" (e lá também provêm da casta de comerciantes dos lohar porcentagens fortes de recrutamento com 5,8% na administração e 27% nas profissões aprendidas). Um rajaputro muito raramente passa para uma atividade remunerada como *shopkeeper*, e um marata, quase nunca: a casta dos maratas ainda hoje é considerada exemplo de amor letárgico e feudal ao luxo.

que reivindicam *status* superior por disporem, segundo alegam, da completa cerimônia dos upanayam e, além disso, do direito de lerem os Vedas eles próprios. Por sua vez, os kayastha acusam os baidya de terem adquirido, há apenas cerca de cem anos, de modo ilícito e com auxílio de brâmanes por eles subornados, o direito de usar o cinturão sagrado. Historicamente falando, ambas as partes poderão estar em seu direito. Se os kayastha eram, indubitavelmente, sudras, então, apesar da idade avançada da medicina como disciplina especializada na Índia, mesmo uma casta de médicos no passado anterior poderia, no máximo, ter apresentado o *status* de vaixiá, como outras castas da antiga associação de guildas (Mahajan). Hoje em dia, a casta dos baidya e as castas similares de outras regiões aspiram a um *status* bem superior ao dos rajaputros, tendo em vista que estes *nem sempre* consideram degradante o fato de pegar na mão um arado. Os baidya também podem fundamentar sua aspiração de melhor *status* social para sua casta com o argumento de que a dinastia Sena derivou de sua casta.

Em resumo, é muito complexo o caráter peculiar conferido atualmente, mais ou menos sem contestação, ao *status* dos xátrias, e ele ainda apresenta em si claramente sobretudo as marcas das modificações históricas pelas quais o hinduísmo passou sob o aspecto político desde o surgimento da administração escrita. Ainda mais problemática era e é a situação da terceira casta da doutrina clássica, a dos vaixiás.

Segundo o ensinamento clássico, essa casta corresponde aproximadamente ao nosso estamento dos "homens livres". Antes de tudo, ela caracteriza-se, para cima, de modo negativo pelo fato de lhe faltarem privilégios de ordem ritual, social e econômica, próprios da nobreza sacerdotal e laica. Para baixo, em relação aos sudras, seu privilégio – de longe o mais importante, embora nunca expressamente mencionado – terá sido o de ter parte na posse fundiária, algo evidentemente vedado ao sudra. Nos Vedas, a palavra "viça" é usada para designar "gente", "súditos" (do soberano). Nas fontes clássicas, o vaixiá sempre é, em primeira linha, "agricultor". Mas já nos Livros Jurídicos lhe é considerado pertinente, além do mencionado, o tipo de atividade econômica voltado ao empréstimo com juros e ao comércio. É digna de nota para a época clássica a forte diferença social feita entre o manejo do gado e o manuseio do arado. O primeiro – mas não o segundo – é um tipo de profissão admissível, para um brâmane, como fonte emergencial de renda. Isso corresponde a modos de ver bem antigos e muito difundidos. Em quase toda parte, o manejo do gado constitui trabalho de homens, ao passo que o primitivo cultivo da lavoura era trabalho de mulher ou escravo. Mais tarde – e também atualmente –, desapareceu por completo a caracterização do vaixiá como "agricultor", de modo que agora – e já desde tempos históricos – o comércio passou a ser a atividade econômica propriamente dita do vaixiá, e, assim, vaixiá e vanik (comerciante) passaram a ser considerados como idênticos. Hoje uma casta que reclame o *status* de vaixiá procura comprovar que tem sido e ainda é uma casta de comerciantes. A exclusão dos agricultores de uma posição equiparada à da posse e da fonte de renda burguesa passou seguramente por vários momentos. Em primeiro lugar, por uma progressiva feudalização e, além disso, no molde patrimonial, pela tributação e prebendalização da constituição social. Já na época clássica considerava-se o vaixiá fadado a ser totalmente "absorvido" pelos estamentos superiores. Na Idade Média, ele só interessava como contribuinte fiscal. A Índia medieval é o país das aldeias. O indicador do volume de um reino era, como se disse, seu número de aldeias, isto é, de unidades fiscais[77]. O imposto fundiário era e continua sendo a fonte de receitas absolutamente decisiva e o principal objeto de enfeudamento e de formação de prebendas. Na época clássica, o rei era "o recebedor da sexta parte", pois, no que diz respeito à antiga tributação fundiária, se considerava um sexto da safra como um imposto suportável. Na realidade, porém, o imposto tornou-se tão elevado e – por certo, contrariamente à antiga doutrina – de tal modo sujeito a majoração que acabou por fazer surgir uma teoria voltada a atribuir ao rei o monopólio fundiário. E foi o que ocorreu mais ou menos nas regiões conquistadas em Bengala e em algumas outras regiões da Índia Meridional.

---

77. Mais tarde, a indicação passou a ser feita geralmente em lakhs, ou seja, em unidades de renda, cuja base era a avaliação tributária.

É do conhecimento geral que as mais abrangentes pesquisas sobre a configuração aldeã da Índia se devem a B. H. Baden-Powell[78], cujo trabalho se baseou em materiais do fisco britânico. De resto, as fontes literárias e as de monumentos só fornecem luzes pálidas sobre o passado dos agricultores indianos. No entanto, no mais tardar desde o período da dominação Mogol, mas em alguns pontos já muito antes, tudo estava determinado pelo domínio exclusivo dos interesses fiscais. Desde então, tudo gira ao redor de uma só questão: quem é o portador da responsabilidade fiscal. Quando uma única unidade rural fica sujeita separadamente à tributação e quando cada proprietário rural numa aldeia é responsável por sua propriedade e unicamente por esta, nesse caso, a aldeia constitui uma aldeia Ryotvari ou Raiyatvari[79]. Fica faltando então um senhor fundiário. Em vez disso, o antigo chefe carismático-gentilício da aldeia (patel) – então considerado funcionário do governo e dotado de notável autoridade – é quem passa a recolher impostos e na Índia Central tem, por força de uma espécie de regedoria hereditária [*Erbscholtisei*], terra devoluta isenta de impostos [*Watan-Land*] e mora em casa residencial, com frequência fortificada, no centro da aldeia. Hoje em dia não existe mais fora do perímetro da aldeia área demarcada – outrora pertencente a ela, mas hoje propriedade do Estado, ao qual compete de modo exclusivo conceder o direito a assentamento. O caso é diferente quando um grupo de proprietários é solidariamente responsável perante a repartição fiscal por um montante tributário fixo (jama) da aldeia. Nesse caso, esse círculo de proprietários, que frequentemente (ou mesmo quase sempre, nos primeiros tempos) conta com um "panchayat" como representante, é reconhecido como autorizado para todas as determinações relativas à aldeia e à área comum a ela pertencente (a terra baldia). Este distribui os campos da aldeia aos agricultores, aos artesãos e aos comerciantes em troca de rendas, reparte a seu critério para cada um dos participantes a terra baldia, separa a terra "Sir" (sítios autoadministrados) para cada um deles e, a seu arbítrio, também a terra para

---

78. Sobretudo *The Land Systems of India* (Oxford, 1892), em três tomos. Além disso, mais breve, o já citado compêndio sobre a *Indian Village Community*.

79. Derivado de Raiyat, o súdito, o "protegido" (client).

a coletividade – e, eventualmente, arrenda por certo tempo essa última. Falta aqui, portanto, o patel da aldeia, com sua posição destacada graças ao direito carismático que lhe é próprio; em seu lugar, sob determinadas condições, aparece para gerenciar a administração o "Lambardar" como representante da comunidade de interessados perante o fisco um. O direito de participação e o correspondente dever de contribuinte fiscal pode ser distribuído entre os participantes (em aldeias Pattidari) por quotas hereditárias (patti) ou outros critérios, particularmente levando em conta a respectiva capacidade de prestação de cada proprietário (aldeias Bhaiachara). Naturalmente, Baden-Powell considera – com razão – como aldeias Pattidari aquelas que surgiram a partir de posse fundiária senhorial. Aldeias Zamindari, ou seja, aldeias que se encontram na posse de senhores fundiários individuais, são encontradas ainda hoje e já em Kauthaliya Arthaçastra, anteriormente citado, consta o conselho de hipotecar com terra baldia alguém que se encontre disposto a garantir o montante tributário fixo. Essa explicação fica corroborada pelo fato de que, se não eram partilháveis os direitos estritamente políticos do rajá, certamente o eram suas obrigações econômicas, e também pela frequente menção, em inscrições epigráficas da concessão de aldeias em quotas fixas (vritti) a numerosos brâmanes. Entretanto, também para a origem das aldeias Bhaiachara, Baden-Powell admite a mesma causa: nesse caso, somente as quotas teriam caído no esquecimento. Na verdade, essa suposição não é de todo convincente, pois, hoje em dia, ainda tem lugar, em decorrência da aplicação de impostos, a transição consciente de aldeias Raiyatvari para a forma de aldeias Bhaiachara com responsabilidade solidária e poder de dispor sobre a terra inculta demarcada comum.

A par da nítida distinção entre os tipos de moderna constituição de aldeias, também devemos a Baden-Powell uma exposição compreensível sobre as consequências forçosamente advindas, para a constituição das aldeias, da manutenção da estirpe e da fratria (por ele denominada "clã") enquanto base para a concessão, pelo estamento senhorial, de usufruto fundiário no contexto da superabundância de terras na fase inicial. De suas assertivas devemos manter, por analogia com outras regiões asiáticas, especialmente as seguintes: 1) que a comunidade plena dos campos baldios (o comunismo agrário) da *aldeia* não foi a estrutura agrária primitiva da Índia nem, de algum modo, o fundamento para a estrutura agrária posterior, mas sim 2) a tribo (e eventualmente sua subdivisão na forma de associação enquanto fratria) que se considerou como proprietária da área ocupada, rechaçando ataques contra ela; 3) que as aldeias indianas *antigas* (devido à superabundância de terras e à preservação das associações em fratrias) não tinham conhecimento – ou, em todos os casos, não necessariamente – de terras baldias comuns [*Allmend*] e direitos às mesmas [*Allmendrechte*] enquanto componentes do estabelecimento agrícola no sentido europeu; 4) que teve pouca relevância para o desenvolvimento da estrutura agrária indiana o senhorio fundiário baseado no respectivo sistema ocidental feudal ou semelhante, mas que esta se caracterizou muito mais fortemente, de um lado, pela comunidade de estirpes e fratrias (clãs) dos conquistadores e, de outro, pela atribuição de prebendas fiscais; 5) que os títulos mais antigos de propriedade foram, por um lado, o desbravamento e, por outro, a conquista.

A camada hodierna de agricultores diretos, designada na língua indiana na Índia Meridional pela palavra "upri", oficialmente "*occupant*" – ou seja, dito concretamente, as pessoas que manuseiam o arado e pagam as taxas de arrendamento aos membros da comunidade Pattidari e Bhaiachara –, encontram-se, hoje em dia, com as leis reformistas inglesas, de um modo geral numa relação de posse da terra mais parecida com a situação dos arrendatários irlandeses desde a reforma agrária de Gladstone. É claro que não foi esta a situação original. A literatura clássica – e, nomeadamente, os Livros Jurídicos –, bem como os Jatakas e os literatos do mesmo período[80], desconhecem tanto a senhoria fundiária quanto a *joint village* hodierna. Verificam-se compra e arrendamento parcial de terra, excetuado esse último em caso de terra pertencente à aldeia. Na Índia Setentrional são conhecidos regimes de pastagem baldia comum e de pastor comunal. Originalmente, era reconhecida, ao que tudo indica, de modo autoevidente, a vigência

---

80. Cf. a respeito: Caroline Rhys Davids, "Notes on the early economic conditions in N. India" (*Journal of the Royal Asiatic Society*, 1901, p. 859ss.).

de compra preferencial para membros da aldeia, em comparação com forâneos. Aldeias da Índia Meridional associam-se para formar uma nova comunidade unificada[81]. Comissões de aldeia recebem concessões do rei[82] e, representadas por seus panchs, aldeias também entram em ação como um todo, por exemplo, como doadoras[83]. Existia, portanto, uma "comunidade aldeã" de caráter primário, mesmo independentemente da situação relacionada à responsabilidade fiscal[84], e ela tinha de existir toda vez que os assentamentos dos conquistadores enfrentavam de modo compacto os subjugados. Com caráter secundário, instauravam-se desde o princípio fortes condições comunitárias sempre que a fertilidade do solo dependesse de instalações de irrigação; sem dúvida, os direitos referentes à água pautavam-se pela medida de participação nos custos. Mas justamente os equipamentos de irrigação puderam tornar-se a base para intensa diferenciação econômica. É bem verdade que a formação de represas juntamente com seus acessórios ocorria, amiúde, como doação. Mas certamente, com maior frequência, elas surgiam por obra de empresas, indivíduos ou associações economicamente fortes, que então cobravam taxas para o fornecimento de água. Daqui derivam os "senhores da água" da Índia Meridional.

Uma fonte de maior importância para o surgimento de uma posse privilegiada economicamente foi a terra Watan[85], ou seja, as terras oficiais dos chefes de aldeia, sacerdotes da aldeia, contadores aldeães e, sob certas con-

---

81. Inscrição Tamil, *Epigraphia Indica*, III, p. 142ss., datada do século VIII.

82. *Epigraphia Indica*, IX, p. 91, datada do século IX.

83. Assim referido na grande inscrição *Epigraphia Indica*, II, p. 87ss. (datada do século I a.C.).

84. A repartição territorial indiana não podia refletir a situação mista observada na Alemanha (terreno subdividido em quadriláteros ou em faixas paralelas). É certo que, com frequência, os pattis ficam distribuídos pelo terreno em parcelas conforme as diferenças de qualidade do solo (rotação ocorre em casos isolados), mas, em geral, em blocos grandes de área não comparável por cálculos numéricos. O critério decisivo era o número de arados que a pessoa tinha e, consequentemente, de terra a ser cultivada. De início, havia terra de sobra e, por isso, não se fazia cálculo; a água, porém, era um recurso econômico para a irrigação e quem aqui se tivesse permitido algum abuso teria encontrado resistência, conforme ressalta Baden-Powell. Também havia redistribuição para equilibrar os recursos de sustento. No entanto, com a crescente pressão do fiscalismo, começaram a aparecer fenômenos como os conhecidos na Rússia; o alcance do ônus fiscal torna-se o critério do direito (e, eventualmente, do dever) à participação no solo.

85. Cf. a respeito: Baden-Powell na maioria de suas obras aqui citadas.

dições, também de outros funcionários dela. Eram hereditárias e após certo tempo eram vendidas. E, principalmente, eram isentas de impostos, estando sujeitas apenas ao pagamento de taxas fixas, mas não de porcentagens da safra de estabelecimentos agrícolas costumeiros, porcentagens estas variáveis, mas que, na prática – embora não em tese – podiam ser aumentadas. Durante o domínio dos Maratas, os prebendários de cargos oficiais, por mais que tivessem outras fontes de rendas e circunscrições diversas, faziam questão de, ao menos em sua aldeia natal, terem e manterem a terra Watan como sua propriedade, e assim se tornou uma espécie de questão de honra, para as camadas sociais dominantes, preservar em suas mãos esse feudo ministerial da família em vez de abrir mão dele. E quanto mais aumentava o ônus fiscal, tanto mais se considerava Watan como posse privilegiada, e esta se tornou, na sequência, justamente para as camadas sociais superiores, objeto de grande procura também enquanto investimento patrimonial. Também na Índia Setentrional as prebendas de cargos oficiais eram bem conhecidas na era da Epopeia. Elas eram de diversos níveis, conforme o *status* do cargo, desde rendas de terrenos individuais até as de uma cidade inteira. Mas aqui, claramente, a antiga monarquia patriarcal conseguiu impor com maior êxito o que mais tarde, no sul, os Maratas procuraram alcançar sem, porém, conseguir impor inteiramente: evitar que daí resultasse um direito de propriedade hereditário sobre determinados terrenos.

Na origem, o caráter peculiar da terra Watan estava solidamente associado à qualidade estamental da estirpe, dito de modo mais preciso, à sua qualidade carismático-gentilícia – estirpe do chefe da aldeia –, que a tinha como terra ministerial. Mas também havia, obviamente, em número relevante, direitos de posse similares, ligados a qualidades estamentais do possuidor. Em primeiro lugar, a origem dessas diferenças já deve ter sido a monopolização da totalidade da posse de terra nas aldeias arianas a favor dos conquistadores e com exclusão dos subjugados, mas não é mais possível verificar de que modo essas diferenças evoluíram ulteriormente. Pelo contrário, o que se encontra confirmado em inscrições são os direitos fundiários a que "fazem jus as prebendas de brâmanes", e na Idade Média indiana constata-se com particular frequência uma forma jurídica de posse fundiária denominada "bhumichchida", que sem dúvida significa um tipo de propriedade hereditária livre de qualquer majoração arbitrária de impostos, qualidade esta cuja origem remonta à posição estamental pessoal da estirpe autorizada (ao carisma gentilício). E, de um modo geral, encontra-se nas pesquisas de Baden-Powell sobre casos de associação privilegiada de rentistas fundiários [*joint village*] a constatação de que estes exigiam sua participação por força do "direito de nascença" [*mirasi*, ou *birth right*, na tradução de Baden-Powell] conectado com a filiação a uma estirpe carismático-gentilícia (principesca). Tecnicamente, é chamada de "miras" toda e qualquer terra possuída por direito hereditário fixo e (eventualmente) por renda fixa. Portanto foi a qualidade estamental hereditária da estirpe e, mais tarde, da casta que determinou, de maneira prioritária, a qualidade da posse como *mirasi*: eram sempre classes que, em todo caso, mesmo exercendo atividades econômicas, evitavam o máximo possível pegar o arado com suas próprias mãos para assim não serem desclassificadas ritualmente, como de fato ocorrera, de modo ocasional, com rajaputros empobrecidos e outros proprietários fundiários ilustres. Pois bem, quando nos documentos da Idade Média indiana constam "moradores de aldeia" como testemunhas ou doadores, ou também quando, ao lado da estirpe régia e dos servidores e comerciantes radicados na cidade, constam "pessoas do campo" como estamento claramente não desclassificado[86], nesses casos, nunca se sabe se são rentistas fundiários ou agricultores propriamente ditos, ou uma coisa intermediária entre ambos, mas geralmente considera-se bem mais provável o primeiro. E também na atualidade as exposições dos *Census Reports*, excelentes em outros contextos, permanecem na maioria das vezes muito vagas sobre cada uma das castas. É claro que agora a diferença se tornou fluida sob muitos aspectos. As duas camadas sociais de moradores da al-

---

86. Assim está na inscrição do século IX citada em *Epigraphia Indica*, I, p. 184, da qual constam, a par do rei e dos thakurs (senhores feudais políticos), também os janapada (referidos pelo tradutor como "provinciais"). Só ocasionalmente ocorre em inscrição um rayat, mas enquanto cidadão pessoalmente livre, ao que tudo indica.

deia que conservaram de modo mais completo a característica de agricultores "independentes" em nosso sentido alemão foram as dos khunbi, no oeste e no norte, e a dos vellalar, no sul. Os primeiros são oriundos, de forma predominante, de regiões em que a estrutura social do campo não era condicionada principalmente por diferenciação financeira, mas sim militar: separação entre cavaleiros e soldados profissionais de um lado e agricultores de outro, de modo a tornar a diferenciação muito menos brusca, como sempre nesses casos[87]. Os vellalar, por sua vez, constituem a antiga classe supracitada de pessoas plenamente livres (senhores fundiários) que, no regime patrimonial e sob o domínio do exército mercenário, se tornara camponesa e, após a implementação do sistema hindu de castas, teve rebaixado seu *status*. Essas castas representam os agricultores reconhecidamente de melhor qualidade e sobretudo também de maior habilidade em assuntos de negócios da Índia, e particularmente os khunbis são, ao que se vê, muito abertos aos métodos modernos de economia, revelando-se inclinados, por exemplo, a investir suas poupanças em fábricas e títulos de valor. De resto, também faz parte de castas rurais com *status* relativamente alto um bom número de tribos hinduizadas, tais como os jat, os gujar, os koch, algumas antigas castas de mercenários agora estabilizadas como proprietários de terras, bem como restos esparsos de agricultores não nobres considerados relativamente ilustres.

Sob outros aspectos, em tempos de lutas prolongadas, em parte por comenda, às vezes por endividamento ou simplesmente mediante emprego agudo ou crônico de violência, os agricultores livres tornaram-se arrendatários rurais de indivíduos penhorados com poder político na aldeia[88]. Mas não foi por esses motivos que a grande massa do campesinato indiano foi desclassificada, mas sim pelo sistema financeiro dos grandes reinos, que fez dela simples objeto de chantagem para a extração de receitas. Os campo-

---

87. Nesse sentido, ainda no século XII, um documento régio de concessão exarado em Udeypur dirige-se aos rashtrakutras (cavaleiros) e kutunbis, tratando-os como ambas as classes dos habitantes de uma localidade (*Epigraphia Indica*, IV, p. 627).

88. Cf. Baden-Powell, *Land System*, II, p. 162ss.

neses não podiam, portanto, ser levados em conta como membros de casta "renascida". Entre estes se encontram ingentes massas de tribos nativas mais ou menos integralmente hinduizadas que, já por empecilhos de ordem ritual, ficam impedidas de integrarem-se aos vaixiás[89]. Elas foram geralmente consideradas como "sudras puros", desde que não houvesse razões rituais revelando impurezas[90]. Desse modo, o destino da casta de agricultores trazia consigo os rastos deixados pelos deslocamentos sociais acarretados pelo fiscalismo do Estado burocrático. Para esse destino contribuiu uma série de condicionamentos, em parte, gerais e, em parte, especificamente indianos. Na Idade Média ocidental, como se sabe, a desclassificação social dos camponeses livres deu-se tanto no contexto de sua exclusão do círculo de companheiros adestrados militarmente e, portanto, de companheiros reconhecidos de modo absoluto enquanto militares, como no contexto do surgimento dos guerreiros profissionais cavaleiros. No campo econômico, isso foi causado pelo crescimento da população, pelas condições culturais em geral e pela crescente intensidade da lavoura a requerer a mão de obra do homem livre que vivia do trabalho de sua família e torná-lo pelo aspecto econômico "indisponível" para fins militares, "pacificando-o". A grande massa desses homens livres – ao contrário dos homens livres de Tácito – teve cada vez mais de se submeter a empunhar pessoalmente o cabo do arado. Conforme exposto por exemplos nórdicos e pela lenda romana de Cincinato (uma lenda tendenciada), essa última particularidade, ao menos durante o período histórico, não foi tão forte no Ocidente quanto na Índia. É que aqui existem outros aspectos sociais além do condicionamento ligado à evolução da estrutura agrária e, daí decorrente, à degradação compulsória do agricultor enquanto tal. Por certo, na Antiguidade do Ocidente – inclusive entre os judeus – e também na Idade Média, o Pisang[91] foi degradado

---

89. Em uma inscrição (*Epigraphia Indica*, IX, p. 277), um príncipe feudal da região de Jodhpur vangloria-se de ter expulsado de uma localidade os ahir (a esse respeito, cf. *supra*) e lá ter instalado o maaiana, a saber, brâmanes, prakriti (que pode ser interpretado como xátria) e vaixiá.

90. Ao passo que, quanto aos vellalar, sempre ficava estabelecido que não faziam parte dos sudras.

91. A palavra "pisang" vem de "paysan". Cf. "paganus" ("agricultor" entre os romanos e, mais tarde, tam-

socialmente em todo o mundo, não apenas devido ao fato de não seguir as convenções da sociedade culta urbana, mas também porque ele não tinha meios econômicos nem militares para acompanhar seu desenvolvimento. O contraste entre população urbana (paura) e população camponesa (janapada) também aparece em fontes indianas de toda espécie. Além disso, acrescem as peculiaridades da situação indiana. Conforme veremos adiante, aqui o desenvolvimento urbano fez surgir nas religiões salvacionistas pacifistas – budistas e mais rudemente jainistas – o princípio do Ainsa: a proibição de matar seres vivos de qualquer espécie. Com isso, ao passar o arado no solo aniquilando vermes e insetos, o agricultor tornou-se agora desclassificado também sob o aspecto ritual, de maneira mais profunda do que no judaísmo e no cristianismo (antigo e medieval); e disso ainda restou pelo menos algum vestígio mesmo depois que as religiões salvacionistas burguesas desapareceram novamente ou foram levadas a retroceder. Na medida de suas práticas sangrentas, a pecuária regrediu profundamente. Por diversos motivos rituais, numerosas culturas específicas, como as de legumes, tabaco, nabo ou outras, eram vistas como degradantes ou mesmo maculadoras. Por fim, a crescente importância dada, no lugar do carisma mágico, à "formação" literária e ao "saber" como a mais significativa qualificação estamental e religiosa foi o que mais rebaixou socialmente o agricultor – fenômeno encontrado igualmente no judaísmo e no cristianismo medieval (por exemplo, em Tomás de Aquino)[92].

Enquanto o tempo antigo colocava a pecuária no primeiro lugar da ordem hierárquica das profissões, depois, a agricultura e, por último e no lugar mais baixo, o comércio – e sobretudo o crediário, por ser visto entre povos agrícolas como um ramo desprezado e suspeito em qualquer lugar[93] – poste-

---

bém "civil", e, entre os cristãos, "pagão") e "am haarez" entre os judeus.

92. No cristianismo – aspecto frequentemente desconsiderado –, o agricultor como tal só foi reconhecido em sua honra e estima hodiernas a partir do momento em que o desenvolvimento do racionalismo e da atitude cética nas classes burguesas chamou a atenção das igrejas para tomar os instintos tradicionalistas dos agricultores como base de seu poder.

93. Cf. *Maabárata*, XIII, 60, 23; e *Manu*, IX, 327.

riormente o comércio passou a ter uma avaliação social muito mais elevada[94]. Trata-se de uma inversão radical da escala reinante no tempo dos Vedas, que só conheciam o comerciante (pani) como um homem ambulante, em geral não pertencente à tribo, que de dia regateava, de noite roubava e acumulava suas riquezas em lugares secretos, um homem que os deuses odiavam devido à sua avareza perante eles (no ato sacrificial) e para com humanos (particularmente cantores sacros e sacerdotes), cujos "tesouros sem deus" se contrapõem justamente por isso aos acervos da nobreza enchedora das mãos daquelas classes. Por isso, "Ari", o rico, poderoso, tem um significado ruim e outro bom, como observaram Pischel e Geldner (*Vedische Studien*, III, p. 72ss.). É o homem mais procurado, mais odiado e mais invejado, com o qual não é possível dar-se bem, gordo e soberbo – especialmente quando ele não paga nenhum cantor ou apenas cantor ou sacerdote outro que o devido. Ele tem de doar, sempre de novo doar, e, se o faz, é o preferido dos deuses e dos humanos. Mas é justamente o que o comerciante não faz. Aliás, há menção nos Atarvavedas[95] de uma prece pela multiplicação do dinheiro com o qual o comerciante chega no mercado para comprar dinheiro com dinheiro, e também a transfiguração da riqueza que permite – segundo o Rigueveda[96] – adquirir o céu, crença própria de toda religiosidade primitiva, e torna influentes até os sudras. Pois também destes o sacerdote toma dinheiro.

Esse ódio contra o comércio desapareceu completamente na época do desenvolvimento urbano. Mesmo assim, posse de dinheiro e atividade comercial, qualificações típicas dos vaixiás na Idade Média indiana e ainda na atualidade, também passaram por fortes peripécias quanto ao *status* na hierarquia das castas. Sobressai-se no mais alto grau o fato de que justamente uma casta como a da ourivesaria tenha sido considerada nas fontes da Índia Setentrional como o tipo da execrada corporação de vigaristas[97], apesar de

---

94. Perante a pecuária, já por causa da castração requerida para esta.

95. Cf. III, 15. Indra é considerado exatamente como o deus do comerciante.

96. Rigveda, VIII, 13, 5.

97. Cf., por exemplo, Arthasastra do Kautaliya, na versão de Chanaukya.

ter sido tão bem-vista aqui (como no Ocidente) na época do poder das guildas e da prosperidade urbana e de desfrutar ainda hoje uma posição de primeira ordem, quase igual à dos brâmanes. Da mesma forma, algumas outras castas de comerciantes bengaleses, que na época da emergência dos grandes reinos atuavam no zênite do seu poder enquanto financiadores dos príncipes, tornaram-se, mais tarde, castas degradadas de sudras, e também há relatos de que o ensejo para isso foi dado por conflitos com reis Sena, sobretudo com o Sena Vallala, que, no curso de pretensões modernas para a elevação do *status* da casta, quase sempre teve de arcar com o ódio da queda sofrida em relação ao antigo *status* da casta. Um fato bem comprovado e intrinsecamente verossímil já em si é o de que aqui também, como no caso das castas nobres, a instauração da dominação burocrático-patrimonial acarretou fortes deslocamentos, e que a ordem atual das castas ainda apresenta, na região de Bengala, vestígios de uma catástrofe, ao passo que, em outras regiões, deixou rastos de declínio ou estagnação do poder burguês, levando à multiforme porosidade da linha divisória entre vaixiás e sudras. As atuais castas de comerciantes de *status* elevado são apenas em parte antigas castas de comerciantes urbanos. Por outro lado, originam-se de organizações monopolísticas de comerciantes surgidas do poder patrimonial principesco. Afinal, nem toda casta de comerciantes é uma casta de *status* superior. Parte delas originou-se inclusive de tribos impuras e provavelmente párias que monopolizaram o respectivo comércio. A história da administração reflete-se, também aqui, nas relações de casta.

A penetração da "economia monetizada" na Índia deu-se mais ou menos simultaneamente à emergência do helenismo no comércio do Ocidente. Muito tempo antes, o que havia era o comércio marítimo e por caravanas com a Babilônia e, mais tarde, com o Egito. A fabricação de dinheiro em moedas ocorreu na Índia da mesma maneira que na Babilônia, ou seja, em blocos de metal de determinado peso assinados de algum modo, posteriormente cunhados ou fundidos e que permaneciam primeiramente como assunto privado de grandes famílias de comerciantes cuja cunhagem era digna de confiança[98]. Os soberanos das dinastias Máuria, inclusive Ashoka, tampouco cunhavam moedas eles próprios. Somente a afluência do metal precioso helênico e romano deu o ensejo para isso aos grandes reis do século I d.C., enquanto, no interior do país, continuavam em circulação por muito tempo as antigas moedas privadas e sucedâneos de moeda. Na Índia, como na Babilônia, a ausência de cunhagem monetária por parte do Estado não foi um empecilho ao surgimento do comércio capitalista e do capitalismo político. O desenvolvimento capitalista foi se difundindo, aproximadamente, a partir do século VII a.C. por quase um milênio. Surge o "mercado" e torna-se o centro da administração: as aldeias sem mercado (mouza), ainda sob o domínio dos Maratas, encontravam-se associadas a um pequeno núcleo mercantil (kusha, formando uma espécie de Metrokomia no sentido da Antiguidade tardia). As cidades perderam seu caráter inicial de meras fortalezas do príncipe (pura, nagara). Anexavam a si – sobretudo no litoral marítimo – um bairro que, em sua estrutura, se relacionava com a antiga sede principesca e respectiva forma como o Mercato na Itália, o mercado econômico, a praça em que a gente vende e compra, com a Piazza (*del campo della signoria*), com o lugar em que se passa em revista a tropa e se realizam torneios (de maneira evidenciada com máxima clareza na duplicidade das praças no plano urbanístico da atual cidade de Siena, em frente e atrás do Palazzo Pubblico), ou também como, em cidades islâmicas, a duplicidade de um forte (kasbah) e de um mercado (bazar)[99]. Os nobres ricos haviam se mudado para a cidade a fim de lá gas-

---

98. Cf. Kennedy, *Journal of the Royal Asiatic Society*, 1898, p. 281. Para breve esboço da história da moeda indiana, cf. *Imperial Gazeteer. The Industrial Empire* (vol. II, cap. IV, p. 137ss.). A prata, atualmente o metal monetário da Índia, não era produzida lá, e o ouro, metal de cunhagem dos grandes reis nos primeiros séculos, produzia-se apenas em pequenas proporções. Os tesouros de metal precioso obtidos no comércio com o Ocidente, de cujos montantes nos dão notícia os números referentes aos saques dos maometanos, destinavam-se, substancialmente, à formação de estoques, embora talvez não por acaso o período de prosperidade do poder das guildas (século II d.C.) ou também posterior a ele tenha coincidido com a forte importação de dinheiro do Império Romano e com a cunhagem de áureos de tipo romano.

99. Assim é descrita a cidade tâmil Kaviripaddinam, pouco antes da nossa era. Na cidade comercial, encontra-se a maioria das lojas e dos ofícios, assim como estabelecimentos dos comerciantes yavana (ocidentais), e, na cidade real, os ofícios de luxo, brâmanes, médicos, astrólogos, bardos, atores, músicos, floristas, fabricantes de colares de pérolas, titulares de rendas fundiárias. Entre ambas as cidades encontra-se a praça do mercado. Os reis tâmiles empregavam mercenários *romanos* (cf. Kanakasabhai, *The Tamils 1800 years ago*, Madras 1904).

tarem suas rendas. De acordo com uma crônica, tinha o direito de morar na cidade apenas quem tivesse 1 Kror = 100 lakhs (unidade de mensuração das grandes prebendas segundo o número de aldeias que continham suas rendas)[100]. Assoma então, ao lado dos titulares de rendas fundiárias, a acumulação patrimonial operada pelo comércio.

Entra em cena a típica organização do comércio caravanista sob líderes caravaneiros, e as guildas (*çreni* – mais tarde, gana) dos comerciantes colocaram-se cada vez mais, em questão de poder, ao lado da cavalaria e da nobreza sacerdotal. O rei cai na dependência financeira das guildas, restando-lhe como instrumento apenas dividi-las ou corrompê-las. Perante elas (mas não seus parentes e sacerdotes), já na Epopeia[101], ele manifesta sua preocupação após uma derrota. Em algumas cidades um líder carismático-gentilício colocava-se na liderança das guildas e, tendo a seu lado como instituição consultiva[102] os membros mais antigos da guilda ("senhores do mercado"), agia como representante dos interesses dos burgueses perante o rei. Os três estamentos ilustres passaram a ser, então, a nobreza secular e a clerical, assim como os comerciantes, e esses últimos eram com frequência vistos como equiparados, realizando não raramente conúbio entre uns e outros, e se relacionavam com o príncipe em pé de igualdade. Os comerciantes financiavam as guerras dos príncipes e aceitavam destes, individualmente ou como guilda, o arrendamento ou a outorga de direitos de mando. E como no Ocidente, particularmente na França, onde a *commune*, ou seja, a fraternidade conjurada dos estamentos senhoriais estendeu-se à área rural, na Índia também ocorre algo semelhante[103]. A aristocracia cultural dos sacerdotes, a nobreza cavalariana e a plutocracia burguesa competiam entre si pela influência social, e até arte-

---

100. *Indian Antiquary*, XIX (1890), p. 231ss.

101. *Maabárata*, III, 249, 16; XII, 54, 20. Cf. W. Hopkins, The social and military position of the ruling castes in ancient India (*Journal of the American Oriental Society*, XIII, p. 57ss.).

102. Assim consta em Ahmadhabad.

103. Uma guilda tem em mãos a administração de um distrito: *Indian Antiquary*, XIX, p. 145 (inscrição do século VII d.C.). Os maaianas de uma aldeia, juntamente com sua diretoria no topo, recebem um imposto pela instalação de uma cisterna (*Indian Antiquary*, XIX, p. 165).

sãos ricos – ou seja, envolvidos no comércio – relacionavam-se com os príncipes. Aparentemente, pelo menos para parte dos artesãos havia liberdade de escolha profissional. É uma época em que pessoas de todas as classes, mesmo sudras, podiam chegar a adquirir poder político.

Cada vez mais o emergente poder patrimonial dos príncipes, com seu exército disciplinado e seu quadro de funcionários, foi achando desagradável a posição de poder das guildas e a dependência financeira em relação a elas. Ouvimos que um Vanik (comerciante) recusou a um rei bengalês um crédito para fins bélicos com a observação de que o darma do príncipe não consistia em comandar uma guerra, mas sim em promover a paz e o bem-estar dos cidadãos, porém com o adendo de que o empréstimo poderia ser concedido caso o rei oferecesse como penhor um palácio apropriado. O grave desapontamento do rei – prossegue a narração – explodiu por ocasião de um banquete ante a não aceitação, pelas castas de comerciantes, do lugar determinado para elas junto aos sudras e sua subsequente retirada em sinal de protesto. Uma vez informado pelos funcionários de que, em protesto, elas se haviam retirado do banquete, o rei degradou essas castas ao *status* de sudras. Abstraindo do que possa haver de verdadeiro nessa história concreta do Vellala Charita[104], ela refere, evidentemente, tensões típicas. A oposição do corpo de funcionários do príncipe contra o poder dos plutocratas burgueses era um dado natural e se expressa igualmente no Kautaliya Arthasastra naquela condenação dos ourives, que, em parte, terão sido artífices da antiga cunhagem privada de moedas e, em parte, também autores de créditos para os príncipes. Foram com certeza fatais para a burguesia na sua luta contra o poder patrimonial do príncipe certas circunstâncias especificamente indianas, as quais se juntaram à indubitável debilidade numérica dos burgueses. Em primeiro lugar, o pacifismo absoluto daquelas religiões salvacionistas que se difundiram mais ou menos de maneira concomitante ao desenvolvimento das cidades – talvez em uma relação de causa e efeito no sentido que

---

104. Reproduzida na obra de Chaudre Dus intitulada *The Vaisya Caste I. The Gandhavarniks of Bengal* (Calcutá, 1903), um produto típico da literatura surgida na tentativa de registrar a escala de *status* das castas no Censo de 1901.

veremos mais tarde: o jainismo e o budismo. E, em segundo lugar, a estruturação em castas já existente, embora ainda não muito desenvolvida. Esses fatores constituíram um empecilho ao desenvolvimento do poder militar da burguesia, o pacifismo por princípio e as castas por inibirem, como vimos, o surgimento de uma pólis ou *commune* de cunho europeu. Não havia, portanto, lugar para a emergência do exército de hoplitas da antiga pólis, nem para o estabelecimento de corporações e exércitos de *condottieri* das cidades medievais do Ocidente, os quais foram, respectivamente, os portadores da mais alta técnica militar – ao que se sabe, o exército dos florentinos foi o primeiro a usar armas de fogo na Europa. Megástenes teve conhecimento das cidades que "se autodominavam"[105]. Vaiçali era, a seu tempo, uma cidade livre, um conselho dos 5 mil, isto é, de todos os que podiam fornecer um elefante, que exercia o comando por intermédio de um uparaya (vice-rei) como funcionário[106]. A Epopeia também registrou a existência de países sem reis, mas – ante os interesses dos sacerdotes, que dependiam econômica e socialmente da realeza – ela os avaliava como não clássicos: não se deve viver neles[107]. Encontram-se rudimentos de direitos "estamentais". As antigas assembleias (Samiti e Sabba) do povo eram, por certo, assembleias do exército ou também, desde o início – como na Epopeia –, assembleias judiciais, nas quais representantes da lei qualificados por carisma ou por sua posição de ancianidade interpretavam o direito: sem estes, a assembleia não vale, segundo a Epopeia, como Sabba legal[108]. Na Epopeia, os reis solicitam o conselho de seus parentes e amigos; os distintos, em verdade: os mais altos funcionários já constituem o conselho real. Entretanto consideráveis restrições ao poder real se haviam preservado na Índia Meridional durante a Idade Média: as assembleias representativas dotadas de direitos nos moldes de

---

105. Cf. Lassen, *Indische Altertumskunde*, III, p. 727 e 786.

106. Para o que segue, cf. Hopkins apud *Journal of the American Oriental Society*, XIII, p. 57ss. (1890).

107. XII, 67, p. 4ss.

108. V, 35, 58.

nossos estamentos. A Epopeia menciona a presença de anciãos da cidade[109] e burgueses (paurah)[110] ao lado de sacerdotes que, com a crescente administração escrita, passaram a atuar cada vez mais como funcionários e que, em períodos posteriores da Epopeia, se tornaram quase exclusivos conselheiros do rei. A cidade passa a ser "um lugar onde estão sacerdotes instruídos"[111], mais ou menos como, na alta Idade Média, a civitas era a sede episcopal. Na administração da cidade, o rei também emprega, em quotas fixas, funcionários pertencentes à casta vaixiá se forem "ricos", e à dos sudras se forem "virtuosos" (estes, ao que tudo indica, como coletores de serviços leitúrgicos ou de impostos para as corporações[112]). Mas são sempre funcionários do rei que agora administram. Sabe-se que em nenhum lugar houve uma administração urbana republicana cabalmente desenvolvida de forma duradoura e tipicamente ocidental, mesmo tendo havido Tapas preliminares avançadas. De qualquer maneira, o rei e seu quadro de funcionários mantiveram sempre o comando na maior parte de todas as cidades indianas, por mais que, em casos isolados, se tenha levado em conta o respeito que se impuseram para com o poder das guildas. Mas esse poder foi e permaneceu, via de regra, de natureza puramente pecuniária, não apresentava atrás de si uma organização militar própria e assim tinha de colapsar, sempre que o poder do príncipe tivesse interesse em apoiar-se em sacerdotes e funcionários. Aqui o poder do capital também era grande, dada a frequência com que numerosos principados pequenos, mediante sua própria força financeira, solicitavam apoio. Perante os grandes reis, esse poder não tinha como se impor por longo tempo – um processo interativo tanto em pequena quanto em grande escala. Acrescentava-se a isso a superioridade intrínseca da organização de castas aproveitada por brâmanes e reis contra o poder das guildas. Contra membros recalcitrantes a casta dispunha do instrumento de excomunhão, e

---

109. V, 2, 7.

110. I, 221, 31.

111. III, 200, 92.

112. XII, 88, 6-9; 118, 1ss. [Weber emprega o termo "leiturgia" para designar uma prestação de trabalho imposto a uma pessoa ou grupo social.]

é conhecido o papel da superioridade dos instrumentos coercitivos do clero na história econômica também na nossa Idade Média. Em última análise, quando uma guilda pretendia impor a observância de suas determinações – por exemplo, sobre o respeito aos limites da concorrência entre os membros da guilda no caso de estes pertencerem a castas diversas –, ela muitas vezes só o conseguia, em última instância, dirigindo-se a estas com o pedido de aplicação de seus instrumentos coercitivos, ou recorrendo ao rei[113]. Uma vez suplantado o poder das guildas, os reis conferiam de vários modos a comerciantes em casos individuais a qualidade de comerciantes régios dotados de amplos monopólios conforme o interesse mercantil, concedendo-lhes frequentemente também um *status* elevado, como sabemos que ocorre no Ocidente na época moderna. Mas a antiga independência das guildas e sua posição como representante da burguesia *contra* o rei esvaíram-se. Aliás, em toda a Índia ela foi mantida com dificuldade. Durante o domínio dos Maratas, o "mercado" tem sido, por certo, o centro administrativo, mas cada mercado organizava-se por si próprio; desse modo, quando existiam diversos mercados, cada bairro da cidade tinha o seu mercado organizado à parte como mercado rural (kuscha). Não se podia falar de "autoadministração" propriamente dita, de tipo ocidental. Em algumas partes da Índia – em particular, no sul –, permaneceram na Idade Média, resquícios da antiga posição das guildas e comerciantes "régios" privilegiados na forma de determinadas prerrogativas sociais e de monopólios, cujo conteúdo não é conhecido em cada caso, mas que foi se esvaindo pouco a pouco até se diluir e se tornar meramente título de privilégios honoríficos[114].

---

113. Cf. *Imperial Gazetteer*, V, p. 101 para Ahmadabhad.

114. Os reis tâmiles conferem os direitos do Aujuvannam e do Manigranam de uma cidade a comerciantes forâneos (no caso, a um judeu): *Epigraphia Indica*, III, p. 67; IV, p. 290ss. É aparentemente impossível identificar o conteúdo preciso dos direitos. O primeiro, o "direito de cinco castas", tanto poderia designar o pertencimento a uma corporação maaiana de artesãos ao modo da Índia Setentrional quanto um monopólio comercial relativamente aos cinco tipos de artesanato. Esses "cinco artesanatos" são indubitavelmente os exercidos pelos lendários cinco filhos de Visvakarma, o deus dos artesãos: trabalhos com ferro, madeira, cobre e latão, pedra, e ouro e prata, dos quais trataremos mais diante. No segundo caso, determinados ofícios são expressamente caracterizados como subordinados ao tomador da penhora, denominado ele próprio "senhor da cidade", e como elementos desse seu privilégio são mencionados um monopólio comissionado (de distribuição?), além de isenção fiscal. De resto, aliam-se a essas ocupações

A desclassificação de muitas camadas de negociantes e a emergência de novas camadas utilizadas[115] no sistema monopolístico dos príncipes patrimoniais refletem-se ainda na atual posição das castas de comerciantes da Índia. Ainda hoje existem resquícios da antiga estrutura das guildas e também do Mahajan[116], a confraria das guildas, em regiões do Gujarat[117]. Caso algumas seitas como a dos jainistas, organizadas de modo realmente similar a uma casta, não se hajam mantido na posse do comércio – como se tratará num dos próximos capítulos –, algumas castas do antigo estamento de comerciantes vaniks preservam ainda hoje seu *status* na antiga estrutura de castas. Dentre estas se encontra, em primeiro lugar, a dos banianos, espalhados por toda parte, mas particularmente na Índia Ocidental, ao todo hinduístas corretos (vegetarianos e abstêmios)[118] e portadores do cinturão sagrado, ao passo que, na região de Bengala – onde havia a mais estrita organização burocrático-patrimonial sob os reis Sena –, justamente as antigas castas de comerciantes dos gandhabaniks e subarnabaniks sofreram forte queda de *status* desde aquele tempo. Por motivos rituais, as novas castas de comerciantes especializados em bebidas alcoólicas, economicamente ascendentes, em quase nenhum lugar foram admitidas em pé de igualdade com as antigas castas de comerciantes, apesar de seu acervo de

---

determinados proventos e direitos honoríficos: roupas festivas, liteiras, umbrelas, lâmpadas, música e assim por diante.

115. É o caso da casta dos lamanis ou vanjanis, também chamados banjaris, na Bombay Presidency, onde uma tribo-hóspede itinerante que, tendo em mãos naquele tempo o comércio do sal e cereais nos estados hindus da parte ocidental, seguia os exércitos (fato mencionado no século XVI), constituindo-se talvez em uma das origens da hodierna casta dos vania (bania).

116. A denominação de mahajan (*popolo grasso*, *big people*, "gente graúda") não se restringia às guildas. As inscrições, muito pelo contrário, comprovam que, originalmente, designava apenas "os ilustres", ou seja, na área rural os brâmanes e, além disso, conforme as circunstâncias, as demais castas de renascidos. Mas nas épocas e nas cidades das guildas era essa a sua denominação, e ainda hoje existem subcastas de comerciantes de diversas regiões – em especial, do centro e do oeste da Índia Setentrional – que a reivindicam exclusivamente para si.

117. Cf. a excelente exposição de W. Hopkins sobre as guildas na sua obra *India Old and New*.

118. Note-se que eles modificaram seu ritual de tal forma que este agora permite viajar para fora, ato até então suspeito para o hinduísmo, como será referido mais adiante. A capacidade de adaptação a condições modernas das castas de comerciantes varia conforme suas regras de casta, por exemplo, conforme permitam ou não a fundação de filiais e a realização de viagens para contatos com a clientela. Sobretudo os baniya são bastante desinibidos quanto a isso e, nesse sentido, "mais modernos" do que outras castas.

riqueza ser por vezes considerável. Não é possível, aqui, entrar em pormenores. O dito deixa claro com qual intensidade as hodiernas castas de vaixiá ainda mostram vestígios das vicissitudes históricas da Índia e de sua constituição política, particularmente no que se refere à sua "burguesia".

Por outro lado, ainda influi na atualidade, como resquício do velho tempo feudal, o *status* favorável, na maioria das vezes, de determinadas castas profissionais como a dos bardos[119], dos astrólogos, dos genealogistas, dos fabricantes de horóscopos, que no passado eram imprescindíveis em qualquer corte principesca ou família nobre – e ainda o são hoje para amplas camadas da população, também das castas baixas hostis aos brâmanes. Em quase todo lugar elas fazem parte dos renascidos e situam-se, frequentemente, até mesmo acima da classe vaixiá. Quanto à já referida aristocracia culta dos baidya (médicos), é claro que seu *status* elevado está no contexto de seu relacionamento com as casas ilustres.

O *status* de vaixiá tem sido reivindicado e ainda o é por não poucas castas que anteriormente constituíam ou ainda constituem castas artesanais, sobretudo quando manufaturam matérias-primas próprias para armazená-las e vender livremente seu produto[120], fato que costumava outorgar-lhes a gentil qualificação de vanik (comerciante). Com isso, nós nos encontramos no limite do espaço ocupado por castas de sudras. Essas castas eram o fundamento dos *ofícios* indianos[121].

Destacam-se dois grupos dentre esses. Em primeiro lugar, um grupo socialmente – quer dizer, ritualmente – degradado, no sentido de que os brâmanes não lhe prestam serviços como sacerdotes de casa por não aceitarem água dele, ou onde – como no sul – essa característica não se aplica devido a cada casta só aceitar água dos próprios membros. Essa classe compreende, além

---

119. Assim como a casta dos bhat, amplamente difundida.

120. Pelo contrário, aparecer pessoalmente no mercado era visto pelas castas de boa qualidade como algo degradante, chegando por vezes a causar cisma na casta.

121. Cf. para o que segue o breve tratado de boa qualidade, com citações de fontes, ao qual não tive acesso, de Ananda K. Coomaraswamy (D. Sc.): *The Indian craftsman*. Probsthain Ser. Londres (W. C. 41, Great Russell St.), 1909.

de elementos muito div.rsos, em primeiro lugar e principalmente, os antigos ofícios da aldeia, ou seja, os artesãos e operários excluídos de propriedade fundiária plena, assentados em terras de jardinagem e remunerados em naturais ou salário, ofícios indispensáveis desde o início da colonização fundiária como complemento da economia doméstica do agricultor. Estavam equiparados a eles, e ainda estão, os demais servidores da comunidade remunerados em naturais[122] – entre os quais, os sacerdotes da aldeia. Pode-se presumir que eles tenham constituído o núcleo histórico da antiga classe de sudras excluídos da propriedade fundiária dentro da aldeia. Em igual pé encontram-se regularmente, dentre os ramos interlocais de artesanato, as antigas grandes castas de tecelões. Seguem-se os alfaiates, geralmente os oleiros[123], segmentos do comércio de porta em porta e os comerciantes de bebidas alcoólicas e os lagareiros, por fim, numerosas castas de trabalhadores rurais e pequenos camponeses. Esses não coabitantes da aldeia, quando suficientemente numerosos, formavam em localidades maiores uma comunidade peculiar com um patel especialmente designado pelo ramo artesanal mais ilustre, como o dos carpinteiros[124]. A estas sobrepõe-se uma outra camada avaliada como "pura", substancialmente menos degradada. Nela encontra-se, de modo bastante típico, ao lado de numerosas castas camponesas de diversos níveis em cada região formando o grosso quantitativo da população, uma categoria de castas qualitativamente importante: o grupo chamado Nabasakh, ou Grupo de Nove Partes. Eles constituíam obviamente o cerne dos chamados satsudras (sudras "puros"). As profissões desse grupo abarcam ofícios urbanos e comércio urbano: vendedores de bétele, perfumes e óleo, doceiros, jardineiros, às vezes oleiros. Em *status* igual ou superior a eles situam-se os ramos de ourivesaria de ouro e prata, os operários de laques, pedreiros, carpinteiros,

---

122. Deve-se acentuar novamente que a composição dessas profissões artesanais variava consideravelmente de um lugar para o outro.

123. O *status* de casta dos oleiros varia muito, conforme trabalhem com o disco ou usem a fôrma, segurem o boi ou utilizem o jumento, sempre degradante.

124. Um caso assim é mencionado por Coomaraswamy (*The Indian craftsman*, p. 4), reportando-se a uma obra, à qual não tive acesso, de Weddeburn (*The Indian Raiyat as member of the Village Community*, Londres, 1883).

os de ornamentos de seda e uma série de ofícios especificamente luxuosos e urbanos. Também pertencem a esse grupo outras castas devido a circunstâncias históricas[125]. Assim também existem castas sudras de empregados domésticos de diversa natureza, vistas como "puras". A razão dessa classificação, evidentemente, não era uniforme. Por um lado, havia contingências puramente práticas. Não se poderia, sem mais nem menos, colocar numa casta não pura um homem que prestasse serviços inteiramente pessoais ao cliente e cuidasse dele, como é o caso de um empregado doméstico ou de um barbeiro. Por outra parte, poderia estar certa a visão de que os artesãos surgidos com o desenvolvimento das cidades, por não pertencerem à aldeia, desde o início eram socialmente superiores a esses "servos" e, por isso, também ritualmente privilegiados[126]. Os ofícios partícipes do varejo urbano, graças à sua independente posição econômica pessoal, já se encontravam realmente numa situação social favorável. Ainda por cima, eles muitas vezes também estavam organizados sob múltiplos aspectos nas guildas da época das cidades, ao passo que, assim como no Ocidente, castas como a dos tecelões estavam ocupadas segundo o sistema das guildas de pagamento por tarefa [*Lohnwerk*] e delas sofriam forte pressão. Portanto constata-se aqui certa projeção, para os dias atuais, de sombras da organização econômica vigente na antiga administração urbana, ou melhor, daquilo que disso havia de modo incoativo na Índia. Em todos os casos, sua importância para o desenvolvimento das castas da classe sudra deve ter sido grande. Na literatura antiga[127], encontra-se defendida a concepção de que as próprias cidades seriam essencialmente assentamentos de sudras em atividades de ofícios econômicos. Mas de modo nenhum a administração urbana e a posterior emergência de artesanatos es-

---

125. Em Bengala, o grupo nabasakha, com uma porcentagem de 16,4% da população em 1901, compreendia originalmente (ainda hoje com até 84% de seu total) as seguintes castas: camponeses (baruis, malakan e sadgop); ferreiros e similares metalúrgicos (kamar); oleiros (kumhar); barboiros (napit); pasteleiros (mayra); tecelões (tanti); e lagareiros (teli). É substancialmente inferior a posição dos tecelões e lagareiros na maioria dos casos, assim como a dos oleiros, com frequência.

126. Quanto à separação entre antigas e novas classes de servidores aldeães – separação esta também ligada a esse desenvolvimento –, cf. *supra*, nota de rodapé n. 39 [em vez de, erroneamente, "Anm. 3, S. 58" no O. de DB, corrigido segundo BAW].

127. Kautaliya Arthasastra, editada por Shamasastry (*Indian Antquary*, XXXIV, 1905).

pecializados sobre seu fundamento explicam a diferença de *status* entre os diversos ofícios.

Os Livros Jurídicos[128] atribuem ao sudra o dever de "servir". Somente se não encontrar serviço algum ele poderá ser um comerciante ou oficial independente. Dessa assertiva pode-se, quando muito, concluir unicamente que à semelhança do observado na Antiguidade e na Idade Média tanto do Ocidente quanto do Oriente, e também na Rússia até a abolição da servidão, o senhor dava aos escravos e aos servos de grandes senhores, sempre que não fossem utilizáveis no próprio domicílio, a permissão de trabalharem de maneira independente, por conta própria, desde que pagassem algum tributo (Apophora, Obrok, tributo servil). Faltam comprovantes diretos disso, mas pelo menos existem ainda hoje vestígios de situações similares[129], e a pouca significância da escravatura servil propriamente dita na economia profissional indiana está em boa consonância com esse fato. De todo modo, as fontes demonstram com inequívoca clareza que, a par dos artesãos de aldeia especificamente indianos e, em especial, importantes e a par dos artesãos urbanos de corporações, também havia os artesãos senhoriais. No entanto todos esses tipos de artesãos parecem não constituir o tipo propriamente originário.

No período que vai desde o tempo da Epopeia até a Idade Média e, em parte, até a época moderna, a ordem econômica dos ofícios indianos conhecia quatro espécies de artesãos: 1) os hilotas de cada aldeia estabelecidos nas suas áreas agrícolas [*Wurthen*] com retribuição fixa em gêneros ou com uma parcela de terra (artesanato de hilotas), cujo trabalho era executado quase inteiramente na forma de empreitada, em que o cliente fornecia todo o material; 2) artesãos assentados em aldeias artesanais separadas, dotadas de administração própria[130], em que punham à venda

---

128. Manu, VIII, 413; X, 99, 100.

129. Existe, no noroeste da Índia, por exemplo, uma pequena casta de "escravos", quer dizer, de trabalhadores domésticos, aos quais os respectivos senhores, ante a falta de demanda por trabalho doméstico, permitiram o livre-exercício de ocupação remunerada.

130. Assim, por exemplo, a grande inscrição *Epigraphia Indica*, V, p. 23ss. (fundação de Rei Chalukya)

suas mercadorias produzidas com matérias-primas próprias e seus serviços, ou os comercializavam fora da aldeia eles próprios ou por intermédio de comerciantes ou em sistema itinerante no domicílio do cliente (artesanato tribal); 3) artesãos que o rei ou um príncipe ou um templo ou senhor fundiário estabeleciam em terra própria como servos ou indivíduos livres, mas obrigados a trabalhar, atendendo à respectiva demanda por produtos de ofícios (seja em artesanato doméstico ou em artesanato leitúrgico[131], esse último parcialmente combinado com artesanato de matérias-primas próprias [*Preiswerker*]); e 4) artesãos independentes estabelecidos nas cidades em ruas estabelecidas para a venda, em um bazar artesanal, de suas mercadorias produzidas com matérias-primas próprias ou para a venda de serviços prestados com matérias-primas fornecidas [*Lohnwerker*]. Parte presumivelmente considerável dessa última categoria não estava estabelecida em permanência na cidade, mas formava um subgrupo da segunda categoria: ainda hoje ouvem-se relatos provenientes de Bombaim no sentido de que, ao envelhecer ou após alcançar um nível de bem-estar suficiente, o artesão, com frequência, deixa a cidade e retorna à aldeia de sua casta. Em todo caso, não é nada de primário. A terceira categoria tampouco é primária, naturalmente. Os príncipes – em especial, também, os príncipes ricos das cidades comerciais da Índia Meridional e do Ceilão –, mandaram vir de longe artesãos para a construção de palácios e templos, e os assentavam com terra em troca da obrigação de prestarem à corte serviços artesanais de construção e arte. A forma jurídica é variável e, além dessas formas artesanais puramente leitúrgicas remuneradas com prebendas de serviços, assim como a par de outras formas pagas em naturais, também há o trabalho

---

pressupõe decididamente que a guilda de tecelões, nela mencionada juntamente com seu chefe aldeão (gouda), habitava em peculiar aldeia de tecelões; aí também se encontram, a par desta, importadores de cereais, destiladores de óleo de palma e lagareiros, além de seu chefe (gouda) e respectiva estirpe e a todos incumbia, por determinação do rei, a obrigação de pagar determinadas taxas em honra de Mahadeva (de Xiva) e de sua esposa.

131. A partir da emergência do patrimonialismo, pertenciam a esse tipo sobretudo os artesãos militares (fabricantes de navios e couraças), os quais – como exposto mais adiante –, frequentemente, eram proibidos de trabalhar para pessoas privadas. Também ferreiros e artesãos similares eram rigorosamente supervisionados (são os ofícios que constituíam a *centuria fabrum* no antigo Estado romano).

assalariado de artesãos livres imigrados, por contrato livre ou estipulado[132]. Bastante provavelmente, e no mínimo com muita frequência, a primeira categoria, a dos artesãos hilotas, deduz-se da segunda no sentido de que eram convocados para irem à aldeia e nela estabelecerem-se artesãos de tribos párias que anteriormente prestavam serviço a domicílio. Devido à falta, nas fontes mais antigas, de indicações precisas sobre a situação dos artesãos, ignora-se a idade desse artesanato hilota. Mas é muito provável que sua evolução em breve sucedeu à estabilização do assentamento. No entanto a forma propriamente primária é, com toda a probabilidade, a do artesanato tribal, ou seja, a circunstância de que uma tribo ou uma fração da mesma passou a produzir cada vez mais, a partir da aldeia própria, para a venda em locais remotos, eventualmente também nas proximidades de sedes principescas e cortes, e lá fez surgirem novas aldeias artesanais fechadas. Sobre isso há relatos disponíveis provenientes da vizinhança de tais localidades.

Pois bem, ao que parece – e em si é também compreensível –, os artesãos reais que mais se afirmaram com *status* de ilustres foram aqueles que, como os brâmanes, vieram a convite de um príncipe e aqui se estabeleceram[133]. A grande época das construções, iniciada[134] na Índia (século III a.C.) com a introdução das construções de pedra, terá elevado forçosamente a demanda por eles e mais ainda pelos então emergentes entalhadores de pedra e pedreiros, cuja colocação, por sua vez, favoreceu a procura por artesãos auxiliares e ofícios decorativos. E a subsequente importação de metais nobres do Ocidente também teve reflexos nos respectivos ramos artesanais. Um exemplo impor-

---

132. As prebendas de terra dos artesãos reais ceilonenses tinham sua abrangência pautada pelo tipo do serviço. Era facultado ao artesão o direito de, a qualquer momento, deixar o serviço, desde que renunciasse às prebendas.

133. Esses artesãos gozavam de proteção pessoal extraordinariamente forte. Na dinastia Máuria, quem infligisse um ferimento físico grave a um artesão tinha de contar com a pena de morte. O *ranking* relativamente elevado da casta tanti (de tecelões) em Bengala, em comparação com o de outras regiões, talvez possa ser explicado por sua origem em um artesanato real de lá.

134. A antiga cidade de Pataliputra tinha muros de madeira até o Rei Ashoka (século III a.C.) e só a partir deste passou a ter muros de tijolos e casas de pedra. O Grande Reino da Índia também criou sua burocracia, ao menos em parte, como burocracia edilícia.

tante é o dos artesãos kammalar da Índia Meridional e das ilhas vizinhas, distribuídos, como se diz no Misore[135], em cinco castas de artesãos (panchvala), ordenadas pelo *status* correspondente de trabalhadores: 1º) do ferro; 2º) da madeira; 3º) do cobre e do bronze; 4º) de pedra; e 5º) de metal nobre e joias. Eles veneravam Visvakarma como patriarca e deus da profissão, tinham sacerdotes próprios – como já mencionado – e exigiam *status* elevado, reivindicando, inclusive, por vezes, a própria origem bramânica[136]. Seu levante contra os brâmanes foi em suporte do grande cisma do Meridião entre castas "da mão direita" e "da mão esquerda", que ainda hoje subsiste. Em todo caso, seu *status* era, em geral[137], superior ao de antigas atividades artesanais locais, como as de oleiros e tecelões[138]. Mesmo assim, tanto o *status* social como a situação do poder econômico variavam de acordo com circunstâncias frequentemente muito individuais[139].

As fontes literárias e epigráficas atestam o considerável volume desse artesanato doméstico [*Oiken-Handwerk*] e leitúrgico dos príncipes[140]. A

---

135. Na Epopeia, Panchkhalsi. Por longo tempo mantiveram a comensalidade e a possibilidade de mudança profissional.

136. Sobre os kammalars, cf. Coomaraswamy (*The Indian craftsman*, p. 55-56). Na Província de Bombaim encontram-se os mesmos cinco ramos artesanais, resumidos sob a denominação de "panchals": ferreiros, carpinteiros, ferreiros de cobre, canteiros, ourives de ouro. Como empregavam sacerdotes próprios, mas observavam todos os ritos védicos (vegetarianismo, abstinência de álcool) e pretendiam ser brâmanes, eles frequentemente sofriam perseguição sob os peschwas maratas.

137. Em Malabar eram vistos como impuros, presumivelmente por serem cismáticos.

138. Essa fratura transpassa inclusive uma só e mesma casta. Em Bombaim, os sutars, como carpinteiros da aldeia, eram os "empreiteiros" locais pagos em espécie. Seus companheiros de casta residentes na cidade tornaram-se construtores de embarcações e, como tais, passaram a exigir o reconhecimento como brâmanes, mas ante a recusa formaram sacerdotes próprios e no mínimo abandonaram a comensalidade com os carpinteiros da aldeia.

139. Já no caso em que um membro da aldeia exigisse de um artesão hilota um serviço fora de costume ou que ultrapassasse os limites tradicionais, como consertos fora de hora, ele tinha de estipular com o artesão um acordo especial, e, nesse caso, o monopólio do artesão revertia em seu próprio favor. Aparentemente, na Índia e também alhures, com grande frequência, o ferreiro da aldeia levantava pretensões consideráveis.

140. Esses artesãos do rei (e os do templo, a eles equiparados) eram os suportes do trabalho de qualidade do artesanato artístico indiano. Assegurados em suas prebendas, eles sabiam como ganhar "tempo" para a produção de obras artesanais artísticas. Coomaraswamy menciona, sem indicações mais precisas, a existência, na cidade de Delhi, de um vaso em cuja confecção haviam trabalhado três gerações de uma

esta altura, encontram-se quase sempre funcionários principescos e também, no caso dos grandes reis, comitês ministeriais para os ofícios, e tais cargos certamente não tinham outro objetivo senão o de supervisionar os trabalhos desses artesãos[141]. O fato de que, em muitos casos, o trabalho servil cedeu lugar a pagamentos em dinheiro[142] corresponde ao tipo de desenvolvimento seguido pela administração e assim coloca esses artesãos junto aos demais ofícios sujeitos a licenças e tributos das cidades reais. O pagamento de impostos era visto como retribuição pecuniária pelo monopólio profissional conferido aos artesãos assentados, em maior ou menor medida, provavelmente em quase toda parte[143]. Em direção oposta, também se constata, no âmbito doméstico principesco [*innerhalb des fürstlichen Oikos*], a evolução rumo à ergastenia[144], como se apresentou nas épocas posteriores da Antiguidade, nomeadamente no Egito, bem como na Idade Média de Bizâncio e na da Ásia Anterior. Assim, quando nos deparamos com concessões de artesãos feitas pelo rei a templos, brâmanes ou vassalos cavaleiros[145], é possível entender, em geral, que se trata de artesãos do âmbito doméstico da corte [*oikos*] ou leitúrgicos. No entanto nunca se poderá excluir totalmente que o rei – que cada vez mais chamava para si a propriedade suprema do solo e a livre-disposição sobre as atividades econômicas dos súditos – também terá concedido artesãos com outras características,

---

família de artesãos do rei.

141. O que os helenos e as fontes nativas (Kautaliya Arthasastra) relatam sobre os *boards of trade* deve corresponder em seu cerne às instituições que Robert Knox, em 1682, descreve sobre o Ceilão (em *An historical relation of the Island Ceilon*, obra à qual não tive acesso, mas da qual extraí excertos de Coomaraswamy, *The Indian craftsman*, p. 34ss.).

142. A leiturgia a ser prestada por artesãos do rei, tais como ourives de ouro, ferreiros, oleiros e demais desse gênero, podia ser quitada em parcelas fixas de ouro (Coomaraswamy, *The Indian craftsman*, p. 38-39).

143. Eis por que, uma vez abolidos os monopólios e os impostos artesanais e devido à irrupção da concorrência inglesa com suas mercadorias fabricadas industrialmente, os artesãos consideraram suas bases econômicas solapadas pela abolição dos impostos.

144. Aspectos descritos por Knox (excertos colhidos em Coomaraswamy, *The Indian craftsman*, p. 33ss.) no que diz respeito à sua organização no Ceilão, revelando, evidentemente, grande semelhança com as dos faraós, do helenismo tardio, do bizantinismo e do islamismo.

145. Cf., por exemplo, *Epigraphia Indica*, III, p. 295ss. (século XI) e passim.

fossem eles hilotas ou tribais, embora isso, de modo geral, não seja propriamente provável.

Na época das guildas, os artesãos urbanos, em parte, tiraram proveito da ascensão delas. Onde estavam organizados em corporações, eles frequentemente tinham de pagar elevadas taxas de ingresso na corporação (variáveis conforme o artesanato, até várias centenas de marcos – uma pequena fortuna na Índia de então), e daí, nas ricas corporações de artesãos de matérias-primas próprias, desenvolveu-se a hereditariedade dos respectivos postos artesanais, em processo que também envolveu as guildas de comerciantes, impunham multas financeiras como meios coercitivos para regulamentar o trabalho (feriados, tempo de trabalho) e sobretudo criaram garantias de qualidade para as mercadorias. Só que, como referido, muitos artesãos encontravam-se, claramente, em uma situação de forte dependência em relação aos comerciantes que vendiam seus produtos, e de resto, com a ascensão do patrimonialismo, sua autogestão levou-os a um destino igual ao das guildas, com o concomitante advento da organização das castas e do crescente poder da burocracia real. Muito cedo se estabelecem mestres de guildas, e, precisamente nas cidades enquanto sedes principescas, o rei, levado pelo interesse fiscal, controlava os artesanatos com rigor cada vez maior, com certeza. Esses interesses fiscais terão contribuído para estabilizar a ordem de castas. É de se supor, naturalmente, que numerosas guildas tenham evoluído para se tornar castas (ou subcastas) ou também que, como membros de tribos párias, já desde o início nem mesmo se hajam separado delas.

As castas de artesãos, pelo menos as de *status* superior – isto é, as castas dos de arte –, tinham um sistema fixo de ensino. O pai, o tio ou o irmão mais velho assume o posto de instrutor e, concluído o aprendizado, de dono da casa a quem deve ser entregue toda a receita salarial. O ensino ministrado fora de casa por um instrutor da casta também existe e obedece a normas tradicionais rígidas que incluíam acolhida na comunidade da casa e correspondente submissão ao instrutor. Nesse contexto, o aprendiz devia, em tese, ser levado a aprender os fundamentos da técnica de acordo com as instruções do Silpa Shastra, um produto da erudição sacerdotal. Por isso, particularmente,

143

os entalhadores de pedra eram vistos às vezes como casta de literatos, ostentando o título de acarya ("instrutor" = mestre)[146].

Os instrumentos técnicos dos artesãos indianos eram geralmente de uma simplicidade tal que permitia serem fabricados pelos próprios artesãos, pelo menos em considerável parte. Mesmo assim, em vários artesanatos eles gozavam de veneração comparável à de um fetiche, e, em muitos casos, são venerados em culto até hoje pela casta na festa Dasahra. Essa estereotipação de instrumentos constituía, juntamente com os demais traços tradicionalistas próprios da ordem de castas indianas, um dos mais fortes empecilhos para todo e qualquer progresso técnico (e, no âmbito das artes plásticas, vale o mesmo tanto para a estereotipação de modelos quanto para a total rejeição de uma moldagem inspirada na natureza). Além disso, no caso de vários ramos de artesanatos de construções – e particularmente no dos que lidavam com objetos de culto –, partes do processo técnico (pintar os olhos da imagem cultuada, por exemplo) tinham assumido o caráter de uma cerimônia relevante sob aspecto mágico e deviam seguir determinadas regras. Para alterações da técnica, recorria-se com frequência a um oráculo – que resultava negativo na maioria dos casos –, como ocorrido outrora com o oráculo da deusa Bhagawati, impetrado pelos oleiros.

Dificilmente se poderá verificar em cada região a data exata em que se instaurou a separação rígida em castas de cada um dos artesanatos reais e urbanos. Constata-se o funcionamento paralelo de diversos artesanatos[147], concomitantemente, porém – e como regra –, à observância de estrita proteção hereditária da clientela.

Por fim, a camada mais baixa de castas – considerada simplesmente impura e contagiosa sob o aspecto ritual – compreende, de saída, uma quantidade de ofícios que quase em toda parte eram vistos como desprezíveis por se

---

146. À oscilação de *status* aqui descrita pode-se referir, como paralelo no Ocidente, a do "arquiteto" no tempo da construção de catedrais góticas, um conhecido problema tratado por Hasack.

147. Por exemplo, a associação entre trabalho de madeira e de pedra e metal em North Jaipur, segundo observado por Col. Hendley (*Indian Jewellery*, p. 153), citado em Coomaraswamy (*The Indian craftsman*, p. 56).

ocuparem com serviços sujos sob o aspecto físico – como os dos varredores de rua e similares – e, além disso, com uma quantidade de serviços que, por imperiosos motivos rituais, tinham de ser impuros para o hinduísmo, tais como os de trabalhadores de curtume e couro; e, finalmente, alguns ofícios em mãos de trabalhadores hóspedes itinerantes. Desconsiderando exceções especificamente rituais (por exemplo, para os ofícios de trabalhos com couro), seria entretanto muito errôneo acreditar que as três diferentes camadas de ofícios aqui diferenciadas – a de artesãos na origem urbanos ou do rei, a de artesãos na origem aldeães e a de artesãos na origem hóspedes – se inserissem total ou mesmo só aproximadamente no quadro das três castas constituídas pelos satsudras, sudras comuns e castas impuras. Mesmo abstraindo dos desvios diretos ou indiretos dessa norma causados por considerações rituais, a estruturação das castas fornece a respeito, assim mesmo, uma imagem excessivamente colorida e irracional. *Status* de castas em número inexplicavelmente muito elevado à primeira vista só se esclarecem em definitiva por ocorrências históricas concretas. Para muitos outros se pode indicar razões gerais em que, habitualmente, se considera baseada a degradação ou, respectivamente, a ascensão de castas e subcastas. Mas tais razões estão conectadas a ocasiões em que emergem novas castas ou subcastas, ou em que estas mudam de características, e assim retornamos, no âmbito dessa visão geral sobre a hierarquização factual das castas, ao condicionamento geral.

As espécies de castas e as cisões de castas

Com razão, os relatores do censo inglês distinguem dois tipos fundamentais de castas: *tribal castes* (castas tribais) e *professional castes* (castas profissionais). Sobre as primeiras já foi dito algo anteriormente e aqui só cabe acrescentar que é muito elevado o número de castas cuja origem deve ser retrointerpretada de maneira verossímil na história como sendo de tribos hinduizadas e povos hóspedes. São, em especial, estes que tornam irracional em tão alto grau a configuração da ordem de *status* das castas, pois é evidente que uma tribo que durante sua hinduização esteve assentada em uma posse fundiária própria forçosamente iria, em igualdade de condições, usufruir um *status* muito mais elevado do que o de uma simples tribo "pária" hinduizada, e também é claro que, quanto a isso, a situação de uma tribo fornecedora de mercenários e soldados seria até mais propícia. Uma "casta tribal" é identificável pela espécie de nome escolhida – mas em sua hinduização não poucas tribos adotaram o nome de uma profissão – ou também (de modo frequente) pela indicação de um ancestral comum (em castas verdadeiramente superiores costumam figurar patriarcas das subcastas) e, além disso, identificável pelo apego a reminiscências de organização totemística, aos deuses da tribo e sobretudo aos sacerdotes tribais enquanto sacerdotes da casta, bem como, por fim, ao recrutamento acentuadamente local em áreas fixas. Contudo as características referidas por último só têm importância na medida em que se verifique uma ou outra das demais especificidades, pois também existem castas exclusivamente profissionais com recrutamento local bastante rigoroso e com sacerdotes próprios. Além disso, a endogamia nas castas tribais está muitas vezes desenvolvida de maneira mais lassa, e estas também costumam ser menos exclusivas no que se refere à admissão de pessoas estranhas à casta quanto mais se aproximam da característica tribal. Sob todos esses aspectos, as castas apenas profissionais são, pelo menos em geral, as mais exclusivas, prova de que a exclusividade ritual de uma casta é, por certo, condicionada, entre outros fatores, pela exogeneidade étnica, mas de modo algum se limita a dela ser apenas uma projeção religiosa. A casta tribal se faz reconhecer com maior nitidez sempre que, dentre diversas castas de igual profissão, uma ou poucas castas mantêm um nome tribal a par da costumeira designação profissional de casta. Não é possível constatar em qual medida as castas tenham sido originalmente castas tribais. As que descendem de tribos-hóspedes ou párias em volume muito grande devem ser justamente as castas baixas. Mesmo assim, com certeza, não todas. Devem ter tido essa origem em menor proporção os artesanatos de *status* mais elevados, em particular os urbanos livres e leitúrgicos, assim como as antigas castas de comerciantes. Serão, na maioria dos casos, produtos de especialização econômica e de diferenciação de posse e trabalho, e é apenas o fato de isso ter levado à formação de "castas" o aspecto específico e carente de explicação do desenvolvimento indiano.

E esse pode ser modificado, tanto pelo ingresso de tribos na ordem das castas quanto, exclusivamente, pela *cisão* de castas.

Uma tal cisão de castas, sempre evidenciada (na sua totalidade ou em parte) na rejeição do conúbio e da comensalidade, pode se realizar, inicialmente, por *mudança de lugar* por parte de membros da casta, pois isso faz considerar os que se mudaram como suspeitos de infração dos deveres de casta ou ao menos lhes exclui a verificação da correta observância[148]. Da mesma forma como somente o solo indiano pode ser ritualmente sagrado, e também só enquanto nele impere a ordem de castas correta, assim também sob o ponto de vista da estrita observância, a mudança de lugar, mesmo no interior da Índia, é considerada duvidosa, por levar a um ambiente de outro ritual, e mesmo o simples viajar só não constitui motivo para preocupação em casos de necessidade. Por isso, a migração interna na Índia é ainda hoje substancialmente menor do que seria de esperar ante as fortes transformações da situação econômica. Mais de nove décimos da população moram no distrito natal, e somente a antiga exogamia entre aldeias acarreta regularmente mudanças para outra aldeia. A mudança permanente de membros da casta para outros lugares teve por consequência, com grande regularidade, a separação de novas subcastas devido ao fato de que os membros remanescentes da casta passam a avaliar os descendentes dos emigrados como não sendo mais dignos de plena consideração.

Visto que a migração do sistema hindu se realizou a partir do Alto Ganges rumo ao leste, as subcastas orientais passaram a ser vistas com menor apreço, em igualdade de condições, do que as ocidentais. As castas também sofrem um cisma quando uma parte de seus membros, contrariamente aos demais, reconhece qualquer prescrição ritual como não obrigatória para si ou, vice-versa, adota novos deveres rituais. Ambos os casos podem ter diversas razões, a saber: 1) Pertencimento a uma seita que dispensa o seguimento de determinadas prescrições rituais ou impõe novas – razão não muito frequente. 2) Crescente diferenciação de posses, levando membros abastados

---

148. A vida itinerante dos vaqueiros contribuiu também para rebaixar seu *status*. Sobre o viajar dos comerciantes, cf. *supra*, nota de rodapé.

da casta a adotarem deveres rituais de castas superiores à sua, para assim se equiparar a elas ou, de algum modo, colocar-se em *status* mais elevado do que até então – uma precondição para isso é a interrupção do conúbio e da comensalidade, até então mantidos com os membros da casta. Trata-se de um fenômeno bastante frequente hoje em dia o de que a simples diferenciação de posses é tomada como ocasião para detonar a comunidade. 3) Mudança da natureza de ocupação. No contexto de uma rígida observância, é possível que não apenas a passagem para outro tipo de ocupação tradicional, mas também, sob certas circunstâncias, a simples mudança de técnica de trabalho sejam motivo para os que ficam com a tradição considerem rompida a comunidade. Embora, na prática, essa sequência nem sempre ocorra, esse motivo é, sim, um dos mais frequentes e um dos mais importantes ensejos de todas as cisões. 4) Abalo da tradição junto a parte dos companheiros de casta, levando adeptos da rígida observância à rescisão da comunidade.

Ainda hoje é possível, além disso, surgirem castas por causa de atos sexuais ritualmente ilícitos praticados entre diferentes castas. Segundo a teoria clássica, como se sabe, todas as castas impuras são oriundas de membros mestiços provindos do cruzamento de castas. Tal assertiva é, por certo, absolutamente a-histórica. Só que ainda hoje existem exemplos da formação de castas com base na mistura de castas, ou seja, mediante concubinato. Por fim, uma cisão também pode ser resultado simplesmente de brigas internas, na medida em que uma conciliação de desavenças em igual número não tenha sido bem-sucedida. No entanto, esse motivo é avaliado como reprovável, e por isso prefere-se imputar ao adversário supostas violações rituais.

Quanto à formação de novas castas e subcastas, as razões que mais nos interessam são as de natureza econômica: diferenciação de posses e mudança de profissão ou de técnica. Pode-se supor, com certeza, que outrora a diferenciação de posses – uma mudança de profissão conforme a lei só existia para "profissões emergenciais" – tinha esse desdobramento sob as dinastias nacionais com frequência muito menor do que em tempos mais recentes. É que o poder dos brâmanes – que, naquele tempo, era incomparavelmente maior – estava empenhado em todo lugar pela preservação da ordem de castas, uma vez habitualizada. Se, naquele tempo, já a solidez da ordem de castas não conseguia impedir o surgimento da diferenciação de posses, com mais forte razão não lhe foi possível evitar que surgisse uma nova técnica de trabalho impugnada sob o aspecto da ordem de castas, nem que ocorresse uma mudança de profissão. Ambas eram perigosas sob o ponto de vista ritual. Mesmo hoje em dia, o fato de que, propriamente falando, novas profissões e novas técnicas ensejam o surgimento de novas castas e subcastas constitui – por mais que o desenvolvimento prepotente do capitalismo importado procure ignorá-lo –, já por si só, um forte empecilho para inovações e também, pelo contrário, um forte estímulo para a tradição.

Todos os indícios históricos sugerem que a rigorosa ordem de castas propriamente dita tem sua origem primitiva baseada nas castas profissionais. Em primeiro lugar, há a distribuição geográfica entre castas tribais e profissionais. De saída, raramente se pode afirmar com segurança de uma casta – ainda mais uma formada há muito tempo – que tenha surgido a partir de diferença étnica ou de diferenciação profissional carismático-gentilícia[149]. De todo modo, pode-se ver que as castas originalmente identificáveis como tribais estão – comparadas em números relativos e em importância com as castas profissionais – muito mais fortemente representadas na região de Bengala Oriental – uma região conquistada em época posterior – e no sul do que no solo clássico da Índia Centro-Setentrional, onde o que se encontra com frequência substancialmente maior é – comprovada ou presumida – a origem de castas a partir de classes profissionais carismático-gentilícias sem diferença étnica[150]. Além disso, as castas profissionais e, de modo particular, as de ofícios manufatureiros – a par das castas puramente de camponeses, nas quais esse fenômeno se apresenta de modo muito mais natural – são justamente as portadoras da distinção rigorosa entre castas e da tradição. Isso se manifesta hoje em dia, em especial, no ainda forte apego dessas castas

---

149. Uma "casta profissional" típica é, por exemplo, a antiga casta de ferreiros dos Lohars em Bengala, a qual tem indubitavelmente uma composição étnica miscigenada.

150. Cf. a respeito de todas essas questões o excelente Relatório Geral (de Gait) em *Census Report* de 1911 (vol. I, p. 377ss.).

profissionais – superadas apenas por algumas tribos párias muito antigas[151] – à ocupação tradicional. Naturalmente, não são poucas as castas profissionais para as quais a aniquiladora concorrência da indústria capitalista europeia, e agora também indiana, tornou simplesmente impossível que preservassem sua subsistência no mesmo ramo de atividades ou ao menos no do artesanato. Mas onde quer que não tenha sido esse o caso, a porcentagem dos membros de castas de artes e ofícios que se mantiveram em profissões tradicionais era, muitas vezes, extraordinariamente alta, em comparação com as radicais revoluções econômicas ocorridas. Porém quem, predominantemente, afluiu à oferta de oportunidades de trabalho especificamente modernas, sobretudo da grande indústria, não foram – ao menos não preponderantemente – os membros das antigas castas de artes e ofícios, mas sim emigrados rurais, castas desclassificadas e castas párias, bem como membros desclassificados de determinadas castas mais altas. Ao que tudo indica, o empresariado capitalista moderno, na medida em que é de proveniência indiana, assim como os funcionários administrativos e os de nível superior, são recrutados não apenas de determinadas castas antigas de comerciantes, mas também, e em grande intensidade – inclusive por razões inteiramente compreensíveis, dado o caráter do moderno trabalho de escritório e das respectivas exigências de formação –, em castas de letrados, já anteriormente mais versáteis na escolha profissional do que as castas de artes e ofícios[152].

---

151. No perímetro urbano de Calcutá, metrópole sem tradição, a porcentagem de membros de castas hindus no exercício de uma profissão tradicional era de 80% nas castas de lavadeiros e mais de 50% nas de pescadores, varredores de ruelas e becos, cesteiros, confeiteiros e servidores domiciliares, mas também uma casta de ourives de ouro, ao passo que apenas 30% dos escribas (kayasth) eram "clercs" [funcionários administrativos] e somente 13% dos brâmanes eram sacerdotes, professores, pânditas e cozinheiros (segundo o *Census Report* de 1901, vol. VII, relatório de Blackwood, p. IV). Dentre as antigas castas de tecelões (Tanti), apenas 6% mantinham-se ativos na sua ocupação – uma sequela da concorrência europeia.

152. Cf. a indicação de números na nota de rodapé 164 mais adiante. Na Província de Bombaim, as principais castas participam da *administração* na seguinte ordem de intensidade: prabhu (antiga casta de funcionários públicos), com 27% dos membros da casta; mahars (funcionários públicos da aldeia), com 10%; brâmanes, com 7,1%; lohana (comerciantes ilustres), com 5,8%; bhatia (comerciantes), com 4,7%; vania (grande casta antiga de comerciantes), com 2,3%; rajaputros, com 2%; e outras castas, com menos de 1% de seus membros.

O tradicionalismo das castas de artes e ofícios tem como bases, sob o ponto de vista econômico, não somente a delimitação recíproca dos diferentes ramos da produção, mas – ainda hoje muito frequentemente – também formas de garantia do ganha-pão de cada membro da casta perante a concorrência mútua. O artesão absolutamente protegido nesse sentido era e é o pertencente ao antigo "quadro administrativo da aldeia", estabelecido em terra hortícola e remunerado em naturais. Mas tem um alcance muito além o princípio da proteção da clientela, ou seja, a garantia da relação jajmani, ainda hoje estritamente observada, e isso em um grande número de castas de artes e ofícios. Já tomamos conhecimento dessa relação jajmani ao tratar dos brâmanes. E o próprio significado da palavra ("o doador da oferenda") mostra que o conceito tem sua origem nas condições dessa casta e poderia ser traduzido com a designação de "distrito pessoal". Em meio aos brâmanes, o que o protege é essencialmente a etiqueta do estamento, ao passo que, em outras castas, sua proteção é garantida pela organização da casta, e isso – como sempre na Índia – *hereditariamente* (de modo carismático-gentilício). O chamar recebe de maneira hereditária, de determinadas famílias, o gado perecido e fornece a estas o couro destinado à demanda de calçados ou outra coisa, enquanto sua mulher exerce, simultaneamente, a atividade de parteira para o mesmo círculo de clientes. As castas de mendicantes têm distritos de mendicância fixados de modo semelhante aos nossos limpa-chaminés (só que com caráter hereditário), o nai é, para seus clientes, barbeiro, manicuro, pedicuro, banhista e dentista[153]; o bhangi é varredor de rua em determinados distritos. Há relatos sobre várias castas, como a dos dom (servidores domésticos e mendicantes) e a dos bhangi[154], no sentido de que a clientela se havia tornado alienável e, com frequência, também parte do dote nupcial. A invasão da clientela alheia é considerada ainda hoje motivo de excomunhão.

Contudo as antigas castas de artes e ofícios não são apenas portadoras de rígido tradicionalismo, mas também da mais estrita exclusividade

---

153. Ambas as atividades referidas por último acarretam degradação ritual.

154. Cf. Blunt em *Census Report* de 1911 (p. 223), sobre as United Provinces e Oudh (território hindu na Antiguidade Clássica), de onde foram extraídas as notas anteriores.

ritual de casta. Em nenhum lugar a endogamia e a exclusão da comensalidade são observadas com maior rigorismo do que nelas. E isso não apenas no relacionamento entre castas de *status* mais alto e castas de *status* mais baixo. Pelo contrário, as castas impuras evitam, em seu próprio inter-relacionamento, o contato infeccioso de um não companheiro de casta exatamente da mesma forma rígida como as castas puras se comportam perante elas. É uma prova de que essa exclusão recíproca não se enraíza de maneira preponderante em razões sociais, mas sim em rituais arraigados no antigo caráter de povo hóspede e pária, próprio de numerosas castas desse tipo. Justamente entre antigas castas de artes e ofícios – e em parte também, precisamente, entre castas impuras – encontram-se, em particular medida, comunidades hindus corretas.

O elevado tradicionalismo de casta, justamente em numerosas castas de artes e ofícios – e, dentre estas, precisamente em castas baixas –, está condicionado tanto por uma razão religiosa – a ser explicada mais adiante – quanto por uma rígida organização de casta frequente nelas de modo especial ou, em geral, na subcasta. Pois essa última constitui-se na portadora dos órgãos disciplinares da casta, a serem agora abordados.

A organização da casta corresponde à da antiga comunidade aldeã com seu chefe de aldeia hereditário e seu conselho de chefes de estirpes ou de famílias[155]. A hereditariedade do cargo de chefe de aldeia nunca foi absoluta, mas apenas carismático-gentílica. Na falta de aptidão, era bem possível que, sob determinadas circunstâncias, ele fosse deposto, mas a escolha do sucessor ficava quase sempre na mesma família. Como vimos, esse princípio carismático-gentílico penetrou em todas as organizações existentes na Ín-

---

155. Com grande ênfase, coloca-se em dúvida hoje em dia (p. ex., Mc Helenor, no *Census Report* sobre Bombaim, 1911, vol. VII, p. 200) a própria existência de um panchayat da aldeia. Sustenta-se que só existam panchayats de castas e, dentre estes, normalmente, os dos agricultores assentados juntos e pertencentes a igual casta. Até onde o material acessível à Europa Continental permite descortinar, é possível tratar-se apenas de questão relativa à origem dos panchayats existentes em numerosas aldeias em meio aos camaradas aldeãos (camponeses integrais), ou seja, de saber se eles surgiram na própria casta ou anteriormente, a partir da instituição da aldeia, que de alguma forma plasmou a da casta. No que se refere à Era Clássica, parece suficientemente documentada (cf. *Manu Samh*, XII, 1087) a existência, nas aldeias, de um comitê juridicamente deliberativo, correspondente ao panchayat.

dia, desde a comunidade política – em que a estrita primogenitura se tornou direito sagrado só mais tarde – até a guilda, cujos postos de chefia e direção por ancianidade [*Schreschthi*], como regra geral, também eram hereditários e carismático-gentilícios, e assim permaneceram. Do mesmo modo vale o exposto para a casta, ao menos para seu chefe, o sarpanch, e às vezes – mas nem sempre – também para os membros do panchayat. Para a adoção e a manutenção dessa situação, como comprovam em tempos helenísticos inscrições para artesãos em outras regiões – como no Oriente da Ásia Anterior, por exemplo –, terá contribuído o fato de que tudo o que, na aldeia indiana, originalmente havia de realização econômica ou prestação oficial para a "comunidade" competia a trabalhadores lá estabelecidos de forma hereditária e remunerados em naturais desde quando a memória alcançava. Além desse fato, talvez também, na época dos grandes reinos patrimoniais hindus, o empenhoramento, pelo rei, de pessoas responsáveis em seus postos por diversas artes e ofícios, bem como por seus êxitos. Mas o fator decisivo foi o antigo princípio do carisma gentilício, que tudo dominava, bem como o apoio a ele prestado pelos brâmanes, pois justamente em organizações religiosas – mais do que nas políticas – falta em toda parte o pensamento genuíno de "eleição" do chefe no nosso sentido hodierno. O que é apresentado como "eleição" sempre foi o reconhecimento cônscio do dever ou a aclamação de um portador do carisma pessoal ou gentilício. O antigo posto dos "anciãos" na constituição presbiterial reformada ainda era carismático. A constituição de nossos "regulamentos sinodais", pelo contrário, já é derivada da moderna concepção de representatividade. Nesse sentido, vão surgindo também na Índia, em número crescente, as chamadas "sabhas" (assembleias de castas com todos os membros ou, pelo menos, de todos os chefes de família), de origem moderna[156]. As circunscrições jurisdicionais dos panchayats são, via de regra, territórios delimitados localmente. No interior das castas também

---

156. Hoje em dia elas decidem, por exemplo, o envio de estudantes para o Japão, mas também a modificação de hábitos sociais importantes, tais como a abolição do celibato de viúvas, assunto que outrora de modo nenhum se teria podido tratar mediante "resoluções", mas sim unicamente por pareceres de brâmanes.

existem associações interlocais formadas com objetivos específicos para a efetivação de determinados negócios. Resíduos ou também certos costumes sobreviventes [*Überlebsel*] de guildas – incluindo não membros de castas – subsistem como fragmentos de castas ou como associações de castas. Ainda que apenas de maneira excepcional, mas reconhecidas como superiores aos panchayats, também há organizações centrais de castas inteiras. E isso de forma preponderante em regiões já desde longo tempo constituídas em reinos políticos unificados, como aliás, inversamente, a maior frequência de fragmentação das castas se observa em áreas sem unidade política.

Qual é, então, a competência objetiva do panchayat (ou instância equivalente)? É muito variável. Mas, no presente, não são questões profissionais as que gozam prioridade: a casta (ou subcasta) não funciona hoje em dia, de modo algum, em primeiro plano como "corporação" ou "associação sindical". O que de fato absorve a maior parte do conteúdo são questões rituais. Numericamente, encontram-se, em primeira linha, toda espécie de adultério ou outras violações da etiqueta [*sic*] ritual intersexual; em seguida, a reparação e a penitência por outras faltas rituais dos membros, inclusive as cometidas contra as regras do conúbio e da comensalidade ou contra as leis da limpeza e da esfera alimentar. Essa tarefa tem, com certeza, desempenhado um papel de relevância muito alta desde tempos imemoriais, já que, no interior da casta, a tolerância para com descumpridores de preceitos mágicos podia resultar em mau-olhado para o conjunto da casta. No entanto, para um bom número de antigas castas particularmente apegadas à tradição – em especial, entre as de médio e pequeno portes –, as questões de primeira importância são as profissionais. Em primeiro lugar, sem dúvida, todos os casos de mudança para um tipo de ocupação ritualmente degradante ou sob a suspeita de profissão ou técnica nova. Conforme a circunstância, isso pode abranger uma vasta área na prática – inclusive sem ter algo a ver com o rito. Sobretudo os casos de violação dos direitos jajmani por um membro da casta ou por transgressões cometidas por *outcastes* ou membros de castas forâneas, mas também a violação de outros direitos da casta por parte de um estranho. O fato de justamente castas antigas – e que se destacam como tradicionalistas – se engajarem com particular intensidade nessa área de interesses econômicos dá lugar à probabilidade de que, antigamente, esse aspecto da ordem de castas tenha tido uma importância muito mais universal. E também o fato de que castas de artes e ofícios – e, dentre estas, numerosas castas de baixo *status* – assumiram essa função de corporação ou – dado o caso – de sindicato explica-se, por um lado, pela típica configuração de interesses dos artesãos e dos trabalhadores qualificados, e esse fato também explica, por outro lado, ao menos em parte, o grau particularmente elevado de fidelidade de casta peculiar dessas castas baixas. Hoje em dia, já não é muito frequente entre os membros o não pagamento de dívidas, partilha patrimonial e processos por ninharias. Por vezes ocorre, porém, que a casta procure impedir que membros prestem testemunho uns contra os outros. Mas a grande maioria das questões diz respeito a assuntos rituais, e entre estes aparecem, em certas ocasiões, alguns bastante importantes. Eis o que parece aumentar de modo considerável hoje em dia: o poder dos panchayats e dos sabhas nessa área está em ascensão – sinal característico da lenta, mas progressiva, emancipação em curso *vis-à-vis* o poder dos brâmanes, a manifestar-se em assuntos aparentemente tão arcaicos quanto esses das castas. Lidar com isso constitui o equivalente hinduísta para a busca de "autonomia da comunidade" da Igreja no Ocidente.

A disciplina das castas

Os instrumentos coercitivos dos órgãos de casta são, em relação a terceiros, o boicote e, para com membros da própria casta, multas, condenação a reparação ritual bem como, em casos de recusa e de grave violação das normas da casta, a excomunhão (bahishkara). Esta não representa (hoje em dia) a exclusão do hinduísmo, mas sim da respectiva casta. As consequências, por certo, poderão ir além, por exemplo com o boicote em relação a um de cada três dos que porventura ainda queiram aceitar serviços de um membro excomungado de sua casta. A maior parte dos panchayats (e dos demais órgãos correspondentes) tomam hoje suas resoluções de maneira independente, sem a inclusão de sastris e pânditas, considerada facultativa. Algumas castas, mesmo baixas, praticam ainda hoje o recurso jurídico a uma das sedes sagradas (mosteiros em Sankeschwar ou Schringeri). Mas na concepção do antigo hinduísmo não constava o estabelecimento autônomo de novas regras jurídicas por uma casta. O direito sagrado só podia ser revelado ou, por outra, "reconhecido" em todo lugar como vigente desde sempre. No entanto a atual falta de um poder coercitivo político no hinduísmo e, por conseguinte, o enfraquecimento da posição dos brâmanes acabaram por levar, na realidade, a que o estabelecimento de normas jurídicas se dê por vezes corretamente de forma autônoma como reconhecimento de direito. Tal como no caso de usurpações do *status* de uma casta, torna-se perceptível também aqui a queda da estrutura política patrimonial-eclesiástico-estatal dos antigos reinos, claramente rumo ao lento estremecer da tradição de castas.

No caso das castas tribais, quanto menos profunda resultou sua hinduização, mais frequente se deu a substituição da típica organização em castas por restos da antiga estrutura tribal, o que aqui não nos deve interessar em pormenores.

Por fim, também as castas altas – particularmente de brâmanes e rajaputros – dispensam com frequência em suas subcastas toda e qualquer organização unitária duradoura, e isso, ao que se sabe, desde tempos imemoriais. Em casos urgentes – como de grosseira violação do ritual por um membro da casta, por exemplo –, convocam-se em consonância com antigos costumes para tratar do caso individual os chefes dos maths (monastérios), ou também, mais recentemente, assembleias do respectivo departamento da casta. Para os brâmanes, é óbvio que quem está à altura de preservar sua autoridade são os sastris e os pânditas deles derivados, as escolas superiores e maths de renome e reconhecidos como centros de estudos sacros, assim como as santas sedes acatadas desde a Antiguidade. Contudo a antiga concorrência das escolas védicas e filosóficas, seitas e ordens ascéticas entre si, assim como os antagonismos das antigas linhagens ilustres bramânicas frente a frente com, por um lado, as camadas e as subcastas cuja ascensão social ocorrera pouco a pouco por usurpação e, por outro lado, com as que se degradaram à condição de brâmanes de direito inferior, continuam a gerar tensões e a restringir, para dentro, o forte senso de solidariedade que, para fora, ostentam a título de consciência estamental. No caso dos rajaputros, a falta de órgãos de casta foi compensada pela forte influência dos sacerdotes de família brâmanes (purohita) no que se refere à manutenção da correição ritual. Ao menos, também entre eles parte das subcastas tem órgãos vigorosos, e seu senso estamental é geralmente robusto. É bem antiga a atividade profissional bastante multifacetada de ambas as castas, que por certo, geralmente, se mantém com muito rigor nos limites do ritualmente permitido, conforme demonstrado de maneira suficiente pelas profissões emergenciais referidas no Código de Manu. É facilmente compreensível o fato de que as castas apenas de escrivães geradas no patrimonialismo ainda hoje influente dos reinos indianos, por um lado, mantêm pretensões muito ambiciosas quanto ao *status* da casta – e nisso se contrapõem às antigas aristocracias sociais e feudais –, mas, por outro, apresentam um senso estamental bem menos acentuado – como atesta sua estrutura profissional hodierna. Nas castas de comerciantes existem resquícios das antigas guildas e, de resto, sua organização é, hoje em dia, ao que tudo indica, muito menos rígida do que no tempo dos príncipes nativos, que, de modo frequente, utilizavam as castas econômicas – particularmente as urbanas –, mas também povos párias, como portadores de deveres leitúrgicos e de direitos de monopólio correspondentes.

As castas e o tradicionalismo

Com isso, podemos encerrar essa visão geral do sistema de castas – inevitavelmente, muitíssimo incompleta, apesar de sua extensão – e perquirir suas consequências para a economia. Visto serem estas essencialmente negativas e, portanto, acessíveis mais por dedução do que por indução, só será possível expor poucas generalidades sobre o assunto. Aqui apenas o seguinte nos diz respeito: por sua própria essência, essa ordem tinha de gerar efeitos absolutamente tradicionalistas e antirracionais. Mas só não se deve procurar em lugares errados as razões para isso.

Karl Marx designou a posição peculiar do artesão de aldeia indiano – sua dependência de remunerações fixas em naturais em vez de vendas no mercado – como razão da específica "estabilidade de povos asiáticos". E com razão. Mas, a par do antigo artesão de aldeia, também havia o comerciante e o artesão urbano – esse último trabalhador do mercado ou dependente economicamente das guildas de comerciantes, tal como no Ocidente. Por certo, a Índia sempre continuou em seu todo preponderantemente um país de aldeias. Mas também no Ocidente os primórdios urbanos foram modestos, sobretudo no interior, e a situação do mercado urbano na Índia era regulada pelos príncipes, em muitos aspectos, de forma "mercantilista", em sentido semelhante ao empregado nos estados territoriais dos inícios da época moderna. Portanto, na medida em que se trata de uma estrutura social, deve-se considerar, de modo preciso, como base da estabilidade não apenas a posição do artesão da aldeia, mas também a ordem de castas como um todo. Só que, nesse caso, não se deve imaginar um efeito exageradamente imediato. Seria possível crer, por exemplo, que as contrariedades rituais das castas hajam impedido a formação de "grandes empresas" com divisão de trabalho dentro da mesma oficina e que este seja um aspecto decisivo. Não é o caso. O direito das castas revelou-se maleável tanto perante as necessidades da associação de trabalho nas oficinas quanto no atinente às demandas da associação de trabalho e do serviço em domicílio ilustre. Conforme vimos, eram ritualmente puros todos os servidores domésticos necessários para as castas superiores. O princípio expresso na frase "É sempre pura a mão do artesão em sua profissão"[157] significava, de modo semelhante, uma concessão à necessidade de recorrer a trabalhadores não domiciliares remunerados pecuniariamente ou a servidores domésticos para serviços de entrega, consertos e outros trabalhos ou serviços pessoais. Do mesmo modo, considerava-se pura a oficina[158] (o ergastério) e, consequentemente, nada obstava sob o aspecto ritual à utilização conjunta da mesma área de oficina por castas diferentes uma da outra, exatamente como a proibição de juros na Idade Média, por si só, não obstaculizou o desenvolvimento do capital baseado em lucro que de nenhum

---

157. Cf. Código Jurídico de Baudhayana, I, 5, 9, 1, e também todas as mercadorias postas à venda publicamente.

158. Baudhayana I, 5, 9, 3. As minas e todas as oficinas eram puras, excetuadas as destilarias de álcool.

modo foi gerado por investimento a juro fixo. Não é nessas dificuldades isoladas que consiste o núcleo dos obstáculos postos no caminho da economia moderna, real ou aparentemente, pelos grandes sistemas religiosos, cada qual a seu modo, mas sim no "espírito" do sistema como um todo. Mesmo que, na época moderna, nem sempre tenha sido muito fácil, mas sim possível, empregar em fábricas modernas trabalhadores de castas indianos, e mesmo que, uma vez possibilitada a importação do moderno capitalismo europeu com maquinário pronto para funcionar, tenha sido possível, já antes disso, aproveitar o trabalho dos artesãos indianos de modo capitalista nas formas habituais em regiões colonizadas, ainda assim deve parecer extremamente improvável que algum dia a moderna forma de organização do capitalismo industrial tivesse chegado *a emergir* sobre os alicerces do sistema de castas. Uma lei apta a acarretar degradação ritual para qualquer mudança de profissão e qualquer mudança de técnica de trabalho seguramente não se prestava a gerar em seu meio, por si própria, revoluções econômicas e técnicas ou a possibilitar-lhes nem que fosse um primeiro germinar. Por isso, o já por si enorme tradicionalismo do artesão só pôde revigorar-se de modo ainda mais extremo e opor-se, com rigor substancialmente maior do que no Ocidente, a todas as tentativas do capital comercial voltadas a organizar o trabalho do artesão desde o chão da oficina. Os próprios comerciantes permaneciam em sua reclusão ritual enlaçados no típico mercantilismo oriental, que em nenhum lugar levou, por si só, à moderna organização capitalista do trabalho: seria como se povos hóspedes como os judeus, diferentes uns dos outros, ritualmente excludentes entre uns e outros, fossem juntos exercer suas atividades remuneradas na mesma área econômica. Algumas das grandes castas comerciais hindus – como particularmente a dos vania – têm sido denominadas "os judeus da Índia", e com razão também nesse sentido negativo. Eles eram, em parte, virtuoses do lucro inescrupuloso, e algumas castas dentre elas – antes vistas como socialmente degradadas ou impuras e, por isso mesmo, não tanto oneradas por exigências éticas (em nosso sentido) – ostentam, hoje em dia, um significativo ritmo de acumulação patrimonial. Nisso elas concorrem com algumas castas que outrora monopolizavam os postos de escrivães, funcionários públicos ou arrendatários fiscais e demais postos com chances de rendas obtidas politicamente, como é típico em países patrimoniais. Parte dos empresários capitalistas tem sua origem também nas castas de comerciantes. Mas nisso – como já frisado algumas vezes – eles só conseguiram manter-se à altura das castas de letrados na medida em que assimilaram a "formação" hoje exigida para tanto[159]. Entre eles, a educação para o comerciante é de intensidade por vezes tal que, como narram os relatórios, o "talento" especificamente exigido para tanto deixa de ter por base necessária o "talento natural"[160]. Mas não há indícios de que eles tivessem podido dar origem ao funcionamento racional do capitalismo moderno. Este, sem dúvida, nunca teria surgido de círculos de artes e ofícios indianos, tradicionalistas em sua totalidade – e isso apesar de o artesão hindu ser notoriamente muito diligente. Ele é, em particular, considerado sensivelmente mais trabalhador do que o artesão indiano de fé islâmica. Vista em seu conjunto, a organização hindu de castas desenvolveu, sob muitos aspectos, em meio às antigas castas profissionais, uma intensidade muito pronunciada de trabalho e acumulação de posses – a primeira, mais no artesanato e em antigas castas agrícolas, dentre as quais nomeadamente os kunbi (por exemplo, na Índia Meridional) apresentam considerável desempenho também quanto à acumulação de posses, inclusive em formas modernas hoje em dia.

O moderno capitalismo artesanal e industrial – e, em especial, fabril – instalou-se na Índia sob a administração inglesa e sob forte incentivo direto; no entanto – considerando comparativamente –, com quão reduzido alcance e com quantas complicações! Passadas várias centenas de anos de dominação

---

159. Mais adiante será tratada a relação entre as seitas indianas e as religiões redencionistas, por um lado, e os círculos de banqueiros e comerciantes da Índia, por outro.

160. Sobre o ensino do comércio entre os baniya, cf. *Census Report* referente à Bengala. Também contraria a hipótese de "talento natural" o fato de que antigas castas com maior taxa de mudança profissional são as que muitas vezes mais acorrem a profissões que, em questão de exigências postas ao "talento natural", nutriam a maior aversão psicológica imaginável à atividade ocupacional até então exercida, mas que, graças ao aproveitamento em comum de conhecimentos e aptidões adquiridos, se aproximaram umas das outras. Um exemplo disso é o caso da frequente transição, anteriormente referida, das antigas castas de agrimensores – cujos membros naturalmente conheciam os *caminhos* com particular precisão – para profissões de motoristas, além de muitos outros exemplos semelhantes.

inglesa, o número atual de operários industriais é de aproximadamente 980 mil; portanto, cerca de 1/3, da população. E note-se que o recrutamento de operários ocorre com dificuldades mesmo nas indústrias fabris com os mais elevados níveis salariais[161]; afinal, somente o advento do novo protocolo de proteção do trabalho tornou um pouco mais popular o emprego na fábrica. Trabalho feminino é escasso e ligado sobretudo às castas mais desprezadas, apesar da existência de indústrias (têxteis), nas quais a mulher chega a render o dobro do homem. O operariado fabril indiano revela precisamente aquelas características tradicionalistas que marcaram a fase inicial do capitalismo também na Europa.

Os operários querem ganhar rapidamente um pouco de dinheiro, a fim de ficarem independentes. O aumento salarial não tem para eles o efeito de intensificar o trabalho ou melhorar o padrão de vida. Pelo contrário: eles tiram então férias mais longas, pois agora podem fazê-lo, ou suas mulheres se adornam com joias. Ausentar-se do trabalho a seu bel-prazer é considerado natural, e, sempre que possível, o operário retorna com os centavos economizados à aldeia natal[162], afinal, ele não passa de operário "ocasional". "Disciplina", em sentido europeu, é para ele um conceito desconhecido. Assim, dada a necessidade de um número de operários 2/5 maior e de muito mais vigilância, a concorrência com a Europa só fica fácil na indústria têxtil. A vantagem dos empresários é que a separação dos operários em castas tem impossibilitado até agora toda e qualquer organização sindical e toda greve propriamente dita. É bem verdade que – como vimos – o trabalho na oficina é "puro" e se realiza em conjunto (somente junto à fonte de água faz-se necessário o uso de um copo para hindus e de outro para islâmicos, e em cada dormitório só dormem pessoas da mesma casta), mas aqui uma fraternização tem sido tão impossível (até o momento) quanto uma conjuração civil[163].

---

161. Em numerosos casos, o recrutamento em Calcutá precisa ser realizado desde fora: numa aldeia das redondezas, quem fala a língua da região, o bengalês, quase nem chega a ¼ da população.

162. Cf. Delden, *Studien über die indische Juteindustrie*, 1915, p. 96.

163. Cf. Delden, 1915, p. 114-125.

O volume de indicações pormenorizadas sobre a inserção de cada casta na moderna economia capitalista sobre a inserção de cada casta na moderna economia capitalista – no mínimo quanto às acessíveis ao pesquisador estrangeiro – só estão disponíveis em volume insuficiente[164].

Sobre as castas principais, a situação de renda (com origem em fontes outras que as de cargos oficiais, pensões ou títulos de valor, cf. parte IV do *Income Tax Act*), Gait apresenta em seu relatório geral sobre o Censo de 1911 dados[165] de interesse no presente contexto, desde que contidas nas informações prestadas pelos superintendentes do Censo.

Na região de Bengala, cerca de 23 mil pessoas estão registradas no cadastro do imposto de renda sobre atividade econômica. Os maometanos, 24 milhões (51,7% da população), têm apenas 3.177 contribuintes sujeitos a esse imposto – ou seja, pouco mais do que 1/8 do total. Igual volume quase alcança, sozinha, a casta kayasth (escreventes), única classificada por si só, e isso

---

164. Ao que parece, trabalho moderno "qualificado" recruta-se em Calcutá principalmente em castas como a dos kaivartha (antiga casta tribal de agricultores e pescadores), dos kayasth (escribas) e dos tanti (antiga casta de tecelões); o assim chamado trabalho não qualificado de kuli, igualmente nas castas dos kaivartha e kayasth, além das desprezadas castas dos goala (leiteiros, antiga casta de párias) e dos chamar (grande casta impura dos operários de couro de Bengala). Também em outros casos estão lá representadas em maior número as castas mais baixas de indivíduos expulsos de seu tradicional ganha-pão em trabalhos de kuli. Entre os operários de fábrica propriamente ditos estão sobretudo os recrutados nas quatro castas: tanti (tecelões), kaivartha (agricultores e pescadores), chamar (operário de couro) e kayasth (escribas). Contrastando com os referidos, por exemplo, 45% dos chhatri (supostamente: xátrias, mas, na verdade, antiga tribo de mercenários) são agricultores, peões e serventes domésticos, quase nenhum no serviço estatal e na indústria. Na indústria têxtil da província de Bombaim estão representadas a casta de tecelões com 63% de seu total; a de bhatia (antigo povo hóspede de comerciantes), com 11,7%; a dos vani (comerciantes ilustres), com 9,8%; a dos rajaputros, com 3,8%; a dos prabhu (funcionários) e dos mahar (funcionários da aldeia), com mais de 1%; e as demais castas com menos de 1%. Os comerciantes e as castas mencionadas por último constituem a maioria dos empresários (ou proprietários, como no caso dos rajaputros). Na província de Bombaim, fazem parte do *comércio* (excluindo ofícios de gêneros alimentícios) as seguintes castas com as respectivas porcentagens sobre o total da casta: brâmanes, 3,2%; vania (ilustre casta antiga de comerciantes), 24,8%; bhatia (antigo povo hóspede de comerciantes), 7%; rajaputros e maratas, praticamente 0; prabhu (funcionários), 9,3%; lohana (antiga casta de comerciantes ilustres na província de Sindh), 6%; tecelões, koli (pequenos agricultores), kunbi (agricultores), mahar (funcionários da aldeia), praticamente 0; e pandhari (destiladores de suco de palma), 2%. Das antigas castas de comerciantes encontra-se ativo hoje em dia, no ramo de gêneros alimentícios (sobretudo no comércio varejista), considerável número de remanescentes – dos quais 40% dos vania, 61,3% dos bhatia e 22,8% dos lohana; dos demais, somente poucos; e, das castas ilustres, praticamente ninguém.

165. *Census Report* de 1911, p. 480.

em parte como empresa e em parte como "profissão". Em seguida vêm os brâmanes, dentre os quais 50% dos contribuintes recebem sua renda enquanto proventos de empresários, e quase no mesmo nível estão os Shaha, subcasta pequena (com 119 mil indivíduos) integrante da casta dos Sunri, que monopolizam o comércio de bebidas alcoólicas. Em percentuais, eles reúnem o maior número dentre os contribuintes fiscais. Além destes, somente a casta dos lagareiros e comerciantes de azeite dos teli soma acima de mil contribuintes; todas as demais, menos. O relatório considera surpreendente que as antigas castas de comerciantes dos gandhabaniks e subarnabaniks – que, a julgar pelos nomes, eram originalmente comerciantes de especiarias e de metais preciosos, respectivamente – estejam representadas com apenas 500 contribuintes fiscais; no entanto, proporcionalmente ao seu número (cada qual com um montante entre 100 mil e 120 mil indivíduos), a participação no total é maior do que a da casta dos teli, com 1,5 milhão. É absolutamente compreensível – e, aliás, também característico para o espírito tradicionalista do genuíno hinduísmo antigo – o fato de que uma casta de comerciantes arrolada entre os sudras de baixo *status* como a dos shaha (cuja água nem sempre é aceita pelos brâmanes) fosse incluída nas modernas chances de renda da economia com menos ressalvas do que a casta dos teli (que na região de Bengala têm *status* igual ao do grupo dos nabasakh), e também com menos do que ambas as castas dos gandhabaniks e subarnabaniks, que reivindicavam, presumivelmente com razão, ter tido outrora o *status* de vaixiá. Assim, no contexto da adaptação à atividade econômica racional, fica clara a superioridade das castas hindus – na medida de sua aptidão básica para tanto – em comparação com o islã bengalês. Essa inferioridade relativa do islã nessa região repete-se da mesma forma em todas as demais províncias. A casta de xeiques muçulmana tem grandes contribuintes fiscais (nomeadamente no Panjab) – em especial, entre os grandes rentistas fundiários[166] –, da mesma forma que os rajaputros, os babhans (casta ilustre de senhores fundiários e atacadistas de cereais) e, de várias formas, também os brâmanes e os khatri – esses últimos próximos aos

---

166. Na província de Bombaim, o maior número de rentistas encontrava-se representado nas castas de brâmanes, prabhu (funcionários), mahar (funcionários aldeães) e lohana (comerciantes).

rajaputros. Em Bihar, entre os contribuintes tributados em sua renda capitalista encontram-se, em primeiro lugar, os agarvals (subcasta dos kewat, casta de comerciantes muito antiga), ao passo que os kalvan e os sunri (antigas castas de destiladores de suco de palma) se encontram em *status* inferior ao dos subsequentes teli (lagareiros de azeite), que, por sua vez, se encontram numericamente a par das castas ilustres dos brâmanes e dos babhans – essas sete castas perfazem a metade das receitas tributáveis a partir do *trade*. No vale do Alto Ganges (*United Provinces*), antiga região clássica do hinduísmo no Panjab, e no sul, a antiga casta de comerciantes dos banianos é, em geral, de longe, a detentora das maiores rendas do comércio, ao passo que, no noroeste, a que sobrepuja as demais em receitas comerciais é a dos khatri, uma antiga casta ilustre de comerciantes e escribas internacionalmente conhecida e que, a par dos brâmanes, também desempenha importante papel na renda fundiária; mas os kayasth (no vale do Alto Ganges) têm, em comparação com seu número, uma parte desproporcional na renda proveniente da *profession*.

Durante longo tempo, permaneceu exígua a participação do patrimônio nativo – em parte, extremamente volumoso – no "capital" de empreendimentos modernos; na indústria da juta estava quase por inteiro ausente. As "más experiências", não somente com empresários e associados, mas também com os contramestres, fizeram com que, até hoje, por exemplo, na indústria indiana da juta, apenas os supervisores sejam de origem indiana, mas quase ninguém que tenha funções técnicas e administrativas (geralmente a cargo de escoceses, segundo Delden, *Die indische Jute-Industrie*, 1915, p. 86). A indústria da juta, com uma média de 3.420 operários por empresa (cf. Delden, 1915, p. 179) é a que evoluiu com a maior força rumo à grande indústria na Índia.

As diferenças de intensidade na aspiração de ganhar dinheiro e sobretudo a preferência dada, sob o ponto de vista hindu, ao comerciante (o de bebidas alcoólicas) eticamente descomprometido e, a par deste, aos letrados, assim como a tendência de aproveitamento comercial mais acentuada pela riqueza hindu em comparação com a islâmica, tudo isso aparece com nítida clareza e corresponde ao que se relata com frequência quanto à maior inten-

sidade do trabalho dos artesãos hindus – e, nesse contexto, mais tradicionalistas – comparados com os islâmicos. Ambos os aspectos estão condicionados pelo peculiar significado que os deveres de casta têm para o hinduísmo.
É esse o ponto importante ao qual devemos nos voltar agora.

A significação salvífica da religião na ordem de castas

Vimos que, no hinduísmo, há uma tolerância de inabitual abrangência
quanto à doutrina (mata), mas a maior importância cabe aos deveres rituais
(darma). Mesmo assim – e é o que passamos a tratar – o hinduísmo também
tem determinados "dogmas", se é que como tais se entendem verdades de fé
e cuja negação integral é considerada "herética" a ponto de excluir da comunidade hindu, se não o indivíduo, pelo menos a comunidade que a partilha
explicitamente [cf. nota 167, adendo]. Antes de tudo, o hinduísmo apresenta
determinado número de sistemas doutrinários oficiais. Deles tomaremos su-
cinto conhecimento mais tarde, ao abordarmos as religiões de salvação das
camadas de intelectuais. Aqui, o que nos interessa é o fato de também existirem posições doutrinais filosóficas de cunho especificamente heterodoxo.
Costuma-se mencionar principalmente duas: a filosofia dos materialistas e a
dos Bauddhas (budistas). O que há de especificamente heterodoxo na doutrina desses últimos? A rejeição da autoridade bramânica já se encontra também em castas hindus. A admissão de todas as castas à salvação também é
aceita pelos hindus. O recrutamento dos monges em todas as castas poderia
tê-las tornado uma casta sectária ritualmente impura. Ainda mais agravante foi a rejeição dos Vedas e do ritual hindu por serem julgados sem valor
para a salvação. Mas os budistas haviam colocado em lugar disso tudo um
darma próprio, parcialmente mais rigoroso do que o dos brâmanes. E o que
lhes é lançado como objeção não é apenas a inexistência de casta na esfera
ritual, mas também a doutrina herética, fosse ou não fosse essa a verdadeira
razão para não os reconhecer como hindus. Em que consistia e o que havia
em comum com a heresia dos "materialistas", em contraste com a doutrina
das escolas ortodoxas? Os budistas negavam, tanto quanto os materialistas, a

existência da "alma"[167], ao menos enquanto unidade do ego. Para os budistas, esse aspecto – justamente no que se refere ao ponto decisivo, a ser logo mencionado – tinha um significado quase unicamente teórico. Mas parece haver nesse ponto o principal impulso (sob o aspecto teórico), pois toda a filosofia hinduísta e tudo o que se pode designar como "religião" além do puro ritualismo dependem, certamente, da fé na alma.

Nenhum hindu nega qualquer dos dois pressupostos básicos da religiosidade hinduísta: a crença no samsara (transmigração da alma) e, em conexão com este, a doutrina do carma (da retribuição). Esses dois – e somente esses dois – são os verdadeiros elementos doutrinais "dogmáticos" de todo o hinduísmo, e eles estão interligados de modo a formarem uma teodiceia inteira e exclusivamente própria do hinduísmo como teodiceia da ordem social existente – ou seja, da ordem de castas.

A crença na transmigração das almas (samsara), diretamente oriunda de concepções muito difundidas universalmente sobre a sina dos espíritos após a morte, também surgiu em outras partes. Esse foi o caso, por exemplo, da Antiguidade helênica. Na Índia, a própria fauna e a coexistência de raças diversas indicavam o surgimento dessa concepção. É sem dúvida muito provável que o exército de macacos da Índia Meridional referido no "Ramáiana" tenha sido um exército de dravidianos negros. E mesmo que assim não tenha sido, é claro, de todo modo, que macacos se concebem como seres análogos aos humanos, e que essa ideia se colocava justamente na Índia Meridional, sede de povos pretos que, na perspectiva do ariano, se assemelhavam a macacos. Assim como em outros lugares, também na Índia as almas dos mortos eram originalmente consideradas "imortais". Os sacrifícios aos mortos tinham o sentido de dar-lhes o repouso e refrear a inveja e a raiva que sentem

---

167. Empregamos aqui essa expressão de maneira inteiramente provisória e indiferenciada, ou seja, por enquanto sem levar em conta que a filosofia hinduísta desenvolveu diversas concepções metafísicas sobre a essência da alma. [N.T. A respeito da passagem sobre a exclusão de hereges, cf. *supra*: Weber emprega no plural os pronomes *deren* ("cuja") e *zu ihnen* ("a favor delas") em referência a "verdades de fé" resp. *Glaubenswahrheiten*, dando a entender, gramaticalmente, que a comunidade excluída é a que exige o plural "as", ao passo que a semântica exige o singular "a" para "negação integral" das verdades professadas; de outra forma, a excluída seria a própria comunidade que professa as verdades de fé hindus. A tradução italiana optou pelo singular; a edição crítica da BAW e a tradução francesa mantiveram o plural.]

dos felizes viventes. No entanto a morada dos "pais" continuava sendo um assunto inteiramente problemático. Segundo os Brâmanas, eles, na falta de sacrifícios, ficariam sob a ameaça de morrerem de fome; eis por que sacrifícios valiam, pura e simplesmente, como mérito. Vez ou outra também se desejava aos deuses "longa vida", e cada vez mais se constata a suposição de que, no além, a existência não é algo de eterno nem para os deuses nem para os humanos[168]. Quando então os brâmanes se puseram a especular sobre o seu destino, foi emergindo aos poucos a doutrina do "remorrer", que conduz o espírito ou Deus, ao falecerem, a uma outra existência – e era sugestivo que essa doutrina fosse procurada na Terra e que, assim, se reportasse a concepções existentes tanto aqui quanto alhures, de "animais dotados de alma". Com isso, estavam dados os seus elementos. A associação à doutrina da retribuição de atos bons e maus por meio do renascimento com qualidade mais ou menos honrosa ou ignominiosa tampouco é exclusivamente indiana, pois ela encontra-se também nos círculos helênicos. Contudo o racionalismo bramânico tem dois aspectos específicos que elucidam a importância extremamente penetrante da doutrina assim interpretada: 1) a concretização do pensamento de que todo ato relevante do ponto de vista ético tem efeito inexorável sobre a sina do autor, e que, portanto, é impossível esse efeito falhar – a doutrina do "carma"; e 2) a ligação com a sina social do indivíduo dentro da organização social – ligação, portanto, com a ordem de castas. Todos os merecimentos e as faltas (rituais ou éticos) do indivíduo formam uma espécie de conta-corrente, cujo saldo, de modo inegável, determina o destino ulterior da alma no renascimento, na exata proporção da medida do excedente de um lado ou de outro da conta[169]. Não pode haver, por conseguinte, de modo algum, recompensas ou penas "eternas": seriam absolutamente desproporcionais para um agir finito. Tanto no céu quanto no inferno só se poderá estar

---

168. Cf. Boyer, *Journal Asiatique*, série 9, XVIII (1901); e agora, sobre a doutrina do "remorrer", principalmente: H. Oldenberg, *Die Lehre der Upanischaden und die Anfänge des Buddhismus* (Gotinga, 1915).

169. Crença no destino, astrologia e horoscopia já estavam há muito tempo difundidas na Índia. Visto mais de perto, porém, parece evidenciar-se que o horóscopo indica os destinos, mas que a constelação como tal, em sua significação boa ou ruim para o indivíduo, se determina pelo carma.

por tempo limitado. E tanto um quanto o outro têm um papel apenas secundário. Certamente, o céu terá sido primeiro apenas um céu de brâmanes e guerreiros. Quanto ao inferno, porém, até o pior pecador poderia dele escapar por meios apenas rituais e muito confortáveis: recitar determinadas fórmulas na hora da morte, também por intermédio de terceiros (até mesmo sem saber ou pelo inimigo). Mas, pelo contrário, não havia absolutamente nenhum instrumento ritual nem ato (intramundano) com o qual fosse possível subtrair-se ao renascer e ao remorrer. Universalmente difundida, a concepção de que doença, fraqueza, pobreza ou, em suma, tudo o que se receava durante a vida fosse consequência de faltas magicamente relevantes cometidas por própria culpa, consciente ou inconscientemente, foi aqui radicalizada até se chegar à visão de que, em sua totalidade, o destino de vida do ser humano é obra dele próprio no mais alto grau. E dado que a evidência se voltava com demasiada clareza contra a afirmação de que a retribuição ética se processe durante a vida de cada indivíduo neste mundo, foi se firmando o pensamento da transmigração das almas – de início, tido obviamente por doutrina esotérica e desenvolvido pelos brâmanes até chegar à concepção muito sugestiva de que méritos e faltas de vidas anteriores determinam o destino da vida presente, bem como méritos e faltas da vida de agora indicam a sina da futura vida na Terra. E a consequência de que o ser humano determina sua sina unicamente por atos próprios, num suceder sem fim de vidas e mortes sempre novas, foi a mais consequente forma da doutrina do carma. É bem verdade que as fontes, sobretudo as de monumentos, deixam claro que nem sempre se registrou essa consequência. Tem-se aqui uma contradição na medida em que, desde tempos antigos, os tradicionais sacrifícios aos ancestrais constituíam um meio para tentar influenciar o destino do indivíduo morto, e aliás também achamos que – como no cristianismo – celebravam-se orações e sacrifícios, ofereciam-se doações e erguiam-se construções a fim de melhorar os merecimentos dos ancestrais e, assim, melhorar também o seu destino. Só que tais remanescentes de outra concepção em nada alteram o fato de que o indivíduo se ocupa, de modo incessante, de melhorar seu próprio destino de renascimento. É justamente o que indicam as inscrições. Fazem-se sacrifícios e doações para renascer, no futuro, numa situação de vida igualmente boa ou melhor – por exemplo, com a mesma mulher ou os mesmos filhos; e princesas desejam voltar, futuramente, em uma posição de semelhante respeito na Terra. E aqui está a conexão decisiva com a ordem de castas. A própria posição de casta do indivíduo nada tem de fortuito: na Índia, falta quase totalmente a crença no destino, um posicionamento social crítico ante a ideia do "acidente de nascimento", um posicionamento comum tanto ao confucionismo tradicionalista quanto às reformas sociais ocidentais. Todo indivíduo nasce na casta que mereceu com seu comportamento em uma vida passada. De fato, conforme o caso, cada hindu será "prudente" ou "imprudente" na escolha, não de seus "pais" concretos – como quer uma piada alemã –, mas sim na opção pela casta à qual pertenceram. Um hindu fiel à fé terá um único pensamento a respeito de uma situação deplorável enquanto membro de casta impura: ele tem de penar pelos pecados particularmente numerosos cometidos em existência anterior[170]. Mas também há o reverso: o fato de que o membro da casta impura também pensa principalmente na chance de, ao renascer, melhorar suas chances sociais futuras mediante uma vida exemplar fiel ao rito da casta. Nessa vida, porém, não há simplesmente nenhuma saída para a casta, pelo menos não para cima. Com efeito, à causalidade do carma e seu inevitável desdobramento corresponde a eternidade do mundo, da vida e, sobretudo, da ordem de castas. Nenhuma doutrina genuinamente hinduísta conhece algo como "Juízo Final". Por certo, segundo doutrinas difundidas de forma ampla, existem épocas em que, como no "crepúsculo dos deuses" germânico, o mundo retorna ao caos, mas somente para logo retomar seu movimento circular. Assim como os homens não são "imortais", tampouco os deuses o são. Acresce para certas doutrinas que, como qualquer ser humano dotado de grande virtude poderá renascer como um deus – por exemplo, como Indra , este passa a ser-lhes, em verdade, apenas o nome para personalidades mutáveis e fungíveis. Ora, o fato de que, habitualmente, o hindu piedoso nem sempre tinha presentes, com todo o

---

170. É o que consequentemente relata Blunt no *Census Report* de 1911, dando conta de uma declaração que lhe foi feita por hindus ilustres sobre os chamar.

contexto, os pressupostos patéticos dessa doutrina do carma, transformando o mundo em um cosmos rigorosamente racional e eticamente determinado – a mais consequente teodiceia já produzida pela história –, tal fato é
sem importância para o efeito prático, que é o que nos interessa. O referido
hindu permaneceu encerrado na cápsula que só fez sentido nesse contexto
ideal, e as consequências disso pesaram sobre as suas atitudes. Assim como
o Manifesto Comunista conclui com a frase "Eles (os proletários) nada têm
a perder além de suas correntes, mas têm um mundo a ganhar", o mesmo
vale para o hindu fiel de baixa casta. Este também podia ganhar "o mundo",
até mesmo o mundo celestial, tornar-se xátria, brâmane, partícipe do céu e
mesmo um deus – não na sua vida de agora, mas sim na existência futura,
após o renascimento dentro dos mesmos regulamentos deste mundo. A ordem e o *status* das castas eram (para a ideia) eternos como o curso das estrelas, assim como a diferença entre as espécies animais e as raças humanas.
Seria sem sentido a tentativa de derrubá-los. O renascimento poderia, certamente, rebaixá-lo ao *status* de uma vida de "verme no intestino de um cão",
mas também, conforme seu comportamento, levá-lo ao colo de uma rainha e
filha de brâmane. Porém a precondição absoluta estava no cumprimento rigoroso de seus atuais deveres de casta durante a vida e na recusa a qualquer
intento de abandonar sua casta, gravemente pecaminoso sob o aspecto ritual.
Aqui, nessas promessas hinduístas de renascimento, estavam ancorados com
firmeza não alcançada por nenhuma outra ética social "orgânica" os princípios de "permaneça em sua profissão" e de "fidelidade profissional", funda-
mentados de maneira escatológica no cristianismo primitivo. É que no hinduísmo ela não se conectava a doutrinas ético-sociais sobre a moralidade
própria da fidelidade profissional e da pia sobriedade, como foi o caso nas
formas patriarcais do cristianismo, mas sim aos interesses salvíficos inteiramente pessoais do indivíduo. Além do receio quanto a sequelas mágicas de
inovações[171], a doutrina ética também reservava para a fidelidade à casta o

---

171. Os plantadores de juta indianos rejeitam ou só aceitam após muita relutância, ainda hoje, a introdução de adubo em suas terras, somente porque seria "contra o costume" (cf. Delden, *Studien über die
indische Juteindustrie*, 1915).

mais alto prêmio imaginável que o hindu conhecia. O artesão que trabalha fielmente em consonância com as prescrições da tradição, que não exagera na pretensão salarial, que não engana quanto à qualidade, este renascerá, segundo a doutrina da salvação do hinduísmo, como rei, aristocrata etc., em consonância com o *status* de sua atual casta. Ante isso, vale o princípio da doutrina clássica frequentemente citado: "o cumprimento do próprio dever (de casta) mesmo sem distinção é melhor do que o cumprimento do dever de outrem, por excelente que seja, pois é sempre onde reside o perigo". Negligenciar totalmente os deveres da própria casta em busca de maiores pretensões acarreta, sem falta, desvantagens na vida atual ou futura. A virtude profissional hindu era a concepção mais tradicionalista do dever profissional que se possa conceber. As castas poderão coexistir como estranhos mutuamente e com acerbo ódio recíproco – pois com o fato de que cada qual tenha "merecido" o seu destino, certamente o melhor destino do outro não se torna mais suportável para os socialmente desprivilegiados. Nesse contexto, ideias subversivas ou aspiração de "progresso" tornavam-se impensáveis enquanto e na medida em que permanecesse inabalada a doutrina do carma. Precisamente nas castas inferiores, que mais podiam lucrar com a correição ritual da casta, era mínima a tentação de inovações, e ainda hoje se explica seu apego ferrenho à tradição pela grandeza das promessas que ficariam ameaçadas justamente para elas em caso de desvio. Com base nesse ritualismo de casta ancorado na doutrina do carma, constituía uma impossibilidade a ruptura do tradicionalismo por obra da racionalização da economia. Quem quisesse sair desse eterno mundo das castas, em que os deuses, na verdade, formavam apenas uma casta, por certo, situada acima dos brâmanes, mas – como veremos – abaixo dos magos empoderados com magia pela ascese, e assim se subtrair ao inevitável circuito do renascer e remorrer, teria de deixar o próprio mundo e ir para aquele "mundo de trás" [*Hinterwelt*] ao qual conduzia a "salvação" hindu. Mais adiante será tratado separadamente esse desenvolvimento da fé indiana na salvação. Por enquanto, nos ocupamos com um outro problema.

As condições históricas do desenvolvimento das castas na Índia

Uma vez esclarecido que o aspecto específico do hinduísmo consiste na *ligação* da teodiceia do carma – aliás também professada como tal por outrem –, com a ordem social das castas, cabe agora perguntar: de onde vem, na Índia, essa ordem de castas, totalmente inexistente ou apenas incipiente em outros lugares? Feita a ressalva de que, ante a diversidade de opiniões reinante mesmo entre os melhores especialistas de indologia, sobre muitos pontos apenas conjeturas permanecem admissíveis, a partir do exposto anteriormente é possível dizer o seguinte: está esclarecido que a simples estratificação profissional não poderia por si só gerar uma ruptura tão brusca. Que a estruturação leitúrgica das corporações lhe tenha dado origem logo no primeiro tempo não é comprovável nem provável. E o altíssimo número de castas de origem étnica mostra que, ao menos por si só, a estruturação profissional não explica a situação, por mais que necessariamente tenha contribuído em grande parte. A importância de momentos étnicos a par de aspectos estamentais e econômicos está fora de dúvida.

Entrementes procurou-se, mais ou menos de forma radical, simplesmente equiparar a estruturação de castas à de raças. A expressão mais antiga para "estamento" (varna) significa "cor". Frequentemente, as castas são distinguidas pela típica cor da pele: brâmanes: branco; xátria: vermelho; vaixiá: amarelo; sudras: preto. As pesquisas antropométricas de Risley evidenciaram o escalonamento típico de características antropológicas conforme a natureza das castas. Portanto existe um nexo. Só não se deve imaginar, por exemplo, que a ordem de castas seja um produto de "psicologia racial", explicável a partir de misteriosas tendências contidas no "sangue" da "alma indiana". Ou então que a casta seja expressão do contraste entre diversos tipos raciais ou resultado de uma "rejeição racial"[172], ou de diferenças contidas "no sangue",

---

172. Tais concepções também se refletem na discussão dos problemas dos negros na América do Norte. No que tange à antipatia supostamente "natural" entre as raças, a existência – como se diz com razão – de vários milhões de mestiços é decerto suficiente desmentido para essa "estranheza" pretensamente "natural". A estranheza sanguínea perante os indígenas é no mínimo de igual tamanho, se não maior; mas qualquer Yankee procura comprovar em seu *pedigree* a existência de sangue indígena, e,

condicionando o "talento" e a aptidão para determinadas profissões da casta. A raça, ou, mais corretamente, o fato do choque ocorrido na Índia entre povos de diferentes raças, ou seja, povos de aspecto externo tipicamente marcado por diferenças raciais – que é o que mais conta em sociologia –, teve considerável importância para o desenvolvimento da ordem de castas[173]. Mas é necessário colocá-lo no correto nexo causal.

No antigo período védico só se tem conhecimento da oposição entre os arya e os dasyu. O nome arya ficou como expressão para o "ilustre", o "*gentleman*". O dasyu era, com sua pele escura, o inimigo dos invasores e conquistadores, aos quais ele presumivelmente se equiparava, em termos de civilização, residência em castelo e organização política. Assim como todos os povos, desde a China até a Irlanda, também a tribo ariana viveu naquele tempo uma época de cavaleiros lutando em carros de combate e residindo em castelos. Essa cavalaria tem a denominação técnica de Maghavan, "distribuidores de dádivas". Essa denominação provém dos bardos sacros e magos que, por sua dependência de donativos, elogiam o doador e desdenham o pobre que eles tencionam prejudicar por meios mágicos. Já então desempenhavam, junto aos arianos, um papel cada vez mais importante. "Nós e o Maghavan", "Nosso Maghavan" era o lema dos cavaleiros aos quais os magos se aliaram. Com sua magia eles prestam, já naquele tempo, uma contribuição extraordinária para o êxito militar. Isso se intensifica ainda mais até alcançar um nível inaudito no período dos Brâmanas e dos Epos.

Nos primórdios, era livre o trânsito de uma linhagem de guerreiro para a de sacerdote (rischi) e vice-versa. Mas, segundo o Epos, o Rei Vishvamitra teve de praticar ascese durante milênios, até que os deuses, por medo de seu poder mágico, lhe concederam a qualidade de brâmane. A prece do brâmane obtém a vitória para o rei. O brâmane tem um *status* muito superior ao do

---

se a filha do cacique Pocohontas fosse responsável por todos os americanos desejosos de serem seus descendentes, ela deveria ter possuído um número de filhos como Augusto, o Forte.

173. Ainda no século XII, a fronteira étnica entre arianos e drávidas no Indravati ficou expressa na diferença da língua usada nas inscrições: a administração manteve a separação das línguas. Mas pelo menos também foi confiado a um templo um lugar com população "vinda de todos os lugares", portanto etnicamente miscigenada (*Epigraphia Indica*, IX, p. 313).

rei. Ele não é apenas um "super-homem" ritual, mas muito mais do que isso, pois se iguala em poder aos deuses, e um rei sem brâmanes é simplesmente chamado de "desorientado", por ser natural que seja guiado pelo purohita. Frequentemente, a realidade ainda se encontrava em forte contraste com tais aspirações. Nas regiões, correspondentes mais ou menos ao Bihar de hoje, conquistadas no início da Idade Média – no tempo pré-budista – pela sociedade dos cavaleiros, nem de longe essa sociedade (de xátrias) pensava em reconhecer os brâmanes como socialmente equiparados. Apenas os grandes reinos patrimoniais hindus, movidos pelo interesse de legitimidade, passaram a se apoiar neles, e a conquista islâmica esfacelou o poder político-militar dos xátrias, servindo, assim, de suporte à dominação dos brâmanes, que a odiavam e, por conseguinte, transformaram em estereótipos suas pretensões, tal como reproduzidas pela literatura clássica e pelos Livros Jurídicos.

Havia toda uma série de razões para que agora a dominação sacerdotal passasse a seguir justamente o caminho da ordem de castas. Contradições étnicas aliam-se a contradições do comportamento externo e da conduta de vida exterior. E a contradição que, na aparência exterior, mais chama a atenção é, definitivamente, a diferença de cor da pele. Ela impediu a miscigenação à moda dos normandos e anglo-saxões, por exemplo, apesar de os conquistadores terem tomado as mulheres dos subjugados, de modo a obter um número suficiente delas. No mundo inteiro, é questão de honra em linhagens ilustres aceitarem para suas filhas apenas pretendentes de igual *status*, ao passo que, em geral, se deixa para os filhos a decisão sobre a maneira de satisfazer suas necessidades sexuais. É onde se situa o ponto decisivo para a eficácia da contradição ligada à cor da pele, e não em quaisquer "instintos raciais" místicos ou diferenças de "qualidades raciais" desconhecidas: nunca se estabeleceu em pé de igualdade um conúbio com os desprezíveis subjugados. O mestiço resultante da união sexual de filhas da camada superior com filhos da inferior permaneceu, no mínimo, desdenhado socialmente.

Essa barreira, já rígida em si mesma e ainda por cima corroborada por receios de natureza mágica, necessariamente acentuou e preservou em todos os campos a importância dos direitos de nascença, o carisma gentilício.

Como vimos, na Índia, todas as posições que, sob o domínio da crença em espíritos mágicos, estavam habitualmente vinculadas à posse de um carisma mágico – principalmente as posições de autoridades clericais ou seculares, mas também a arte dos artesãos – cedo tendiam a tornar-se carismático-gentilícias e, afinal, simplesmente "hereditárias", e isso em intensidade única no mundo para um fenômeno que, por sua própria natureza, não se restringe à Índia. É nisso que consiste o germe da formação de castas para esses postos e essas profissões.

Isso, em combinação com várias circunstâncias externas, levou ao processo propriamente dito de formação de castas. A ocupação da terra conquistada era feita por estirpes e fratrias carismático-gentilícias, que se instalavam aldeia por aldeia e impunham à população subjugada o pagamento de rendas ou a ocupação como operários da aldeia ou agrícolas ou artesanais e em ofícios, remetendo-os a terrenos incultos e de lavoura nos arredores comunais ou também em aldeias especiais de hilotas e artesãos, onde, após pouco tempo, colocavam fora delas operários trazidos de tribos artesanais e fabris párias. Elas mesmas reservavam-se o "direito à terra" ao modo espartano: como direito à adjudicação de um título de renda fundiária denominado Kleros. Para compreender a formação de castas, é preciso manter sempre em mente, apesar das diferenças em outros pontos, essa semelhança quanto ao aspecto externo da posição dos hilotas espartanos com a situação dos artesãos de aldeia indianos e de tribos subjugadas. Estavam frente a frente, como coletividades, as estirpes conquistadoras, assentadas de aldeia em aldeia, e as populações subjugadas. A escravidão pessoal perdeu importância em consequência daquele outro fenômeno importante: que o subjugado (sudra) era, por certo, um servo, mas por princípio um servo não de um indivíduo, mas sim da comunidade de renascidos. Os conquistadores constataram existir, nas populações subjugadas, um certo nível de desenvolvimento artesanal e de ofícios presumivelmente não de todo insignificante. Mas esse desenvolvimento artesanal e de ofícios e a venda dos produtos não se desenrolavam como estruturação profissional local com o mercado e a cidade enquanto ponto central, mas sim inversamente, mediante a transição da economia própria da casa para a venda pelos caminhos de especialização profissional interlocal e interétnica. Conhecemos igual processo em estágio primitivo em muitíssimos casos descritos, por exemplo, por Karl von den Steinen sobre o Brasil e por outros pesquisadores: cada tribo, cada fração de tribo, cada aldeia que opera como agente de produção "tribal de artesanato e ofícios" para venda começa a desenvolver uma aptidão artesanal e profissional resultante da proximidade de matérias-primas ou de rios e outros meios de transporte ou surgida por acaso e em seguida cultivada hereditariamente como arte secreta, e cada qual começa a vender os excedentes cada vez maiores de sua diligente atividade doméstica em áreas cada vez mais abrangentes; seus operários instruídos de maneira especializada passam a migrar e assentam-se por algum tempo ou de modo permanente como trabalhadores hóspedes em comunidades forâneas. Nos mais diversos continentes e regiões – e, naturalmente, também no Ocidente antigo e medieval, em remanescentes muito consideráveis – encontramos tal divisão interétnica do trabalho. Se, porém, na Índia essa divisão se manteve dominante, a responsabilidade caberá ao fraco desenvolvimento das cidades e de seu mercado. Castelos de príncipes e aldeias agrícolas constituíram praças comerciais durante séculos. Mas, dentro de cada aldeia de conquistador, foi mantida a coesão com a comunidade das estirpes de conquistadores, mesmo quando e onde estas se ruralizavam por completo – isso, seguramente, como consequência dos conflitos raciais, que davam suporte decisivo ao carismatismo gentilício. E, ao chegar, o fiscalismo patrimonial veio reforçar esse desenvolvimento, pois era cômodo nesse sistema, por um lado, ter de lidar com apenas um responsável por tributos e, por outro, poder responsabilizar pelo dever fiscal todos os membros da aldeia que gozassem do direito integral à posse da terra. Seu ponto de partida eram as antigas aldeias senhoriais, deixando à sua competência a divisão fundiária e o correspondente poder de dispor, contentando-se, graças à responsabilização solidária de todos os membros plenos da aldeia, com a garantia do volume total arrecadado. Da mesma forma, presumivelmente – pois não se trata de algo comprovável –, as tribos subjugadas que dispunham de artes e ofícios especializados terão sido obrigadas a pagar tributos fixos.

Isso consolidou a configuração tradicional de ofícios e artesanato. As cidades sempre foram cidadelas senhoriais. Nelas foram assentados e submetidos a funcionários fiscais do principado – como vimos –, de forma leitúrgica e, portanto, hereditária, súditos solidariamente responsáveis perante o Fisco todos eles e obrigatoriamente ligados a sua profissão, ou também associações de trabalhadores hóspedes ou membros de tribos artesanais e de ofícios. Os interesses fiscais relativos a licenças e a bens de consumo fizeram surgir, como vimos, uma espécie de política urbana de mercado à moda ocidental. E o desenvolvimento de ofícios e artesanatos urbanos e sobretudo da produção para o mercado [*Preiswerk*] urbano deu origem a guildas, a corporações e, por fim, a associações de guildas. Mas tudo isso não passava de uma fina camada em meio a um mar de trabalhadores aldeães remunerados em naturais e de tribos hóspedes com seus ofícios e artes e atividades comerciais. A especialização de artes e ofícios permaneceu essencialmente na esteira do desenvolvimento dos povos hóspedes. Nas cidades, entretanto, o desenvolvimento de associações de tipo popular ocidental ficou tolhido, justamente na ampla camada de ofícios e artes, pela exogeneidade racial e étnica dos artesãos hóspedes voltados uns contra os outros. E em nenhum lugar houve uma fraternização da cidadania *enquanto tal* como suporte para um setor de defesa armada altamente desenvolvida como na pólis antiga ou na cidade medieval, pelo menos da Europa Meridional no Ocidente. Ao contrário, as cavalarias foram imediatamente substituídas pelos senhores principescos. Devido ao caráter apolítico das religiões salvacionistas da Índia, as cidades e a burguesia permaneceram, via de regra, não militares e religiosamente pacifistas, em sentido estritamente específico.

Com a subjugação do poder social das guildas pelo principado, também foram extintos os esboços de desenvolvimento urbano com caráter ocidental, e o poder bramânico apoiou-se juntamente com o dos príncipes, em consonância com o caráter continental da Índia, nas organizações camponesas enquanto fontes de receitas fiscais e de recrutamento para o exército. No campo, porém, continuou predominante o desenvolvimento da divisão de trabalho e do sistema de trabalho remunerado em naturais dos antigos artesãos aldeães, forma de desenvolvimento típica das populações hóspedes. As cidades trouxeram consigo somente o aumento numérico das artes e dos ofícios, assim como o despontar de ricas guildas de comerciantes e ofícios com artefatos para o mercado. Seguindo os moldes do princípio jajmani dos brâmanes e artesãos de aldeia, também as guildas caíram no esquema do contingenciamento de postos de trabalho e de apropriação hereditária de clientelas. E novamente foi o princípio carismático-gentilício – já aceito universalmente com toda a clareza – que forneceu a base para esse desenvolvimento. Pelo mesmo caminho seguiram os monopólios concedidos pelos príncipes para o comércio interlocal, pois também eles estavam conectados com populações comerciantes hóspedes. Exogamias de estirpes e aldeias, endogamias de tribos hóspedes, assim como o prosseguimento da separação ritual e cultual das tribos hóspedes umas contra as outras nunca interrompido por fraternizações cultuais das burguesias citadinas autônomas dominadoras do campo, propiciaram aos brâmanes a possibilidade de estereotipar religiosamente, com a regulamentação ritual da ordem social, a situação assim criada. Eles próprios tinham interesse nisso, pois, assim, incrementariam mais ainda a sua posição de poder baseada tanto em sua antiga monopolização de qualidades e meios coercitivos mágicos quanto na instrução e na formação exigidas para tanto. O poder dos príncipes fornecia-lhes os meios não somente para oprimir as religiões salvacionistas heterodoxas dos burgueses da cidade e os sacerdotes tribais e profissionais não bramânicos, mas prenhes de pretensões bramânicas e mantidos ou mesmo introduzidos por guildas e corporações ilustres em ascensão, como também para reprimir a autonomia pretendida por essas associações e percebida como usurpação[174]. Não é pró-

---

174. A importância desse aspecto da questão fica clara quando se constata que a oposição exercida contra os brâmanes por castas burguesas ilustres da cidade volta, por vezes, a recorrer aos seguintes meios: 1) abolir a participação em cultos no templo e limitá-la ao culto doméstico, de modo a possibilitar ao indivíduo a conquista do poder de escolha do brâmane que lhe convenha e a neutralizar o poderoso instrumento extremamente efetivo dos príncipes e brâmanes: a exclusão do templo e, portanto, uma espécie de "interdito"; 2) e o que é ainda mais radical: educar sacerdotes próprios advindos da própria casta e engajá-los em substituição aos brâmanes; e é nesse contexto que se encaixa de modo completamente geral 3) a tendência dirigida contra a autoridade dos brâmanes em resolver assuntos de casta, mesmo rituais, mediante o recurso aos panchayats ou por inteiro as modernas assembleias de castas, em vez de dirigir-se a um pândita ou um math (monastério) para decidir.

prio apenas da Índia que uma camada de magos evolua no sentido de formar um estamento carismático-gentilício. Também na Antiguidade helênica (Mileto) encontra-se ocasionalmente descrita em inscrições como estamento dominante uma guilda de dançarinos sagrados. Mas sobre o terreno da fraternização própria da pólis não havia lugar para o caráter universal de estranheza mútua de culto e rito dos artesãos hóspedes e das tribos hóspedes. Na Índia, as profissões de comerciantes e artesãos que se recrutavam por critérios puramente profissionais e, portanto, livremente permaneceram um fenômeno parcial, dependentes da submissão ritual aos costumes predominantes para a esmagadora maioria. Isso era ainda mais óbvio porque era exatamente esse fechamento ritual das associações profissionais que garantia a legitimidade de seus monopólios sobre "postos de trabalho". Assim como no Ocidente a burocracia patrimonial, de início, não obstaculizou o caráter fechado de corporações e guildas, mas, pelo contrário, o fomentou e, no primeiro estágio de sua política, apenas colocou a interlocalidade de algumas dessas associações no lugar dos monopólios exclusivamente locais da economia urbana, pois assim foi também aqui. Porém o segundo estágio da política ocidental dos príncipes – a aliança com o capital para o aumento do poder para fora – na Índia não veio ao caso, dado seu caráter continental e o predomínio do imposto fundiário livremente reajustável para cima.

Ao tempo do poder das guildas, os príncipes encontravam-se em forte dependência financeira delas.

Mas a camada não militar dos cidadãos burgueses não estava à altura de resistir ao poder dos príncipes sempre que estes, cansados daquela indignante dependência, substituíssem os recursos de capital por instrumentos leitúrgico-fiscais, para com estes cobrir custos administrativos. Com auxílio dos brâmanes, o poder patrimonial dos príncipes impôs-se à burguesia das guildas em seu estágio incoativo e também de tempos em tempos ao seu poderio. Nesse contexto, a contribuição da teoria bramânica consistiu, de modo insuperável, na domesticação religiosa dos súditos. Por fim, a irrupção do domínio estrangeiro também favoreceu a hegemonia dos próprios brâmanes. Seus principais concorrentes – cavalaria e remanescentes urbanos das guildas –, por serem vistos pelos conquistadores como um perigo político, foram despojados de todo e qualquer poderio próprio. Por outro lado, a posição de poder dos brâmanes cresceu a partir do momento em que os conquistadores, após um período de fanática iconoclastia e enérgica propaganda islâmica, se conformaram com a permanência da cultura hindu, exatamente como sucede com os poderes teocráticos em qualquer lugar nos regimes sob dominação externa, ao servirem de refúgio para os subjugados e de meio de domesticação a serviço dos dominadores estrangeiros. Com a crescente estabilização da situação econômica, as tribos hóspedes e párias ritualmente separadas foram sucessivamente inseridas – pelos motivos supracitados – na ordem de castas em rápida expansão, até formarem aquele sistema universalmente dominante que se encontra em irresistível crescimento desde o milênio que começou com o século II de nossa era até o começo do domínio islâmico, cuja propaganda apenas conseguiu desacelerar seu avanço continuado, mas não detê-lo. Enquanto sistema fechado, ele é produto do consequente pensamento bramânico e provavelmente nunca teria conquistado o poder sem a decisiva influência de brâmanes enquanto sacerdotes domésticos, consultores, confessores e conselheiros em qualquer situação da vida, assim como, desde o início do governo burocrático, na função de funcionários principescos cada vez mais procurados por sua arte da escrita. Mas elementos construtivos provieram das antigas condições da Índia: especialização interétnica do trabalho e afluxo maciço de povos hóspedes e párias; organização das artes e dos ofícios da aldeia com base no artesanato hereditário com pagamento em naturais; desenvolvimento urbano quantitativamente fraco e inserção da especialização profissional na esteira da separação estamental hereditária; e proteção da clientela por hereditariedade. Apenas de maneira colateral terão contribuído também de modo inicial o compromisso profissional leitúrgico e fiscal por parte do príncipe, mas em maior grau também o interesse de legitimação e domesticação desse último para – juntamente com os brâmanes – preservar para sua própria estabilização a sagrada ordem entrementes já estabelecida. Todos os demais momentos desse processo tiveram eficácia individualmente também em outros lugares. Em lugar nenhum, porém, eles convergiram como na situação especial da Índia, ao constituir uma região de conquista com indeléveis confrontos raciais manifestos externamente de maneira chocante na cor da pele. Isso provocou, em grau muito maior do que em qualquer outro lugar, além da rejeição social, também o repúdio, pela magia, de uma comunidade com o estranho, contribuindo, ainda, para tornar ou manter insuperáveis o carisma das estirpes ilustres e os limites entre tribos, populações hóspedes e tribos párias – todas etnicamente estranhas entre si – e as camadas dominantes. A admissão individual ao ensino artesanal, à comunidade de intercâmbio no mercado, ao direito de cidadania, todas essas qualidades do Ocidente não evoluíram ou mesmo se extinguiram ante a preponderância da obrigação, primeiramente, étnica e, só em segundo plano, pela casta.

Novamente, porém, sem a influência bramânica – penetrante e dominadora sob todos os aspectos –, esse sistema social inédito no mundo inteiro não teria surgido com tal coerência nem teria conseguido tornar-se e manter-se dominante. Ele deve ter estado pronto em sua estrutura conceitual muito antes de ter conquistado o Norte da Índia, nem que fosse apenas sua maior parte. Genial em seu gênero, a conexão da legitimidade de casta com a doutrina do carma e, portanto, com a teodiceia especificamente bramânica é apenas um produto do pensamento racionalmente ético, e não de "condições" econômicas de qualquer espécie. Somente o casamento do produto conceitual com a ordem social existente, efetivado por intermédio das promessas de renascimento, conferiu a essa ordem de castas a irresistível força exercida sobre o pensamento e a esperança dos seres humanos nela enquadrados, funcionando como sólido esquema para determinar, religiosa e socialmente, a posição de cada grupo profissional e de cada grupo pária. Onde essa combinação permaneceu ausente – como no caso do islã indiano – a ordem de castas poderá ter sido adotada na sua forma externa, mas permaneceu um *caput mortuum*, útil para a estabilização das diferenças estamentais e também para a defesa de interesses econômicos pelo panchayat simultaneamente assumido, e, em especial, para a adaptação às influências imperiosas do meio social, mas sem o "espírito" que o vivificasse com seu substrato nutritivo genuinamente religioso. Nessas condições ela não teria podido surgir nem irradiar com igual intensidade aqueles efeitos sobre a "virtude profissional" própria das castas profissionais hindus. Os *Census Reports*[175] revelam com clareza que faltam às castas islâmicas algumas das principais propriedades do sistema de castas hindu: antes de tudo, a mancha ritual causada pela comensalidade com um não membro da própria casta, mesmo que se observe com algum rigor o dever de evitá-la, como sucede entre nós com a exclusão do contato social entre as diferentes camadas sociais. Mas a mancha por motivo ritual tem de ficar faltando devido à igualdade religiosa perante Alá, professada pelos seguidores do profeta. Também persiste a endogamia, por certo, mas com intensidade muito menor. As chamadas castas islâmicas são essencialmente "estamentos", e não castas em sentido pleno. E sobretudo falta tanto o enraizamento específico da "virtude profissional" na casta quanto a autoridade de um brâmane. O prestígio de um brâmane, pano de fundo desse processo, é, em parte, de natureza puramente mágica e, em parte, condicionado por sua qualidade específica de uma ilustre camada *culta*. Temos de voltar mais uma vez nosso olhar para a peculiaridade dessa formação e para as condições de sua emergência. E isso por uma outra razão.

Se, por um lado, o sistema de castas e a doutrina do carma encerravam o indivíduo num claro círculo de deveres e lhe propiciavam uma imagem sem arestas e metafisicamente satisfatória do mundo, por outro, essa ordem eticamente racional também podia ser vivenciada como uma coisa terrível a partir do momento em que o indivíduo começasse a questionar o "sentido" de sua vida no interior desse mecanismo de retribuição. Eternos eram o mundo e a sua ordem cósmica e social, e a vida do indivíduo era apenas um caso dentro de uma série de vidas da mesma alma a se repetir na infinitude do tempo e que, por essa razão, é, em última instância, algo de infinitamente indiferente. A concepção indiana de vida e mundo recorria de bom grado à imagem de uma "roda" girando eternamente em seu próprio eixo de renascimentos – imagem que de resto, segundo observa Oldenberg, também

---

175. Cf., por exemplo, o *Census Report* para a região de Bengala (1911, Parte I, § 958, p. 495).

se encontra, vez ou outra, na filosofia helênica. Não por acaso, a Índia não chegou a desenvolver uma historiografia digna de nota. O ponto central do interesse, que recaiu sobre as respectivas condições políticas e sociais, era demasiado fraco ao olhar daqueles que refletiam sobre a vida e os seus processos. É totalmente sem fundamento a crença de que o "relaxamento" atribuído a fatores climáticos seja a causa da pretensa estranheza dos indianos com respeito à atividade. País nenhum sobre a terra vivenciou em medida igualmente exaustiva como a Índia a guerra mais selvagem em permanência e a mais desinibida e desrespeitosa cobiça conquistadora.

Mas uma tal vida destinada à eterna repetição logo se revelaria a qualquer reflexão sensata como inteiramente absurda e insuportável. E é importante ter claro o seguinte: não era, em primeiro lugar, a sempre nova e apesar de tudo bela vida nessa terra o que se temia, mas sim a morte sempre inevitável. A alma sempre voltava a ser enrascada nos afazeres da existência, acorrentada com todas as fibras de seu coração a coisas materiais e, principalmente, a pessoas amadas – e, uma e outra vez, ela tinha de ser arrancada delas sem sentido e, por meio do renascimento, reatada a novos relacionamentos desconhecidos, com a mesma sina ante si. Essa "remorte" era o que, em verdade, mais se temia, conforme se pode detectar, não sem choque, nas entrelinhas das inscrições e também nas pregações de Buda e outros salvadores. A questão comum a todas as religiões de salvação do hinduísmo é: como escapar da "roda" do renascimento e, assim, principalmente, da morte sempre nova – salvação da morte eternamente nova e, por isso, salvação da vida? Que caminhos para a conduta de vida e com que efeitos para a ação nasceram desse questionamento é o que agora devemos considerar.

PARTE II
AS ORTODOXAS E AS HETERODOXAS DOUTRINAS DE SALVAÇÃO DOS INTELECTUAIS INDIANOS

O caráter antiorgiástico e ritualístico da religiosidade bramânica – Comparação com as camadas helênicas e confucianas de intelectuais

No que diz respeito ao caráter da religiosidade indiana oficial, o aspecto decisivo consistiu no fato de que seu portador foi a nobreza sacerdotal bramânica, uma camada culta ilustre, composta, mais tarde, inclusive por célebres literatos. Daqui resulta uma consequência que sempre ocorreu nesses casos – como também no confucionismo: os elementos orgiásticos e extático-emocionais dos antigos ritos mágicos não foram assumidos; por longo tempo, ou foram definhando totalmente ou persistiram como magia popular não oficial tolerada. Resquícios isolados da antiga orgiástica, conforme comprovou Leopold von Schröder[176], encontram-se nos Vedas, em algumas passagens. Embriaguez e dança de Indra, assim como a dança de espadas dos Maruts (coribantes) têm sua origem na embriaguez e no êxtase próprios de heróis. Assim também o grande ato cultual do sacerdote – o sacrifício de Soma – era, em sua origem, evidentemente, uma orgia de embriaguez, moderada pelo culto, e, por sua vez, os cantos dialogais do Rigueveda, frequentemente comentados, também eram, ao que se presume, pálidos resquícios de dramas cultuais[177]. Em contraposição a isso, o ritual oficial dos Vedas e

---

176. *Mysterium und Mimus im Rigveda*, 1908 (cf., também, suas considerações a respeito de Oldenberg, "Religion des Vedas", na revista *Wiener Zeitschrift zur Kunde des Morgenlandes*, IX).

177. A comprovação desse assunto é o principal objetivo da obra citada de Leopold von Schröder, a qual, porém, deve ser comparada substantivamente com o que se expõe a seguir.

todos os seus cânticos e fórmulas baseiam-se em preces sacrificiais e orações, mas não em recursos tipicamente orgiásticos: dança, excitação sexual ou alcoólica, orgia de carne, tudo cuidadosamente separado e rejeitado. Na Índia, como também em outros lugares, são de longuíssima data a cópula ritual praticada no campo como instrumento de fecundidade e o culto do falo (linga) com seus duendes fálicos, os Gandharvas. Mas o Rigueveda silencia a respeito. Ele também desconhece a aparição corporal, própria do drama cultural, de deuses e demônios – sem dúvida porque os ilustres sacerdotes bardos antigos do tempo dos Vedas primitivos[178], e mais ainda o presbiterado bramânico hereditário, a consideravam concorrência (em parte, vulgar e, em parte, inquietante) à sua própria potência mágica fundada no conhecimento. No Veda, é de caráter diabólico o antigo deus da fecundidade Rudra, que, mais tarde, com seu culto sexual e orgiástico-carnal, passou a ser venerado como Xiva, um dos três grandes deuses hindus, e depois, por um lado, como padroeiro do drama sânscrito clássico tardio e, por outro, no universalmente difundido culto do linga. Personagem secundário nos Vedas, Vixnu tornou-se, mais tarde, seu concorrente na tríade e também venerado por pantomimas como grande Deus do céu e da fecundidade, assim como padroeiro dos dramas de danças e orgias eróticas do culto de Krishna. Nos sacrifícios, "recusa-se o cálice" aos leigos – somente o sacerdote bebe o soma – e também a carne – somente o sacerdote come a carne sacrificial. Nos Vedas também são relegadas a segundo plano as deusas femininas: demônios da fecundidade em culto geralmente orgiástico-sexual, tão importantes para a antiga crença popular asiática e também moderna. Contudo, no Atarvaveda – cuja fixação literária é muito mais recente, mas cujo material é bem mais antigo do que os outros Vedas –, volta a sobressair-se, no lugar do aspecto cultual, o caráter mágico das fórmulas e dos cânticos. Isso tem a ver, em parte, com a proveniência do material dos círculos da "cura de almas" de natureza mágica e privada, mas não, como nos demais Vedas, do sacrifício oferecido para a associação política. Em parte, porém, também tem a ver com a crescente importância do mago enquanto tal, desde que foram relegadas a segundo

---

178. Cf. von Schröder, *Mysterium und Mimus im Rigveda*, 1908, p. 53.

plano pelo poder do príncipe a comunidade de defesa armada e, com esta, a antiga nobreza sacrificial dos sacerdotes[179] pelos magos purohitas da corte do príncipe. Nos detalhes, o Atarvaveda não é tão lacônico como, por exemplo, o Rigueveda no que se refere a personagens da crença popular (por exemplo, os Gandharvas). Só que, também nele, o instrumento mágico específico não é a orgiástica nem o êxtase, mas sim a fórmula ritual. No Yajurveda, o que se tornou elemento absolutamente dominante da religiosidade foi a magia sacerdotal. A literatura bramânica foi sempre adiante nesse caminho da ritualização formalística da vida. Assim como na China o portador de importantes deveres rituais era, a par do culto oficial, o pai de família (grihastha), também este estava [na Índia] a par dos brâmanes como responsável por importantes deveres rituais, minuciosamente regulamentados pelos Grihya Sutras, ao passo que os Darmasutras (Livros Jurídicos) puxaram para seu âmbito de influência todo o relacionamento social do indivíduo. Dessa forma, toda a vida ficou entrelaçada por uma rede de prescrições rituais e cerimoniais que, se corretamente executadas em toda a sua abrangência, na realidade, por vezes levavam ao limite do extremamente possível.

Ante a comparação que se impõe fazer com os intelectuais da cultura da pólis helênica antiga[180], note-se que, em contraposição, eram justamente

---

179. Trata-se de antiga posição na Índia. Oldenberg (cf. *Aus Indien und Iran*, 1899, p. 67) lembra com razão o contraste do cântico de Débora (que exalta a vitoriosa luta da conjurada comunidade agrícola hebraica contra a cavalaria citadina), em que Javé vai na frente como Deus da Aliança, em comparação com o hino da vitória do rei de Suda (Rigueveda VII, 10), no qual é a magia do sacerdote que tudo opera.

180. Essas comparações com fenômenos paralelos em todas as áreas devem-se, entre os indologistas vivos, em primeiro lugar, a H. Oldenberg (nem mesmo Von Schröder desdenha esse fato). Em especial, porém, foram feitas ressalvas por E. W. Hopkins. Somente o especialista poderá decidir se o fez com razão. Mas, para a compreensão, essas comparações são, em todo caso, absolutamente indispensáveis. Num primeiro tempo, a atitude mental dos intelectuais em geral não é, de modo algum, fundamentalmente diversa na China, na Índia ou na Grécia. Da mesma forma como a mística vicejava na China antiga, assim também o esoterismo pitagórico e a religiosidade órfica no mundo helênico. A desvalorização do mundo enquanto lugar de sofrimento e transitoriedade é, de Homero a Baquílides, comum ao pessimismo helenístico, seu caráter culposo está concebido em Heráclito, a "salvação" da "roda" dos renascimentos encontra-se na epígrafe de Síbaris, a mortalidade dos deuses encontra-se em Empédocles, a "lembrança" de nascimentos passados e a salvação por obra do conhecimento enquanto privilégio dos sábios constam de Platão. Trata-se, justamente, de concepções muito sugestivas para qualquer camada ilustre de intelectuais. Diferenças de desenvolvimento são determinadas por divergências quanto ao rumo dos interesses, e essas últimas, por circunstâncias políticas.

os brâmanes (e a camada de intelectuais por eles influenciada) que, por força de sua posição, se dedicavam à magia e ao ritual. O desenvolvimento militar das cidades na Grécia Antiga havia despojado de toda e qualquer influência concreta a antiga nobreza sacerdotal carismático-gentilícia (por exemplo, a dos Butados), e essa nobreza não era considerada portadora de valores espirituais, fossem quais fossem (mas sim, nomeadamente os "Eteobutados", protótipo de estultice própria de latifundiários). Os brâmanes mantiveram o nexo entre sacrifício e magia sempre a serviço dos príncipes. Sob todos esses aspectos, a situação interna e, portanto, o comportamento e o rumo da influência dos brâmanes assemelhavam-se aos dos portadores da cultura confuciana. Em ambos os casos, o portador do carisma mágico baseado no "saber" era um estamento de literatos ilustres. Especificamente, tratava-se de um saber de cunho cerimonial e ritual, escrito em termos de literatura sacra e redigido em linguagem sagrada e distante do linguajar cotidiano. Daí que, em ambos os casos, o orgulho pela própria formação e a firme convicção de que única e exclusivamente esse saber – enquanto virtude cardinal – determina toda e qualquer salvação e a de que o não saber – enquanto verdadeiro vício – acarreta toda e qualquer desgraça. E também o "racionalismo", no sentido de negar todas as formas irracionais de buscar a salvação. A rejeição da prática e da doutrina orgiástica em todos os seus tipos era igual tanto no caso de brâmanes quanto no de mandarins. E do mesmo modo como os magos taoístas eram vistos pelos literatos confucianos, assim também qualquer mago, sacerdote do culto ou pessoa em busca de salvação que não tivesse passado pela escola de formação védica era considerado pelos brâmanes como não clássico, desprezível e, no fundo, digno de extermínio – que, na verdade, em nenhum dos casos era realmente exequível, pois, ainda que os brâmanes tenham conseguido deter o desenvolvimento de um corpo sacerdotal não clássico organizado unitariamente, isso só lhes foi possível ao preço do surgimento de numerosas hierarquias de mistagogos, em parte, fora e, em parte, no âmbito de sua própria camada social, e assim também ao preço da decomposição da doutrina uniforme de salvação em soteriologias sectárias. Esse fato e, ainda, toda uma série conexa de outras diferenças importantes em comparação com o desenvolvimento chinês estão ligados à diversidade de estrutura social básica entre um e outro estamento intelectual. Ambos os estamentos passaram por estágios de desenvolvimento com evidentes e consideráveis semelhanças durante certo tempo. No estágio final, emerge o contraste externamente com a mais crassa nitidez: lá, no caso dos mandarins, camada de funcionários e aspirantes de administração pública; aqui, no dos brâmanes, um estamento de literatos composto, em parte, por capelães do principado e, em parte, por consultores, respondentes ou docentes formados em teologia, direito, sacerdócio e cura de almas. Tanto lá quanto aqui, porém, somente uma fração do estamento se encontrava num daqueles postos genuinamente típicos. Assim como numerosos literatos chineses desprovidos de prebendas oficiais encontravam seu ganha-pão nos escritórios dos mandarins e também como empregados de associações de toda espécie, os brâmanes, desde longa data, obtinham emprego nas mais diversas ocupações, inclusive cargos de confiança de alto nível seculares e principescos. No entanto vimos que, para brâmanes, uma "carreira de funcionário" propriamente dita não era apenas atípica, mas também oposta ao tipo, ao passo que, no caso dos Mandarins, era a única digna de um ser humano. As prebendas típicas de brâmanes ilustres não consistiam em ordenados do Estado nem em chances de espórtulas oficiais ou de chantagem próprias do Estado patrimonial, mas sim em rendas fixas de origem fundiária ou fiscal. E estas não eram, ao contrário das prebendas dos Mandarins, revogáveis a cada instante e, em caso extremo, concedidas por breve tempo, mas sim conferidas sempre em caráter duradouro – vitalício ou por várias gerações ou mesmo para sempre, em casos individuais ou de organizações (monastérios, escolas). A maior semelhança externa quanto à situação das camadas de intelectuais chineses e indianos se apresenta quando se compara o tempo dos Estados divididos na China com a situação da Índia no tempo dos Jatakas mais antigos ou no da expansão medieval do bramanismo. Naquele tempo, os intelectuais hindus constituíam, em grande medida, uma camada com formação literária e filosófica, dedicada à especulação e à discussão de questões rituais, filosóficas e científicas. Em parte, viviam retirados, absortos em reflexões e fundando escolas, e, em parte, mudando-se ou migrando de um príncipe ou paço nobre para outro, sentindo-se, afinal de contas, apesar de todos os cismas, como um grupo unido de portadores da cultura. Eram conselheiros dos príncipes e dos nobres individualmente em questões privadas e políticas, organizadores de Estados com base da doutrina correta – totalmente semelhante ao que ocorria na China com os seus literatos no tempo dos Estados divididos. Porém sempre persistia uma diferença relevante.

A mais alta posição de um brâmane no tempo antigo era a de capelão da corte; mais tarde – e até a dominação inglesa –, o decano na escala de *status* dos juristas consultores era o supremo pândita dos brâmanes, que na maioria das vezes era o primeiro homem do país. Os literatos chineses de todas as escolas se uniam em torno de um superior sagrado visto como portador vivo da tradição sacra – o Pontífice-Mor do Império –, que, como tal e consoante a aspiração nutrida pela camada de literatos, era igualmente o único chefe secular legítimo, o chefe feudal supremo de todos os príncipes seculares do "Estado-Igreja" chinês. Na Índia não havia nada de equivalente. Na época dos numerosos Estados divididos, o estrato de literatos via-se diante de uma multiplicidade de pequenos potentados sem nenhum legítimo senhor superior ao qual pudessem reportar-se em seu poder. O conceito de legitimidade consistia apenas em que cada príncipe fosse aceito como "legítimo", ou seja, como soberano ritualmente correto sempre que, e na medida em que seu comportamento, sobretudo para com os brâmanes, se pautasse pela sagrada tradição. Caso assim não fosse, ele era um "bárbaro", bem como os príncipes feudais na China também eram julgados segundo o grau de sua correição no que se refere à doutrina dos literatos. No entanto, nunca um rei da Índia, por grande que fosse – como vimos – seu poder factual mesmo em assuntos puramente rituais, foi ao mesmo tempo um sacerdote. E mais: essa diferença em comparação com a China remonta, de modo evidente, aos mais antigos tempos, mesmo apenas de modo hipotético, acessíveis na história de ambos os países. Já a antiga tradição védica caracteriza como "sem sacerdotes" (abrâmana) os adversários de pele escura dos arianos, ao contrário desses últimos. Quanto aos arianos, o sacerdote instruído no ritual do sacrifício desde o início tem, independentemente, uma posição ao lado do príncipe. A mais antiga tradição chinesa, pelo contrário, desconhece inteiramente a posição de sacerdotes independentes ao lado de um príncipe puramente secular. Entre os indianos, o principado emergiu, de modo claro e evidente, de dentro para fora da política meramente secular, para fora das campanhas de guerra de carismáticos caciques guerreiros, ao passo que, na China, como vimos, foi a partir do nível sacerdotal superior. É provável que esteja fora de cogitação chegar algum dia a explicar, nesse caso, com algo mais do que meras presunções hipotéticas, os processos históricos que levaram a esse contraste sumamente importante relativo à unidade ou, respectivamente, à duplicidade, do supremo poder político e sacerdotal. Igual diferença se encontra em povos e reinos inteiramente "primitivos", mesmo situados em imediata vizinhança e de resto com cultura e raça iguais. Esse fato terá ocorrido originalmente, ao que se vê, por força de circunstâncias bem concretas e, nesse sentido, historicamente "fortuitas", passando a desdobrar seus efeitos a partir de então.

Agora, as sequelas dessa diferença foram, sob qualquer aspecto, muito significativas. Primeiramente, na parte externa, para compor a estrutura sociológica das camadas intelectuais de ambos os lados. Ao tempo dos estados divididos, os literatos chineses originaram-se, de fato, via de regra, das antigas grandes famílias qualificadas por seu carisma gentilício, apesar de que o carisma pessoal de formação escrita já se encontrava desenvolvido de modo tão significativo que – como vimos – *parvenus* foram aparecendo cada vez mais em posições ministeriais. E quando o supremo pontificado imperial voltou a açambarcar a plenitude do poder secular, o monarca, enquanto sumo pontífice, viu-se à altura de – em conformidade com o seu interesse de poder – condicionar a admissão para o ofício à qualificação puramente pessoal de correta formação escrita e, dessa forma, de firmar, de maneira definitiva, o patrimonialismo perante o sistema feudal: o estrato de literatos tornou--se – sob muitos aspectos, como vimos – um estrato burocrático peculiar. Na Índia, como visto, o contraste entre carisma gentilício e carisma pessoal tampouco estava realmente resolvido nos tempos históricos, mas foi sempre a própria coletividade sacerdotal instruída que fez valer como decisivas suas maneiras de julgar a qualificação dos noviços. Pelo menos para a doutrina oficial, resolveu-se a questão do carisma com a plena equiparação do conjunto bramânico à nobreza sacerdotal védica. Ao surgirem os primeiros monarcas universais, o sacerdócio independente, enquanto corporação carismático-gentilícia – ou seja, como "casta" dotada de sólida qualificação por formação habilitadora para a atividade do ofício –, já tinha se apropriado da autoridade espiritual com tanta segurança que já não havia maneira de causar-lhe algum abalo.

Surgida primeiramente no Atarvaveda, essa posição dos brâmanes foi cabalmente desenvolvida no Yajurveda. "Brâman" significa agora, na oração do Rigueveda, "poder sagrado" e "santidade". E os Brâmanas foram mais adiante: "Os brâmanes que aprenderam os Vedas e os ensinam são deuses humanos", como consta[181]. Nenhum príncipe ou grão-rei hindu podia pretender um poder pontifical, e, mais tarde, os soberanos estrangeiros – islâmicos – estavam, com mais forte razão, desqualificados para tanto e ficaram longe de fazê-lo. O aspecto em que esse confronto das estruturas sociais da camada de intelectuais chineses e indianos leva a consequências importantes é de natureza ligada à "cosmovisão" e à ética prática.

Um patrimonialismo teocrático e uma camada de literatos composta por aspirantes a cargos estatais constituíram, na China, o substrato apropriado para uma ética social puramente utilitarista. A concepção de "estado de bem-estar social", em sentido fortemente material quanto ao conceito de bem-estar, por certo, foi decorrência, acima de tudo, da responsabilidade carismática do soberano para com o bem-estar externo – condicionado de maneira meteorológica – dos súditos. Mas também, além disso, da posição social da camada de literatos interessados em filosofia social e, nesse contexto, orgulhosos de sua formação comparada com as massas, privadas de tal formação. Pessoas incultas não têm como pretender algo de diferente do que o bem-estar material e, assim, o provimento de bens materiais é também o melhor meio para manter tranquilidade e ordem. Por fim, também proveio

---

181. *Cathapatha Bramaa*, II, 2, 2, 6.

do ideal prebendário da própria burocracia a renda fixa assegurada como fundamento de uma existência de *gentleman*. O contraste estamental entre formação cultural e não formação, assim como reminiscências da cobertura leitúrgica das necessidades materiais, fizeram com que ocorresse, nesse contexto, certa aproximação a teorias "orgânicas" de sociedade e Estado, como as naturalmente sugeridas para qualquer instituição política de benemerência. Entretanto o burocratismo patrimonial chinês, com sua tendência niveladora, manteve em modestos limites essas abordagens inegavelmente visíveis. A imagem preferencial que se tinha da estratificação social não era a de uma estratificação estamental orgânica, mas sim a da família patriarcal. A burocracia patriarcal nem podia ver em sua frente a existência de forças sociais autônomas. As "organizações" realmente vivas, sobretudo as guildas e as associações similares, bem como as estirpes, quanto mais poderosas e autônomas eram efetivamente, menos se prestavam para a teoria como fundamento de uma estruturação social orgânica. Em sua pura facticidade, foram apenas deixadas de lado pela teoria. Na China, por conseguinte, a concepção típica de "profissão" permaneceu em estágio apenas incoativo no contexto das concepções orgânicas da sociedade e, como vimos, estranha à camada dominante de intelectuais literatos ilustres.

O darma e a ausência do problema do direito natural

Foi bem diferente o que ocorreu na Índia. Aqui, o poder dos sacerdotes, independentemente posicionado ao lado dos reinantes políticos, teve de levar em conta o mundo dos poderes políticos também posicionados a seu lado de maneira autoritária. O primeiro reconheceu a autonomia desses últimos – simplesmente porque tinha de fazê-lo, pois a relação de poder entre brâmanes e xátrias foi muito oscilante durante longo tempo, como vimos. E, ao menos segundo a própria teoria oficial bramânica, mesmo após ter se estabilizado a superioridade estamental dos brâmanes, o poder dos grão-reis entrementes estabelecidos permaneceu independente e por sua própria natureza puramente secular, e não hierocrático. O conjunto de deveres dos reis perante a hierocracia bramânica, como o de qualquer estamento, estava determinado, por certo, pelo respectivo darma, que era um elemento do código sagrado regulado bramanicamente. Mas esse darma, inclusive o dos reis, diferia de um estamento para outro e – por mais que, de maneira obrigatória, tivesse de ser interpretado apenas pelos brâmanes – ele não deixava de ser totalmente próprio de cada um, segundo seus próprios padrões, independente e não idêntico, por exemplo, ao dos brâmanes nem destes derivados[182]. Não havia uma ética social universalmente válida, mas apenas uma ética privada especializada para cada estamento, excetuadas apenas as poucas proibições rituais gerais absolutamente obrigatórias (sobretudo a proibição de imolar vacas), das quais se falou anteriormente. As consequências foram de longo alcance, pois, para tal ética, não havia problema nenhum com a existência paralela de éticas estamentais não somente diferenciadas entre si, mas até mesmo em crassa oposição recíproca, já que, em conformidade com o princípio da retribuição por atos pretéritos, foram deduzidos da doutrina do carma não apenas a estruturação em castas para o mundo, mas também o escalonamento de seres divinos, humanos e animais, em todos os níveis. Tanto podia haver – em princípio – um darma profissional para prostitutas, assaltantes e ladrões como para brâmanes e reis. E, de fato, havia as mais sérias abordagens potencialmente geradoras dessas consequências extremas. A luta de homem com homem, em princípio, em qualquer de suas formas, não representava problema nenhum, tampouco seu embate com os animais ou com os deuses, assim como a existência pura e simples do feio, do tolo e – visto segundo o padrão do darma de um brâmane ou de qualquer outro "renascido" – a do pura e simplesmente reprovável. Os seres humanos não eram iguais em princípio – como o eram para o confucionismo clássico –, mas sim desde e para todo o sempre desiguais de nascença, tão desiguais quanto homens e animais. Porém certamente tinham todos as mesmas chances pela frente. Contudo não nesta vida, e sim pelo caminho do renascimento, todos podiam subir ao céu ou descer ao reino animal ou ao inferno. Nessa ordem do mundo, era de todo impossível conceber o "radicalmente mau", pois não

---

182. Ainda que se tenha construído um abrandamento em muitos pontos, para os deveres das outras castas "renascidas", comparados com os deveres de casta bramânicos.

podia haver "pecado puro e simples". Mas sempre apenas uma falta ritual contra o darma concreto, condicionado pelo pertencimento à casta. Neste mundo, eterno em seu escalonamento, não havia um estado primitivo de beatitude nem um feliz reino final e, por isso, tampouco uma ordem "natural" de homens e coisas – em oposição à ordem social positiva; portanto, não havia "direito natural" de nenhuma espécie. Havia, sim – pelo menos em teoria –, apenas o direito sagrado, específico da classe, mas positivo, e, nas áreas que deixava sem regulamento por lhe serem indiferentes, havia estatutos positivos de príncipes, castas, guildas, estirpes e acordos individuais. Eis por que inexistia, por princípio, a totalidade de problemas criados no Ocidente pelo "direito natural", pois simplesmente não havia nenhuma forma de igualdade "natural" da humanidade perante alguma instância, muito menos perante um "deus" supramundano. Esse é o aspecto negativo do assunto. E este é o principal: ela [a ética privada] implicou a total e definitiva exclusão da emergência de especulações e abstrações com caráter de crítica social "racionalista" no sentido do direito natural[183] e impediu a emergência de "direitos humanos" de qualquer espécie. Já porque, ao menos no caso de uma estrita observância da doutrina, tanto o animal quanto o Deus eram apenas outras encarnações condicionadas pelo carma de almas e porque era obviamente impossível a existência tanto de "direitos" abstratamente comuns

---

183. Encontram-se, com frequência, vestígios de pensamentos referentes a "direito natural" – nomeadamente na literatura épica –, que, entre outras coisas, inclui uma permanente discussão interna com as correntes inimigas do bramanismo no tempo das religiões redencionistas. É o que consta na lamentação de Draupadi no *Maabárata*: a fonte do "direito eterno", çaçvata darma, exauriu-se e, por isso, como consta, já não é discernível. O direito positivo é sempre duvidoso (cf. I, 195, 29), mas, em todo caso, mutável (XII, 260, 6ss.). O poder rege a terra, e uma justiça divina não existe. Dado o caso, trata-se, porém, de atos de vil ruptura do bom costume dentro do círculo mais íntimo da estirpe.

Quanto ao mais, a necessidade de uma doutrina sobre o "estado original" no contexto da doutrina ortodoxa encontra expressão condizente somente na seguinte fórmula: segundo a doutrina da Epopeia sobre as quatro épocas – pelas quais o mundo passa no intervalo entre destruição e reabsorção pela pralaya (crepúsculo dos deuses) –, é, em cada vez, a primeira época, a krita, a de posição mais alta; e a última, a kali, a de posição mais baixa. Por certo, as diferenças de casta persistem também na era krita, mas cada casta cumpre de bom grado seu dever, sem expectativa de recompensa ou salário, apenas dever pelo dever. Tampouco existe compra ou venda. Por isso, a redenção é acessível a todos, e um só deus (eka deva) é o deus comum a todas as castas. Na era kali, pelo contrário a ordem de castas está subvertida e o que reina é o proveito próprio – até que chegue a Pralaya e Brâman adormeça. Dessa forma, a doutrina foi influenciada pela ética Bagavata, a ser tratada mais adiante.

como de "deveres" comuns para a totalidade de todos esses seres. Não existia nem mesmo o conceito de "Estado" e "cidadão do Estado" ou "súdito", mas sim apenas o do darma estamental: direitos e deveres do "rei" e das outras castas, cada uma delas em si mesma e na relação com as demais. E, nesse contexto, é atribuído ao xátria, enquanto padroeiro do Rayat (cliente), o darma do cuidado para a "proteção" da população – mas apenas em essência, a proteção voltada à segurança externa –, e também lhe é imposto como preceito ético o dever de cuidar da administração judiciária e da honestidade no comércio e nos aspectos relacionados. De resto, cabe ao príncipe, como também a outrem – mas, para ele, em sentido eminente –, o dever de primeiríssima ordem de sustentar e promover os brâmanes, sobretudo emprestando-lhes o braço civil para impor com autoridade a regulamentação da ordem social em conformidade com os direitos sagrados, sem tolerar qualquer ataque à sua posição social. É claro que o combate a doutrinas falsas e inimigas dos brâmanes era meritório, sendo exigido e exercido. Mas tudo isso em nada altera o fato de que a posição social do príncipe e da política era mantida em sua autonomia de maneira especificamente incisiva. A literatura chinesa conhece para a época dos principados divididos, ao menos em teoria, o conceito de guerras "justas" e "injustas", assim como o de um "direito dos povos" enquanto expressão da comunidade cultural chinesa, por fraca que fosse a sua influência prática justamente nesse quesito. O pontífice imperial, elevado ao título de monocrata, com sua aspiração de dominar o mundo inteiro – inclusive o dos bárbaros –, só realizava guerras "justas", pois qualquer resistência contra ele constituía rebelião. Se fosse subjugado, o fato era visto como sintoma de que o carisma lhe tenha sido subtraído pelo céu ou que ele o tenha perdido por própria culpa. Pois bem, isso é válido de modo semelhante também para o príncipe indiano. Se fosse subjugado ou se, constantemente, seus súditos não passassem bem, isso também era considerado prova de erros mágicos ou falta de carisma. Portanto o que decidia era o bom êxito do rei, mas isso nada tinha a ver com o seu "direito", e sim com a sua aptidão pessoal e, principalmente, com a força mágica de seus brâmanes – era esta, e não o seu "direito", que propiciava ao rei a vitória, caso o brâmane entendesse o seu ofício e fosse qualificado de maneira carismática. Como no Ocidente, também na Índia a convenção cavalariana da era da Epopeia dos xátrias tinha criado determinados bons costumes estamentais para a luta, cuja violação era considerada reprovável e não cavalariana, mesmo que na luta de cavaleiros na Índia nunca se tenha exercido uma cortesia com alcance comparável ao do célebre brado heroico da cavalaria francesa na batalha de Fontenoy: "*Messieurs les Anglais, tirez les premiers*" ["Senhores ingleses, sejam os primeiros a atirar"]. Visto no conjunto, o que dominava era o contrário. Não somente os homens, mas também os deuses (Krishna) deixavam de lado sem escrúpulos os mais elementares ditames da luta cavalariana. E, assim como na pólis helênica da Era Clássica[184], também na era da Epopeia e na era do Império Máuria – mais ainda em épocas posteriores –, o que valia era, sob todos os aspectos, o "maquiavelismo" nu e cru, aceito como natural e inteiramente inatacável sob o aspecto ético. A teoria indiana nunca se ocupou do problema de uma "ética política" nem tinha como se ocupar, dada a ausência de uma ética universal e de um direito natural. O darma do príncipe[185] consiste em fazer guerra pela guerra e pelo poder, pura e simplesmente. Ele tinha de eliminar o vizinho por astúcia, ludíbrio e por qualquer meio sofisticado, não cavalariano e traiçoeiro, por assalto quando estivesse em necessidade, por convocação a conspirações entre os súditos dele e corrupção dos seus adeptos, mas, quanto aos próprios súditos, ele devia mantê-los dentro de estreitos limites e úteis para fins de espionagem, com agentes infiltrados e um sistema refinado de perfídia e suspeita. O pragma do poder e o egoísmo do príncipe, em nossos conceitos absolutamente "não santos", ficavam aqui abandonados, justamente pela teoria, ao sabor de suas próprias leis, e toda a política teórica era doutrina inteiramente amoral sobre a arte de usar os

---

184. Exemplo conhecido: o diálogo entre o ateniense e o milesiano referido por Tucídides.

185. Além do Kautaliya Arthasastra, já citado anteriormente, encontra-se uma formulação clássica deste "maquiavelismo" particularmente no Yâtra do Varâhamihira (traduzido por H. Kern apud Alfred Weber, *Indische Studien*). Yâtrâ, ou também Yogayatra, denomina-se a arte de exprimir presságios que um príncipe deve levar em conta antes de partir para a guerra. A "disciplina do estado" apoiou-se nessa ciência a partir do momento (cf. I, 3) em que ficou assente que o horóscopo é determinado pela doutrina do carma, sendo, portanto, desprovido de um significado por si só.

meios voltados a conquistar e manter poder político, indo bem além de tudo o que a práxis dos "senhores" da Renascença italiana em seus princípios conhecia nesse campo e totalmente destituída de qualquer "ideologia" em nosso sentido da palavra.

O saber, a ascese e a mística na Índia

Pois bem, igual fenômeno repete-se em todos os campos profanos da vida. Ao contrário da antipatia confuciana relativa a peritos, o hinduísmo ficou, assim, habilitado a reconhecer a todas as áreas da vida e do saber seu direito específico, de modo a constituir genuínas "ciências especializadas". Entre estas – a par de significativas conquistas na matemática e na gramática –, antes de tudo, uma lógica formal enquanto doutrina da arte de argumentação racional (hetu, daí hetuvadin, especialista em lógica). Uma escola própria de filosofia, Niaia[186], dedicava-se a essa doutrina sobre a arte do silogismo, e a escola vaisesica[187] chegou ao atomismo aplicando esses subsídios formais à cosmologia. Na Antiguidade grega, apesar do avanço obtido na área dos fundamentos da matemática, foi posto um freio ao cultivo da atomística segundo Demócrito e ao progresso da ciência natural moderna, desde que, a partir de Sócrates, houve uma irrupção e uma vitória, fortemente condicionadas por elementos sociais, do interesse contrário à atomística e exclusivamente voltado à crítica *social* e à ética social. Na Índia, pelo contrário, por obra de determinados pressupostos metafísicos inabalavelmente enraizados na sociedade, toda a filosofia foi pressionada a entrar no caminho da busca *individual* de redenção[188]. E o efeito foi o de uma barreira tanto para as ciên-

---

186. Fundada por Gautama.

187. Fundada por Kanada (traduções de Röer, *Zeitschrift der Deutschen Morgenländischen Gesellschaft*, 21/2).

188. A filosofa dualista Sânquia rejeitava a atomística pela razão de que o não extenso não poderia dar origem ao extenso, mas, na verdade, porque – como será discutido mais adiante – ela incluía na matéria também processos da alma. Por outro lado, processos do mundo empírico eram, para a escola Vedanta, totalmente desinteressantes, por fazerem parte da ilusão cósmica (maya). O ponto decisivo, porém, consistia no fato de que a filosofia referente a todos os problemas estava sob o domínio exclusivo do interesse na redenção.

cias especializadas quanto para questões do pensamento em geral. Quanto ao darma de cada "profissão", a doutrina social consequentemente "orgânica" do hinduísmo só podia depreendê-lo, devido à falta de outros parâmetros, das leis próprias da respectiva técnica, fazendo surgir, assim, em toda parte, apenas doutrinas técnicas da disciplina para ciências especiais e esferas particulares da vida, desde a técnica da construção até a lógica enquanto doutrina da arte de argumentação e contestação, e inclusive até a doutrina da arte erótica[189]. Contrastando com isso, nada de quaisquer princípios universais próprios de uma ética universal com exigências para a vida no mundo em geral. Para uma comparação com as filosofias éticas do Ocidente, havia – ou melhor, surgiu no curso do desenvolvimento – algo totalmente diverso: uma *doutrina da arte* baseada na metafísica e na cosmologia referente aos meios técnicos para ser redimido *para fora deste mundo*. Nesse ponto se ancorava, em última instância, todo e qualquer interesse filosófico e teológico na Índia em geral. O ordenamento da vida e o seu mecanismo de carma eram eternos. Impossível aqui – como, aliás, no confucionismo – uma escatologia do mundo. Apenas uma escatologia (prática) de cada indivíduo que pretendesse subtrair-se a tal mecanismo e à "roda" dos renascimentos.

Essa evolução de ideias, bem como sua natureza, estão, por sua vez, em conexão com a especificidade social da camada de literatos indiana, que foi seu suporte social. Embora tanto os brâmanes quanto os mandarins nutrissem seu senso estamental com o orgulho de conhecer o ordenamento do mundo, permanecia uma forte diferença: a de que os literatos chineses representavam uma burocracia administrativa política que não tinha nada a ver com técnica mágica como conjunto de artes desprezadas e, por isso mesmo, relegadas aos magos taoístas, ao passo que os brâmanes eram de origem e de natureza sacerdotal permanente – ou seja, eram magos. É onde se firma, historicamente, a posição bem diversa de ambos os grupos quanto à ascese e à mística.

---

189. Sobre o grau de refinamento desta, pode-se facilmente buscar orientação na respectiva literatura – com a qual Richard Schmidt se ocupou de maneira pormenorizada –, na qual se verá confirmada a avaliação de H. Oldenberg.

O confucionismo as rejeitava com mais energia, como um malabarismo completamente inútil e bárbaro, sobretudo parasitário, contrário ao sentido de dignidade do homem nobre. Na época da camada de literatos sem cargos oficiais, no tempo dos países divididos, floresceu tanto o sistema de anacoretas quanto a contemplação dos filósofos, e esse relacionamento não desapareceu inteiramente mais tarde, como vimos. Mas, com a sua transformação em uma camada de aspirantes a prebendas oficiais diplomados, incrementou-se tanto a classificação desse estrato como não clássico quanto a consequente rejeição de uma tal conduta de vida como sem valor, intramundana e socialmente utilitarista. Reminiscências místicas acompanhavam o confucionismo unicamente como reflexo heterodoxo, sombrio. A ascese propriamente dita, porém, veio a desaparecer praticamente por inteiro. E finalmente os resquícios orgiásticos de menor importância ainda existentes na religiosidade popular em nada alteraram a extirpação por princípio dessas forças irracionais. O bramanismo, pelo contrário, nunca conseguiu se desfazer totalmente das relações históricas com a antiga ascese mágica, da qual se originara. O nome dos noviços (bramacharin) deriva da castidade mágica própria de noviço, e tem igual origem[190] a prescrição de uma vida contemplativa na floresta – por assim dizer – como forma de passar a velhice (modalidade vista, hoje em dia, na maioria das vezes, como uma atenuação do costume primitivo de matar os anciãos). Tanto uma quanto a outra se estendem, segundo fontes clássicas, a ambos os outros estamentos[191], mas terão sido originalmente elementos de ascese dos magos. Ambas as prescrições são hoje – e mesmo já desde muito tempo – obsoletas. Mas sua fixação na literatura clássica permanece. E a mística contemplativa do tipo da Gnose, coroamento da conduta de vida clássica bramânica, constava como objetivo para qualquer brâmane de formação completa, embora o número dos que realmente o perseguiram tenha sido tão

---

190. A saber, a típica estruturação da classe etária.

191. Os objetivos práticos da regra eram, naquele tempo, essencialmente ou mesmo mais do que isso: incutir nos que buscam ardentemente a redenção por meio de vida ascética, primeiro, o dever de, enquanto "mestres de casa", gerar descendente, e não tanto, pelo contrário, prescrever uma vida de Vanaprastha, pois, naquele tempo, a discussão versava sobre a transição de noviço para asceta – se podia ser imediata ou não (cf. adiante).

exíguo na Idade Média quanto hoje. Temos de nos dedicar um pouco mais detalhadamente ao posicionamento da formação bramânica com respeito à ascese e à mística, bem como, se for indispensável no contexto dado, a determinados círculos de filosofia baseados naquela formação e surgidos em associação com ambas, pois as religiões salvacionistas hindus, e inclusive o budismo, tiveram a possibilidade de se originar, em parte, nas concepções aqui geradas e, em parte, em característico contraste com elas – de qualquer modo, sempre em estreito relacionamento com elas.

A ascese indiana foi, sob o ponto de vista técnico, a que mais se desenvolveu racionalmente no mundo. Na Índia não há quase nenhum método ascético que não haja se exercitado com qualidade de virtuose e também muitas vezes racionalizado a ponto de se tornar uma doutrina teórica de arte, e somente lá certas formas se exasperaram de modo a gerar consequências com frequência simplesmente grotescas, a nosso ver. Deixar pender a cabeça como os urdhamukti-Sadhus ou sepultar alguém vivo (samadh) foi uma prática observada até o século XIX, e a alquimia ainda o é até o presente[192]. A ascese clássica teve sua origem, tanto aqui quanto em todo lugar, na antiga prática do êxtase exercida por magos em suas diversas funções, e, por conseguinte, seu objetivo consistia, originalmente, na obtenção de forças mágicas. O asceta sabe-se possuidor de poder sobre os deuses. Ele tem o poder de dobrá-los; estes o temem e estão obrigados a fazer a sua vontade. Um deus que queira realizar feitos excepcionais também tem de praticar a ascese. Assim, segundo a filosofia antiga, para dar à luz o mundo, o ser supremo teve de fazer enormes esforços ascéticos. Essa concepção se corroborou com a explicação de que a força mágica da ascese era condicionada por uma espécie de calor incubatório (histérico), como sugere o próprio nome (Tapas). Galgando um número suficiente de degraus em realizações ascéticas extracotidianas, é possível alcançar simplesmente todo e qualquer efeito. É sabido que, com esse pressuposto, esse fato se considerava natural ainda ao tempo do clássico drama sânscrito. Visto que o fato de cair em um dos estados emo-

---

192. Esta também está em estreita conexão com a vida ascética; o discípulo de um alquimista que cometa uma falta sexual é imediatamente expulso, já que o carisma está ligado a uma vida correta.

cionais magicamente relevantes era um carisma estritamente pessoal e não estava ligado a estamento algum, com certeza esses magos, já (e justamente) nas épocas mais antigas ainda acessíveis, não eram recrutados somente em uma casta oficial de sacerdotes ou magos, como era o caso dos brâmanes. Por esse motivo, isso era difícil de conseguir, e também se tornou cada vez mais difícil em razão de que – e na medida em que – os brâmanes foram se transformando cada vez mais em um estamento ilustre de especialistas rituais com ambições sociais baseadas em saber e formação de ilustres. Quanto mais era esse o caso, tanto menos a camada bramânica conseguia abarcar todas as espécies de ascese mágica. O racionalismo imanente ao "saber" e à "formação" oferecia, como em toda parte, resistência à ascese de embriaguez irracional, orgiástico-extática, e, do mesmo modo, se opunha o orgulho de um culto estamento ilustre à torpe provocação de exercer práticas terapêuticas extáticas ou de exibir estados de ânimo neuropáticos. Era, assim, inevitável que, como se disse de início, aqui começasse um processo num rumo parcialmente semelhante ao que constatamos no caso da magia chinesa. Parte das práticas mágicas foi ou bem expressamente rejeitada por ser não clássica, bárbara, ou deixou de ser de fato praticada no estamento e, portanto, foi excluída devido a seu modo de vida prática; trata-se de práticas agudamente patológicas e emocionalmente extáticas e, nesse sentido, irracionais. É o que, de fato, ocorreu em ampla medida, como vimos, e, nesse sentido, existe um paralelo com os literatos chineses. Entretanto uma camada ilustre de intelectuais pôde se posicionar de modo substancialmente diverso ante formas apáticas de êxtase (os germes do desenvolvimento da "contemplação"), assim como ante todas as práticas racionalizáveis de ascese. Essas eram, por certo, imprestáveis para um estrato de mandarins estatais, mas não para um presbiterato. Este não teve como evitá-las. Mas a parte mágica da ascese e o êxtase que os brâmanes acataram – ou, dito mais corretamente, preservaram ou tiveram de preservar, visto serem, à diferença dos mandarins, uma casta de magos, e não uma camada de aspirantes a cargos públicos – foi, sistematicamente, tanto mais racionalizada em seu exercício quanto mais a casta se tornava uma camada ilustre de literatos. Esse era um feito que os literatos chineses, avessos por suas tradições a toda ascese, não podiam alcançar, sendo, assim, obrigados a relegá-lo às mãos dos magos profissionais, que eles desdenhavam ou, quando muito, toleravam, como no caso dos taoístas. A antinomia decisiva existente desde o ponto de partida entre ambas as tendências políticas evidencia-se aqui mais uma vez. A filosofia bramânica, em flagrante contraste com a chinesa, dedica-se totalmente a problemas que tanto no questionamento quanto na forma de solução seriam amiúde inexplicáveis sem que se considerasse o fato de que a ascese e o êxtase, uma vez racionalizados, constituíram um elemento básico de qualquer conduta de vida bramânica correta.

Porque não somente a vida do bramacharin (noviço) estava rigorosamente regulada de forma ascética com a sua rigorosa submissão pessoal à autoridade e à disciplina doméstica do mestre[193] e com o preceito da castidade e da mendicância. Tampouco se considerava ideal para a conduta de vida do brâmane senil apenas o regresso à floresta (como Vanaprastha) ou, por fim, para a entrada no silêncio eterno (o quarto Asrama), a vida como eremita e como Yati (qualificação[194] de asceta interiormente libertado do mundo). Também estava regulamentada asceticamente, de forma rigorosa, a própria conduta de vida intramundana do brâmane clássico enquanto Grihastha (chefe da casa). Além da exclusão das formas plebeias de atividade remunerada – tais como, particularmente, o comércio e a usura, e o trabalho agrícola pessoal –, também há numerosas prescrições posteriormente encontradas nas religiões hindus redencionistas rejeitadoras do mundo. Ao que se vê, a

---

193. O único limite do dever de obediência chegava quando o mestre exigisse um pecado mortal ou ensinasse algo que não constasse do Veda. De resto, ele devia ser venerado caindo aos seus pés. Em sua presença, não era permitido venerar nenhum outro mestre. Ao bramacharin eram proibidos: carne, mel, odores agradáveis, bebidas alcoólicas, andar de carro, abrigar-se da chuva, pentear-se, escovar os dentes. E eram obrigatórios: tomar banho regularmente, a suspensão periódica da respiração (como mais tarde na técnica da ioga) e a veneração pela sílaba Om. A antiga expressão para "estudar" era "exercitar a castidade". À cerimônia do Upanayana para a admissão do noviço correspondia, para a conclusão, o sacramento Samavartana (cf. K. Glaser, *Zeitschrift der Deutschen Morgenländischen Gesellschaft*, 66, 1912, p. 16ss.).

194. Cada vez mais se supõe que esse patamar tenha sido incorporado somente por imitação do monaquismo budista a título de concorrência. Foi esse o caso, certamente, para a disposição oficial. Contudo, na perspectiva da lenda original do budismo e pelo próprio enunciado em si, afigura-se imperiosamente improvável que essa prática só tenha surgido com o budismo.

rigorosa exigência de vegetarianismo e a abstinência de álcool se originaram da oposição às orgias de carne; a rigorosíssima desaprovação do adultério e a admoestação para domar o instinto sexual de um modo geral também tinham raízes similarmente antiorgiásticas. Como na China, desaprovavam-se a cólera e a paixão, devido à crença na origem demoníaca e diabólica de toda e qualquer emoção. O preceito de estrita limpeza, especialmente por ocasião das refeições, tinha sua origem em regras higiênicas mágicas. O preceito de veracidade e generosidade, assim como a proibição de violar propriedade alheia, constituíam, no fundo, apenas uma confirmação mais severa dos princípios fundamentais da antiga ética de vizinhança, universalmente válidos para os possuidores. Não é, naturalmente, o caso de exagerar o alcance dos impulsos ascéticos advindos da conduta de vida dos brâmanes que viviam de forma intramundana em tempos históricos. Enquanto na introdução de formas ocidentais de arte no século XVII os russos protestavam que a um santo não se permite ser "tão gordo quanto um alemão", o exercício de arte indiana exigia o contrário: Mahapuruscha deve, obrigatoriamente, ser gordo[195], já que a aparência de boa nutrição era vista como sinal de riqueza e distinção. Sobretudo nunca se devia ferir a decência e a elegância de um cavaleiro ilustre. Com relação a esse ponto, há, por vezes, semelhança entre a ética prática cotidiana dos brâmanes e a dos confucianos. De forma repetida, aparece tanto na literatura clássica quanto nos Puranas[196] a recomendação de dizer o que é verdadeiro e agradável, não o que é falso e agradável, e, na medida do possível, também não o que é verdadeiro e desagradável. Tanto quanto os brâmanes, os intelectuais ilustres – inclusive com ênfase expressamente os budistas – davam muita importância ao fato de ser "arya". Ainda hoje, a expressão "arya" vem sendo usada, também em diversas combinações, mais ou menos como o *gentleman* com sua característica de "belo e bom" [καλοσκαγατος]. Pois já no período da Epopeia era conhecido o princípio de que ser arya não estava relacionado à cor da pele, mas sim à formação

---

195. Grünwedel, *Die buddistische Kunst in Indien*, 2. ed., 1900, p. 138 (Mahapuruscha é o deus Vixnu).

196. *Vixnu Purana*, III, 12 (no final).

apenas[197]. Era muito acentuada entre os brâmanes a rejeição da mulher pelo homem, em sentido análogo ao dos confucianos, porém com uma influência de motivos ascéticos – totalmente ausentes no caso dos primeiros. A fêmea era portadora do antigo sexo orgiástico, rejeitado como indigno e irracional, e sua existência constituía grave distúrbio da meditação de cura. Diz-se que Buda teria afirmado que, se houvesse mais um instinto com força igual à do instinto sexual, a redenção seria impossível. Mas a irracionalidade das mulheres é fortemente ressaltada, mais tarde, também por escritores bramânicos, até mesmo com maior vigor do que presumivelmente no tempo da cultura de salão na corte dos xátrias. O *Vishnu Purana*, por exemplo, diz que o homem não deve tratar a sua mulher de maneira desrespeitosa nem com impaciência[198]. Mas ele tampouco devia confiar-lhe assuntos importantes e dar-lhe confiança total, pois – um ponto unânime entre todos os autores indianos – mulher nenhuma é fiel a seu homem por motivos "éticos". Tacitamente, toda matrona inveja a engenhosa hetera, fato pelo qual a matrona dificilmente haveria de ser recriminada, dada a situação privilegiada das heteras no salão e o brilho de poesia com que, ao contrário dos chineses, refinados recursos indianos as contemplavam, tais como o erotismo, a lírica e também a dramaticidade[199].

---

197. Assim também nos códigos jurídicos (*Gautama*, X, 67).

198. *Vixnu Purana*, III, 12.

199. As dançarinas indianas da época medieval, Dava-Dasa (em português, baladeiras; em francês, *bayadères*), originam-se dos hierodulos e da prostituição hierática – homeopática, mímica e apotropaica – organizada pelo sacerdote no culto a Shakti e nos templos (assim como na prostituição ligada a esta e generalizada pelos comerciantes viajantes), e são, ainda hoje, conectadas principalmente ao culto de Xiva. Deviam prestar serviço ao templo com canto e dança e necessitavam, para cumprir esse dever, a aptidão da escrita – e, nos tempos mais recentes, são as únicas mulheres com essa aptidão na Índia. Ainda hoje são indispensáveis em numerosas festas do templo e também – como na era clássica helênica – em toda festividade ilustre, constituem castas especiais com um darma próprio e um direito hereditário e de adoção especial, são admitidas à comensalidade com homens de todas as castas – em contraste com mulheres honradas, que eram excluídas à maneira antiga universalmente seguida e consideravam – em parte ainda consideram – vergonhosa a arte da escrita e da literatura, por ser própria do darma das prostitutas do templo. A consagração das moças ao templo era feita por voto ou por meio de um dever universal da seita (como em algumas seitas xivaístas), também ocorrendo de forma isolada enquanto dever de casta (como no caso de uma casta de tecelões em uma localidade da Província de Madra), ao passo que hoje, de modo geral, essa prática é considerada desonrosa, ao menos na Índia Meridional. Às vezes, as mulheres eram contratadas ou também raptadas. Ao contrário das Deva-Dasi,

A par daqueles traços relativamente "ascéticos" da conduta da vida cotidiana regulamentada do brâmane, também se encontra agora a metodologia racional para a consecução de circunstâncias sacras extracotidianas. Existia, por certo, uma escola considerada ortodoxa (a filosofia Mimansa, fundada por Jaimini) que via na própria execução de obras cerimoniais o caminho da salvação. Mas não é essa a doutrina bramânica clássica. Para esta, o que deve valer como visão fundamental na Era Clássica é que as obras rituais e outras ações virtuosas, por si só, contribuem meramente para melhorar as chances do renascimento, sem, porém, levar diretamente à "salvação". Esta só pode ser alcançada mediante um comportamento extracotidiano que ultrapassa qualitativamente o nível dos deveres no mundo das castas, mediante a ascese ou a contemplação que renunciam ao mundo.

Como se espera de uma camada de intelectuais, o seu desenvolvimento próprio significa substancialmente racionalização e sublimação dos estados salvíficos da magia. O processo seguiu por três rumos: primeiro, buscava-se cada vez mais, no lugar de forças mágicas para uso na profissão de mago, um estado pessoal de salvação – o da "beatitude" no sentido próprio da palavra; segundo, esse estado adquiria um determinado caráter formal, a saber, como esperado, o de uma gnose, saber sacro baseado substancialmente – embora não de todo – na êxtase apática, que melhor se adequava justamente ao caráter de estamento da camada de literatos. Qualquer busca religiosa de salvação com esse fundamento tinha de desembocar no terceiro, ou seja, na busca mística de Deus, da posse mística de Deus ou, finalmente, da comunidade mística com o divino. Todas as três formas – especialmente as mencionadas por último – ocorreram de fato. A unificação com Deus passou ao primeiro plano porque a evolução da gnose bramânica deu-se cada vez mais na trilha da despersonalização do supremo ser divino. Isso aconteceu, em parte, em con-

---

as Dasi comuns eram prostitutas ambulantes de castas inferiores, sem relação com o serviço do templo. A transição desse nível para o de uma hetera correspondente ao tipo da Aspásia – finamente instruída da era clássica dos dramas (Vasantasena) – dava-se de modo natural e fluente, como em toda parte. Esse último tipo citado, tanto como o das alunas e propagandistas dos filósofos e também de Buda (ao modo das pitagóricas), é do tempo da antiga cultura de intelectuais ilustres da era pré-budista e do período inicial do budismo e desapareceu sob a dominação dos gurus monásticos.

formidade com a tendência inerente a toda mística contemplativa no rumo dessa concepção, em parte devido ao fato de o pensamento bramânico ter por alicerce o ritual e sua respectiva inviolabilidade, a fim de encontrar por essa via a regência do divino na ordem legal, perene e imutável do mundo, mas não nas peripécias dos seus destinos. O mais antigo precursor de Brama foi, originalmente, o "Senhor da Oração", o Deus funcional das fórmulas mágicas. Graças à crescente importância dessas últimas, ele chegou à mais alta essência divina, do mesmo modo como os senhores da oração terrenos, os brâmanes, chegaram ao supremo *status* estamental. A interpretação racional do mundo constituiu, assim, em termos de suas respectivas ordens de leis naturais, sociais e rituais, o terceiro lado do processo de racionalização operado no material mágico-religioso pela camada intelectual bramânica. Tal modo de interpretação tinha de fazer emergir na China uma especulação ontológica e cosmológica que, como vimos, de fato não estava de todo ausente, mas que lá, nem de longe, alcançou a mesma importância para a fundamentação racional dos objetivos de salvação e dos caminhos de salvação. E, de fato, foi a que marcou a religiosidade indiana.

Mas justamente nesse campo especulativo os brâmanes talvez nunca – em todo caso, não por muito tempo – ficaram sem concorrência. Muito pelo contrário. Assim como – a par do culto bramânico pautado por sacrifícios e cultos com fórmulas de oração – surgiram, mais tarde, as formas populares individuais e extáticas de magia e orgiasmo e, com certeza, nunca desapareceram, surgindo em novas formas como fenômeno de massas – formas emocionais e irracionais especificamente não clássicas de estados sacros –, também havia do mesmo modo a busca da salvação por parte dos leigos ilustres, a par da busca da salvação por parte dos brâmanes ilustres. Para as religiões de salvação heterodoxas – em especial, para o budismo –, é certo que seu suporte consistia, justamente durante a época inicial, nos círculos de leigos ilustres. Até que ponto se poderá afirmar o mesmo sobre a evolução da filosofia clássica indiana? Essa é uma questão controvertida e de difícil solução entre os indólogos. Enfatizou-se o fato de que a literatura clássica, sem sombra de dúvida, apresenta casos – de modo algum apenas isolados – nos

206

quais brâmanes são instruídos em questões filosóficas fundamentais por um rei sábio. E não há dúvida sobre a participação, no trabalho de especulação filosófica, dos clássicos xátrias, antiga cavalaria refinadamente instruída em letras, na época anterior ao advento dos grandes reinos. No tempo em que a discussão dos problemas referentes à filosofia religiosa e natural indiana alcançou seu ápice – a partir, aproximadamente, do século VII antes de nossa era[200] –, com certeza a formação de leigos ilustres tem sido um de seus baluartes principais. Só que, por razões de ordem geral, não se pode dizer que em algum momento os brâmanes tenham exercido um papel subordinado.

Já na era védica era extraordinariamente grande o poder sacerdotal[201] e não diminuiu desde então – pelo contrário, cresceu ainda mais. Poderá ter sido forçado a recuar amplamente a nível local e, em certos períodos, ficou restrito a algumas áreas da Índia Setentrional – porventura, à Caxemira, durante o domínio das diversas confissões salvacionistas. Nunca a sua tradição sofreu solução de continuidade. E, acima de tudo, foi ele o suporte da cultura indiana, e não as alternantes configurações políticas. Assim como outrora – em cabal semelhança com a era "homérica" na Grécia Antiga –, os rischis e cantores sacros foram os baluartes da *unidade* da cultura religiosa e poética dos arier nas áreas dominadas pelos reis de castelos arianos, assim como o foram os brâmanes para o círculo cultural da Índia Setentrional, parcialmente deslocado de um lugar para o outro, em parte ampliado, no tempo da cavalaria instalada em cidades e castelos, o tempo dos xátrias – assim como na China os literatos, no tempo dos principados divididos.

Os brâmanes não conseguiram impor o caráter a princípio (ao que se presume) estritamente esotérico do seu saber – pelo contrário, em época posterior, eles complementaram a educação da juventude cavalariana com inserções de saber védico e justamente por isso obtiveram, de maneira ine-

---

200. E, portanto, quase simultaneamente ao início do primeiro florescer das filosofias helênicas e chinesas, bem como das profecias israelíticas. Nem pensar em "empréstimos" propriamente ditos (muito menos levar em conta as insinuações de Eduard Meyer, por vezes estranhas, sobre condicionamento cósmico-biológico comum da coincidência temporal desse estágio de desenvolvimento). Quanto a possíveis influências babilônicas, cf. mais adiante.

201. Cf. Oldenberg, *Aus Indien und Iran* (1899).

gável, forte influência sobre o pensamento dos leigos. E apesar de todos os ríspidos contrastes entre as escolas filosóficas então surgidas pela primeira vez, eles mantiveram a unidade estamental em todos e cada um dos estados indianos. Assim como a formação em ginástica e música na Grécia – e exclusivamente ela – plasmou o heleno em contraste com o bárbaro, também a formação védico-bramânica plasmou o "homem de cultura" no sentido dos pressupostos da literatura clássica indiana. Na Índia e na Grécia, inexistia um sumo pontífice imperial, como havia enquanto símbolo da unidade cultural na China e também no islã e na Idade Média cristã. Tanto a Índia quanto a Grécia eram comunidades culturais unicamente por força de organizações sociais (da casta aqui, da pólis lá) e por obra da educação de suas camadas de intelectuais, com a diferença de que entre os indianos, e não entre os helenos, a unidade era garantida principalmente pelos brâmanes. Quanto ao mais, seguramente coexistiam brâmanes e leigos uns ao lado dos outros enquanto portadores da filosofia, como era o caso, no Ocidente, do clericato monástico e secular e, a partir do "humanismo", cada vez mais também o de círculos leigos ilustres.

De qualquer modo, ainda na Epopeia torna-se claro que não foram apenas – talvez nem mesmo principalmente – círculos leigos que favoreceram a dissolução da antiga filosofia religiosa bramânica, até então inquebrantável. Os céticos (tarkavadins), tratados pelo Maabárata como tagarelas ateus e sofistas gananciosos a venderem, de um canto a outro do país, sua sabedoria avessa à dos brâmanes – eles realmente correspondem aos sofistas helênicos da Era Clássica –, eram essencialmente mestres itinerantes ascéticos, descendentes daquela escola bramânica (Niaia) que cultivava o silogismo e a lógica racional, bem como a arte dialética como disciplina especial.

O xrâmana e a ascese bramânica

Assim como não haviam conseguido impor os monopólios da filosofia e da ciência, os brâmanes tampouco impuseram o monopólio da busca mística da salvação pessoal. É inconteste que eles o haviam pretendido. E assim o fizeram já pelo fato de que, tanto na Índia quanto em toda parte, o místico que busca a salvação – e muito mais o anacoreta – goza, ele próprio, enquanto portador do carisma sagrado, da veneração como santo e milagroso, e assim eles tinham de procurar monopolizar essa posição de poder. Até o momento atual, a teoria oficial de todos os sadhus (monges)[202] pretende reconhecer unicamente os sannyasi como xrâmana ou samana (eremitas) no pleno significado mais antigo do termo[203]: um membro da casta bramânica que optou por uma vida monástica. A doutrina ortodoxa sempre reafirmou e manteve com extrema rigidez esse monopólio dos brâmanes. Em medida máxima, naturalmente, em relação às castas inferiores. No "Ramáiana", encontra-se o relato sobre um asceta de grande poder miraculoso que teve a cabeça decepada por um herói pelo motivo de que era um sudra e de que, ainda assim, havia ousado adquirir essas aptidões sobre-humanas. Só que, por essa mesma passagem do texto, fica patente que, segundo a própria doutrina oficial do tempo da Epopeia, o sudra era considerado em si apto a obter poder miraculoso por meio da ascese. E aquela ambição monopolista[204] nunca conseguiu impor-se realmente. Não é possível comprovar com segurança nem mesmo se a organização dos monastérios propriamente ditos (math) erigidos mais tarde ocorreu primeiro por obra de xrâmanas bramânicos ou se sua introdução resultou de imitação de instituições heterodoxas. Pelo menos, não se pode considerar excluída a primeira hipótese, visto que o eremita bramânico, uma vez obtida a qualidade de Yati (asceta de pleno direito), seguramente atuava desde sempre, em primeiro lugar, como mestre e, em segundo, como salvador mágico a reunir ao seu redor alunos e veneradores leigos. Só que é questionável até que ponto se pode falar, em tempos pré-budistas, de "monges" e "monastérios". Além do asceta por ancianidade, a tradição mais antiga tem também conhecimento, por certo, do eremita e do asceta profissional

---

202. Assim como ocorro com muitas denominações genéricas para santos e ascetas, também esta passou a caracterizar, hoje em dia, uma pequena seita da Índia Setentrional, que mais se compara com a dos quakers.

203. Com efeito, atualmente, esse nome é usado sem distinção por todo e qualquer mendicante indiano xivaísta.

204. Ainda hoje, um brâmane da mais alta casta só ensina a alunos "renascidos" ou mesmo exclusivamente brâmanes.

isolado. E com certeza também – pois de outra maneira não teria sido possível a emergência de certas doutrinas – da "escola" enquanto comunidade, posteriormente denominada "parishad", a qual deveria ter, pelas regras vigentes no hinduísmo tardio, vinte e um brâmanes formados, mas apenas três a cinco em tempo mais antigo, frequentemente. Os gurus da era épica que instruíam os jovens das famílias ilustres admitiam, segundo a tradição, apenas cinco alunos[205]. Já então esta não terá mais sido a regra; evidencia-se, assim, entretanto, quão distante de cogitação no bramanismo dos tempos pré-budistas ainda se encontrava a propaganda em massa. Os agentes portadores da especulação e da ciência foram, em parte, os eremitas e clérigos seculares com seus alunos pessoais e, em parte, as escolas formalmente organizadas. O "monastério" (math), erigido mais tarde, só ao tempo do monacato profissional e em meio à concorrência entre as seitas, veio a se tornar um fenômeno de massas sistematicamente propalado. Afinal, levando-se em conta a antiga ascese dos noviços (bramacharin), a transição de escola filosófica para mosteiro deu-se de maneira fluente, pelo menos uma vez feita a opção por uma forma cenobítica de tradição doutrinal, certamente antiga.

Garantida por uma fundação, a escola ou a organização monástica servia sobretudo para assegurar aos brâmanes a possibilidade de cultivar seu saber védico sem preocupações com o sustento. Por esse motivo, o pertencer (hereditariamente) à antiga escola ou à camada de prebendários monásticos constituía, frequentemente – mesmo quando mais tarde, como sucedia com frequência se tivesse aceito a propriedade de prebendas –, a condição para o pertencimento da casta ou da subcasta ao bramanismo de pleno direito, ou seja, àquela camada de brâmanes que tinha a *qualificação* para a *execução dos ritos*, por um lado, e, por outro – de maneira correspondente –, para a *aceitação de dakschina (presentes e doações)*. Os outros eram considerados leigos e não tinham esses importantes privilégios dos membros de pleno direito da casta[206].

---

205. Na Epopeia, consta que os alunos de um brâmane que pretendia admitir mais alunos entraram em greve (*Maabárata*, XII, 328, 41).

206. Dentre essas subcastas, algumas – nomeadamente, as que prestavam serviços a castas impuras – eram, elas próprias, consideradas impuras.

Tanto o tipo posteriormente normal de organização do mosteiro quanto o do sistema monástico em geral[207] parecem sugerir também que o ponto de partida histórico consistiu, justamente, naquelas comunidades escolares, livres – sob o aspecto formal – de mestres com seus discípulos juntamente com aquele séquito de leigos que, ao prover pelo sustento da comunidade e oferecer-lhe presentes, buscava adquirir vantagens neste mundo e no além. Faltava, ainda, ao que tudo indica, a organização sistemática em comunidades dotadas de "regras" fixas. O relacionamento puramente pessoal constituía a base de coesão, na medida em que esta existia. Mesmo o antigo budismo apresenta vestígios dessa estrutura patriarcal, como veremos. O laço de piedade que, na ética hindu, ligava tal mestre e cura de almas – o "guru" ou "gosain"[208] – aos seus alunos e clientes da cura de almas, era de um rigor tão extraordinário que esse relacionamento podia – e devia – constituir o fundamento para a quase totalidade de organizações religiosas. Cada guru gozava, perante seu aluno, de uma autoridade prioritária em relação à do pai[209]. Ao viver como xrâmana, ele tornava-se objeto de hagiolatria por parte dos leigos, pois, segundo indubitável doutrina, o saber correto confere poder mágico. A maldição proferida por um brâmane era sempre cumprida, desde que ele tivesse o conhecimento védico correto, e, para provar que o tinha, ele estava pronto, dado o caso, para o juízo de Deus (ordálio de fogo). A sagrada gnose habilitava-o a fazer milagres. Desde sempre, por força do princípio carismático-gentilício, célebres gurus milagrosos certamente terão dado em herança sua dignidade de mestre ou terão designado seu sucessor, e apenas subsidiariamente ocorria uma "eleição", ou seja, a constatação e a aclamação da pessoa qualificada por seu carisma, pelo conjunto dos discípulos. No mínimo ao tempo dos Upanishads, estava estabelecido de modo

---

207. Mais tarde, e até hoje, a denominação típica de monge (também do monge bramânico) passou a ser Bhikshu.

208. "Gosain" designa aquele que "domina seus sentidos". Os gurus hereditários de algumas seitas adotam esse título. Eis por que é um título hereditário ainda hoje em certas famílias bramânicas grandes. Cf. mais adiante.

209. Assim consta expressamente no *Manu*, II, 233.

completamente firme que a sabedoria correta só se pode conhecer exclusivamente de um guru. Nesse sentido, grandíssima parte de fundadores de escolas e seitas nominalmente conhecidos deixou em dinastias hierocráticas que cultivaram – muitas vezes durante séculos – sua doutrina e sua técnica de gnose. Na medida em que até hoje os numerosos mosteiros e as comunidades similarmente estruturadas, geralmente de pequeno porte, mantiveram um inter-relacionamento organizado, este se estabelecia – em correspondência com os princípios carismáticos – pelo sistema de filiação[210], ao modo dos mosteiros de nossa Idade Média até o tempo dos cistercienses. O monaquismo hindu desenvolveu-se a partir de magos e sofistas itinerantes[211]. Em sua grande maioria, ele permaneceu sempre um monaquismo peregrino e mendicante. Formalmente, quase sempre, também a saída definitiva do monastério estava, por princípio, aberta ao monge a qualquer momento[212]. A disciplina dos superiores (mathenats) e os regulamentos do mosteiro eram, por conseguinte, com frequência – mas nem sempre –, frouxos e relativamente informais[213].

---

210. É o que demonstram já as inscrições como, por exemplo, as citadas na *Epigrahia Indica*, III, 263 (século X).

211. Do ponto de vista puramente externo, quem mais se lhe aproxima comparativamente são os da escola cínica.

212. Assim é hoje em dia com os cenobitas Sannyasi na região de Bengala, mas também em outros lugares, na maioria dos casos.

213. Por outro lado, também se encontram na Idade Média monastérios com disciplina pautada pelo rigor sem dó. Assim, por exemplo, em uma inscrição da Índia Meridional, consta que o superior local detinha o direito de vida ou morte sobre os moradores do mosteiro. Mas, em geral, quem morava no seu math eram monges hindus de idade mais avançada: monges itinerantes que lá ficavam só por pouco tempo em épocas chuvosas ou permanentemente apenas na velhice. O mathanat ou é eleito dentre os chelas ("alunos") mais antigos residentes, ou é cargo hereditário ou transmitido por turno, quando a dignidade circula de um para o outro. O mathanat do monastério de filiação mais anciã era o superior de todos os monastérios com sistema de filiação. Os documentos dos fundadores de monastérios, por vezes, deixam entrever a ambição da mais rija disciplina, mas mostram simultaneamente que, tanto aqui quanto no regime de Bizâncio e no Oriente islâmico dos Vakufs, a fundação de um monastério perseguia, tipicamente, um objetivo característico externo à esfera religiosa. A saber: o objetivo de assegurar por todos os tempos a renda que o fundador costumava reservar para si e para sua família quando da fundação: fundação por fideicomisso, portanto, ligada à situação jurídica da terra doada – cujo confisco ou tributação seriam considerados como sacrilégio – e, assim, não sujeita à ingerência política. (Cf. casos desse gênero nomeadamente em Champbell Oman: *The Mystics, Ascetics and Saints of India*, 1903. Os superávits patrimoniais das "administrações", sobretudo das eventuais rendas fundiárias e das receitas das expedições diárias dos

Dada a natureza dos caminhos de salvação hindus – ortodoxos e heterodoxos –, não era possível impor aos monges deveres de trabalho de nenhuma espécie. Monge nenhum "trabalhava". Na medida em que não incluíssem prescrições puramente regulamentais, como a proibição de sair em mendicância na época das chuvas ou as relativas à tonsura e outras exterioridades, os preceitos relativos ao conteúdo[214] da conduta de vida monástica constituíam, em parte, meramente gradual intensificação da ascese cotidiana dos brâmanes, em parte, contudo, também do seu tipo e sentido. Esses últimos estavam condicionados pelo contexto da doutrina de salvação bramânica, tal como desenvolvida nos Brâmanas e nos Upanishads. O preceito da castidade, da renúncia a alimento doce, da limitação do consumo de frutos aos já caídos da árvore, da total ausência de propriedade e, portanto, da proibição de manter estoques de bens, da obrigação de viver da mendicância – mais tarde, geralmente limitada aos restos de comida da pessoa solicitada –, da peregrinação – posteriormente agravado, muitas vezes, com o preceito de ficar numa aldeia apenas por uma noite ou mesmo sem dormir –, da limitação do vestuário ao estritamente necessário, tudo isso constituía apenas intensificação da ascese cotidiana. Em contraste com isso, o preceito do "ainsa", de proteção incondicional da vida de qualquer criatura, ainda que posteriormente elevado ao extremo por algumas religiões de salvação, mas já antes disso praticado pelos ascetas clássicos bramânicos com grande – ainda que variável – rigor, significava algo mais do que um mero agravante quantitati-

---

mendicantes – em sigilo, também receitas comerciais –, são aplicados, por certo, em novas fundações de mosteiros e templos, mas o fundador tem parte no lucro: o direito da exploração econômica é hereditário, mas indivisível, e o direito da sucessão hereditária está fixado em estatuto.) Esse instrumento é típico para Estados burocrático-patrimoniais e ainda mais para teocráticos com insuficientes garantias formais de direito privado; a terra do monastério (geralmente não muito extensa, algumas centenas de rupias por ano já seriam uma boa renda) gozava de isenção fiscal. No decurso ulterior da evolução operou-se em numerosos monastérios (também budistas) hindus (ortodoxos e heterodoxos) o típico processo do pro bendalização: os monges contraíam matrimônio e conservavam seu cargo por hereditariedade, de modo que, hoje em dia, por exemplo, no caso dos brâmanes ilustres (deschaschth), muitas vezes, se encontram uma casta de bhikkschu (monges) e uma de leigos, as quais se distinguem uma da outra pelo fato de que apenas os monges propriamente ditos apresentam a qualificação para o sacerdócio.

214. Cf. os mesmos nos Livros Jurídicos, por exemplo, com boa visão de conjunto (apud *Baudhayana*, II, 6, 11ss.).

vo do vegetarianismo antiorgiástico, e não apenas consequência de reservar para os sacerdotes o consumo da carne sacrificial[215]. O que aqui, pelo contrário, teve papel determinante foi a convicção filosófico-religiosa da unidade de todo vivente, associada à difusão universal da veneração e, por conseguinte, da imunização justamente de um tipo de animal dentre os considerados absolutamente "puros": a vaca. Os animais também integravam o âmbito do samsara e do carma. Eles também tinham um darma próprio, de acordo com a sua espécie, podendo, assim, à sua maneira, "praticar a piedade"[216]. E enquanto inicialmente o modo de recomendar o autocontrole – manter dentro da cerca o olhar e a boca – tinha, no fundo, apenas um caráter disciplinar, mais tarde, preceitos como nada fazer para o bem-estar do próprio corpo e da própria alma voltaram a ser codeterminados pelo sentido geral filosófico da ascese enquanto caminho de salvação.

A literatura bramânica e a ciência na Índia

Essa virada da ascese bramânica clássica, ao passar da finalidade mágica para a soteriológica, deu-se dentro da literatura religiosa ligada às coleções védicas dos Brâmanas – que abordam de maneira interpretativa o sacrifício e o ritual – e, particularmente, dos subsequentes Aranyaka – "obras criadas na floresta" como produtos de contemplação dos brâmanes que passavam na floresta seu "tempo de anciãos" – e suas partes especulativas, os Upanishads – "doutrinas secretas" que contêm as passagens do saber bramânico decisivas para o aspecto da salvação[217]. A literatura Sutra contém, pelo contrário, prescrições rituais para uso prático: a Srautaçastra

---

215. Já que se afigura insustentável considerar decisivo o aspecto referente aos custos, como fazia a seu tempo E. W. Hopkins, pois foram justamente as camadas sociais baixas as que mantiveram as orgias carnais mais tarde.

216. Essa convicção fundamental encontrou no antigo budismo – mas não só nele – uma expressão para nós grotesca. Uma inscrição relata que um rei, após uma vitória, havia libertado seus elefantes que, então, "com lágrimas nos olhos", se apressaram a regressar à floresta junto aos companheiros. O relato do peregrino chinês Hiuen Tsang (do século VII d.C.) menciona elefantes na Caxemira "que observam a lei" (*qui pratiquent la loi*, na tradução de St. Julien).

217. São: Iñanakanda, "gnose", em contraste com Karmakanda, o tratado sobre o ritual.

214

para o ritual sacro, a Smartaçastra para o ritual do cotidiano (Grihyasutra) e o da ordem social (Dharmaçastra)[218].

Agora, ante a confuciana, toda essa literatura apresenta-se completamente heterogênea.

Primeiramente, em alguns aspectos exteriores. Os brâmanes também eram, em um sentido específico, "eruditos da escrita", pois também a literatura sacra hindu, pelo menos a bramânica ortodoxa, está escrita – como a chinesa – numa língua sagrada estranha ao leigo[219]: o sânscrito. Mas a cultura espiritual hindu era, em comparação com a chinesa, muito menos uma cultura puramente escrita. Os brâmanes (e, na maioria das vezes, também os seus concorrentes) ativeram-se, durante um tempo extraordinariamente longo, ao princípio de que a doutrina sagrada só deve ser transmitida de boca em boca. Típica da intelectualidade chinesa, a estreita ligação à escrita explica-se, como vimos, pelo fato de os anais e os calendários oficiais da corte terem sido introduzidos num tempo em que a técnica dos sinais gráficos ainda se encontrava no estágio de hieróglifos. E também pelo princípio administrativo de atuar por escrito. Isso estava ausente na Índia. Os trâmites em tribunais eram orais e contraditórios. A palavra falada tinha desde sempre um papel importante como meio de reivindicação de interesses e instrumento de poder. Procurava-se assegurar a vitória na disputa oral com o recurso à magia[220], e toda a cultura hindu ou por ela influenciada conhece as conversações religiosas, os concursos de disputas orais e os exercícios de disputa dos alunos como uma das suas instituições características. Se, por um lado, a escrita chinesa, em sua qualidade de obra de arte hieroglífico-caligráfica, visa, ao

---

218. Caracterizar como "profana" a literatura smarta poderia induzir a erro. Suas regras também são sagradas e invioláveis, só que elas não se dirigem aos sacerdotes culturalmente especializados como tais, mas sim aos feitores e aos juristas.

219. Não – como se tem suposto – criada artificialmente como "língua de escaldos", mas sim no idioma das antigas linhagens sacerdotais da região de origem da literatura. Na época dos Vedas, considerava-se o sânscrito como a língua dos eruditos; no Rigveda, um príncipe justifica sua palestra em sânscrito pelo fato de ser "erudito" (Rayson, *Journal of the Royal Asiatic Society*, 1904, p. 435; Thomas, *Journal of the Royal Asiatic Society*, 1904, p. 747).

220. *Atarvaveda*, II, 27 (tem-se em mente aqui, é claro, um adversário processual).

mesmo tempo, olho e ouvido, a composição linguística indiana, por outro, volta-se consequentemente à memória (acústica, e não visual). Os antigos rapsodes foram substituídos pelos vyasa (compiladores), por um lado, e pelos brâmanes especulativos, por outro. Ambos deram lugar, posteriormente, a poetas e recitadores que cultivavam as formas kavya – narração combinada com instrução: em parte, pauranikas e aithiasikas, narradores de mitos elaborados de modo edificante para um público burguês essencialmente intelectualista; em parte, darmapatakas, recitadores dos Livros Jurídicos (bem como, no Manu e na era da Epopeia, membros da comissão para o fornecimento de perícias em casos duvidosos), que terão substituído os antigos pronunciadores da lei. A partir desses recitadores, desenvolveram-se, desde o século II d.C., os pânditas bramânicos das corporações, já então como classe de escribas. Em todo caso, até fases avançadas da Idade Média indiana predominou o papel da tradição oral e da recitação, do qual resultaram importantes consequências formais, em comparação com a literatura sagrada chinesa. Toda a literatura sagrada indiana (inclusive a budista) estava vazada de forma apropriada à fácil gravação mental e à reprodução factível a qualquer momento. Para tanto, ela recorria, em parte – como na mais antiga literatura filosófica[221] e Sutra –, ao uso da fórmula epigramática, que devia ser decorada e devidamente complementada pelo mestre com seus comentários, dos quais ela precisava com urgência; e, em parte, à forma de versos, que dominava grande parte da literatura não filosófica. Além disso, recorria também ao uso dos refrões – intermináveis repetições orais de uma cadeia de pensamentos e prescrições, muitas vezes com a respectiva modificação de uma só frase ou palavra, conforme o andamento da discussão. Em seguida, recorria à utilização, em volume extraordinário, do esquema algorítmico – com frequência, constituído por brincadeiras com números: dificilmente um mestre europeu encontraria outra expressão para esse modo de uso de números. Por fim, por assim dizer, recorria à sistemática da apresentação fiel ao ritmo das ideias com impacto, aos olhos do leitor europeu, extremamente pedante. Em seus inícios, esse estilo da literatura

---

221. Ressonâncias desse método são, particularmente, os aforismas Sânquias, atribuídos a Kapila.

bramânica terá sido condicionado de maneira puramente mnemotécnica, evoluindo, depois, em meio à peculiaridade "organicista" do racionalismo indiano, até atingir a forma determinante de toda a especificidade das suas partes principais para nós. Em contraposição à combinação, nas formulações chinesas, dos recursos linguísticos em sua sóbria "racionalidade" objetiva com o ducto visual estético da ideografia sempre pautada pela elegância epigramática e pela sobriedade linguística, na Índia, o que surgiu na literatura religiosa e ética foi a proliferação de incomensuráveis convolutos no exclusivo interesse da sistemática e exaustiva elaboração de uma obra íntegra. Infindas acumulações de adjetivos ornamentais, comparações, símbolos, ambiciosa pretensão de transmitir a impressão do grande e divino por meio de números gigantescos e profusão fantasmagórica, tudo isso é fastidioso para o leitor europeu. Quando este deixa o mundo do Rigueveda e depois o das fábulas populares – que, colecionadas no Panchatantra, são fonte do tesouro de fábulas do mundo quase inteiro –, ou se afasta apenas do mundo profano da arte dramática e lírica, e acessas, então, as esferas da poesia religiosa e da literatura filosófica, terá um caminho estafante à sua espera. Sem excetuar a maior parte dos Upanishads, ele encontrará, nesse convoluto de todo não transparente envolto em formas racionais e ondulantes de imagens, símbolos e esquematismos ressequidos por dentro, a refrescante fonte de uma visão verdadeiramente profunda – e não apenas na aparência, como sói acontecer –, mas isso só após longos intervalos. No período em que hinos e fórmulas oracionais dos Vedas permaneceram imutáveis graças a seu comprovado caráter mágico, preservando na tradição seu caráter original, a antiga poesia épica dos cavaleiros, após ser adotada pelos brâmanes, inflou-se de modo tal que nela teve origem uma paradigmática ética deformada. O Maabárata constitui, em forma e conteúdo, um manual de ética a partir de exemplos, e não mais de ficção. Essa peculiaridade da literatura especificamente bramânica, mas também da congênere literatura religiosa e filosófica indiana, teve sua parte em impor ao seu próprio desenvolvimento limites imanentes, muito embora, com certeza, tenha sido, no geral, sobremaneira rica em visões que também o pensador europeu incondicionalmente achará valiosas "em profundidade". Na epistemologia, a pretensão helênica de absoluta clareza conceitual não passou, na lógica da escola Niaia, de abordagens apenas incoativas, ainda que muito notáveis. E isso, em parte, devido ao desvio sofrido pelo esforço racional ao tomar o rumo do pseudossistemático, inclusive sob o condicionamento da antiga técnica tradicional. O sentido aberto ao fato empírico pura e simplesmente como tal foi tolhido pelo costume, essencialmente retórico, de buscar o significante no suprafactual, no fantástico. Mesmo assim, a literatura científica indiana obteve excelentes êxitos no campo da álgebra e da gramática (inclusive no ensino da declamação, da dramaturgia e – menos – da métrica e da retórica), e coisas notáveis no campo da anatomia, da medicina (excetuada a cirúrgica, mas incluindo a veterinária) e da música (solfejo!). A ciência da história, pelo contrário, está de todo ausente, por motivos mencionados anteriormente[222]. E o trabalho da Índia na área das ciências naturais encontra-se em muitas áreas mais ou menos no estágio de nosso século XIV: ela, como aliás também a helênica, não chegou nem mesmo às antecâmaras do experimento racional. Comparando com os parâmetros ocidentais vigentes para o caráter científico em todas as disciplinas, incluindo a astronomia cultivada para fins rituais e a matemática, excetuada a álgebra, a ciência indiana contribuiu com algo de essencial como produção endógena somente em áreas nas quais gozava de vantagens por não partilhar determinados preconceitos próprios da religiosidade ocidental (por exemplo, o da crença na ressurreição, contra a autópsia[223]). Ou quando os interesses da técnica contemplativa, baseada em refinado controle do aparato psicofísico, a animavam a realizar estudos distantes dos do Ocidente, desconhecedor de tais interesses. Toda ciência relativa à convivência humana permanecia ao nível de tecnologia policial ou de cameralismo. Mas essa tecnologia bem que poderia medir-se com os feitos do cameralismo de nosso século XVII e primeira metade do século XVIII. Quanto ao campo da ciência natural e da filosofia especializada propriamente dita, tem-se, pelo contrário, a impressão de que os princípios de desenvolvimento, já em notável

---

222. Os budistas foram os primeiros historiadores da Índia, pois a aparição de Buda foi um fato "histórico".

223. A respeito da medicina indiana, cf. a obra mais facilmente acessível de Jolly (apud *Bühlers Grundriß*, 1901).

patamar, tenham sido inibidos de alguma forma[224]. Além do fato de que todos esses estudos de ciências naturais, em grande parte, só se realizavam com objetivos puramente práticos: terapêuticos, alquimistas, contemplativo-técnicos, políticos, além do fato de que faltava à ciência natural, tanto aqui quanto na

---

224. O não indologista poderá obter uma visão aproximada mais rapidamente no Sukraniti, traduzido por Sudhindranatha Vasu em *Sacred Books of the Hindu* (vol. XIII) e comentada no vol. XVI, 1, sob o título *The Positive Background of Hindu Sociology* (até agora *Book I*), com apêndice de Brajendra Nath Seal. De modo muito característico, "Sukraniti" é concebido tipicamente como "ciência social orgânica" nos moldes de Comte e seu conhecido escalonamento das ciências. E, de fato, essa sistemática "orgânica" – em verdade, totalmente não científica – do assim chamado "positivismo" tinha de ser a que mais se coadunava de maneira congenial com o pensamento indiano. Note-se o seguinte: tudo na mecânica permaneceu no ponto de vista anterior a Galileu. Na mineralogia, a ciência indiana manteve-se essencialmente fiel à doutrina dos sete metais, também conhecida no Ocidente. Na química, deve-se creditar-lhe três invenções práticas: 1) a obtenção de cores permanentes a partir de alúmen tratado; 2) os extratos de índigo; 3) a liga de aços em que se baseia a lâmina de Damasco (Seal, *The Chemical Theories of the Ancient Hindu*). Quanto ao mais, a literatura tântrica demonstrou conhecimentos alquimistas, no campo da medicina, sobretudo, conhecimentos anatômicos e particularmente de anatomia dos nervos em volume muito considerável: teorias do metabolismo (não da circulação sanguínea, não do metabolismo pulmonar), conhecimento da localização das vias nervosas – segundo o tantrismo, a meditação sobre essas vias libera energias mágicas –; o cérebro (como consta em Galen), não mais o coração como órgão central (como em Aristóteles e também em Charaka e Susrutu, importantes pesquisadores indianos da natureza) – todos esses conhecimentos e essas teorias vieram corroborar os conhecimentos osteológicos já anteriormente importantes. A fecundação e a transmissão hereditária (em conexão com a disciplina administrativa de cavalos e elefantes) também foram tratadas de maneira teórica (palingeneticamente, e não mais epigeneticamente). A vida, explicada por materialistas (Charvaka) como geração original, pela doutrina Sânquia como atividade reflexa e resultado de energias isoladas, mas pelo Vedanta a partir de uma "energia vital" específica, a vida assim explicada deu azo à hipótese de causas "adristas", não vistas, quer dizer, "desconhecidas", como o magnetismo, por exemplo. E enquanto a ciência especializada dos práticos em fecundação se dava por satisfeita com a constatação do "desconhecimento", foi natural que as ulteriores escolas Niaia e Vaisesica inseriram nessas lacunas cognitivas o determinismo ético do carma da teodiceia indiana, exatamente como entre nós os "limites" da ciência abrem espaço para construções teológicas. Sobre a medicina, ainda: Thakore Sahib of Gondal, *History of Aryan Medical Science* (Londres, 1896), e Hoernle, *Studies in the Medicine of Ancient India* (Oxford, 1907) (ambas as obras não me foram acessíveis). A botânica era, em essência, farmacologia. Sobre os importantes êxitos gramaticais dos indianos, cf. sobretudo Liebich, *Panini* (Leipzig, 1891).

Sobre matemática e astronomia, cf. a exposição em *Bühlers Grundriß* (Thibaut, 1899): todos os pontos decisivos (exceto de aritmética e álgebra) representam a continuidade de influências gregas (só que as indicações de grau e tempo são controvertidas). Em solo exclusivamente indiano só vicejava trabalho empírico *sem "prova" racional* (este é o aspecto decisivo). A "prova" se demonstrava mediante apelo à visão, de modo semelhante, por exemplo, ao dos modernos defensores da "aula ilustrada" [*Anschauungsunterricht*] que, de tão extremados, eliminariam a formação do pensamento formal lógico, se se impusessem. Sobre os escritos cameralístico-políticos (sobretudo Kautalia-Arthasastra): Narendranath Law, *Studies in Ancient Hindu Polity* (Londres, 1914) (tampouco tive acesso). O "racionalismo" da técnica administrativa dificilmente poderia ter sido superado em seu grau de refinamento. Mas nem por isso era racional. É o que ensinam esses escritos.

China, o pensamento *matemático* dos helenos, esse seu imutável legado à ciência moderna – diga-se que um dos componentes para essa inibição foi, evidentemente, aquela pseudossistemática retórica e simbólica. O outro componente, ainda mais importante, consistia no rumo seguido pelo interesse do pensamento indiano, que se mantinha, em última análise, indiferente às facticidades do mundo enquanto tais e buscava fora delas, na libertação redentora delas mediante a gnose, o único que se fazia necessário. Essa linha de pensamento está formalmente determinada pelas técnicas contemplativas das camadas de intelectuais. É disso que trataremos agora.

A técnica de salvação (ioga) e a evolução da filosofia da religião

Como todos os métodos de êxtase apática, também esses se baseiam, de algum modo, naquele princípio teórico, que já os quakers formularam como segue: "Deus só fala na alma quando a criatura silencia". Na prática, sem dúvida, tinham por fundamentos as antigas experiências dos magos sobre os efeitos de técnicas auto-hipnóticas e outras técnicas psicológicas similares, bem como as comprovações fisiológicas do impacto exercido sobre as funções cerebrais pela desaceleração reguladora da respiração e pela paralisação temporária dela. Os estados emocionais, assim obtidos, foram avaliados como um estado de arrebatamento da alma e, por conseguinte, como santo. Formaram, então, a base psicológica das doutrinas filosóficas da salvação, que passaram a buscar bases racionais para o significado daqueles estados emocionais no contexto das especulações metafísicas. Entre as múltiplas modalidades de técnicas de extático-apáticas, sobressai-se uma pelo fato de ser sustentada por uma escola filosófica reconhecidamente ortodoxa: a ioga (= tensão, ascese). Essa tem sido a racionalização da antiga prática extática dos magos. Não é o caso de aprofundar, nesta altura, esse fenômeno bastante comentado[225]. Originalmente, era vista como ascese específica de

---

225. Sua fixação literária como "doutrina de escola" por parte de Patañjali é de data bastante recente. O assunto em si é, no mínimo, anterior ao surgimento do budismo. Nominalmente, é mencionado no antigo Upanishads e, doutrinariamente, no Upanishads posterior. Cf. mais detalhes em: Garbe, "Sankhya und Yoga" (apud *Bühlers Grundriß*, 1896).

leigos: o herói Krishna deve tê-la repassado ao Vivasvata, Deus da casta dos xátrias, o qual a teria comunicado aos antigos sábios da tribo do estamento guerreiro. É necessário mencioná-la aqui porque, sob várias formas, obteve uma influência maior do que qualquer outra, tanto em doutrinas ortodoxas quanto em heterodoxas, sendo a forma mais típica de técnica salvífica de intelectuais. É difícil decidir se em verdade estava principalmente situada mais dentro ou mais fora do bramanismo. No tempo histórico estava difundida, em todos os casos, muito além dos círculos bramânicos. Mais tarde – como veremos adiante – foi superada pela técnica bramânica clássica de salvação e, hoje em dia, denomina-se "ioguim" uma camada não muito grande de magos sem formação védica, que não eram reconhecidos pelos brâmanes como seus iguais e que, por isso – de acordo com o tipo de desenvolvimento exposto anteriormente –, formavam uma casta própria[226]. A técnica da ioga está centralmente focada na regulagem da respiração e em instrumentos similares de êxtase apática, em combinação com a concentração das funções psíquicas e espirituais conscientes nas sucessivas experiências vivenciadas, em parte, dotadas e, em parte, privadas de sentido, mas marcadas por um caráter indeterminado de sentimento e veneração, porém sempre controladas pela auto-observação até atingirem tanto o cabal esvaziamento da consciência de tudo o que é palpável por palavras racionais quanto o completo domínio do coração e do pulmão mediante os processos de inervação e, por fim, chegar à auto-hipnose. De maneira conceptual, a ioga baseava-se no pressuposto de que a percepção do divino fosse algo de *irracional*, uma experiência psíquica a ser realizada por meios irracionais e que nada tivesse a ver com "conhecimento" racionalmente demonstrável. O intelectualismo bramânico clássico nunca partilhou totalmente essa concepção. Para ele, o "saber" como tal era o ponto central de todos os caminhos de salvação. Inicialmente, o saber corporativo a respeito do ritual, tanto para o brâmane que se encontrasse na busca de redenção quanto, além disso, para fins de

---

226. Em Bengala, as castas superiores não aceitam água servida por eles, embora estes sejam portadores do cinturão sagrado. São médicos magos, mas também ambulantes fabricantes de instrumentos que ofereciam de porta em porta.

interpretação gnóstica metafísico-*racional* de seu sentido cosmológico. O desenvolvimento dessa concepção deu-se, passo a passo, a partir da ritualização e da sublimação dos atos sacros. Assim como em outras religiões, a "mentalidade" correta (ética) tomou o lugar do agir correto apenas externamente, também aqui – em correspondência com o prestígio do saber e do pensamento especificamente bramânico – ocorreu o mesmo com o "pensamento" correto. Ao brâmane no exercício de suas funções (fato para o qual Oldenberg chama a atenção) prescrevem-se, para certos atos rituais, inclusive determinados pensamentos como condição para a eficácia da magia. Pensamento correto e conhecimento correto eram considerados como a fonte do poder mágico. Tanto aqui quanto alhures, esse conhecimento não manteve o caráter de um saber comum dado a qualquer mente. Só um conhecimento mais elevado – a gnose – podia operar a suprema salvação.

O resultado que o método da ioga procura alcançar consiste, antes de tudo, em estados de espírito mágicos e forças milagrosas. Assim, por exemplo, a abolição da lei da gravidade: a aptidão de levitar. E mais: "onipotência", no sentido de que acontecimentos anunciados devem ocorrer imediatamente, sem ação externa, apenas por obra do poder mágico puro e simples do querer do ioguim. E, por fim: "onisciência", ou seja, clarividência, sobretudo em relação ao pensamento de outrem. Ao passo que a contemplação clássica bramânica almejava as beatitudes da apreensão gnóstica do divino.

As doutrinas de salvação ortodoxas

Com efeito, todas as técnicas intelectualistas da salvação perseguiam justamente um dos seguintes objetivos: 1) ou, mediante "esvaziamento" da consciência, criar espaço para o sagrado que então, por ser indescritível, será *sentido* de maneira mais ou menos vaga; ou, 2) por meio de uma combinação de técnicas interiores de isolamento com meditação concentrada, chegar a um estado que *não* era tomado por sentir, mas sim por *saber* gnóstico. Esse não é um contraste agudo. Mas não se pode deixar de reconhecer que, ante a aura própria do saber, a contemplação bramânica clássica tende para o segundo tipo. Até o ponto em que a escola Niaia considerava o conhecimento por ela cultivado na forma empírica racional como caminho de salvação, fato que, entretanto, de modo algum se coadunava com o tipo bramânico clássico. Para este, estava firmemente estabelecido o caráter metafísico da gnose e, com este, o valor da técnica mecânica de meditação para provocar a "visão" como acontecimento da alma jamais atingível por via de provas empíricas. Por esse motivo, ela nunca descartou totalmente práticas da ioga. De fato, a ioga também era, a seu modo, a mais alta forma de obtenção especificamente intelectualista do divino, pois o sentir por ele almejado por meio da concentração intensificada gradualmente (samadhi) devia ser, antes de tudo, vivenciado, na medida do possível, *conscientemente*, e, para esse fim, provocavam-se interiormente de modo planejado e racional, por exercícios de meditação, os sentimentos de "amizade" (com Deus), de "compaixão" (com a criatura), de beatitude e, finalmente, de indiferença (perante o mundo). O mais alto grau era, então, o da catalepsia. A ioga clássica rejeitava a mortificação irracional – hatha ioga – da pura ascese mágica. Por um lado, era uma forma racionalmente sistematizada da ascese metódica do sentimento, comparável, nesse ponto, aos exercícios espirituais de Inácio de Loyola. Quanto a essa sistemática, superou substancialmente, em grau de racionalização, a contemplação bramânica clássica, que, por sua vez, era mais racional quanto ao *habitus* almejado ("saber", e não, "sentimento").

Mas a doutrina bramânica clássica não pôde, afinal, rejeitar inteiramente como heterodoxas as virtuosísticas mortificações dos anacoretas que renunciavam ao mundo, já que também para estes estava firmemente estabelecido o caráter mágico da gnose, e que, além disso, era inabalável o prestígio popular do "Tapas" como instrumento de coerção dos deuses. Ela deu preferência aos meios moderados da técnica de contemplação somente no caso do homem comum bramânico, por assim dizer, para o "clérigo secular". Não é possível verificar até que ponto da história remonta a concentração devocional na antiga sílaba sagrada de oração "Om"[227] e na correspondente meditação – em verdade, o esvaziamento da consciência propiciado

---

227. Originalmente terá sido um responsório da comunidade, correspondente, por exemplo, ao nosso "amém" e, mais tarde, interpretado de maneira mística.

pela repetição mecânica dessa palavra magicamente eficaz. Ela reinava nas soteriologias tanto ortodoxas quanto heterodoxas da Índia. E, a par dessas técnicas, também havia outras com objetivos semelhantes. Sempre se tratava de livrar-se do mundo dos sentidos, das excitações da alma, das paixões, dos instintos e ambições, das conjeturas cotidianas voltadas a meios e fins, a fim de criar as precondições para um estado final que significa o repouso eterno: a redenção que liberta (moksha, mukti) dessa engrenagem, a união com o divino. Na soteriologia clássica dos indianos, uma existência celestial eterna, análoga à beatitude paradisíaca do cristianismo, não podia ser levada em consideração como finalidade. Em primeiro lugar – e acima de tudo –, a seu pensar, a concepção de recompensas e penalidades "eternas" para atos e omissões de uma criatura nesta vida passageira se afiguraria, naturalmente, como um absurdo tolo, seria contrária a toda proporcionalidade ética e sanção justa. No céu só poderia haver para méritos finitos tempo finito[228]. Além disso, porém, os deuses védicos e, posteriormente, os deuses hindus eram tão pouco virtuosos quanto os seres humanos e só mais poderosos do que o homem do cotidiano. Era impossível ser este o estado final visado pelo anseio bramânico de redenção. No âmbito do vivenciado, a alma ficava de fato separada deste mundo unicamente em estado de sono profundo sem sonhos. Onde ela se encontrava – quem o haveria de saber? De todo modo, ela não se encontrava enlaçada na engrenagem intramundana; portanto, seguramente, na sua pátria extramundana.

Qualquer técnica de salvação derivada das camadas de intelectuais da Índia, seja ela ortodoxa ou heterodoxa, tem esse sentido de distanciamento da vida cotidiana e, mais ainda, de afastamento da vida e do mundo em geral, inclusive do paraíso e do mundo dos deuses, pois, no paraíso – onde a vida também é limitada –, tem-se, necessariamente, de ficar tremendo ante o momento em que o excedente de méritos estiver exaurido, já que então, sem

---

228. Para assegurar de forma dogmática esse ponto, o *Maabárata* utilizou o recurso de excluir, durante o tempo que durasse a permanência no céu, a possibilidade de aquisições para o carma: o ponto decisivo para o novo renascimento era unicamente o comportamento anterior na Terra.

falta, ocorre um novo renascer terrestre[229]. Os deuses estão submetidos ao poder mágico do ritual corretamente aplicado. Nesse sentido, situam-se abaixo, e não acima do conhecedor que os sabe constranger. Da mesma forma em que os seres humanos não são eternos, eles tampouco o são e, como aqueles, também agem de maneira apaixonada com cobiça; portanto, não podem ser idênticos àquela divindade almejada nos exercícios dos técnicos salvacionistas. Em suas formas clássicas, a redenção bramânica é sempre, apenas e incondicionalmente, redenção libertadora do mundo como tal. Nisso ela se distingue de toda atitude chinesa em relação ao mundo, inclusive da de Lao-Tsé e dos demais místicos de lá. Esse extremo radicalismo de rejeição do mundo está determinado pela cosmovisão da filosofia religiosa indiana, que, consequentemente, não admite nenhuma outra opção, fora esta, para o anseio de redenção.

Com efeito, o que se rejeitava mediante o anseio de redenção não era o sofrimento, o pecado, a falta de amor nem a imperfeição do mundo, mas sim sua *transitoriedade*. Esta é inerente a todas as formas e coisas terrenas, celestes ou infernais, por mais variadas que sejam, perceptíveis aos sentidos ou imagináveis pela fantasia: ao conjunto do mundo formado. O mundo é uma "roda" perene, sem sentido, de renascer e refalecimento rodando em ritmo igual por todas as eternidades dos tempos. E apenas duas essencialidades imperecíveis podem ser nele encontradas: a própria ordem eterna e aqueles seres que se deve conceber como portadores do renascimento por meio da fugacidade dos renascimentos – as almas. Em torno desses seres, sua estrutura e seu relacionamento com o mundo e o ser divino giram com uma única interrogação, a totalidade da filosofia hinduística[230]: como podem as almas serem retiradas do envolvimento na causalidade do carma e, por conseguinte, na roda do mundo? Pois desde o estágio de pleno desenvolvimento da

---

229. *Atmapurana*, XIV, p. 91-95 (apud Gough, *The philosophy of the Upanishads*).

230. A quem desejar se familiarizar com a filosofia indiana, é obrigatória a obra de Deussen, um tanto informe, mas escrita com grande dedicação e indubitavelmente possuidora de grandes méritos. Mas as passagens relevantes para o nosso objetivo poderão ser consultadas com melhor proveito nas obras citadas de Garbe e Oldenberg. Tampouco é inútil a obra do (missionário) Dilger (*Die Erlösung nach Christentum und Hinduismus* [A salvação segundo o cristianismo e o hinduísmo]).

doutrina do carma e do samsara estava estabelecido, sem mais nem menos, ser unicamente essa a tarefa concebível de uma "redenção".

Naturalmente, somente pouco a pouco – e de modo algum em toda parte – esse estágio de desenvolvimento foi sendo alcançado na plenitude de sua coerência interna. Se, por um lado, carma e samsara vieram a se constituir como fé comum hindu, por outro, não é esse o caso do caráter impessoal do divino supremo, nem o da não criação do mundo. Contudo essa última crença se tornou regra até mesmo em lugares onde se acreditava em deuses pessoais do mundo. As cosmologias posteriores – como as que constam nos Puranas – referem uma sequência infindável de sucessivas fases temporais, como no *Vishnu Purana*: Krita, Treta, Dvapara, Kali. Na era Kali, as castas caducam, os sudras e as heresias prosperam porque Brama dorme. Nessa época, Vixnu assume a forma de Rudra (Xiva) e destrói todas as formas de existência: tem início o crepúsculo dos deuses. Mas então Brama desperta na forma de Vixnu, o Deus magnânimo, e o mundo renasce novamente. As cosmologias mais antigas não têm conhecimento de deuses supremos como esses ou os conhecem sob outros nomes e são de maior multiformidade, com características que não vêm ao caso neste contexto. De maneira progressiva, mas muito devagar, o Brâman impessoal – originalmente, a fórmula mágica de oração e, subsequentemente, a potência mundial mágica correspondente à força mágica da oração – foi se colocando no lugar do Deus mais antigo, pessoal e criador do mundo (Prajapati). Nesse contexto, porém, ele, de modo contínuo, tendia a assumir, ele próprio, as vezes de um deus pessoal supramundano – Brama –, que, no entanto, segundo a doutrina clássica, já não criou o mundo a partir do nada, mas sim a partir de quem o emanou por meio de individuações. Sua supradivindade talvez tenha sido fixada, para a teoria, de modo a evitar que, enquanto Deus funcional das orações, ele próprio viesse a ser objeto da coação mágica ínsita na prece. Mas, em nível inferior ao dos círculos da camada de intelectuais bramânicos instruídos filosoficamente e mesmo no meio deles, foi surgindo, de alguma forma repetida, a crença, propriamente falando não clássica, em um deus supremo criador, bondoso e pessoal, acima do emaranhado de deuses locais e funcionais – o

Ekantika Dharma (o "monoteísmo", diríamos nós) –, e, em especial, a crença em salvadores e redenção paradisíaca. Por isso, particularmente, a prática da ioga, com sua ascese irracionalística e o seu caráter sentimental de vivência, inerente ao seu modo de posse da salvação, não excluiu o Deus supremo e pessoal (Isvara, "dominador"), pelo menos na forma que lhe foi dada por Patañjali. Por certo, pela lógica rigorosa, sua existência não se afigurava compatível com carma e samsara. A essa altura, surgiu, imediatamente, a questão sobre o "sentido" da criação e do governo, por um deus supremo, deste mundo acabrunhado por sofrimento, suplício e transitoriedade. Deixando de lado soluções menos coerentes, deu-se, certa vez (no Maytrayana-Upanishad), uma resposta na direção de que o Deus supremo o criou para ter um passatempo para si, a fim de "desfrutar as coisas". Nesse contexto, aflora aqui, como rigorosíssima hipótese metafísica, mas com desconfortante ranço de filistinismo burguês, o conceito de um "deus artista", também mencionado ocasionalmente por Nietzsche – porém, nesse caso, com aquele *páthos* moralista de cunho negativo a transpirar tantas vezes mesmo em algumas de suas maiores concepções. Esse conceito implicava a renúncia expressa a um "sentido" próprio do mundo empírico. Um deus poderoso e, ao mesmo tempo, bondoso não pode ter criado um mundo assim – somente um canalha teria sido capaz disso, ensinava com áspera clareza a filosofia Sânquia[231]. Por outro lado, a possibilidade, admitida pela ortodoxia, de que as almas pudessem ser libertadas da roda dos renascimentos deveria ter por conclusão a finitude temporal do mundo ou, pelo menos, a do fluxo de renascimentos, admitindo-se como finito também o número absoluto de almas existentes. E, de fato, para evitar essa aporia, a mais consequente doutrina[232] acatou a hipótese de que o número de almas seja infinito, de modo que o número das que alcançam a beatitude de almas salvas não era apenas pequeno – como no cristianismo –, mas sim infinitamente pequeno, pura e simplesmente. O *páthos* dessa concepção só podia exacerbar ao máximo aquele elemento religio-

---

231. Cf. as passagens traduzidas: Garbe, *Samkhya-Philosophie*, p. 192-193.

232. Nesse caso: a filosofia Sânquia.

so-"individualista" inerente, por sua própria natureza, a toda busca mística de salvação: de que é o próprio indivíduo quem, em definitivo, pode e deseja ajudar a si mesmo. Que sentido podia ter uma missão salvadora de qualquer espécie ante a infinitude numérica de almas? Nunca, a não ser no contexto da crença na predestinação, a solidão religiosa da alma individual recebeu tal caixa de ressonância como nessa consequência deduzida a partir da doutrina bramânica, de modo a tornar a sina de cada alma individual seu próprio produto, bem ao contrário da fé na predestinação.

Também os ensinamentos fundamentais para toda teoria de salvação (transmigração das almas e causalidade ética da retribuição) tiveram – como já referido – uma evolução paulatina. A primeira se encontra nos Brâmanas em estágio embrionário[233], e a segunda aparece apenas nos Upanishads. Contudo, concebidas outrora, no período em que estavam sob a pressão da necessidade racional da teodiceia, essas doutrinas tiveram de passar a influenciar de imediato, e de forma categórica, o sentido de todo o anseio ascético e contemplativo de salvação. Não somente a transitoriedade foi por elas estabelecida como razão decisiva para a depreciação do mundo, mas também o pensamento de que a multiplicidade do mundo, a sua moldagem e a sua individuação constituem características decisivas do abandono e do distanciamento em relação ao Brâman (e não mais, como anteriormente, sua criação). Pensando-se de maneira consequente, o Brâman obteve, assim, a qualidade enquanto único impessoal e – por ter desaparecido sob a multiplicidade das aparências –, ao mesmo tempo, enquanto oculto negativo perante o mundo. Também foram assim decididos eticamente de modo definitivo a qualidade e o sentido da desvalorização do mundo. Em fundamental oposição ao cristia-

---

233. Sobre toda essa questão, mais recentemente: Schrader apud *Zeitschrift der Deutschen Morgenländischen Gesellschaft* (64, p. 333ss.). Ele procura demonstrar que Yajnavalkya ainda não ensinava samsara, como geralmente se supunha, mas sim carma e salvação, que ele se situava no meio entre os Brâmanas e os Upanishads. Ele considera a transmigração das almas como um conceito "anticlerical", contra a doutrina do Brâmana, segundo a qual o ritual propiciava o além (persiste a dúvida quanto ao caráter permanente ou temporário). Porém é de supor-se que os ensinamentos dos Upanishads expõem, realmente, em sua maioria, os resultados da contemplação dos ascetas Vanaprastha, apresentados como tais. Estes estavam dispensados do serviço ritual e podiam muito bem ser apoiadores de uma doutrina (relativamente) contrária ao ritual.

nismo, nem "pecado" nem "consciência" podiam constituir as fontes da busca de salvação. No pensamento popular, o "pecado" era uma espécie de material mágico-demoníaco, como também Tapas (ascese). No Rigueveda, ele constituía uma transgressão dos preceitos custodiados pelo Deus do direito, nomeadamente sob a vigilância de Varuna[234]. Na literatura posterior, o conceito perde toda a importância ante o "mal". Não é o mal que desvaloriza a criatura, mas sim o não valor metafísico do mundo transitório e fadado à morte, assim como o fastio provocado no conhecedor pela absurda engrenagem dela.

Quanto mais a filosofia bramânica se aproximou desse ponto de vista, mais central se tornou a questão referente à essência e aos caminhos da individuação e de sua reaniquilação. A filosofia indiana é, por conseguinte, de forma predominante, uma teoria da estrutura metafísica da alma como portadora da individuação. Originalmente, encontravam-se muito difundidas concepções segundo as quais a respiração era a substância do – por assim dizer – imaterial, "anímico" e "espiritual" no ser humano, e, por isso, o conceito "Atman" [no alemão, *atmen* = respirar], ligado primeiro a esse contexto, foi sublimado, transformando-se na unidade oculta, imaterial, mágica do "ego". No Mundaka-Upanishad[235], o "ego" íntimo ainda consiste em "respiração", considerado também no Chandogya-Upanishad como algo de especial perante todos os demais órgãos, algo de especificamente indispensável para a vida e considerado incorpóreo já nesse contexto. A par disso, também se encontra, na recém-citada obra, o corpo astral de um ego espiritual[236]. E no Maitrayana-Upanishad[237] encontra-se a simples expressão: "O que um homem pensa, ele o é". Os pensamentos causam sozinhos a reviravolta dos nascimentos quando fixam o mundo, e não o Brâman, pois o pensamento tem força mágica. "Com conhecimento, fé e Upanishads, torna-se mais eficaz a celebração do sacrifício", rezam os Upanishads. O passo simples, mas impor-

---

234. Seus espiões vigiam os seres humanos, e seus estatutos são inalteráveis. Ele sabe tudo (*Atarvaveda*, IV, 16, 2) e castiga o pecado. Cf. Von Schröder, *Reden und Aufsätze*, p. 17.

235. II, 2.

236. I, 1,10.

237. VI, 34, 3.

tantè, que levou a identificar esse sujeito mágico, portador de vida individual autoconsciente, com Brâman, potência mundial mágica, foi efetivado já pela esotérica dos antigos Upanishads. E, realmente, a passagem que figura entre as mais impressionantes formulações da antiga sabedoria bramânica é o célebre texto do Chandogya-Upanishad (I, 1, 10), em que o mestre conduz o aluno pelo reino dos seres vivos desde a semente até o ser humano, sempre lhe indicando a "fina essência" íntima da vida, por cuja força existe tudo o que tem um "ego" (versão indiana da "enteléquia"), e repetindo-lhe de modo incessante o refrão: "Isto é o ser, isto é o ego, e tu, ó Svetakatu, tu és isto" (tat tvam asi). Nesse contexto, o estreito relacionamento entre o pensamento bramânico clássico e a magia impediu que se efetivasse a sugestão feita – e quase realizada no referido texto – de uma materialização da suprema potência do mundo em termos de "substância", propugnada pela filosofia helênica. Isso não era admissível: para o pensamento bramânico, o prestígio da força mágica estava firmemente estabelecido. A partir daqui, compreende-se facilmente a rejeição brusca de todas as especulações materialísticas – que, com certeza, teriam levado a vias similares – por serem vistas como heterodoxas. Por outro lado, a racionalização da êxtase apática em forma de meditação e contemplação, tal como levada a efeito pela técnica da autoconcentração (ioga) – a primeira a exercê-la consequentemente –, despertou, no universo indiano, aquelas aptidões em que este se perfila quase de maneira inalcançável para outrem[238] – o vivenciar de modo consciente e intelectual a nível de virtuose os próprios processos da alma, sobretudo estados de ânimo emocionais. Acostumar-se a uma autopercepção como se fosse de observador interessado e, ao mesmo tempo, distanciado da engrenagem e da pressão dos próprios acontecimentos anímicos internos, tudo em consonância com a técnica da ioga praticada[239], tinha de gerar, muito naturalmente, concepções

---

238. No Ocidente, foram os místicos cristãos e, mais tarde, determinadas versões do pietismo os agentes de semelhante refinamento intelectual psíquico levando-o para dentro do "vivenciado" no âmbito do consciente.

239. Ou por seus precursores, caso alguém deseje situar seu início técnico em época posterior e em contextos específicos, mas o resultado seria praticamente igual.

que colocam o "ego" como uma unidade situada mais além de todos os processos internos da consciência – inclusive os "espirituais" –, até mesmo além daquele órgão que dá suporte à consciência e à sua "estreiteza"[240]. Eis por que, à semelhança do dualismo de Yang e Ying na China, também aparece nos Upanishads mais recentes como fonte de individuação a dualidade de potências mundiais: o princípio espiritual masculino – o "purusha" – entrelaçado e em comunhão com o princípio feminino da matéria original – a "prakriti" –, em que se encontram subdesenvolvidas e sofreadas as forças materiais do mundo empírico, bem como as suas forças psíquicas e espirituais concebidas como sendo de natureza material, nelas incluídas as três forças básicas da alma, os três gunas: "satva", clareza e bondade divinas; "rajas", anseio humano e paixão do ser humano; e "tamas", escuridão bestial[241] e estupidez. Não cabe aqui entrar mais a fundo na maneira em que, na quase totalidade da literatura hindu inclusive mais recente, serão descritas todas as espécies imagináveis de comportamento próprio íntimo, em habitual estilo esquemático e pedantemente fantástico, como resultantes da mistura das três forças. Mais importante é que o purusha, já nos Upanishads, assoma como espectador totalmente inativo e sem participação na engrenagem acionada pela prakriti no mundo e na alma. Mas que certamente também aparece como espectador que "padece" a vida, no mínimo durante o tempo em que ele não percebe o nexo das coisas e permanece na fé errônea de que ele próprio seja quem age e movimenta toda essa engrenagem da alma em torno de seus interesses. Mas, certamente, logo que ele chega, ao saber e ver a prakriti e o agir dela como são, esta se comportará "como mulher de boa família surpreendida sem roupa": ela vai se retirar dele e liberá-lo para aquela perene quietude impassível própria da essência dele.

---

240. Na filosofia Sânquia, a finitude do órgão intermediador entre o mundo material e o espírito foi o que necessariamente fundamentou a estreiteza da consciência, o que também constitui elemento constitutivo da teoria budista (explicação do fato de que Buda, mesmo onisciente, ainda assim tinha necessidade de meditar).

241. Era uma ideia geral na Índia, que a escuridão seria coisa material, no mesmo sentido que luz.

Com essas conclusões, a especulação bramânica viu-se ante numerosas dificuldades muito importantes associadas à mística em geral e, particularmente, à mística gnóstica. De uma como essa última – eis um dos lados da questão – não era possível deduzir ética nenhuma para a vida no mundo. Os Upanishads nada ou quase nada contêm do que denominamos ética. E, além disso – este é o outro lado –, essa salvação operada unicamente pelo saber gnóstico fica muito tensionada com o conteúdo transmitido pelas escrituras sagradas, pois ela não desvalorizava somente o mundo dos deuses, mas também – e sobretudo – o ritual. Onde a ortodoxia encontrou apoio – e foi o único em condições de ajudar – pode-se depreender substancialmente do que já se disse até aqui: na relativização "orgânica". Não existe "ética" pura e simples, mas sim apenas um "darma" diferenciado por estamento e profissão, e, portanto, por castas. Com certeza não foi possível – nem se pretendeu – renunciar a toda e qualquer formulação geral doutrinária a respeito das virtudes de um *gentleman* (Arya). Em particular, os Livros Jurídicos (em menor grau, os do ritual doméstico, os Grihyasutras) não tiveram como dispensá-las facilmente. Mas, relacionadas ora em número de oito, ora em número de dez, as virtudes são sempre extraordinariamente incolores: misericórdia, paciência, ausência de inveja, pureza, tranquilidade, vida correta, abnegação e generosidade são as oito qualidades boas da alma elencadas no Livro Jurídico Gautama (o mais antigo, talvez até do tempo pré-budista). E em estilo um tanto mais positivo no Manu: satisfação, paciência, autocontrole, ausência de furto, pureza, controle da cobiça, piedade, saber, veracidade e serenidade. Ou então, na forma bem concreta e resumida em cinco mandamentos para todas as castas: não ferir nenhum ser vivo, dizer a verdade, não furtar, viver em pureza e dominar as paixões. Para o primeiro degrau da ioga, havia mandamentos inteiramente semelhantes. Apesar de tudo, nem esses preceitos eliminaram a tensão existente. Permanecia aberta a questão sobre o valor do ritual védico para quem busca a salvação e também a atinente às chances de salvação para o leigo incapaz de assimilar na prática o saber gnóstico. Particularmente, E. W. Hopkins teve o mérito de demonstrar como essa tensão se prolongou por toda a literatura clássica. No mínimo, perante os leigos, não era permitido aos brâmanes deixarem desvalorizar-se o ritual védico, cujos portadores eram eles próprios. Para os livros de rituais domésticos (Grihyasutras), o ritual permaneceu válido, compreensivelmente, no todo e nas partes. Mas também para os Livros Jurídicos são assuntos centrais, a par do culto aos ancestrais, as divindades védicas e seus sacrifícios, assim como as realidades decisivas e, em geral, derradeiras dos céus e infernos como meios de recompensa e castigo. Enquanto nos Upanishads o ritual foi reinterpretado em termos alegóricos – tratava-se sobretudo do ritual Soma, antigo ritual político do culto cavalariano –, nada disso consta nos Livros Jurídicos e nos de ritual doméstico, para os quais o ritual do fogo em torno do fogão doméstico ocupava posição central. O antigo racionalismo bramânico havia postulado para o emaranhado de deuses funcionais um "Deus Pai", o Prajapati, como regente mundial. Na esotérica, porém, é o "Brâman" impessoal quem passa para o ponto central enquanto detentor do poder mundial, de modo que a criação da figura do "Brama" como supremo deus pessoal terá sido, essencialmente, uma concessão às demandas do leigo. Porém, nos Livros Jurídicos, a situação assim surgida não se tornou, em absoluto, uniforme. O Brama foi, por certo, acatado como supremo Deus e – no mais das vezes – idêntico ao Prajapati. Mas já então ele era e foi cada vez mais considerado como um *roi fainéant*, como afirmado com razão. Nos Livros Jurídicos, o Atman foi, por certo, recebido em sentido filosófico – e note-se, como objeto de culto, ao passo que os rituais domésticos, compreensivelmente, pouco se importam com tal recepção. Porém pelo menos samsara e carma constituem, nos Livros Jurídicos, um pressuposto óbvio e passam até mesmo com maior ênfase nos livros mais recentes do que nos antigos. E os instrumentos corretivos religiosos consistem em: permanência mais longa ou mais curta no céu e no inferno, alegria e felicidade no além-mundo dos ancestrais em caso de virtude e, pelo contrário, sua desgraça no além em caso de maus atos praticados pelos descendentes[242] – e também, como se compreende por si mesmo, em caso de infelicidade causada pelo descendente, a vingança do espírito do ancestral contra este.

---

242. *Vasischtha*, 16, 36.

Ante a importância do culto aos ancestrais e, portanto, também dada a relevância dos descendentes para a quietude sepulcral e para a beatitude dos antepassados, foi preciso colocar uma questão particularmente delicada: se seria possível tornar-se um xrâmana sem ter gerado descendente. Pois, caso alguém julgue desnecessário para si próprio o sacrifício ao ancestral, nem por isso se poderia deixar os antepassados sem receberem o cuidado por parte dos descendentes. Os Livros Jurídicos pressupõem, em geral, como evidente que cada qual deve passar por todos os estágios, inclusive o de chefe da casa – e, portanto, pelo estágio matrimonial – para obter mérito no além. Surge, então, até mesmo a ideia de que a vida "prosseguida no além" ou a "imortalidade" em nada mais consiste senão em continuar a vida nos próprios descendentes[243]. Há quem observe existirem brâmanes que ensinam que um asceta não necessite ser chefe da casa antes de ingressar na vida de monge. Ocasionalmente há protestos contra isso e também contra a importância do "saber" enquanto supremo caminho de salvação[244], ou declarações de que a logomaquia soteriológica do sofista faça perder a salvação[245], como sucede também para quem se entrega aos prazeres do mundo. Mas nisso se aceita a existência do fenômeno, prescrevem-se aos monges regras mais ou menos semelhantes às válidas para monges heterodoxos (jainistas)[246], e, caso realmente ocorra um posicionamento, este será mais ou menos do seguinte teor: existem vários caminhos e várias finalidades na busca da salvação – o monge busca a salvação pessoal no além, quem permanece no mundo como leigo ritualmente correto procura a salvação neste mundo, agora e no renascimento, para si, para seus ancestrais e para seus descendentes.

---

243. *Apastamba*, 23, vol. 8ss. Hopkins remete a esse ponto e aos demais citados. Quanto aos Livros Jurídicos, cf., agora, as traduções nos *Sacred Books of the East*.

244. *Apastamba*, 10, vol. 14-15. No entanto, esse Livro Jurídico – que contém o maior número de contestações dessa espécie à técnica contemplativa – tem sua origem na Índia Meridional e, portanto, fora da terra natal da antiga filosofia dos Upanishads, conforme comprovado por Bühler (*Sacred Book of the East*, introdução à edição).

245. *Vasischtha*, 10, 4.

246. A saber, em Baudhayana, circunstância já apontada por Hopkins.

O fato de que, dessa forma, por meio do culto aos ancestrais, a busca da salvação pelo xrâmana conseguiu romper os laços mágicos das estirpes é um fenômeno dos mais importantes e extraordinários e pode ser explicado pelas forças mágicas que o asceta apresentava, das quais ninguém duvidava. Esse prestígio do mágico carisma do xrâmana sobrepujou, na Índia, o dos deveres de piedade para com a família – e esta é a diferença mais importante em comparação com a China.

Não se pode mais saber, hoje em dia, quando teve início essa tendência, nem qual a intensidade das resistências. As circunstâncias terão sido muito instáveis presumivelmente, entre outros fatores, por causa da penetração colonial ainda em andamento na Índia Setentrional durante todo o período dos Brâmanas, com a debilitação forçosamente concomitante dos laços familiares. Apenas nesse contexto se tornou absolutamente possível o surgimento desinibido de escolas bramânicas, comunidades de ascetas e mosteiros, assim como a largada realmente total da busca mística de salvação por filósofos.

Por sua vez, a soteriologia filosófica, consciente de ser Çruti – revelação – e, por isso diferente de Smriti – rito tradicional –, acatou aquela relativização dos caminhos salvíficos operada segundo a intenção e o carisma pessoal do sujeito em busca da salvação no sentido de que os deuses existem e são poderosos. Mas o mundo celestial deles é passageiro. O leigo chega a eles mediante o ritual correto. E também quem estuda corretamente os Vedas, já que a mais não alcança sua capacidade mental. Quem, porém, apresenta o carisma da gnose, tem a possibilidade de sair desse mundo das transitoriedades. Por ser o supremo instrumento soteriológico, a gnose pode seguir dois caminhos substantivamente diversos. Ou é reconhecimento dos processos materiais-anímicos-espirituais da realidade enquanto mundo contraposto ao si mesmo perenemente imutável e desprovido de qualidade, enquanto realidade heterogênea, do qualitativamente especificado, mas de fato existente, do individual perpetuamente mutável e perecível, de que o si mesmo se afasta – nesse sentido, o dualismo entre o si mesmo conhecedor e a matéria conhecida (inclusive os assim chamados processos "espirituais") é o fato metafísico fundamental. Ou o reconhecimento é "gnose" em sentido muito mais específico – de nenhum modo pode ser "verdadeiro" o mundo da realidade, do contínuo devir e perecer. Ele é aparência ilusória (Maya), imagem enganosa do reconhecimento, criada pela magia de um ser demoníaco aparente, o demiurgo (Isvara). Portanto, propriamente falando, Maya "cria" o mundo. Realidade não tem esse aparente devir e passar, mas sim o ser persistindo firme em toda mudança aparente, é claro – um ser suprarreal, divino: o Brâman. Sua individuação, realizada pelos meios do reconhecimento (próprios do mundo aparente), é o espírito individual. Uma vez desfeita essa ilusão cósmica por obra do reconhecimento, efetua-se a libertação do sofrimento ligado a ela. Chegado à gnose, o espírito não necessita nada mais. Exigem-se, unicamente, os meios apropriados para levá-lo àquele estado: a gnose não é um saber costumeiro, mas sim um "ter". Portanto – e é onde está a diferença propriamente religiosa entre ambas as concepções, na prática uma diferença ainda mais importante do que as contradições epistemológicas formais –, nessa concepção da natureza capciosa da realidade, o reconhecimento libertador só pode se dar mediante uma reunificação *mística*, com o divino Único, o Brâman, do espírito individualizado apenas por sua ilusão cósmica. Em contraste com isso, o reconhecimento dualista da verdade do real torna um Brâman, em última análise, supérfluo para o almejado êxito salvífico, e este se alcança mediante *adestramento* sistemático do reconhecer, entendido ao modo da ioga praticada. Eis por que a doutrina dualista não se ocupa do Brâman e, nesse sentido, é ateísta: a alma libertada mergulha num sono perene sem sonhos, mas não desaparece. A doutrina monista relativa ao Brâman poderia ser denominada "panteísta", supondo-se válida essa expressão, na verdade bastante inapropriada para abarcar o caráter "supramundano" do Brâman enquanto único real, em oposição à aparência cósmica. A doutrina dualista da "realidade do real" foi cultivada pela escola Sânquia, cujos primeiros fundamentos sistemáticos remontam a Kapila, e a doutrina monista referente à aparência cósmica é conhecida pelo nome do "Vedanta". A doutrina Sânquia foi esboçada já nos Upanishads e posteriormente, mas, ainda antes da doutrina Vedanta, tornou-se indubitavelmente a filosofia clássica da camada intelectual indiana. É o que comprovam, desde logo, por um lado, suas relações com a ioga, cuja técnica forneceu as precondições para suas construções, e, por outro, a influência exercida para a formação de seitas e heterodoxias mais antigas, entre as quais o budismo. Outro ponto a corroborar essa afirmação é o fato de que, com plena evidência, importantes passagens do Maabárata foram elaboradas, primeiramente, sob a influência da doutrina Sânquia e, só mais tarde, sob a do Vedanta. Outros elementos comprobatórios advêm, por fim, de circunstâncias externas, tais como a do tempo em que surgiram as mais antigas redações sistemáticas[247] da doutrina e, além disso, o fato de que ainda hoje se invocam o Kapila e os antigos santos Sânquias por ocasião da oferta diária de água pelo brâmane. O Vedanta, pelo contrário, tal como redigido[248] no Bramasutra de Bâdarayâna e posteriormente comentado pelo principal filósofo da escola, Çankara, tornou-se o sistema clássico do hinduísmo ortodoxo bramânico posterior. Nada de espantoso em tudo isso, por certo. A orgulhosa rejeição de qualquer forma de crença em Deus, bem como o reconhecimento da realidade do real contidos na doutrina Sânquia tinham forçosamente de encontrar maior receptividade junto a uma camada ilustre de intelectuais composta por brâmanes e leigos cavaleiros, como a conhecida no tempo anterior ao desenvolvimento dos Grandes Reinos, do que junto a uma casta constituída unicamente por sacerdotes, sobretudo quando esta se encontrava sob a proteção de grandes reis patrimoniais. Para ela, eram de central interesse a existência e o acesso místico ao poder divino. E ela conseguia conciliar com mais facilidade sua doutrina com os pressupostos da literatura védica – como sugere enquanto finalidade o próprio nome (Vedanta = fim, conclusão do Veda). Visto ser mais significativo para o nosso contexto o que há nos fundamentos mais gerais, devemos resistir aqui à tentação de analisar mais de perto as concepções vedânticas, ainda que muito admiráveis em sua natureza. Deve-se fazer uma advertên-

---

247. A obra mais antiga que se conservou da escola, a saber, o Samkhya-Karika de Isvara-Krishna, foi traduzida por Bechanarama Tripathi nas *Sanskrit Series* (n. 9), de Benares (1883), e, para o alemão, por Deussen (*Allgemeine Geschichte der Philosophie*, I, 3). Os aforismas atribuídos a Kapita foram traduzidos para o inglês por Beal.

248. Como fundador da escola, indica-se, oficialmente, vyasa (criador da disposição), uma denominação coletiva que inclui, igualmente, o redator do *Maabárata* e o colecionador dos Vedas.

cia quanto à ideia de que esses elementos doutrinários constituam apenas aproximações racionais de um estado de ânimo "pessimista", "desdenhador do mundo". Algo de semelhante encontra-se – como nos helenos – também na primitiva literatura bramânica e outrossim já na védica antiga. Mas, no verdadeiro sentido de estado de ânimo fundamental, somente nas versões posteriores dos Upanishads[249]. Muito mais do que isso, os grandes complexos doutrinários indianos eram concepções racionais de pensadores ciosos e, a seu modo, consequentes. E o caráter místico do bem salvífico – que, por certo, marcava fortemente suas doutrinas – era uma sequela da situação interior de uma camada de intelectuais posicionada perante a vida como de *pensadores* ocupados com seu sentido, e não como *agentes práticos* e participantes de suas tarefas. O estado emocional e sentimental, assim como o "sentimento do mundo", constituíam, pelo menos em parte, uma consequência tanto de uma cosmovisão racionalmente elaborada quanto de um estado salvífico procurado por meio da contemplação. Na lista das três virtudes cardiais dos indianos apresentada por um dos Upanishads[250] – o autodomínio, a generosidade e a "compaixão" –, a virtude mencionada em segundo lugar tem sua origem na camada cavalariana, a que vem em primeiro lugar origina-se no estamento bramânico, ao passo que a "compaixão" é produto, ao que se vê, da euforia cósmico-amorosa típica do êxtase apático-místico, que, mais tarde, ganhou importância ética universal com o budismo.

Dentre as seis escolas védicas oficiais ortodoxas[251], a Sânquia e a Vedanta constituem as mais destacadas, ao ponto de que se possa deixar aqui desconsiderada a metafísica das demais. A doutrina de ambas as principais

---

249. Maitrayana-Upanishad, I, 2-4ss. é a fonte habitualmente referida sobre o assunto.

250. Brihadaranyaka-Upanishad (vol. 2) é um texto para o qual Winternitz, *Geschichte der indischen Literatur*, chama a atenção, também se pronunciando sobre a falta de conteúdo ético nos Upanishads e sobre o respectivo motivo.

251. Na listagem usual: Mimansa de Jaimini, Sânquia de Kapila, Vedanta de "Vyasa", Niaia de Gautama, Vaisesica de Kanada e Ioga de Patañjali. O Vedanta, surgido mais tarde ("Uttara Mimansa"), é colocado como contraponto à antiga Mimansa ("purva", primitiva), que interpreta os Vedas de maneira ritualística (Mimansa significa, pura e simplesmente, pesquisa realizada por critérios de escola), pois somente ambas as escolas Mimansa (Purva Mimansa e Vedanta) são consideradas puramente clássicas no sentido mais próprio.

escolas também nos é relevante apenas na medida de seu impacto sobre a ética prática em aspecto importante para o nosso contexto.

A "ortodoxia" de todas as seis escolas patenteou-se no fato de não colocarem em dúvida a autoridade dos Vedas, e isso significa, particularmente – conforme exposto –, o caráter vinculante dos deveres rituais desenvolvidos na literatura bramânica, e de não contestarem a posição dos brâmanes.

As escolas filosóficas ortodoxas[252] têm sempre reconhecido a pluralidade dos caminhos de salvação (marga). Atos rituais, ascese e saber eram os três caminhos reconhecidos desde o princípio como clássicos. Entretanto somente os dois últimos levavam para lá do encadeamento ao carma; sobretudo, o saber. O saber era a gnose, a "iluminação", para a qual por vezes ocorrem as expressões "Bodhi" e "Buda". Sua significação mágica (nomeadamente, em círculos de ioguins) já é de nosso conhecimento. E sua importância soteriológica consistia na sua capacidade de abolir a malfadada ligação do espírito com a matéria, a "materialização" (upadhi) do Eu. O estado de plena eliminação de todo "substrato material" (upadhi) foi posteriormente denominado nirvana[253]: um estado que assoma após rompida toda ligação com o mundo. Na concepção extrabudista, isso não se identifica com o total esvanecer da individualidade como professa o budismo antigo, mas apenas com o término do sofrimento causado pela inquietude: não é um apagar-se da chama, mas sim um permanente arder sem fumaça e sem centelha, tal como ocorre quando o vento se amainou[254].

Nem o nirvana nem os demais estados similares de beatitude caracterizados com outras palavras constituem necessariamente algo referente ao além--mundo no sentido de uma ocorrência apenas após a morte do redimido[255].

---

252. Ao contrário do Loka Yata, a escola de "Materialistas" considerada heterodoxa, fundada por Charvaka (por volta do século III a.C.). Esta repudiava toda metafísica e, por isso, também a autoridade dos Vedas. Cf. Hertel, *Das Pcñohatantra* (1914), assim como Hildebrandtl, *Zur Kenntnis der indischen Materialisten* (Obra em honra de Kühn, 1916).

253. Cf., sobre o assunto: Oldenberg, op. cit.

254. Assim está, por exemplo, no *Maabárata* (VI, 30, 49). O Bagavadeguitá entende nesse sentido o referido estado.

255. Uma metafísica que considerava o não agir e o não sentir como a principal característica da libertação do terreno tinha, com toda a naturalidade, de assumir o sono sem sonho como a configuração mais

Bem pelo contrário, por ser resultado da gnose, trata-se de algo almejado justamente para este mundo. A perfeita obtenção da gnose dava ao clássico xrâmana sobretudo *uma* qualidade sumamente importante: a *certitudo salutis* hinduísta. Isso tem um significado duplo para a metafísica hindu: por um lado, o gozo da beatitude já no presente. Sobretudo o Vedanta conferia um peso determinante a esse desfrutar supraterreno próprio de quem se uniu ao Brâman[256]. Mas então, também, já neste mundo, a libertação do encadeamento ao carma. Redimido pelo saber pleno, o jivanmukti[257] estava livre do mecanismo de retribuição ética: "Nele, nenhum ato fica colado". Isso significa que, no sentido hindu, ele era "sem pecado". "Não o molesta mais a pergunta: que fiz de bom e de ruim?" Disso se depreendeu justamente a consequência anômica, típica para a mística, de que o ritual já não o obriga, pois ele está acima deste e agora poderá fazer qualquer coisa[258] sem risco para a sua beatitude. Essa consequência tinha de se revelar particularmente sugestiva para os raciocínios metafísicos da escola Sânquia, embora também tenha sido partilhada pelos Vedantistas (por exemplo, no Taittireya-Upanishad)[259]. No entanto, ao que parece, essas consequências não têm sido plenamente reconhecidas. O que é de todo compreensível: a desvalorização que o ritual sofreu desse modo foi por demais destrutiva em seus fundamentos. Mas, por outro lado, tais concepções terão contribuído

---

aproximada desse estado. Todo e qualquer animismo considera o sono como um emigrar da alma, e os Upanishads também tratam repetidamente o sono sem sonho e o êxtase como equivalentes sob esse aspecto (cf. as passagens citadas apud Gough, *Philosophy of the Upanishads*, p. 36).

256. Cf., por exemplo, Maitry-Brahmana-Upanishad (VI, 34, 9). É indescritível a felicidade da alma que, nessa meditação, se lavou de modo a livrar-se de toda impureza, e assim ficou absorvida em si mesma. Maitry-Brahmana-Upanishad, VI, 34, 10: "Água é água, fogo é fogo, éter é éter – nada de individual se pode discernir aqui; assim também é com aquele que se absorveu em si mesmo". Na Epopeia não se enfatiza tanto a descrição do Brâman enquanto estado emocional de beatitude, quanto a de uma iluminação intelectual mais ou menos análoga à fonte da gnose platônica na Politeia. De resto, ele também é comparado ao sono profundo.

257. Essa denominação é de dicção mais recente, mas o conteúdo é antigo.

258. Inclusive patricídio ou matricídio. Só que, como se declara, ele de modo algum estará em condições de cometê-lo.

259. Cf. a respeito: Gough, *Philosophy of the Upanishads*, p. 66ss.

significativamente para o surgimento das religiões salvacionistas heterodoxas hostis ao ritual, assim como também qualquer mística que, em seu caráter de autorredenção, costuma, justamente por essas consequências anômicas, se tornar inevitavelmente um perigo para a organização presbiteral. E, de fato, enquanto "cognoscentes", os xrâmanas sentiam-se superiores aos brâmanes, por eles considerados como simples técnicos do ritual, ainda mais porque, junto aos leigos, o prestígio da sua evidente santidade pessoal era muito maior do que a desses últimos. Essa tensão interna entre a intelectualidade bramânica e a influenciada pelos brâmanes tinha fundamento na própria natureza objetiva, exatamente como, no mundo ocidental, a observada entre padres seculares, monges ordenados de ordens reconhecidas e leigos ascetas.

Mas contrariamente, apesar de algumas semelhanças, a posição dos virtuoses religiosos no hinduísmo era um tanto diferente da respectiva posição no cristianismo católico, desde que o cristianismo assumiu definitivamente o caráter de instituição eclesial da graça. É bem verdade que também no hinduísmo persiste o pensamento das *opera supererogatoria*, apesar de logicamente destoante do determinismo próprio do carma. Mas aqui, ao menos, fica faltando o órgão institucional ao qual teria sido dado oferecer graças hauridas no tesouro desses atos supermeritórios. E assim, de um modo geral, o que permaneceu no lugar daquela concepção foi a antiga hagiolatria simples e imediata: veneração e oferta de dádivas ao xrâmana como boa obra ritual meritória. O grande asceta tornou-se *directeur de l'âme* (guru, gosain). Ficou faltando, porém, um relacionamento fixo com um superior eclesiástico. Pelo menos continuou válido o princípio de que o indivíduo poderá alcançar a salvação exclusivamente por seus próprios atos sem ser por meio da graça institucional *ex opere operato*, de modo que, para terceiros, o xrâmana só tinha relevância salvífica ou por magia, ou por seu exemplo. Em correspondência com os estamentos salvíficos escalonados organicamente, tais como o dos redimidos (jivanmukta), o dos que ainda buscam a salvação extramundana mediante ascese e meditação, o dos brâmanes corretos sob o aspecto ritual formados nos Vedas e, ainda, o dos simples estamentos leigos, naturalmente também se tentou estabelecer um inter-relacionamento escalonado e orgânico entre, por um lado, na esfera extramundana, os diversos patamares de busca soteriológica de salvação livrada do carma e, por outro lado, na esfera intramundana, a ética do carma. A título de exemplo, na soteriologia Sânquia, consideravam-se como meios de perfeição escalonados de baixo para cima: 1) magnanimidade – correspondente à antiga virtude védica; 2) relacionamento com amigos sábios; 3) estudo individual; 4) ensino de outrem; e, finalmente, 5) meditação (ûha, reflexões racionais). Quem aspira de modo verdadeiro ao fim mais elevado deve, necessariamente, procurar atingir a ataraxia (virâga), pois cobiça e aflição tornam inacessível ao aconselhamento. Por isso, deverá renunciar a toda e qualquer posse, mas sobretudo evitar o convívio com outrem, exceto com quem tem a posse do reconhecimento. Naturalmente, não faltava, já ao antigo hinduísmo, a experiência da desigualdade na qualificação religiosa das pessoas, experiência esta comum a toda religiosidade de virtuoses. Segundo a doutrina Sânquia, ela está baseada nas disposições do órgão do pensamento (pertencente ao prakriti): aviveka, o "não discernimento", com força variável conforme a predisposição, é o entrave ao reconhecimento integral. Contudo, é possível superá-lo mediante a concentração, para a qual, posteriormente, foram acatados meios a partir da ioga. Obras sociais de toda espécie, porém, eram destituídas de qualquer valor salvífico, segundo a pura doutrina Sânquia. Até mesmo o reconhecimento de que a observância dos preceitos rituais tem um valor salvífico positivo também para a busca da salvação parece ter sido acatado por essa doutrina somente em épocas posteriores, o que corresponde ao impacto proveniente do pensamento leigo.

A doutrina do Vedanta, pelo contrário, desde sempre considerou ritos e "obras" – ou seja, os tradicionais deveres sociais – como valiosos para a busca de salvação. Na literatura clássica e na posterior, o antigo conceito do "Rita" – isto é, da ordem cósmica deduzido da inquebrantabilidade do ritual e ao mesmo tempo o fundamento real de todo ser, situando-se, assim, próximo ao conceito chinês do Tao – deixou o primeiro plano em favor do conceito do "darma", o "caminho", obrigatório para o indivíduo, do comportamento social-ético, do "dever", mas que, agora, vice-versa, inclinava-se a assumir, ao mesmo tempo, o significado de "ordem cósmica". Essa virada aconteceu devido à crescente necessidade de fazer com que os deveres intramundanos dos leigos, sobretudo os rituais, fossem regulamentados por sacerdotes. Também no Vedanta a aceitação da importância dos deveres externos tinha apenas o sentido de que a correta observância dos deveres rituais – e principalmente sacrificiais – também possibilita, de modo indireto, a obtenção do saber correto, mas não que eles mesmos constituem caminho para a salvação. Porém, para o Vedanta clássico, eles são para a salvação, no referido sentido indireto, de todo indispensáveis. Ainda conforme o Vedanta, os ritos deixarão de ser úteis somente para quem tenha já alcançado o pleno saber e, com isso, a beatitude.

A doutrina de salvação e a ética profissional do Bagavadeguitá

Ainda que dessa forma os deveres cotidianos e o caminho da salvação tenham sido escalonados de maneira hierárquica num inter-relacionamento orgânico sofrivelmente satisfatório para a concepção bramânica, tal solução não estava de modo algum à altura das necessidades do laicado instruído ou da cavalaria. Se o brâmane bem que podia, paralelamente à sua ocupação profissional com o rito, praticar a meditação como meio conveniente para elevá-la ao nível extracotidiano ou como sua complementação esotérica e, sobretudo, como algo de intrinsecamente compatível com ela, não é esse o caso do guerreiro. Seu darma estamental era incompatível com qualquer espécie de fuga ao mundo, mas ele não podia estar disposto a permitir que, por esse motivo, o tratassem sob o aspecto religioso como simplesmente inferior. Essa tensão entre o darma cotidiano e a busca religiosa de salvação contribuiu, em parte, para o surgimento daquelas religiões salvacionistas heterodoxas que serão tratadas mais adiante e também, em parte, no âmbito da própria ortodoxia, para o ulterior desenvolvimento da soteriologia – da qual se deverá tratar agora. De um lado, porque seus inícios seguramente remontam ao tempo anterior ou concomitante ao surgimento daquelas heterodoxias[260];

---

260. Influências budistas só são referidas na Epopeia em passagens bem posteriores.

de outro, porém, porque ela ainda conserva traços característicos da antiga soteriologia de intelectuais, ainda que – segundo a única versão que nos foi transmitida – já associada a formas incoativas de religiosidade centrada no Salvador, posteriormente desenvolvida. Seu lugar literário clássico, por certo, é o Maabárata (redigido em sua versão final apenas no século VI d.C.) e, em particular, um dos textos filosóficos dialogais, tão abundantemente inseridos nessa obra transformada por mãos sacerdotais em um compêndio de ética. Mas trata-se, obviamente, ao menos em parte, de reminiscências e transcrições reelaboradas e adaptadas por sacerdotes em discussões sobre o problema da teodiceia mantidas por círculos da sociedade xátria altamente instruída do período dos pequenos principados[261]. Nelas encontramos, por um lado, reminiscências da crença numa "fatalidade" e numa brincadeira inevitável realizada pelo destino com o ser humano, crença esta muito sugestiva no contexto de todo e qualquer culto a heróis de guerra, mas dificilmente compatível com a doutrina do carma[262]. Também encontramos – em especial, nas conversações do Rei Yudhischthira com seus heróis e Draupadi – discussões sobre a "justiça" que cabe ao destino individual do herói e sobre o "direito" da guerra. Muitas delas deixam claro que a concepção puramente autônoma ("maquiavélica") do darma principesco é apenas um fenômeno devido, em parte, ao condicionamento político da época senhorial posterior e, em parte, à consequente racionalização bramânica. Na Epopeia, em exaustiva conversa com sua esposa, o Rei Yudhischthira[263] expõe, em seu não merecido infortúnio ao modo do Livro de Jó, o divinal governo do mundo. A esposa conclui que o grande Deus apenas brinca com os humanos conforme seu humor. E

---

261. Justamente parte dos aspectos decisivos do Bagavadeguitá deve se originar da antiga era cavalariana, sobretudo a parte referente à "ética da fatalidade" professada pela cavalaria.

262. Que o pecado seja inerente ao ser humano é uma concepção com a qual se incompatibiliza de modo particular uma outra, a saber, aquela segundo a qual o pecado, enquanto fruto inevitável de atos cometidos em tempos já vividos, fica pendendo como uma praga sobre os humanos, e assim o ser humano se torna instrumento para a efetivação de lúgubre fatalidade ou – corretamente – do encadeamento no carma (*Maabárata*, XII, 22, p. 11ss., texto a ser comparado com 59, p. 13ss. e também IV, 5 e *passim*).

263. III, 29, p. 38ss. Justamente essa passagem é considerada como elemento da Epopeia, reconhecido como antigo.

aqui, como no Livro de Jó, não se encontra nenhuma solução real: não se deve dizer semelhante coisa, pois os bons ganham a imortalidade pela graça de Deus, e – principalmente – sem essa crença o povo não se comportaria de modo virtuoso. Isso soa completamente distinto da filosofia dos Upanishads, que nada sabe de um tal governo do mundo por parte de um deus pessoal. Assume-se aqui a antiga ideia de Deus Pai dos Brâmanas, segundo a qual ele está acima dos deuses védicos não éticos, adoção ocorrida, em parte, ao tempo da redação final da Epopeia com o ressurgimento da religiosidade das seitas com seus deuses pessoais. O Brâman visto nesse contexto como pessoa é idêntico a Prajapati. Todos os deuses védicos estão aí presentes, mas sem poder. O herói não os teme. Eles nem mesmo conseguem ajudá-lo, apenas refrescar a sua testa e admirá-lo. O próprio herói – por exemplo, Arjuna – é filho de deuses, mas ele pouco se importa com Deus Pai. Ele está convencido do significado da "praga", ainda quando professa externamente fidelidade à filosofia dos brâmanes[264]. Ao que parece, seu verdadeiro fim é o antigo Walhall, o céu dos guerreiros do Indra, e, portanto, a morte no honroso campo de batalha, pois aqui, como em toda parte, é esta que lhe conquista aquele. Isto é, ao menos segundo consta em uma passagem do texto, melhor do que ascese e do que o país que esta permite alcançar. Virtude, lucro e prazer é o que o homem busca, e agir é melhor do que não fazer nada. Mas dado que mesmo assim o herói pratica ascese e que tanto o poder do asceta quanto a importância do saber sagrado estão também para ele totalmente estabelecidos, segue-se que essa ascese exclusiva de heróis só pode ser um aspecto do assunto. E assim é na realidade.

O sentido ético do darma próprio do herói e, portanto, da guerra é uma questão tratada de forma exaustiva no episódio muito célebre conhecido pelo nome de Bagavadeguitá[265], e, na Índia, parte integrante do repertório de qualquer orador até a atualidade. Externamente, consiste em uma conversa mantida logo antes da luta sangrenta de adversários consanguíneos entre o herói

---

264. Nesse sentido: E. W. Hopkins, *Religions of India*, p. 417.

265. Traduzido em quase todas as línguas da Terra. Para o alemão, com excelente introdução por Garbe (Leipzig, 1901).

Arjuna, assediado por dúvidas quanto à justeza do ato de matar em combate parentes tão próximos, e Krishna, bem-sucedido condutor do seu carro no intento de dissipar as suas dúvidas. Para o autor do relato, porém, Krishna já é a encarnação (avatar) do supremo ser divino, a Bagavata (o "sublime"), e assim, aqui, já nos encontramos no terreno daquelas epifanias que dominam a religiosidade salvacionista popular não clássica do hinduísmo posterior. É bem verdade que aqui os aspectos emocionais característicos dessa importante religiosidade da Idade Média indiana – a serem tratados mais adiante – ainda se encontram em seus primórdios[266] e constituem, quanto ao essencial, um produto da camada de intelectuais ilustres dos tempos mais antigos. Supõe-se, certamente com razão, que uma antiga comunidade de veneradores de Bagavata era agente da soteriologia reproduzida no Bagavadeguitá[267]. A doutrina Sânquia é a base da versão original, segundo bem o comprova Garbe. Só mais tarde foram acrescentados traços verdadeiramente védicos por atividade redacional de caráter bramânico-clássico. E, assim, o poema passou a ser considerado expressão da doutrina ortodoxa estabelecida. Um ponto controverso refere-se ao modo de conceber historicamente a figura de Krishna, que – assim como Buda antes da confirmação documental de sua personalidade histórica – depois de ter sido por vezes considerado como o antigo deus do sol, excelentes pesquisadores passaram a sustentar que, mais do que isso, ele foi o fundador endeusado da Bagavata[268]. Leigos no assunto

---

266. Pois é óbvio que, no Bagavadeguitá, o elemento antigo e pré-budista não é a devoção emocional do Bhakti (a ser tratada mais tarde), mas sim a ideia da graça divina (prasada). Nesse sentido, também, E. W. Hopkins.

267. Sobre isso, cf. R. G. Bhandakar, "Vaisnavism, Saivism and minor religious systems" (*Bühler's Grundriss*, Estrasburgo, 1913).

268. Kennedy defende ainda agora essa posição em: *Journal of the Royal Asiatic Society* (1908, p. 506). Da mesma forma, Grierson (*Indian Antiquary*, 37, 1908), que o denomina Krishna Vasudeva, supondo que o antigo deus Bagavata Vasudeva só mais tarde tenha sido identificado a Vixnu. Macnicol (*Journal of the Royal Asiatic Society*, 1913, p. 145) considera que Krishna tenha sido um antigo deus da vegetação (por vezes encarnado em forma de animal) e que, por esse motivo, tenha recebido sacrifícios vegetais, e não animais (origem do Ainsa?). Ele remete às pantomimas de Krishna de períodos posteriores os quais representavam Krishna e séquito pintados de vermelho (verão), em luta com o demônio branco (o inverno) (correspondendo à luta de Xanthos e Malanthos na Grécia). A seita dos veneradores de Bagavata foi reconhecida como atestada no século IV a.C. Garbe (Leipzig, 1901) data sua origem como sendo de alguns séculos antes de Buda.

não têm condições de decidir qual é o certo, mas, ao que parece, faltam fortes razões propriamente ditas contra a suposição mais simples: de que *esta* tenha sido a figura adotada da antiga tradição épica e venerada por uma parte dos xátrias como sendo a do herói estamental. Eis aqui, então, a doutrina de salvação do Bagavadeguitá em seus traços, para nós, essenciais.

Às reservas de Arjuna à batalha contra parentes próximos, Krishna responde com diversos argumentos reciprocamente heterogêneos. Primeiro[269] que, de qualquer maneira, a morte desses inimigos já estava decidida e ocorreria mesmo sem a contribuição de Arjuna; portanto, uma resposta com o argumento da fatalidade. Segundo[270] que a natureza de xátria, própria de Arjuna, poderia levá-lo ao combate mesmo sem ele querer; isto está fora de seu alcance. Aqui se reinterpreta o determinismo ético do darma de casta, transformando-o em causalidade – uma conclusão que de resto também é, em geral, evitada no Sânquia, pois nele é deduzível já da própria natureza mecânico-material de todos os componentes da ação. Além disso – e este é o principal argumento teórico –, o que não existe tampouco poderá ser combatido na realidade. Isso soa parecido com a ilusão do Vedanta. Só que aqui, em consonância com o Sânquia, dá-se a interpretação de que somente o espírito reconhecedor "existe", ao passo que todo agir e combater se fixa na matéria. Dado que, com vistas à salvação, o espírito deve ser libertado do seu envolvimento em brigas materiais, esse argumento afigura-se mais fraco do que no contexto da doutrina Sânquia, pois, segundo esta, o que conta é o "saber" discernente. A partir do momento em que o espírito que atura passivamente a vida alcança clareza definitiva sobre o fato de não ser ele próprio quem age, mas sim apenas quem padece o agir da matéria, a partir daí ele cessa de ficar preso ao enredo mérito-culpa do agir sujeito ao mecanismo do carma. Do mesmo modo que o ioguim clássico, ele se transforma em espectador de seu próprio agir e de todos os processos anímicos em sua própria cons-

---

269. XI, 32, 33.

270. XVIII, 59.

ciência, ficando, assim, livre do mundo[271]. Contudo resta a interrogação: por que, nessas circunstâncias, afinal, Arjuna deve combater? Do ponto de vista do hinduísmo correto, é verdade, isso decorre pura e simplesmente do darma de guerreiro próprio da casta, para o qual Krishna lhe chama a atenção[272]. Para o guerreiro, o combate, Krishna diz: guerra "justa" – expressão característica para a era épica – é bom; evitá-la é motivo de vergonha; quem cai em combate vai para o céu, quem nele triunfa domina a Terra. Para o guerreiro, sustenta Krishna, ambos os efeitos têm de ser igualmente válidos. Só que tal não podia ser a derradeira opinião, pois a questão era precisamente se e em que sentido podia ter valor salvífico o agir em consonância com o darma da casta – ou seja, uma ação da matéria, e não do espírito em busca de redenção. Na resposta a *esse ponto* é que consiste a originalidade religiosa da concepção reproduzida no Bagavadeguitá. Já se nos deparou a minimização do envolvimento no mundo, o *incógnito* religioso do místico, decorrente da natureza de sua posse salvífica. O cristão primitivo possui bens e mulheres "como se não os tivesse". Esse enunciado recebe um colorido especial no Bagavadeguitá: que o ser humano cognoscente se comprova justamente no agir, ou, de maneira mais correta, em contraponto a seu próprio agir no mundo, comprova-se, com certeza, em colocar em prática o preceito – sempre concretizado nos deveres de casta –, mas ficando de todo indiferente em seu íntimo: age como se não agisse. Isso depende sobretudo de que o agir aconteça sem qualquer preocupação com o sucesso, sem qualquer ambição no que se refere aos frutos de seu empenho, pois tal ambição acarretaria o enredar-se no mundo e, com isso, o surgir do carma. Como o diz o mote do cristão primitivo: "faze o bem e deixa o resultado nas mãos de Deus". Assim, o fiel de Bagavata realiza "a obra necessária"[273] – nós diríamos: "a

---

271. XIII, 23: quem conhece o espírito e a matéria não renascerá, *não importa como tenha vivido.*

272. II, 31ss.

273. Essa expressão de Krishna, conforme o demonstra XVIII, 48, tem em vista a obrigação "congênita", ou seja, outorgada pelo darma da casta e idêntica à determinada pelo destino divino (cf. III, 8. XVIII, 7, 9, 23).

exigência do dia" –, o "dever determinado pela natureza". E deveras – em consonância com a exclusividade dos deveres de casta[274] – somente este e nenhum outro[275], sem qualquer preocupação quanto às consequências e sobretudo quanto ao sucesso para si mesmo. Não se pode renunciar às obras enquanto se tem um corpo (aí incluídas as funções "espirituais" entendidas materialmente pela doutrina Sânquia), mas sim a seus frutos[276]. Também a ascese e o sacrifício só são úteis para a salvação quando se renuncia interiormente aos seus frutos, ou seja, somente quando realizados "por causa de si mesmos" (como diríamos nós)[277]. Quem, ao agir, dá curso livre à sua inclinação para os frutos do mundo "não contrai culpa por seu agir, já que efetua sua ação apenas em vista do corpo e fica satisfeito com o que se lhe oferece por si só"[278]. Um agir assim permanece livre do carma. É compreensível o fato de que também o Vedanta estava em condições de legitimar esses ensinamentos com base real. Desde seu ponto de vista, o agir no mundo do aparentemente real consiste em urdir o tecido enganoso do véu de Maya, atrás do qual se oculta o Todo-Uno divino. Quem levantou esse véu e se reconhece unido ao Todo-Uno pode, sem qualquer prejuízo para sua salvação, continuar a ter parte ilusoriamente nesse agir ilusionista; o saber imuniza-o contra o enredar-se no carma, e os deveres do ritual criam as regras por cuja observância interior se torna possível defender-se contra o perigo de um agir contra deus.

Se justamente no agir intramundano essa indiferença perante o mundo apresenta, em certo sentido, o coroamento da ética clássica indiana dos

---

274. Os deveres de casta permanecem vigentes em todo o seu conteúdo. Miscigenação de castas, por exemplo, leva para o inferno (de acordo com I, 41), e isso também vale para todos os ancestrais, dada a inexistência de um descendente de mesmo nível, ou seja, qualificado para realizar o sacrifício fúnebre.

275. XVIII, 47 é uma daquelas passagens clássicas, já referidas anteriormente: "É melhor a observância defeituosa do dever próprio do que a correta observância do dever de outrem. Quem cumpre a obrigação que lhe foi determinada pela natureza não cai em culpa". A segunda frase é a versão do Bagavata daquele fundamental dogma ético do hinduísmo.

276. XVIII, 11.

277. XVIII, 5, 6. De outro modo, seu efeito é carma.

278. IV, 20, 21.

meios intelectuais, no poema se revela o próprio combate enquanto processo em que ela foi adquirindo pouco a pouco sua forma definitiva. Primeiramente, contra o antigo bramanismo ritualístico: a doutrina dos Vedas tem por base o anelo de felicidade e trata das Gunas, do mundo material e dos respectivos frutos cobiçados[279]. Mas persiste o problema referente à importância relativa do agir no mundo em consonância com a doutrina de salvação, isto é, sem olhar para o sucesso e, por isso, livre do carma, considerado, no contexto da contemplação, como instrumento clássico de salvação; portanto, o problema da posição da mística intramundana ante à que foge ao mundo. Foi dito algum dia[280] que exercer obras é melhor do que desistir delas. Visto que a origem da Bagavata está na ética xátria, é provável que essa ordem hierárquica seja mais antiga do que o posicionamento definitivo que, por vezes, inversamente, coloca a meditação em posição mais elevada enquanto atributo dos santos privilegiados por seu carisma, embora, em geral, coloque em igual patamar ambos os caminhos da salvação: o da jñanaioga (reconhecimento correto) e o da karmaioga (agir correto), cada qual em consonância com o darma da respectiva casta. Com efeito, também na formação de leigos ilustres se tornara inabalável a posição da contemplação metódica como caminho clássico para a gnose. E em lugar nenhum é negada sua proveniência da camada ilustre de intelectuais. É assim também no atinente à absoluta rejeição do êxtase orgiástico e de toda ascese ativa. A ascese desprovida de sentido, totalmente dominada pela cobiça, pela paixão e pela obstinação, tem, para o Bagavadeguitá, um caráter demoníaco[281] e conduz à perdição. No poema, pelo contrário, em numerosas passagens está documentado com total clareza o relacionamento intrínseco da devoção da Bagavata com a ioga clássica, também em clara correspondência com o dualismo Sânquia entre o espírito reconhecedor e o conteúdo reconhecido da consciência. Mais do que um asceta, o ioguim também é um reconhecedor, traço característico da

---

279. II, 42.

280. V, 2.

281. XVII, 5. Cf. VI, 16, 17.

atitude original sobre a doutrina clássica da salvação bramânica[282]. Elogia-se a técnica de regulagem da respiração e da imaginação, própria da ioga[283]. Correspondem aos princípios fundamentais do hinduísmo os preceitos de indiferença perante o mundo: o despojo de toda cobiça, ira e avareza – os três portais de acesso ao inferno[284]; a libertação interior do apego à casa, ao cônjuge e à prole[285]; e a ataraxia absoluta[286] enquanto caráter seguro do remido. Contrapondo-se, no mínimo, aos princípios clássicos da ioga, também é não védico o enunciado de que o reconhecedor de espírito e matéria não haverá de renascer, "independentemente de como tenha vivido"[287], mas essa crassa assertiva é, sim, muito mais uma fórmula Sânquia. Pois bem, essa conclusão anomística, que já nos é conhecida a partir do hinduísmo clássico como a última consequência da condição de remido (jivanmukti), foi relacionada pela religiosidade Bagavata a um tema com o qual não nos deparamos até aqui e que, de fato, constitui um corpo estranho na doutrina clássica.

Diz Krishna em dadas ocasiões: "Abandona todas as obras sacras e recorre unicamente a mim como teu refúgio"[288]. Mesmo um perverso que ame Krishna verdadeiramente alcançará a beatitude[289]. Morrer com a sílaba "Om" e com o pensamento em Krishna transmite a segurança de não cair em perdição no além-mundo[290]. Por fim, e de modo especial: aquela doutrina segundo a qual o agir intramundano não será prejudicial para a salvação ou mesmo será positivamente eficaz para a salvação quando realizado com absoluta indiferença perante o mundo, ou seja, com a preservação do estado

---

282. VI, 46.

283. V, 27, 28.

284. XVI, 21.

285. XIII, 9.

286. XIV, 22.

287. XIII, 23.

288. XVIII, 66.

289. IX, 30.

290. XIII, 13.

de graça místico do eu espiritual justamente também frente a frente ao agir e comportar-se (aparentemente) próprio exterior e interior, mas condicionado pelo entrelaçamento no mundo material. Tal doutrina, facilmente compatível com os pressupostos gerais da doutrina de salvação do antigo hinduísmo, encontra-se reinterpretada no seguinte sentido: o agir no mundo será propício para a salvação quando – e unicamente quando – fizer referência exclusivamente a Krishna, sem nenhum apego ao sucesso e aos resultados, somente acontecendo por causa dele e somente com o pensamento nele. O que aqui assoma à nossa frente é um tipo de religiosidade de *fé*, pois "fé" em sentido tipicamente religioso não é julgar verdadeiros fatos e doutrinas – achar verdadeiros dogmas só pode ser resultado e sintoma do senso religioso propriamente dito –, mas sim a doação religiosa, a obediência incondicional e totalmente confiante, assim como o relacionamento de toda a vida para um Deus ou Salvador. É com essa modalidade de Salvador que Krishna se apresenta aqui. Ele faz valer a "graça" (prasada) por meio da salvação de todos os que buscam refúgio unicamente junto a ele. Eis aqui um conceito que, excetuados talvez alguns vestígios em um ou outro dos Upanishads, falta no hinduísmo clássico antigo por pressupor um deus supramundano pessoal e também por implicar, no fundo, uma ruptura da causalidade do carma ou, pelo menos, do antigo princípio básico de que a alma é o artífice de seu próprio destino. Originalmente, não é o conceito da graça como tal que constitui algo de estranho à religiosidade hindu: afinal, o mago, hagiolatricamente invocado em orações, também distribuía graças por força de seu carisma e havia a consequente influência da graça dada pelo deus pessoal supramundano ou pelo herói endeusado no sentido da transposição do humano para o divino. Mas a ideia de que a salvação do mundo tivesse de passar por esse caminho, é, em verdade, um fenômeno novo. Apesar disso, não parece muito possível atribuir a data de surgimento dessa religiosidade de salvação e fé a um tempo muito posterior a Buda, em cujo período ela já florescia abundantemente, como logo se demonstrará. A primeira inscrição monumental da Bagavata[291]

---

291. Segundo Bhandakar, *Indian Antiquary*, XLI, 1912, p. 13. Cf. também, atualmente, o citado autor em: Bühler, *Grundriss Vaishnavism Saivism and Minor Religious Systems* (1913).

parece ser encontrada, porém, só no século II a.C.[292]. No entanto, visto mais de perto, o Bagavadeguitá está impregnado dessa fé com coerência tal que somente se poderá compreender à luz da convicção da importância, justamente, desse elemento, já desde a sua emergência, apresentando-se, em tal medida, como doutrina esotérica de uma comunidade religiosa de virtuoses com elevada cultura intelectual, que é necessário presumir: justamente esse aspecto foi, desde o início, específico para a religiosidade Bagavata. Pois bem, a impessoalidade do divino tem sido, por certo, uma posição clássica propriamente dita, mas provavelmente nunca única dominante, nem mesmo nas camadas de intelectuais – inclusive nas bramânicas –, e é provável que, em mínima proporção, em círculos de leigos e, particularmente, na burguesia urbana ilustre, mas não militar, já muito desenvolvida nos primórdios do budismo. Com efeito, visto como um todo, o Maabárata é justamente em seus elementos antigos uma peculiar mistura de antigos traços da altiva ética cavalariana intelectualizada em moldes humanísticos – "anuncio-vos este sagrado mistério: nada é mais nobre do que a humanidade", reza a Epopeia[293] –, com a necessidade dos burgueses de se apoiar na graça de um deus que guie a sina humana segundo a sua vontade, e ainda com a indiferença místico-sacerdotal perante o mundo. Na doutrina Sânquia – sem sombra de dúvida seguidora da religiosidade racional de intelectuais e "ateísta" em sua forma consequente –, Vixnu parece, por vezes, desempenhar, enquanto deus pessoal, um papel não muito claro. Por razões que conhecemos, a ioga sempre se ateve ao deus pessoal. Em todo caso, além de Vixnu e também de Xiva, dentre as grandes divindades pessoais do hinduísmo avançado, nenhuma é criação

---

292. Trata-se nesse lugar do culto de Bagavata Samkarshana ou também Vasudeva (denominação típica para o deus Krishna). Pouco tempo depois ocorre que um grego chamado Heliodoro, em Taxila, se autodenomina um bagavata (*Journal of the Royal Asiatic Society*, 1909, p. 1.087ss.). Numa inscrição honorífica (*Zeitschrift der Deutschen Morgenländischen Gesellschaft*, 63, p. 587), as três virtudes cardeais da Índia – dama (autodisciplina), tyaya (generosidade) e apranada (modéstia) – são atribuídas a Vasudeva pelo semigrego convertido. Influências do Irã e da Ásia Anterior não podem ser excluídas, permitindo assumir-se uma origem bem mais antiga dessa religiosidade, mas tampouco devem ser necessariamente aceitas.

293. Hopkins adotou essa passagem como lema de sua obra, aqui frequentemente citada (*Religions of India*).

nova. Xiva havia sido apenas propositalmente silenciado na literatura do bramanismo ligando Vedas aos antigos, devido ao caráter orgiástico dos antigos cultos de Xiva. Ao passo que, mais tarde – e até hoje –, justamente os membros das seitas bramânicas ilustres mais ortodoxas tornaram-se adeptos de Xiva – claro, uma vez extirpados do culto, precisamente, os elementos orgiásticos. A concepção de "recorrer ao abrigo" em um Salvador visto como encarnação do divino era desde o princípio comum ao menos na soteriologia heterodoxa de intelectuais, principalmente budistas, e dificilmente terá sido inventada por ela. Mesmo porque, como referido, a posição do guru mágico desde sempre teve esse caráter pessoal absolutamente autoritário. O que, no início, ficou ausente da antiga religiosidade clássica de Bagavata ou, no mínimo, de qualquer modo – caso nela já existente –, não foi recebido pela camada de literatos ilustres foi o fervoroso semblante soteriológico da religiosidade krishnaísta posterior, de modo similar, por exemplo, à ortodoxia luterana, que rejeitou como inovação não clássica a vertente pietista (Zinzendorf) do amor a Cristo, psicologicamente análoga.

A Bagavata preservou seu caráter como religiosidade de intelectuais também ao se ater à gnose e, portanto, ao aristocratismo salvífico do saber – inicialmente, de modo absoluto. Só ao conhecedor cabe a salvação. De fato, a princípio, ela levou essa concepção às suas últimas consequências relativizando os caminhos da salvação de maneira "estamental-orgânica". Todos os caminhos salvíficos seguidos sinceramente e de todo o coração conduzem à sua finalidade. Ou seja, àquela finalidade pretendida por quem busca a salvação. Deixem-se de lado, a seu modo, os não sapientes "que ficam presos às obras" – quer dizer, que não se desprendem do desejo de ver frutificar seu agir, que não atingem a indiferença ante o mundo. O sapiente, porém, age em nível elevado e indiferente perante o mundo (ioga), mas considera "boas"[294] as obras dos não sapientes, exatamente como o místico chinês deixa a massa ficar com seus prazeres materiais, enquanto ele próprio aspira ao Tao. E pelas mesmas razões: como consequência de uma visão óbvia para todo fiel

---

294. III, 26.

virtuoso, a saber, a das diferenças de qualificação carismática, compreensão natural para todo fiel virtuoso. Os conhecedores dos Vedas que bebem Soma (os brâmanes ritualistas) vão para o céu de Indra[295], com suas alegrias temporalmente limitadas. Intuir Krishna, porém, não é possível nem por meio do conhecimento védico nem pela prática ascética de penitência. E é muito difícil[296] chegar à contemplação direta de Krishna mediante a unificação com o Brâman – como pretendem os vedantistas. A conquista daquela salvação finita, acenada como promessa aos sinceros adoradores dos deuses, Krishna a concedeu àqueles que, seduzidos pela cobiça – quer dizer, pelo apego à beleza do mundo –, não estão assim aptos a se aproximar dele próprio[297].

O decisivo para a redenção como tal é a "perseverança" no estado de graça. Ser "imutável" (aviyabhicârin), ter a *certitudo salutis*, é o que conta: só assim, na hora da morte, se pensará em Krishna e se chegará a ele. E essa graça ele a concede a quem age corretamente, ou seja, de acordo com o darma sem levar em consideração o sucesso e sem interesse pessoal no seu agir. Dito em termos ocidentais, ter perante o próprio agir apenas o que Fichte exprime como "fria aprovação" de sua correição, medida pelo padrão do darma. Só então se é, em verdade, indiferente ante o mundo, ou seja, desligado do mundo e, assim, livre do carma.

O que chama a atenção de um ocidental no que se refere ao Salvador Krishna e também o que o distingue inteiramente dos salvadores posteriores, considerados sem pecado por todas as teologias sectárias sem exceção, é o seu caráter inteiramente sem virtudes, indubitável e nunca posto em dúvida. No Maabárata, é ao seu protegido que ele atribui as transgressões contra fidelidade e fé mais graves e menos cavaleirescas. É onde transparecem em primeiro lugar a idade bastante avançada desse indivíduo e a sua origem não de astros, mas sim da antiga era heroico-épica, de modo que os traços gravados na antiga Epopeia heroica já não podem ser retocados nem apagados.

---

295. IX, 30.

296. XII, 3.

297. VII, 21, 23.

A doutrina de salvação acomodou-se a esse fato, por um lado, declarando como pressupostos essenciais para a salvação unicamente as palavras, e não as ações, e, por outro, sublinhando que a indiferença ante o mundo também implica que o que acontece é o que foi predeterminado de modo imperscrutável pelo destino (na concepção ortodoxa, por meio do carma, em última análise), e que isso, no mínimo segundo um deus, vale, independentemente de qual caminho.

Obviamente, a ética intramundana do Bagavadeguitá é "orgânica" em sentido quase insuperável: a "tolerância" indiana está baseada nessa absoluta relativização de todos os preceitos éticos e soteriológicos. Eles estão relativizados de maneira orgânica não somente conforme o pertencimento à respectiva casta, mas também de acordo com o objetivo salvífico almejado pelo indivíduo. E não se trata de tolerância negativa, mas sim: 1) de uma avaliação positiva – só que relativa e escalonada – dos mais opostos axiomas do agir; e 2) de um reconhecimento da autonomia ética, da igualdade de valor próprio e esfera vital, do qual tinha de resultar necessariamente a desvalorização de todas as esferas vitais ao tratar-se dos derradeiros problemas salvíficos. Essa universalidade do relativismo orgânico não era apenas de natureza teórica, mas sim algo profundamente arraigado na vida emocional, conforme ensinam os documentos legados pelo hinduísmo do tempo em que era dominante. Na assim chamada "Inscrição do verso Kanawsa" do brâmane Sivagana[298], por exemplo, consta que este dá de presente duas aldeias para o sustento de um eremitério por ele edificado. Com a força de suas preces, ele ajudou seu rei a dominar inúmeros inimigos e a massacrá-los. Nesses versos, como de costume, a terra transpira sangue. Em seguida, porém, "construiu com *pio animo* esta casa em que cada qual no mundo, ao olhá-la, livra-se da mancha da era Kali". Ele agiu assim porque achava que a vida estava onerada com toda sorte de sofrimento, com velhice, separação e morte, e que essa espécie de aplicação é o único bom uso da riqueza conhecido no mundo pelos indivíduos

---

298. *Indian Antiquary*, XIX, 1890, p. 61 (século VIII d.C.).

bons. E os versos seguintes prosseguem asseverando que "ele a construiu na estação do ano em que o vento espalha o perfume das flores de Ashoka e em que brotam os rebentos de manga. Enxames de abelhas povoam o ar ao seu redor e mais do que nunca o brilho dos olhos de lindas mulheres revela seu amor. A marca deixada pelo amor em seus peitos redondos desvenda-se, e seu corpo rebenta o sutiã quando, sentadas no balanço, encaram confusas seu amado face a face. Sorrindo, baixam precipitadamente seus olhos entreabertos e apenas o estremecer de suas sobrancelhas deixa entrever a alegria que vive em seu coração. Mas as mulheres dos peregrinos veem a terra resplandecer com as mangueiras e ressoar ao zumbido das abelhas embriagadas. E as lágrimas escorrem de seus olhos". Segue-se a enumeração das contribuições para o incenso e outras necessidades do eremitério e de seu provimento. Vê-se que aqui se leva na devida consideração tudo o que a vida contém: a indomável sanha guerreira do herói, seguida do anelo de libertação da dor sempre renovada da separação de que se compõe a vida, o lugar da solidão reservado para a meditação e, novamente, a radiante beleza da primavera e a felicidade do amor. E tudo imerso, por fim, nessa nostálgica atmosfera de sonho embebida em resignação que o pensamento do véu de Maya forçosamente gerava, pois nele tudo estava entrelaçado, tanto essa beleza irreal e passageira quanto a crueldade da luta dos homens entre si. Essa atitude perante o mundo – aqui descrita em um documento monumental oficial[299] – atravessa, em última análise, todas as partes características da literatura indiana. Realidade e magia; ação, raciocínio e estado de espírito; gnose sonhada e sensação consciente de aguda nitidez aparecem concomitantes e interpenetradas, porque, no fundo, todas permanecem igualmente irreais e destituídas de essência própria perante a única essência real: a divina.

---

299. De modo algum essa inscrição é a única no gênero. A imagem de belas mulheres jovens que, ao se banharem, são tomadas de amor por seu príncipe, também aparece, a título de comparação (versos 69-70), num documento de doação (*Epigraphia Indica*, I, p. 269ss.), pelo qual comerciantes e negociantes de uma cidade doam um monastério para um asceta xivaísta que, em sua busca da suprema luz divina, livre da escuridão da paixão, nunca sucumbira ao veneno da alegria sensual.

A soteriologia heterodoxa do monaquismo profissional culto

O jainismo

Com esse universalismo baseado na desvalorização religiosa do mundo e com esse relativismo orgânico da "afirmação do mundo", encontramo-nos no terreno propriamente dito da clássica visão de literatos da Índia, tal como foi gestada pela camada de intelectuais da antiga época da nobreza e de pequenos principados. Paralelamente existiam duas outras formas de caráter religioso. Primeiramente – e desde sempre –, aquela orgiástica popular de massas à qual os intelectuais haviam barrado o acesso e que eles abominavam, desprezavam e ignoravam como algo de vergonhoso, como até hoje fazem, na medida do possível. Aqui havia em casa orgias alcoólicas, sexuais e carnais, deuses pessoais e coerção mágica de espíritos, salvadores vivos e salvadores apoteotizados, e fervente amor cúltico para com auxiliares pessoais na necessidade vistos encarnação de grandes deuses misericordiosos. Vimos que a Bagavata, mesmo mantendo com familiaridade sua estrutura no interior da camada ilustre, já continha amplas concessões à crença dos leigos no Salvador e à demanda deles por graça e ajuda na necessidade, e, mais adiante, veremos como, ante fortes alterações na correlação de forças, a camada dominante de intelectuais se viu forçada a travar compromissos muito mais amplos com essas formas plebeias de religiosidade que constituíram a fonte das seitas hindus especificamente não clássicas, nomeadamente da religiosidade Vixnu e Xiva da Idade Média e da Idade Moderna. Antes, porém, precisamos ocupar-nos de duas outras formações religiosas que vicejaram, quanto ao essencial, no chão da antiga camada de intelectuais, mas que, aos olhos dos brâmanes, foram combatidas não somente como não clássicas, mas ainda por serem amaldiçoadas e odiadas como heresias das mais graves e rejeitáveis. Como se dizia, era preferível enfrentar um tigre do que tais hereges, pois ele fere somente o corpo, mas estes corrompem a alma. Vistas sob o ângulo puramente histórico, essas formas de fé são importantes pelo fato de terem conseguido ser reconhecidas durante séculos como confissões dominantes: o budismo, durante alguns períodos, em toda a Índia; e o jainismo, em partes consideráveis do território indiano. Isso foi apenas transitório. Mas uma delas, o budismo, mesmo tendo desaparecido completamente na Índia – pelo menos, na Índia Anterior –, tornou-se uma religião mundial cuja influência parcialmente revolucionou a cultura desde o Ceilão e a Indochina até a China, a Coreia e o Japão, passando pelo Tibete e a Sibéria. A outra, o jainismo, ficou substancialmente limitada à Índia clássica, encolhendo-se até se tornar uma seita numericamente pequena, que agora é reclamada por hindus como pertencente à sua comunidade. Mesmo assim ela revela-se, justamente em nossos contextos, sob certo aspecto interessante pelo fato de constituir uma seita altamente específica de negociantes, tanto quanto os judeus no Ocidente, ou até mais exclusiva. Portanto parece que nos deparamos com o relacionamento positivo de uma confissão religiosa para com o racionalismo econômico, algo de totalmente avesso ao hinduísmo, como tudo indica. Dessas duas confissões caracterizadas por acérrima concorrência entre si desde o seu surgimento no período clássico dos xátrias nos séculos VII e VI a.C., o jainismo[300] é a mais antiga e a mais exclusivamente indiana, motivo pelo qual nos voltamos primeiramente a ele – e também por razões objetivas e de conveniência expositiva.

Assim como numerosos outros mestres da salvação na época clássica, como reza a tradição, eram descendentes da nobreza xátria o fundador da ascese jainista, Iñatriputra (Nataputta), chamado Mahavira (falecido, aproximadamente, no ano 600 a.C.). Essa procedência originária da seita a partir da antiga intelectualidade ilustre também se expressa na confirmação prestada pela biografia aceita[301]: os Ahrats (santos) sempre descenderam de uma estirpe real de origem pura, nunca de famílias de nível inferior – e tampouco, conforme se acrescentou, de famílias bramânicas[302]. É onde se revela a forte

---

300. Da literatura atualmente bastante copiosa, cf. a considerável obra de Mrs. Sinclair Stevenson, *The Heart of Jainism*. As principais fontes monumentais constam em Guérinot, *Epigraphia Jainista* (Publications de le l'École Française de l'Extrême-Orient X, 1908). Alguns dos principais Sutras encontram-se traduzidos nos *Sacred Books of the East* (*Gaina Sutras*, de Jacobi). Outras indicações bibliográficas, cf. nas respectivas passagens.

301. Cf. *Kalpa Sutra*, traduzido nos *Sacred Books of the East*, p. 17ss.

302. Segundo o *Kalpa Sutra* (p. 22), o embrião de Mahavira foi transportado miraculosamente do ventre de sua mãe ao de uma mãe xátria.

oposição do xrâmana descendente de círculos leigos contra a formação védico-bramânica. Também são veementemente rejeitados os preceitos rituais e ensinamentos dos Vedas, como também a língua sagrada, pois não têm a mínima relevância para a salvação, que, pelo contrário, depende unicamente da ascese do indivíduo. Os pressupostos gerais eram de que a redenção consiste na libertação da roda dos renascimentos e de que esta só poderia ser conseguida mediante o desprendimento deste mundo transitório, do agir intramundano e do carma aderente ao agir. Estes pressupostos constituíam o fundamento em que a doutrina se baseava integralmente. Ao contrário do budismo, ela aceitava em seu cerne a doutrina clássica do Atman[303], mas abandonou totalmente, como a antiga doutrina Sânquia, o Brâman, alma divina do mundo. Era heterodoxa sobretudo por causa da rejeição da formação védica, assim como do ritual e do bramanismo, pois nem o ateísmo absoluto doutrinário, nem a refutação de qualquer divindade suprema e do inteiro panteão hindu[304] teriam constituído em absoluto razão convincente para tanto, já que nem mesmo a antiga filosofia de intelectuais, sobretudo a doutrina Sânquia, como vimos, se mostrava inclinada a isso. Por certo, o jainismo também repudiava toda a filosofia ortodoxa, não apenas o Vedanta, mas também a doutrina Sânquia. Apesar disso, mantinha-se próximo a esta em certos pressupostos metafísicos, como, por exemplo, quanto à convicção referente à essência da alma. Todas as almas – quer dizer, as substâncias propriamente últimas do eu – são, segundo ele, por sua essência, iguais umas às outras e perenes. Elas, somente elas e não uma alma divina, absoluta, são "jiva", portadoras da vida. São, a bem dizer (em crassa diferença relativamente à doutrina budista), uma espécie de mônadas-almas, aptas para uma sabedoria infinita (gnose). A "alma" não é meramente um espírito passivo receptor – como no caso da religião ortodoxa Bagavata –, mas sim um princípio ativo de vida, em consonância com a ligação bem mais nítida à antiga

---

303. A existência da alma foi provada de modo escolástico-ontológico mediante a Saptabhangi Niaia, teoria segundo a qual qualquer afirmação pode ter um sentido sete vezes diferente um do outro.

304. O jainismo tardio adotou numerosas divindades individuais do hinduísmo ortodoxo – dentre elas, a divindade das crianças (*Epigraphia Indica*, II, p. 315-316).

ascese ativa de autoendeusamento, e em oposição (ajiva) à inércia da matéria. O corpo em si é o mal. A conexão com a magia da mortificação permaneceu no jainismo – dentro dos limites qualitativos permitidos por sua origem intelectualística e, portanto, antiorgiástica – muito mais estreita do que em qualquer outra religião redencionista indiana. Isso já se reflete no fato de o jainismo, em vez de adorar o mundo dos deuses completamente destronado, venerar divinamente os grandes virtuoses da ascese – por ordem hierárquica: o Arhat, o Jina e o mais elevado de todos, o Tirthankara – durante a vida como magos e, após a morte, como exemplares auxiliares na necessidade[305]. De um total de vinte e quatro Tirthankaras, o penúltimo foi, segundo a lenda, Parsvanatha (presumivelmente, no século IX a.C.) e o último, Mahavira. Com eles encerrou-se a "era profética". Ninguém mais, depois deles, alcançou o nível da onisciência nem o penúltimo patamar (manahparyaya), pois, da mesma forma que a gnose bramânica se incrementa de maneira gradual, assim também o carisma jainístico se gradua de forma estamental, de acordo com o *Kalpa Sutra*[306] em sete patamares, conforme o grau de saber: a partir do conhecimento das escrituras e tradições sacras até o nível da iluminação a respeito das coisas deste mundo (avadhi) – o primeiro patamar do saber sobrenatural –, passando ao patamar da aptidão do olhar (clarividência) e, depois, ao da posse de poderes mágicos e ao da aptidão para a autotransformação, chegando, então, ao patamar do conhecimento dos pensamentos de todos os seres vivos (manahparyaya, o segundo degrau do saber sobrenatural) e prosseguindo ao da absoluta perfeição, onisciência (kevala, supremo patamar do saber sobrenatural) e libertação de todo o sofrimento para, enfim, chegar ao sétimo e último patamar, o da

---

305. Essa exclusividade da veneração aos heróis era considerada como especificamente não clássica e bárbara por representantes da ortodoxia em época tardia, ortodoxia essa que, entretanto, tinha conhecimento das encarnações de deuses ortodoxos. Uma inscrição do século XI (*Epigraphia Indica*, V, p. 255, séculos XII/XIII) reproduz a exclamação de um célebre chefe de escola, proferida em conversação religiosa contra os jainistas com as palavras: "Como se pode comparar a Xiva um Arhat que veio à Terra apenas por acaso e alcançou a felicidade por obra de virtude?".

306. *Kalpa Sutra*, p. 138ss.

certeza do "último nascimento". Eis por que Acharanga Sutra[307] diz que a alma do indivíduo plenamente redimido levará uma existência "não condicionada", sem qualidade, sem corpo, sem som, sem cor, sem paladar, sem sentimento, sem ressurreição, sem contato com a matéria, mas com conhecimento e percepção "sem analogia" (portanto, sem imagem e sem mediação). Quem conquistou em vida o conhecimento certo, intuitivo, não peca mais. Como Mahavira, ele vê todos os deuses a seus pés, é onisciente. O estado final (terreno) de Mahavira em que se insere o asceta plenamente realizado (nesse caso, o futuro jivanmukti) também[308] é denominado "nirvana". Ao contrário do nirvana budista, porém, esse estado de nirvana jainístico não significa – como corretamente observou Hopkins – a redenção da "existência" enquanto tal, mas sim a "redenção do corpo", fonte de todos os pecados, cobiças e limitações das forças espirituais. Vê-se aqui, de imediato, a conexão histórica com a magia miraculosa. Por isso, também para os jainistas o saber é o supremo meio de redenção – em verdade, o meio mágico –, como em todas as soteriologias clássicas. Mas o caminho para chegar lá, para além do estudo e da meditação, é, em maior grau do que em outras seitas de literatos e em grau semelhante ao dos magos, a ascese. No caso deles, a ascese foi elevada a um nível extremo: a mais alta santidade é alcançada por aqueles que, voluntariamente, passam fome até morrer[309]. No entanto, no seu conjunto, é espiritualizada em comparação com a antiga ascese miraculosa primitiva, no sentido do "afastamento do mundo". "Ausência de morada" é o conceito fundamental de salvação. Significa ruptura de todas as relações com o mundo, ou seja, sobretudo indiferença quanto a impressões dos sentidos e abstenção de todo agir por

---

307. I, 5, 6.

308. *Acharanga Sutra*, II, 15.

309. Casos documentados em inscrições: *Epigraphia Indica*, III, p. 198 (século XII): um santo, na presença de sua comunidade, submeteu-se à fome até morrer; *Epigraphia Indica*, V, p. 152: um príncipe do Vale do Ganges procede de igual modo, após ter se tornado asceta jainista logo depois de grandes incursões de guerra (século X).

motivos mundanos[310], abstenção de todo "agir"[311], de toda esperança e de todo desejo[312]. Um homem que nada mais faz do que sentir e pensar "eu sou eu"[313] é, nesse sentido, um "sem morada". Ele não aspira a viver nem a morrer[314] – porque ambos os estados seriam "cobiça" capaz de suscitar carma –, não tem amigos nem reage negativamente a ações de outrem a seu respeito (p. ex., a habitual lavagem dos pés do santo pelo devoto[315]). Ele age segundo o princípio de que não se deve resistir ao mal[316] e que, durante a vida, o estado de graça tem de ser comprovado suportando-se fadiga e dores. Por conseguinte, desde o princípio, os jainistas não constituíam uma comunidade de sábios individuais que se davam a uma vida de ascetas na velhice ou por um certo tempo. Tampouco eram virtuoses isolados entregues a uma ascese que durava toda a vida. Também não fundaram simplesmente uma miríade de escolas ou mosteiros singulares. Mas eram, sim, uma ordem peculiar de "monges profissionais". Talvez tenham criado inicialmente, em todo caso com maior sucesso do que as confissões mais antigas de intelectuais ilustres, a típica organização dual das seitas hinduístas: a comunidade monástica como cerne e a comunidade de leigos (upasaka, devotos) sob a direção espiritual dos monges. A admissão de noviços na comunidade monástica realizava-se, na época clássica, debaixo de uma árvore[317], após a deposição de todas as joias e vestes em sinal de renúncia a qualquer posse, depois de raspada a cabeça e pintada a face, para encerrar-se com a comunicação pelo mestre[318], no ouvido do noviço, do mantra (fórmula mágica e soteriológica). Parece ter

---

310. *Acharanga Sutra*, I, 4, 1.

311. I, 2, 2.

312. I, 2, 4.

313. I, 6, 2 – em oposição ao *Tat tvam asi* dos Upanishads.

314. I, 7, 8

315. II, 2, 13.

316. II, 16.

317. Esse também é um sintoma da idade avançada da ordem.

318. Provavelmente será difícil constatar desde quando existe esse costume, que, depois, se tornou típico para todas as seitas indianas.

havido alteração no rigor da fuga ao mundo. Segundo a tradição, num primeiro momento, deve ter aumentado progressivamente, e só em épocas posteriores foi introduzido o preceito absoluto de ausência total de posse ou, de maneira alternativa, de castidade absoluta – é controverso qual deles por primeiro. No entanto, visto que essa introdução tardia é atribuída a Mahavira, contrariamente à dos preceitos mais brandos do penúltimo Tirthankara, segue-se que a primeira se identifica com a própria fundação da ordem monástica. Um cisma duradouro da ordem ocorreu pela primeira vez, devido a inovações, no século I de nossa era, quando parte dos monges atenderam à exigência de absoluta nudez pelo menos para os mestres santos, exigência por sua vez rejeitada pela outra parte, majoritária[319]. Dado que, em muitos pontos do ritual, os gimnosofistas têm a prática mais arcaica, sendo também mencionados por escritores helenos – eles disputavam com filósofos helenos –, e visto que seu nome tardio foi originalmente conhecido somente em fontes indianas, ao passo que o nome "Jaína" parece ser de origem mais recente, trata-se por conseguinte, nesse caso, de uma acomodação da maioria da comunidade monástica ao mundo, no interesse de uma facilitação da propaganda, que, nos séculos seguintes, teve efetivamente os maiores sucessos externos. Os gimnosofistas, com a pretensão de serem os genuínos nirgranthas (livres de grilhões), separaram-se como digambaras (vestidos de ar) dos demais, os swetambaras (vestidos de branco), e concluíram que as mulheres deviam ser totalmente excluídas da possibilidade de redenção. Novo cisma surgiu aqui com o exemplo do islã que, como outrora no tempo de Bizâncio, introduziu na comunidade a luta contra os ídolos, e uma seita iconoclasta surgiu. Naturalmente, a seita swetambara compreendeu a grande massa dos jainistas, e, no século XIX, os digambaras foram enxotados do público pela polícia inglesa.

As regras jainistas clássicas impunham ao monge a obrigação de peregrinar sem descanso de um lugar para outro, para, assim, ficar resguardado de qualquer relacionamento ou ligação pessoal ou local. Uma casuística meticulosa regulamentava a forma da mendicância para assegurar de

---

319. O cisma provocou tanto uma total separação – inclusive da literatura canônica de cada uma das partes – quanto a realização de concílios específicos.

modo aparente a total liberdade da doação e a ausência de qualquer ação geradora de carma (pela qual o monge se tornaria responsável). A fim de evitar todo e qualquer "agir", o monge devia viver, na medida do possível, unicamente do que a natureza oferece em abundância ou do que o "patrão da casa" (leigos) tem de sobra sem expressa intenção e, portanto, de modo similar a uma dádiva da natureza[320]. O preceito da peregrinação sem morada fixa contribuiu naturalmente para dar à ordem uma imponente força missionária. Ainda por cima, a propaganda foi expressamente recomendada[321]. Em total inversão do preceito de peregrinação para os monges, as regras para os leigos inculcam a periculosidade do viajar, pois daí resulta que os leigos caem no perigo de pecar, descontrolados e desconhecedores como são. A desconfiança hinduística perante a mudança de lugar, já de nosso conhecimento, foi levada ao cúmulo ao menos quando realizada sem um controle pastoral. Para cada deslocamento devia-se procurar o guru, pedir-lhe licença, instruções e fixar exatamente com antecedência o roteiro e a duração máxima da viagem. Essas prescrições são características da posição dos leigos jainistas de modo geral. Eram simplesmente imaturos e foram mantidos sob disciplina eclesiástica por viagens de inspeção do clero e dos guardas de costumes. Para os leigos, a par do "conhecimento correto", a segunda "pedra preciosa" do jainista – a "compreensão correta" – significava submissão cega à compreensão do mestre, pois, ao contrário do hinduísmo ortodoxo, com sua – apesar de tudo – ampla relativização "orgânica", existe na clássica soteriologia jainista uma única meta de salvação e, portanto, um único estado de plena perfeição, perante o qual todo o resto é apenas meia medida, provisório, imaturidade e menor-valia. A salvação

---

320. Massivas prescrições pormenorizadas em todos os Sutras jainistas. Não somente alimentação e morada de boa qualidade deviam ser recusadas (*Acharanga Sutra*, I, 7, 2), mas também devia-se evitar que o dono da casa modificasse propositalmente para o monge mendicante qualquer coisa, seja por zelo exagerado (I, 8, 1) ou, inversamente, por exemplo, porque o monge está sujo ou fedorento (II, 2, 2), pois a isso está ligado o carma. As "Regras para Yatis" (mestres) inculcam, por essa razão particularmente, que não se pergunte ao leigo se ele tem este ou aquele objeto, pois ele poderia, então, em seu zelo, procurar obtê-lo por meios ilícitos.

321. *Acharanga Sutra*, I, 6, 5.

atinge-se degrau por degrau – segundo a doutrina jainista mais difundida após oito renascimentos, contados desde o tempo em que se chegou ao caminho certo. O leigo também está obrigado a meditar diariamente durante um determinado tempo (quarenta e oito minutos), a levar uma existência inteiramente igual à de um monge em dias determinados (geralmente, quatro vezes por mês) e, além disso, comprometer-se a viver em determinados dias com rigor especial, não deixar a aldeia naqueles dias e só tomar uma única refeição, pois o darma do leigo só podia aspirar a representar, na medida mais ampla possível, uma aproximação ao do monge. Portanto, antes de mais nada, o leigo deverá assumir por voto especial os deveres que lhe incumbem. Com isso, a confissão jainista adquiriu o caráter específico de uma "seita" com admissão expressamente estabelecida.

A disciplina dos monges era rigorosa. O acharya (superior) do mosteiro[322], designado[323], em geral, por ordem de ancianidade ou, inicialmente, determinado pelo predecessor ou pela comunidade em função de seu carisma, era quem ouvia a confissão dos monges e impunha a penitência. O competente superior do mosteiro[324] controlava a vida dos leigos que, para esse fim, eram divididos em samghas (dioceses), subdivididas em ganas (distritos) e, finalmente, em gachchas (comunidades). Qualquer relaxamento por parte

---

322. Ao que tudo indica já desde muito tempo, também todos os monges em peregrinação permanente permaneciam individualmente inscritos no mosteiro que o controlava. As enfeudações fundiárias, das quais também no jainismo os mosteiros precisam para subsistir, foram aqui, de maneira formal, elaboradas em forma de empréstimo revogável e sujeita a ser periodicamente reconfirmada de modo explícito, preservando-se, assim, a ficção tanto do caráter voluntário das doações como da isenção de propriedade. (Segundo se depreende das inscrições, as fundações, em geral, eram instaladas com a construção de um templo pelo fundador e a doação do terreno ao mestre: *Epigraphia Indica*, X, p. 57, proveniente do século XIX [*sic* no original; corrigido para século IX, segundo a tradução italiana]. Visto sob o ângulo hierárquico, o monge sadhu, que vivia solitário, era considerado de nível superior ao residente no mosteiro. Também o upadhaya (mestre) era inferior a ele. Só tinha permissão para ler os textos em voz alta, e o acharya tinha, além disso, o direito de explicá-los com autenticidade.

323. Numa comunidade jainista, um cisma surgiu porque o sucessor havia sido designado por um suri antes que este morresse, fato que levou um discípulo seu a reivindicar a sucessão por força do carisma, enquanto a comunidade se decidiu por um outro (Hoernle, *Indian Antiquary*, XIX, 1890, p. 235ss.).

324. Um acharya, que era o chefe de uma gachha (comunidade) ou sakha (escola), chamava-se suri e, caso tivesse discípulos docentes a seu encargo, ganî. Há listas de mestres de gachha conservadas em inscrições, cf., por exemplo, *Epigraphia Indica*, II, p. 36ss.; III, p. 198ss.

de um acharya era vingado com um flagelo mágico, perda de carisma e, em particular, com a perda de poder contra os demônios[325].

Segundo o conteúdo material dos preceitos – a terceira pedra preciosa: "a prática correta" –, o ápice das regras da ascese jainista consistia no ainsa: a proibição absoluta de matar seres vivos (himsa). Entre os jainistas, esse foi, sem nenhuma dúvida, resultado da rejeição dos sacrifícios sangrentos, inconsequentemente mantidos pelos brâmanes desde o antigo sacrifício ritual védico. Prova disso é, além da áspera polêmica contra essa prática védica, justamente a inaudita veemência com que se implementou o preceito de não matar. Ao jainista era permitido atentar contra a própria vida, mas podia ser obrigado a tanto, caso não dominasse suas cobiças contrárias à salvação ou, inversamente, caso tivesse alcançado a salvação[326]. Mas ele não devia atentar contra a vida alheia nem mesmo indiretamente ou sem saber. Talvez, de início, se tenha aqui transposto essa proibição do sentido originalmente antiorgiástico próprio do vegetarianismo para o contexto do senso de unidade de toda e qualquer vida. Quando o jainismo se tornou em alguns reinos religião oficial de estado, ocorreu necessariamente uma acomodação. Por certo, os jainistas recusam-se ainda hoje a tomar assento em tribunais penais, ao passo que, no direito civil, estão disponíveis de maneira conveniente. Mas, para o setor militar, era necessário criar uma válvula de escape, do mesmo modo que o fizera o cristianismo antigo. Nesse sentido, reis e guerreiros podiam, de acordo com a doutrina revisada, realizar "guerras defensivas". A antiga prescrição foi reinterpretada de modo a proibir aos leigos matarem seres "mais fracos", mas não guerreiros armados. E, dessa forma, o ainsa foi praticado até as mais extremas consequências. Jainistas de estrita observância não incendeiam tochas na estação escura do ano, pois poderiam queimar mariposas; não acendem fogo, porque mataria insetos; filtram a água antes de

---

325. Um acharya correto é chamado tyagi-acharya, um acharya frouxo, stihl-acharya. Numa crônica jainista (Hoernle, *Indian Antiquary*, XIX, 1890, p. 238) consta que uma deusa (deva) castiga um acharya por um momento de frouxidão moral com um defeito nos olhos. Uma vez recuperado, este a ameaça e a converte em sua upasaka (irmã leiga), e esta – depois de ele ter lhe oferecido doces – o liberta do defeito ocular.

326. O que era possível após doze anos de ascese.

fervê-la; encobrem a boca e o nariz com um véu para impedir a entrada de insetos[327]; fazem varrer cuidadosamente com vassoura fina qualquer lugar em que pisam; não cortam cabelos da cabeça nem pelos do corpo (em vez disso, arrancam os cabelos pela raiz) para não ter de matar piolhos com a tesoura[328]; e nunca andam na água para não pisar em cima de insetos que lá se encontrem[329]. Como consequência do ainsa, os jainistas se viram excluídos do serviço em qualquer setor industrial em que houvesse perigo de vida e, portanto, em todos os que utilizavam fogo, trabalhavam com ferramentas afiadas (trabalhos de madeira e pedra) no setor de pedreiro e, em geral, na maioria das profissões fabris. Para eles, era totalmente impossível o trabalho agrícola, de modo particular com o arado, que sempre põe em perigo a vida de vermes e insetos[330].

O seguinte preceito na ordem de importância para leigos consistia na limitação da posse. Não se devia ter mais do que o "necessário". Em vários catecismos jainistas, os objetos possuídos para consumo são limitados a uma lista de vinte e seis[331]. Do mesmo modo, a posse de riqueza em geral, quando superior ao requerido para a existência, é perigosa para a salvação. Deve-se oferecer o excedente a templos e hospitais veterinários, a fim de obter méritos. E isso ocorria em ampla medida nas comunidades jainistas devido aos seus célebres estabelecimentos beneficentes. Note-se que a *aqui-*

---

327. Pode-se ter a tentação de ver, na ponta de zombaria contida na palavra de Jesus contra os escribas judeus, "coais mosquitos", o reflexo de um conhecimento de alguma forma difundido na Ásia Anterior sobre essa prática indiana, pois semelhante norma, ao que se sabe, era inexistente entre os judeus.

328. É o cúmulo da piedade deixar-se maltratar por insetos sem afugentá-los. São conhecidos os grandes hospitais veterinários dos jainistas, dentre os quais o mais célebre é aquele em que eram tratadas cinco mil ratazanas (a expensas da cidade) (*Journal of the Roxal Asiatic Society*, I, 1834, p. 96).

329. À observância dessa prescrição ritual, presume-se ter contribuído para a decadência do jainismo. O rei jainista Komarpal, de Anhilvara, perdeu trono e vida porque não quis deixar sua armada marchar em tempo chuvoso.

330. Nesse caso, é diferente a situação do digambara (gimnosofista) da situação do swetambara. Os primeiros, dado o rigor substancialmente maior de sua ascese, tratavam os leigos com exigências mais leves, pois estes, de qualquer modo, ao ver aqueles, já estavam afastados da verdadeira salvação. Parte destes atua na agricultura.

331. Entre eles, porém encontra-se o de número 21, com o título geral de "o restante realmente necessário". Só com base neste título é lícito possuir livros, por exemplo.

sição de riqueza em si não era proibida, apenas a aspiração da mesma, o *ser* rico e ficar apegado a ela – bastante parecido com o protestantismo ascético do Ocidente. Como neste, a "alegria da posse" (parigraha) era o que havia de especificamente abominável, e não a posse ou a aquisição como tal. E a semelhança vai mais além: a proibição jainista, absolutamente severa, de falar falso ou exagerado, a regra de absoluta honestidade em transações econômicas, a proibição de toda e qualquer fraude (maya)[332] e de toda e qualquer renda desonesta, por exemplo, por meio de contrabando, corrupção ou de qualquer outra espécie de comportamento financeiro não sério (adattu dama) – tudo isso fez com que a seita, por um lado, rejeitasse a participação tipicamente oriental no "capitalismo político" (acumulação de patrimônio na mão de funcionários públicos, arrendatários do fisco, fornecedores do Estado) e que, por outro lado, no seu relacionamento entre si e com o parsis, agisse em consonância com a divisa *"honesty is the best policy"* (da fase inicial do capitalismo), uma divisa semelhante à dos quakers. Era célebre a honestidade dos jainistas[333]. E também a riqueza deles: dizia-se outrora que mais da metade do comércio da Índia passava por suas mãos[334]. O fato de que os jainistas – ao menos, os jainistas swetambara – eram, em sua grande maioria, comerciantes tinha razões puramente rituais, como, aliás, veremos mais tarde também no caso dos judeus: somente o comerciante estava em condições de executar o ainsa de modo realmente rigoroso. E também a maneira específica de realizar as operações comerciais era determinada por razões rituais: a recusa do viajar era – como vimos – particularmente forte para os jainistas, e o fato de dificultar as viagens os restringia, em primeira linha, ao comércio local, mais uma vez como no caso dos judeus quanto a negócios bancários e empréstimos. A compulsão

---

332. Quem cometer fraude terá um renascimento como mulher.

333. De resto, o dever de dizer incondicionalmente a verdade, mesmo em conversas de salão, foi, mais tarde, atenuado, na medida em que, por certo, não é permissível dizer a inverdade, mas o verdadeiro, quando desagradável para o outro, não deve ser dito em qualquer circunstância.

334. Balfour, *The Cyclopaedia of India*, s. v. "Jain", vol. II, p. 403, coluna direita, no meio. Isso agora não está mais certo.

ascética para a poupança, já conhecida na história do puritanismo, tinha eficácia também junto a eles no sentido de utilizarem como capital de investimento a posse acumulada, e não como patrimônio de consumo ou de pensão[335]. O fato de que, assim, eles ficaram restritos aos limites do capitalismo mercantilista e de que não criaram nenhuma organização artesanal-industrial – exceto no âmbito das barreiras que já conhecemos, postas pelo ambiente hindu com seu tradicionalismo e, além dele, pelo caráter patrimonial do regime monárquico – teve substancialmente razão de ser, de novo, na sua exclusão de ofícios manuais e mecânicos por motivos rituais e, além disso – como no caso dos judeus –, no seu isolamento ritual. Sua forte acumulação de patrimônio, limitada de maneira muito elástica[336] pelo preceito de não guardar para si mais do que o "necessário" (parigraha viramana vrata), ficou facilitada, como no caso dos puritanos, pelo caráter rigorosamente metódico da conduta de vida que lhes foi prescrita. Preceitos óbvios para eles, como para todos os hindus ilustres, são evitar substâncias entorpecentes e consumo de carne e mel, renunciar absolutamente a toda falta contra a castidade, observar rígida fidelidade conjugal, evitar soberba pelo próprio estamento, abster-se da ira e de todas as paixões. Com rigor ainda maior é observado, provavelmente, o princípio básico de que qualquer emoção como tal leva para o inferno. E, com mais severidade do que para os demais hindus, dirige-se a eles, e também aos leigos, a advertência relativa a uma desinibida entrega "ao mundo". Só se pode evitar a vinculação ao carma[337] mediante um extremo rigor metódico no autocontrole e autodomínio, no cuidado com a língua e na deliberação cautelosa em todas as situações da vida. A

---

335. É isso que se despreza, por constituir lobha (avareza).

336. Mrs. Sinclair Stevenson (*Heart of Jainism*) menciona o voto de um jainista do passado mais recente: de que pretendia obter "não mais do que 45 mil rúpias" e de doar o excedente – sendo óbvio que, naturalmente, não teria nenhuma dificuldade em ganhar esta importância.

337. A dogmática jainista (cf. o compêndio de Umasvati, traduzido por Jacobi na *Zeitschrift der Deutschen Morgenländischen Gesellschaft*, 60, 1906) concebe o carma como substância tóxica produzida pela paixão. O que corresponde à teoria, pouco relevante nesse contexto, dos corpos mais grosseiros e mais finos em que a alma está envolta e dentre os quais os mais finos a acompanham na metempsicose – ideias bastante arcaicas e, assim, indícios da grande antiguidade da seita.

sua respectiva ética social arrola entre os méritos a alimentação de famintos e sedentos, a doação de vestuário aos pobres, a proteção e o cuidado dos animais, o suprimento dos monges (da própria confissão[338]), o salvamento da vida alheia e a atitude amigável para com outrem: deve-se pensar bem dos outros, não ferir seu sentimento, procurar conquistá-los com a própria moralidade e delicadeza de alto nível. Mas não se deve ficar apegado aos outros. Os grandes votos dos monges compreendem, além do ainsa: asatya tyaga (proibição da falsidade), ashaya vrata (proibição de tomar a si algo que não foi livremente oferecido), bramacharya (castidade) e aparigraha vrata (renúncia ao amor para com alguém ou algo qualquer), pois amor desperta cobiça e gera carma. O que falta totalmente é o conceito cristão do "amor ao próximo", ainda que sejam referidos preceitos rituais. E, além disso, falta até mesmo algo que correspondesse ao "amor a Deus", pois não há graça nem perdão nem arrependimento que apagasse o pecado, nem oração eficaz[339]. A estrela-guia do agir consiste no bem ponderado benefício salvífico que o agir propicia ao sujeito atuante. "O coração do jainismo está vazio."

Vista pelo aspecto exterior, essa afirmação pode parecer errônea tanto no que se refere aos jainistas quanto aos puritanos, pois justamente a solidariedade dos membros de comunidades jainistas entre si está fortemente desenvolvida, e assim foi desde sempre. Sua sólida situação econômica baseava-se, como no caso de numerosas seitas americanas, também no fato de que, atrás de cada indivíduo, se encontrava a comunidade e, quando este se transferia para outro lugar, logo procurava conectar-se pessoalmente à comunidade de sua seita. Entretanto, tal solidariedade, por sua própria essência interior, ficava bastante longe da específica "fraternidade" do cristianismo antigo, e assemelhava-se mais ao racionalismo objetivo da beneficência puritana, pois consistia mais em operar atos meritórios do que em tirar as con-

---

338. Quanto a esse ponto, o confessionalismo jainista sempre se apresentava de modo muito marcante, contrastando, aliás, com o costume hindu de oferecer doações sem distinção a santos de qualquer espécie.

339. Mrs. Sinclair Stevenson, *Heart of Jainism*, p. 292: "Seria pecado a mãe orar pela preservação da vida de sua prole", pois isso seria cobiça e geraria o carma.

sequências de um amor religioso acósmico, de fato totalmente desconhecido pelo janismo.

Apesar de sua rigorosa submissão disciplinar ao clero monástico, desde sempre a influência dos leigos (çravaka) tem sido forte, pois, tanto quanto os escritos clássicos budistas, sua literatura dirige-se aos círculos que não dominam o sânscrito na sua respectiva língua. Foram os leigos que – nesse caso, como no budismo –, na falta de outros objetos de culto, introduziram a hagiolatria e a idolatria, levando a arquitetura e o artesanato hierático com suas imponentes construções e fundações a um florescimento extraordinário[340]. Isso foi possível porque eles pertenciam, essencialmente, às classes possuidoras, principalmente à burguesia. Chefes de guildas são mencionados já na literatura mais antiga como representantes de leigos, e ainda hoje os jainistas constituem o grupo mais representado nas guildas da Índia Ocidental. A influência dos leigos encontra-se, hoje em dia, novamente em ascensão, o que se expressa, em particular, no esforço por interligar em uma só comunidade aquelas esparsas por toda a Índia e até agora isoladas. Mas, desde sempre, a comunidade de leigos tem tido forte organização e ligação com os monges, o que representava para o jainismo – em oposição ao budismo – o instrumento que lhe permitiu sobreviver à concorrência da restauração bramânica da Idade Média e à perseguição islâmica[341].

O surgimento da seita também ocorreu quase ao mesmo tempo que o das cidades indianas. Por outro lado, a inimizade do país de Bengala em relação à burguesia acarretou-lhe ínfima receptividade. Entretanto é preciso precaver-se contra a ideia de que ela fosse um "produto" da "burguesia". Ela se originou da especulação xátria e da ascese laica. Sua doutrina – as exigências postas aos leigos, particularmente no que se refere às prescrições rituais – era suportável duradouramente enquanto religiosidade cotidiana somente para uma camada composta por comerciantes. Mas, para essa

---

340. Contudo, aos jainistas faltaram peças essenciais do inventário budista em construções e paramentos.

341. Cf., a respeito, Hörnle, *Presidential Adress 1898*, Royal Asiatic Society of Bengal; e também Mrs. Stevenson, *Heart of Jainism*.

camada, ela também impunha, como vimos, barreiras muito onerosas, as quais esta, em seu próprio interesse econômico, indubitavelmente nunca teria erguido nem suportado. A seita só prosperou, sem dúvida, como todas as comunidades hindus ortodoxas e heterodoxas, graças ao beneplácito dos príncipes. E a conclusão extraordinariamente sugestiva e também com razão aceita[342] é de que, para esses príncipes, o principal motivo (político) tem sido o de se livrar do incômodo poder dos brâmanes. O maior florescimento da religião jainista ocorreu não na fase de ascensão da burguesia, mas sim justamente no declínio do poder político das cidades e das guildas, aproximadamente no período do século III ao século XIII de nossa era – período do florescimento também para a sua literatura –, durante o qual ela ganhou terreno, em especial, às expensas do budismo. Aparentemente, teve sua origem na região à leste de Benares, de onde migrou para o oeste e o sul, ao passo que, na região de Bengala e também no Hindustão, permaneceu fraca. Em alguns reinos do Sul da Índia, bem como no dos reis chalukya, no oeste, ela conquistou, por certo tempo, o reconhecimento como religião de Estado. Na parte ocidental, encontram-se, até o presente, os principais centros do seu cultivo.

Após a restauração hindu, tampouco o jainismo escapou em ampla medida da fatalidade da hinduização. Em sua fase inicial, ele havia ignorado as castas, as quais não tinham nenhuma relação – nem mesmo indireta – com a sua soteriologia. Mas houve, sim, um deslocamento desde que, sob o influxo dos leigos, o culto dos templos e dos ídolos passou a assumir dimensões cada vez maiores. Ao monge genuinamente jainiano não era possível cuidar dos templos e dos ídolos, já que tal cuidado gerava o carma. O que lhe convinha, além de tratar de sua própria redenção, era uma colocação como guru e mestre. Assim, a tarefa de cuidar dos ídolos dos templos ficou nas mãos de leigos — e aqui nos deparamos com o fenômeno esquisito de que o culto templário passou preferencialmente para as mãos de brâmanes[343], já que

---

342. Nomeadamente por Hopkins, *Religions of India*.

343. Naturalmente, como é o caso de todos os brâmanes templários, tratava-se de brâmanes de nível um tanto degradado.

estes haviam sido instruídos para essas finalidades. A esta altura, a ordem de castas tomou conta dos jainistas. No sul da Índia, eles estão totalmente estruturados em castas, ao passo que, no norte, a concepção hindu tende a considerá-los – em consonância com o tipo que deles conhecemos – como uma casta de seitas, o que eles sempre expressamente rejeitavam. Nas cidades do noroeste indiano, no entanto, ainda estavam, desde os tempos do domínio das guildas, muitas vezes, em conúbio com classes socialmente iguais, ou seja, acima de tudo: classes mercantis. Os modernos representantes do hinduísmo estão inclinados a reivindicá-los como seus. Os jainistas dispensaram o uso de propaganda propriamente dita. Seu "culto a deus" incluía uma pregação sem menção de um "deus" e uma interpretação das escrituras sagradas. Sua fé laica parece[344], em geral, inclinada a afirmar que um deus existe, mas que este não se importa com o mundo e que se tenha contentado em revelar de que modo seria possível se livrar dele. O número de fiéis, como se disse no início, está em retrocesso no mínimo relativo.

Essa situação especificamente oscilante da seita deve-se, em parte, ao condicionamento hindu, por nós já conhecido, mas também, em parte, a especificidades originárias internas. Sua posição em relação ao ritual não estava totalmente esclarecida nem podia estar, por faltar-lhe um deus supra-mundano e uma ética ancorada na vontade dele, desde que, por um lado, ligou estavelmente a comunidade laica à comunidade monástica e, por outro, manteve-a rigorosamente separada e não lhe conferiu um ritual próprio definido. E também havia disparidades inerentes na própria soteriologia. Esta era contraditória em si mesma, na medida em que seu bem supremo era um estado espiritual a ser obtido unicamente por meio de contemplação, mas cujo caminho salvífico específico consistia em ascese. Pelo menos, os meios radicalmente ascéticos estavam dispostos ao lado da meditação e da contemplação e, em todo caso, a elas equiparados. Na verdade, a magia nunca foi totalmente deixada de lado, e o controle meticuloso do cumprimento correto das prescrições rituais e ascéticas constituiu o sucedâneo de uma racionali-

---

344. Conforme conversações de J. Campbell Omans (*Mystics, Ascetics and Saints of India*, 1903) com comerciantes jainistas.

zação coerente e completa no sentido de uma metodologia intrinsecamente unitária, seja enquanto mística puramente contemplativa seja enquanto ascese ativa pura. Os próprios jainistas percebiam-se sempre como seita especificamente *ascética*, e isso visto a partir desse ângulo, particularmente em contraposição aos fiéis do *budismo*, por eles escarniados como "mundanos".

O budismo antigo

Como o jainismo, mas ainda mais nitidamente do que ele, o budismo também tem sua aparição datada do desenvolvimento das cidades, dos reinos urbanos e da nobreza urbana. Seu fundador foi Siddhartha, o Sakya Simha ou Çáquia Muni, chamado Gautama[345], o Buda[346], nascido em Lumbini – hoje território do Nepal –, aos pés do Himalaia. Sua fuga do lar dos pais para a vida solitária, "a grande renúncia" (ao mundo), é considerada pelos budistas como a data de fundação do budismo. Ele pertencia à linhagem (xátria) nobre dos sakya de Kapilavastu. Chefes de guildas eram de grande importância também segundo os antigos documentos literários dos budistas e dos jainistas, mas principalmente segundo inscrições que preservaram nomes de doadores dos mosteiros budistas. Oldenberg chama a atenção tanto para as características próprias, no mínimo, da época mais antiga dos Upanishads, a saber, o ambiente rural, gado e pastagem, em contraste com as do tempo de Buda, ou seja, a cidade e o palácio urbano com o rei montado em elefante, quanto para o modo como o advento da cultura urbana se refletiu na forma dialógica. Nos Upanishads mais recentes, tudo isso se encontra claramente em evolução. Obviamente, não seria aqui possível deduzir do caráter literário, com facilidade, a diferença etária. Já seria mais fácil a partir da sequência natural objetiva das ideias em sentido convergente e divergente aqui e acolá. O budismo antigo, tal como a doutrina Sânquia e a seita jainista, não tem nenhuma noção de Brâman. Mas, ao contrário de ambas, ele também rejeita

---

345. Gautama é o nome do rischi brâmane, do qual pretendia descender a linhagem sakya, desde a antiguidade manifestamente antibramânica.

346. A denominação Buda, o Iluminado, é antiga. "PratiBuda" era um monge bramânico que havia buscado ou atingido a iluminação mediante meditação.

o Atman e, de modo geral, igualmente aqueles problemas de "individualidade" nos quais se empenhara a soteriologia filosófica das escolas. Em parte, isso se volta contra toda essa problemática de modo tão aguçado que esta, necessariamente, terá se encontrado completamente elaborada antes de ter sido assim rejeitada como nula e sem substância. Ele traz inscrito no frontispício como inteiramente específico o caráter da soteriologia dos intelectuais ilustres, como de resto também indicam seus próprios testemunhos. A tradição permite classificar o fundador como sendo de uma geração anterior à do Mahavira, fundador da ordem dos jainistas. Tal indicação é provável, visto que não poucas tradições budistas pressupõem tanto a concorrência da nova ordem contra a antiga quanto o ódio dos membros dessa última contra os budistas. Tradições jainistas, por vezes, também exprimem reflexos desse ódio. Além da concorrência como tal, este se baseia também na contradição intrínseca entre a aspiração salvífica do budismo, e não somente a classicamente bramânica, mas também a jainista.

A ordem jainista é uma comunidade em alto grau essencialmente *ascética*, no sentido específico que aqui associamos com "ascese ativa". O objetivo salvífico é, como em toda soteriologia indiana de intelectuais, o repouso eterno, mas o caminho é o abandono do mundo e a gradual extinção de si mesmo mediante a mortificação. E esta não está conectada apenas com extremo esforço da vontade, mas também contém no bojo tanto estados de espírito levemente emocionais como, em certas circunstâncias, até mesmo histéricos. Em todo caso, ela não leva com facilidade àquele sentimento de segurança e tranquilidade que o valor emocional decisivo para toda busca de salvação voltada ao desligamento dos afazeres e tormentos autoinfligidos do mundo deveria transmitir. Esta *certitudo salutis*, no entanto, o gozo do repouso por parte dos redimidos neste mundo é, visto psicologicamente, o estado a que aspiram todas as religiões indianas em última instância. Como vimos, o indiano que busca a salvação enquanto jivanmukti deseja desfrutar, já neste mundo, a beatitude de uma vida desprendida do mundo. Ao julgar o budismo antigo, é importante levar em conta que o seu feito específico foi ter perseguido esse – e apenas esse – objetivo, mediante a intransigente eliminação de todo meio salvífico que nada tivesse a ver com ele. Por essa razão, exterminou todos os traços ascéticos aportados pelo jainismo, assim como todas as especulações sobre quaisquer problemas – deste mundo ou do além, sociais ou metafísicos – que não estivessem no contexto de obtenção ou facilitação daquele objetivo. Quem busca autenticamente a salvação não fica preso à cobiça do conhecimento. Sobre a especificidade do budismo "primitivo" – compreendido como a doutrina do próprio mestre ou como a prática da comunidade mais antiga (o que para nós é indiferente) –, a literatura mais recente trouxe toda uma lista de excelentes trabalhos de indólogos. Não se chegou a um acordo em todos os pontos. Para nossas finalidades, recomenda-se reproduzir segundo as fontes historicamente mais afastadas[347], em primeiro lugar, o budismo antigo nos pontos importantes para nós, e isso de maneira sistemática, quer dizer, num contexto conceitual o mais coerente possível, sem levar em consideração se ele, de fato, teve essa coerência racional em plena abrangência, pois isso só pode ser decidido pelos especialistas[348].

Em quase todos os pontos *praticamente* decisivos, o antigo budismo[349] constitui o característico antípoda tanto do confucionismo como do islã. Ele

---

347. É o que ocorre aqui com base nos trabalhos nomeadamente de H. Oldenberg e Rhys Davids.

348. Já por motivos de espaço, foram forçosamente deixadas de lado as relações muito importantes mantidas com a magia por todas as filosofias de intelectuais indianas. Boa parte dos princípios fundamentais aparentemente soteriológico-racionais costumam, em seu meio, estar condicionadas pela relevância mágica. Por outro lado, também deixamos fora vários aspectos isolados, alguns em si importantes, que continuam vigentes por pura força da tradição. Assim, por exemplo, é óbvio o caráter sagrado da vaca e especialmente o efeito expiatório da urina da vaca também na regra monástica budista e, em todo caso, já desde um tempo bastante antigo.

349. Após ter dado conta, em ponto principal, dos trabalhos mais antigos e ainda extremamente valiosos para a ética budista (de Köppen, Kern e outros), graças ao estudo do Cânone Páli, bem como dos demais testemunhos, principalmente também das inscrições monumentais que confirmaram a historicidade da pessoa de Buda, o trabalho voltou-se, antes de tudo, ao exame e à utilização das fontes originais. A par da obra fundamental mais antiga de H. Oldenberg (*Buda*), os trabalhos do Sr. e da Sra. Rhys Davids apresentam os resumos mais facilmente logíveis e, ao mesmo tempo, mais construtivos do estado de conhecimento alcançado desde então. Ao lado disso, exposições mais breves: os escritos de Pischel e de Edv. Lehmann, acessíveis a círculos mais amplos. Também em estilo popular: Roussel, *Le Bouddhisme primitif* (Paris, 1911, vol. I de *Religions Orientales*, organizado por teólogos da Universidade Dominicana de Friburgo). Agora, a apresentação científica completa de F. Kern apud Bühler, *Grundriss*. Além disso, as exposições nas coletâneas sobre ciência comparada das religiões. Citações isoladas nas respectivas passagens. Sobre a dogmática do budismo: De La Vallée Poussin, *Boudhism* (Paris, 1909). Sobre isso, a obra mais antiga de Sénart, *Origines Bouddhiques*. Do material original com as fontes a respeito do budismo antigo está dis-

é a religião estamental especificamente apolítica e antipolítica, ou, dito mais corretamente, "doutrina da arte" religiosa de um monaquismo mendicante, peregrino e formado intelectualmente. Como toda filosofia e hierurgia indiana, ele é uma "religião redencionista", caso se pretenda designar como "religião" uma ética sem Deus – ou, mais precisamente, com absoluta indiferença quanto à questão da existência de "deuses" e de como existem – e sem culto. E em verdade, no que tange ao "como?" e "de quê?", assim como ao "para quê?", o budismo é a forma mais radical concebível de aspiração redencionista. Sua redenção é exclusivamente a obra mais própria possível de cada ser humano. Não há, para esse fim, nenhuma ajuda de Deus ou de um Salvador[350]. Do próprio Buda não se conhece nenhuma oração, pois não existe graça divina. E tampouco existe predestinação, pois o destino no além é exclusivamente consequência do livre-comportamento próprio, em consonância com o sucedâneo da teodiceia nunca posto em dúvida pelo budismo, a doutrina do carma, a da causalidade universal da retribuição ética. E o ponto de partida da doutrina do carma não é a "personalidade", mas sim o sentido e o valor do ato *singular*: é impossível que se perca uma única ação individual ligada ao mundo na causalidade cósmica em seu desenrolar com sentido ético, mas em sua forma totalmente impessoal. Seria possível crer que, partindo dessas premissas, a ética teria de ser uma ética do agir ativo, quer seja no interior do mundo (como a que apresentam o confucionismo e o islã, cada qual à sua maneira) ou na forma de exercícios ascéticos (como no caso do seu principal concorrente na Índia, o jainismo). Só que ambas

---

ponível o Cânone Páli (Tripitaka) em tradução para o inglês nos *Sacred Books of the East*. Dos discursos e poemas de Buda (as Logia, a ele atribuídas pela tradição), Neumann fez excelente translação para o alemão. Uma impressão direta sobre a maneira própria de pensar do budismo antigo está contida, talvez da melhor forma, na obra *Questions of King Milinda* e (já refundida em termos maaiana) *Buddhatscharita*, de Açvagoscha (ambos apud *Sacred Books of the East*) – citações individuais na respectiva passagem. A título de introdução, são recomendáveis as exposições de H. Hackmann em "Religionsgeschichtlichen Volksbücher" (*Der Buddhismus*, partes I, II e III, 3ª Série, Cadernos 4, 5, 7, Tübingen, 1906), exposições que, embora modestamente apresentadas como escritos populares, estão, de modo evidente, baseadas em abrangente observação pessoal.

350. A qualidade de salvador do próprio Buda foi apenas um produto secundário do desenvolvimento. No primeiro tempo da ordem não havia, ao que consta, a mínima dúvida quanto à sua qualidade exemplar sobre-humana, é verdade, mas nunca divina.

as alternativas são igualmente rejeitadas pelo budismo antigo, pois tanto o "de quê?" como o "para quê?" da salvação por ele aspirada excluem as duas, já que é dessas premissas que, em seu modo de ver a doutrina budista – tal como reza o primeiro discurso após a "Iluminação", engenhosamente interpretado por Rhys Davids –, a inteligência indiana interessada em soteriologia depreende, como consequência última, unicamente a descoberta de que a causa fundamental de todas as ilusões inimigas da redenção é, em substância, a crença na "alma" enquanto unidade perene. Daí ela conclui a inutilidade de seguir inclinações, esperanças e desejos ligados à crença "animista", a tudo o que há neste mundo e, sobretudo, também na vida do além. Tudo isso é se apegar a ninharias passageiras, pois uma "vida eterna" seria, no pensar do budismo, uma *contradictio in adjecto*, já que a "vida" consiste no conjunto de componentes singulares (khanda) soldados uns aos outros de modo a formar a individualidade autoconsciente e volitiva, cuja essência se baseia, justamente, no sentido de ser passageira e sem deixar rasto. Reconhecer valores "intemporalmente válidos" de algo *individual* pareceria, a esse modo de ver – e a qualquer visão indiana –, como algo desmedidamente absurdo e ridículo, o cúmulo psicolátrico do "endeusamento da criatura" (para usar um conceito puritano). Portanto aquilo a que se aspira não é a redenção para a vida eterna, mas sim para o eterno repouso da morte. E o motivo dessa aspiração redencionista no budismo, como aliás em qualquer indiano em geral, não é o "desgosto da vida", mas sim o "desgosto da morte". É o que demonstra com a maior nitidez a lenda referente às experiências vividas por Buda antes de abandonar a casa paterna, a jovem mulher e a criança e embrenhar-se na solidão da floresta. De que adianta a maravilha do mundo e da vida se ela sofre em permanência a ameaça dos três males chamados doença, envelhecimento e morte? E se toda a dedicação à beleza terrena apenas exacerba a dor e sobretudo a inutilidade da separação, uma separação sempre renovada na infinitude de vidas sempre novas? A transitoriedade absolutamente absurda da beleza, da felicidade e da alegria num mundo perenemente existente é o que, de novo nesse aspecto, faz os bens do mundo perderem de forma definitiva seu valor. Buda explica repetidas vezes que sua doutrina é apenas para quem for, ao menos, forte e sábio – e somente para alguém assim. Desse ponto resulta a força especificamente contrária à redenção. Nesse sentido, um conceito de pecado no contexto da ética de convicção não é congênito nem para o hinduísmo em geral, nem para o budismo. Por certo, pecados existem também para o monge budista, inclusive pecados mortais que excluem para sempre da comunidade dos membros admitidos às reuniões, e também outros que apenas requerem penitência. Mas, de longe, nem tudo o que dificulta a redenção é "pecado". Não é este, em última instância, o poder oposto à redenção. Tampouco o "mal", mas sim a vida passageira enquanto tal, a agitação simplesmente absurda de toda e qualquer existência em geral formada constitui aquilo de que se busca redimir. Toda "moralidade" só poderia ser um meio para isso e teria sentido apenas na medida em que fosse meio para tanto, mas isso é o que, em última instância, ela não é. Sendo que toda e qualquer "cobiça" amarra à vida, segue-se que a paixão puramente enquanto tal – mesmo a voltada para o bem e mesmo na forma do mais nobre entusiasmo – é o inimigo puro e simples da redenção. O ódio, no fundo, não o é em grau maior do que o são todas as formas de amor para com seres humanos, nem em maior grau do que a doação apaixonada e ativa a ideais. O amor ao próximo, ao menos no sentido dos grandes virtuoses cristãos da fraternidade, é desconhecido nesse contexto. "Como um vento forte soprava o ente bendito sobre o mundo com o vento de seu amor, tão desapaixonado e doce, sereno e tenro"[351]. Somente essa moderação *fria* assegura o desprendimento interno de toda "sede" de mundo e de seres humanos. Mas o que, na verdade, confere ao ente agraciado o poder mágico sobre seus inimigos, um poder capaz de superar a alma[352], é o místico acosmismo do amor budista

---

351. Assim está em *Questions of King Milinda* (IV, 1, 12), a ser mencionado logo a seguir.

352. *Questions of King Milinda*, IV, 4, 16. Quando um budista tem "o amor pleno", ninguém poderá fazer-lhe mal, nem mesmo mal psíquico, pois o amor tudo domina. Mas é bom não entender esse modo de ver – pelo menos em sua versão primária – no sentido, por exemplo, do stárietz Zossima, de Dostoiévski, ou do Platon Karataev, de Tolstói, muito embora pudesse ser sublimado nessa direção, mas sim em sentido, antes de tudo, simplesmente mágico. A posse do amor acósmico é uma qualidade mágica. Caso um budista morra pela espada ou envenenado, é porque, como se diz, nesse momento, não estava na posse desse carisma.

(maitri, metta) condicionado, psicologicamente, pela euforia da êxtase apática, é o "sentir sem limites" com seres humanos e animais, como a mãe com sua prole. Mas ele permanece frio, moderado e distante[353], pois, afinal, como reza um célebre poema[354] do mestre, o indivíduo deve "peregrinar solitário como um rinoceronte" – e isso também quer dizer ter a sua pele grossa contra sentimentos. Necessariamente, o "amor do inimigo" é de todo alheio ao budismo. Seu quietismo não suporta tão vigorosa virtuose de autossuperação, mas sim apenas um impassível não odiar o inimigo e um "tranquilo sentimento de amigável concórdia" (Oldenberg) para com os membros da comunidade. Esse sentimento também não nasceu pura e simplesmente de uma sensação mística, mas baseia-se igualmente no saber egocêntrico de que a eliminação também de todos os sentimentos de inimizade é útil para a redenção de si próprio. A caridade budista tem o mesmo caráter de impessoalidade e objetividade que o jainismo e, de forma diferente, o puritanismo. O que está em questão é a própria *certitudo salutis*, e não o bem-estar do "próximo".

Também segundo o budismo a redenção surge pelo "conhecimento". Naturalmente, não no sentido de um conhecimento ampliado de coisas terrenas e celestiais. Pelo contrário, o budismo antigo exige, justamente nesse campo, o máximo de contenção quanto à vontade de saber, a consciente renúncia à pesquisa sobre o que será após a morte do redimido, já que essa preocupação também constitui "desejo", "sede" e, portanto, não é útil para a salvação. Ao monge Mâlukya – que queria saber se o mundo é eterno e ilimitado e se Buda, após a morte, continuará vivendo – responde o mestre, com desdenho, que tais perguntas de um não redimido são como as de alguém que, prestes a morrer por causa de um ferimento, quer saber, antes de se dei-

---

353. Sobre a natureza da maitri, importante para a ioga, houve uma discussão entre Pischel e H. Oldenberg (*Aus dem alten Indien*, 1910), om que, na minha opinião, esse último ficou com a razão. "Pacífico bem-querer" é sua natureza. Também na taxonomia das virtudes do leigo, a beneficência é, por vezes, colocada acima dela, como ressalta Oldenberg, mas, para o monge, porém, ela, em geral, é mencionada apenas entre outras coisas, e tampouco se impregna de lirismo, ao que parece, nem de longe na mesma medida em que, entre nós, ocorre com o lirismo bernardino e pietístico. O "saber" é e permanece, justamente, o caminho da redenção.

354. Encontra-se, entre outras obras, na já citada coletânea de Neumann: *Reden des Gautama Buddha*.

xar tratar, o nome do médico, se ele é nobre e quem foi o autor do ferimento. Investigar a essência do nirvana era visto pelo budismo correto até mesmo como heresia. No confucionismo, a especulação é rejeitada por não ser propícia ao aperfeiçoamento do *gentleman* neste mundo e, portanto, estéril sob o aspecto utilitarista; e, no budismo, porque ela revela uma tendência para o saber terreno conforme à razão, e isso não é favorável à perfeição no além. Na verdade, o "saber" salvífico constitui exclusivamente iluminação prática por obra das quatro grandes verdades sobre a essência, a origem, as condições e os meios de eliminação do sofrimento. Enquanto o antigo cristão eventualmente buscava no sofrimento um meio ascético ou o martírio, o budista foge de modo absoluto do sofrimento. "Sofrer" equipara-se ao fato da transitoriedade inerente a todo ser que formado puramente como tal. Derivada da própria essência da vida, a inevitável luta sem perspectivas contra a transitoriedade, a "luta pela existência" no sentido da vontade de afirmação da própria existência desde o início condenada à morte: essa é a essência do sofrimento. Sutras de fases mais recentes da escola maaiana considerada "amigável para o mundo" ainda operam com a comprovação do total absurdo de uma vida que inevitavelmente acaba em velhice e morte. Essa iluminação definitivamente libertadora de todo sofrimento só se pode alcançar por meditação, pelo mergulho contemplativo nas simples verdades *práticas* da vida. Portanto é de natureza prática o "saber" negado a qualquer indivíduo em ação e possibilitado somente a quem busca iluminação. Mesmo assim, não é a "consciência" – que Goethe já recusava ao sujeito ativo para concedê-la apenas "ao contemplativo". É que o budismo não conhece um conceito coerente de "consciência", nem lhe é possível conhecê-lo, dada a doutrina do carma e a correspondente negação do conceito de personalidade, negação esta por ele propugnada com particular coerência, por exemplo, na forma da metafísica da alma segundo Mach. O que é, então, o "eu", por cuja eliminação se empenha a doutrina redencionista até agora? A essa pergunta foram dadas diversas respostas pelas várias soteriologias ortodoxas e heterodoxas, desde as primitivas com sua respectiva adesão mais materialista ou mais espiritualista à antiga força mágica do Atman (attan, no páli budista) até a construção daquela consciência imutavelmente constante e exclusivamente receptiva segundo a doutrina Sânquia, que atribuía sem exceção todo acontecer à matéria, quer dizer, ao mundo da mutabilidade. Buda voltou dessa construção intelectualística, para ele insatisfatória sob os aspectos soteriológico e psicológico, para uma construção de efeito voluntário, mas em nova versão. A par de vários remanescentes de visões mais primitivas, encontra-se o cerne do seu sentido de forma particularmente engenhosa nas "Questões do Rei Milinda" [*"Fragen des Königs Milinda"*][355]. A experiência interior não nos revela absolutamente nenhum "eu" e nenhum "mundo", mas apenas um decorrer de sensações, desejos e concepções de vários gêneros que, juntos, perfazem a "realidade". Cada um dos componentes, na medida em que vão sendo conhecidos, não se interligam indistintamente (o que se tem em mente é: "de modo a formar uma unidade") na realidade interior. "Algo de saboroso", uma vez "engolido", fica presente, por exemplo – mas já não enquanto "saboroso". E "sal" – quer dizer, a qualidade salina do sabor – não é visível (III, 3, 6). Portanto todo um feixe de qualidades individuais heterogêneas[356] é percebido não somente enquanto "coisas" exteriores, mas também – e sobretudo – no curso da autorreflexão, enquanto algo que se nos afigura como "individualidade" unitária. Esse é o sentido do discurso. E agora o que é que produz a unidade? Novamente, o ponto de partida está nas coisas exteriores. O que é um "carro"? Evidentemente não é cada um de seus componentes (rodas etc.), tampouco todos em seu conjunto, pensados como simples soma, mas sim somente por força da *unidade de sentido* de todas as partes individuais tomamos conhecimento do todo como um "carro". E assim é exatamente no caso da "individualidade". Em que esta consiste? Não em cada uma das sensações, por certo; tampouco em todas juntas; mas sim na unidade do objetivo e do

---

355. Menander, um dos dominadores indocíticos nos primeiros tempos do budismo na Índia Anterior. A compilação de diálogos foi publicada nos *Sacred Books of the East* (*The Questions of King Milinda*, vol. 35, 36). É controversa a tese relativa ao grau em que a doutrina aristotélica da enteléquia possa ter exercido alguma influência. Em todo caso, pode-se supor ampla originalidade para o pensamento budista nesse contexto, dada a ênfase com que trata justamente desse ponto.

356. *Skandhas*. Também inscrições budistas de épocas posteriores referem-se à alma como um "agregado" de componentes (*Epigraphia Indica*, IV, p. 134).

sentido que a rege, assim como o caráter de sentido determinado próprio do carro. Mas em que consiste, na individualidade, esse objetivo e sentido? Consiste no *querer* unitário do indivíduo existente. E o conteúdo do querer? A experiência ensina que todo querer dos indivíduos, em sua desesperada multiplicidade, diverge de um para outro e colide um contra o outro, só convergindo em um único ponto: todos querem existir. Em última análise, eles não querem *nenhuma outra coisa* além disso. Todo o seu lutar e fazer, independentemente da roupagem ilusória que lhe dão perante si e outrem, tem, em última análise, somente este único sentido último: a vontade de viver. Esta é, portanto, em sua metafísica falta de sentido, o que em derradeira instância segura unida a vida. É ela [essa vontade] que produz o carma. É ela que deve ser aniquilada, se é que se quer escapar do carma. A vontade de viver ou, como diz o budismo, a "sede" de vida e agir, de gozo, de alegria e sobretudo de poder, mas também de saber ou do que quer que seja – essa é, unicamente, o *principium individuationis*. Eis o princípio único que, de um feixe de processos psicofísicos que perfazem empiricamente a "alma", realiza um "eu". Ele tem uma atuação segundo uma espécie de – como diríamos – "lei de conservação da energia de individuação"[357], prolongada além do túmulo. Esse indivíduo, que então morre, certamente não pode se reconstituir, tampouco pela "migração das almas", pois não existe uma substância de alma. Mas, quando um "eu" se desfaz na morte, a "sede" faz com que um novo eu rebrote juntamente e, de imediato, se sujeite à maldição da inelutável causalidade do carma, exigindo compensação ética para cada acontecimento eticamente rele-

---

357. É exatamente assim que budistas modernos – como casualmente vejo – procuram tornar essa doutrina aceitável cientificamente. Cf. Ananda Maitreya, *Animism and Law, Publications of the Buddhasasana Samagana* (Rangoon, 2446, p. 16s.). Segundo eles, Newton teria eliminado na mecânica as mitologias animísticas, Faraday na química os respectivos preconceitos (o flogisto), Buda na teoria dos processos da alma que decorrem exatamente sujeitos a leis como aqueles. Mas, naturalmente, o fato do ressurgimento da vida anímica não pode ser explicado pelas predisposições herdadas dos antepassados, em última análise condicionadas fisicamente, mas sim apenas pela intervenção de um agente especial anímico (a "sede"). No budismo antigo, a formulação é que o eu seja vijñanasamtana, um complexo ou uma série de processos na consciência, ao passo que, na doutrina ortodoxa, vijñana, o conceito, era considerado uma unidade, porquanto sede da individualidade do eu (cf. De La Vallée Poussin, *Journal Asisatique*, 9ª série, 20, 1902).

vante[358]. Por si só, a sede como tal inibe a emergência da iluminação redentora que leva ao divino repouso. Nesse sentido específico, dentro da versão intelectualística que de alguma forma caracteriza todas as religiões salvacionistas da Ásia, qualquer desejo é equiparado a "desconhecimento" (avidya). Dos três pecados cardinais, estultícia é o primeiro, volúpia é o segundo e má vontade é o terceiro. A iluminação, porém, não é um presente voluntário da graça divina, mas sim a recompensa por incessante imersão meditativa na verdade, em busca do abandono das grandes ilusões que fazem crescer a sede de vida. Quem assim chegar àquela iluminação desfrutará – e é o que conta –, já *neste mundo*, a beatitude. Portanto o tom em que se entoam os hinos do budismo antigo é de grande alegria pela vitória. O arhat que atingiu o objetivo metódico do êxtase contemplativo fica livre do carma[359] e sente-se[360] repleto de intensa e plácida (sem objeto nem desejo) sen-

---

358. Essa consequência está entre os ensinamentos das *Questions of King Milinda* (III, 5, 7), entre outras obras. O carma passa a onerar a nova individualidade surgida *em consequência* do agir e operar da individualidade perecida; a nova, em si, nada tem em comum com aquela velha, exceto o fato de que ela foi, por sua vez, forçada a se formar pela "sede" insaciada daquela por uma ulterior existência. Essa construção impunha-se porque a doutrina do carma estava fora de dúvida como fundamento de todo sofrer, bem como da própria existência, tratando-se apenas de dar-lhe uma construção satisfatória dentro desse enquadramento. Por esse motivo nem chegou a se colocar a questão de saber qual, em última análise, fosse o verdadeiro interesse de um necessitado de redenção em dificultar o surgimento, após sua morte, de um ser estranho para ele simplesmente em todos os aspectos. Afinal, o mesmo vale, como o comprovam todos os documentos, para tão forte receio dos indianos em geral ante a migração das almas. A adesão do budismo àquele ponto de vista não foi realmente tão rigorosa. É uma doutrina budista (e não somente budista) já bastante precoce a de que o iluminado prestes a ingressar no Nirvana seja omnisciente e tenha, em retrospectiva, uma visão sobre a completa série de seus renascimentos. Sobretudo, porém, a migração das almas encontrada nas fontes literárias e monumentais dos antigos budistas (hinaianistas) encontra-se tratada, em sua totalidade, em consonância com a abordagem hindu – justamente como "migração das almas". Quanto à doutrina do carma, posteriormente, as *Questions of King Milinda* procuram conter suas consequências fatalistas. Em consonância com o princípio de que a discussão de problemas metafísicos insolúveis provoca "sede" e, portanto, seja nociva para a salvação, ensina-se: ninguém sabe até que ponto chega a influência do carma. Em todo caso, nem toda adversidade – por exemplo, um cravo no pé de Buda – é consequência do carma, pois a natureza externa também tem suas próprias leis. Portanto o carma parece se referir, essencialmente, aos interesses soteriológicos da alma: à vida e ao sofrimento anímico.

359. Seu agir gera, por conseguinte, não o carma, mas sim apenas "kiriya", que não leva ao renascimento.

360. A descrição das qualidades psicológicas do estado de graça nos discursos atribuídos ao próprio Buda (Neumann, *Reden des Gautama Buddha*) exprime (Parte I, Discurso 2) "profundidade de pensamento"; "alegria"; "doçura"; "intimidade"; "impassibilidade" baseada no entender; ausência de soberba, mas também de qualquer cansaço (Parte I, Discurso 8); "mar tranquilo no íntimo"; e "sensibilidade coeren-

sação de amor, livre de orgulho terreno e autojustificação farisaica, mas sustentado por inabalável autoconfiança asseguradora da permanência do estado de graça, livre de receio, pecado ou fraude, livre de anseio mundano e sobretudo livre de anseio por uma vida no além. Ele escapou interiormente do interminável ciclo dos renascimentos, cuja apresentação em obras de artes budistas toma o lugar do inferno no âmbito cristão. É presumível haver um traço feminino no papel desempenhado pela "sensação de amor" nessa descrição do estado de espírito do arhat. Só que seria errado. A conquista da iluminação é obra do espírito e exige a força da contemplação pura e "desinteressada", baseada no pensar racional. Pelo menos segundo a doutrina budista posterior, a mulher não é apenas um ser irracional e incapaz de energia espiritual de nível mais elevado, não é somente a tentação específica de quem busca a iluminação – ela é sobretudo incapaz daquela sensação mística de amor *sem objeto* que caracteriza psicologicamente o estado de espírito do arhat. Antes, sempre que se oferecer a ocasião, a mulher cairá em pecado. E se, mesmo dada a ocasião, ela não pecar, o mérito para tanto caberá, seguramente, a alguma ponderação de ordem convencional ou interesse egoísta. Essa é a posição explícita de monges moralistas de eras posteriores. O próprio mestre, aparentemente, não se expressou dessa maneira. Ao contrário, nos primeiros tempos do budismo – ao menos segundo a lenda – encontramos mulheres no círculo do próprio mestre, inclusive as que, peregrinando, anunciavam a doutrina de seus mestres, exatamente como foi o caso em todas as seitas de intelectuais daquele tempo, sob qualquer aspecto, ainda menos ligado a convenções. Nesse sentido, a posição extremamente subalterna da ordem de freiras budistas em nível absolutamente inferior ao dos monges será produto do específico desenvolvimento monástico posterior[361]. No en-

---

te" dentro de uma "bem-aventurada alegria provinda do aprofundamento em si mesmo" (Parte III, Discurso 6), na consciência alcançada mediante o trabalho sobre si mesmo (Parte I, Discurso 2): "Esta é a última vida e nunca mais haverá um rever".

361. Entretanto fontes já relativamente antigas como o Tschullavagga atribuíram ao mestre uma rejeição absoluta a mulheres: o fato de terem sido admitidas à busca da salvação em posição subalterna deve-se, unicamente, às preces de sua tia e mãe adotiva Mahapyapati. Mas essa suposição dificilmente é compatível com outras fontes, e a hipótese de que, posteriormente, uma ordem de monges tenha retocado a "rela-

tanto a naturalidade observada no relacionamento intersexual dos círculos de intelectuais seguramente não implicava um caráter "feminino" na mensagem do próprio mestre. Essa descarta a soberba terrena e a presunção, mas não pela humilhação de si mesmo ou do amor sentimental ao próximo no sentido cristão, e sim em favor da masculina clareza quanto ao sentido da vida e da aptidão para daí tirar as consequências com "integridade intelectual". Um sentir "social" totalmente no sentido da ética social operante com o "valor ilimitado de cada alma humana" tinha de se situar na maior distância possível de uma doutrina salvacionista que apenas conseguia constatar uma grande e fundamental ilusão perniciosa justamente naquele valor conferido à "alma". Também a forma específica de altruísmo do budista – a compaixão universal – é meramente um dos degraus galgados pelo sentimento ao discernir o absurdo da luta pela existência travada por todos os indivíduos na roda da vida, uma característica da iluminação intelectual em progressiva ascensão, mas não a expressão de ativa fraternidade: nas regras para a contemplação está expressamente determinado que seja substituída pela indiferença fria e estoica do conhecedor do estado final. Naturalmente, como narra a citada inscrição (*Indian Antiquary*, XXI, 1892, p. 253), tem um efeito altamente sentimental a ação do rei budista (século IX), que, triunfante, liberta seus elefantes em honra de Buda, e estes, "com lágrimas nos olhos", logo voltam aos bosques em busca de seus pares. Contudo aquela consequência deduzida do "ainsa" é, em si, um ato puramente formal – como os modernos hospitais veterinários e as pensões para animais. E "lágrimas" eram, pelo menos nos primórdios do budismo antigo, bastante estranhas e só rolaram mais copiosamente na Índia em geral a partir da piedade pietista (bhakti).

O ponto decisivo para a caracterização do tipo budista de redenção em seus efeitos para o comportamento externo é o seguinte: ter a segurança do estado de graça e, portanto, estar ciente de que a definitiva salvação própria *não* se busca afirmando-se mediante o *agir* – "intramundano" ou "extramundano" – em "obras" de qualquer espécie, mas sim, pelo contrário,

---

tiva" liberdade intersexual dos antigos "salões" xátrias, invisibilizando-a, é mais provável do que a inversa.

mediante *um estado imóvel*, alheio a toda atividade. É isto que decide na íntegra a posição do ideal do "arhat" em relação ao "mundo" do agir racional: não há ponte daquele para este, nem tampouco para um comportamento "social" em sentido operativo. A redenção é uma realização absolutamente individual de cada qual por própria força[362]. Ninguém e, de modo especial, nenhuma comunidade pode ajudá-lo nesse ponto: aqui, o caráter especificamente associal de toda mística propriamente dita é levado ao cúmulo. Na verdade, parece realmente contraditório que Buda – que nem de longe pensava em fundar uma "igreja" ou mesmo apenas uma "comunidade" e negava expressamente a possibilidade e a pretensão de poder "dirigir" uma "ordem comunitária" – de fato instituiu uma "ordem", na medida em que tal fundação talvez tenha ocorrido, como no cristianismo, simplesmente como criação de seus discípulos. Segundo a lenda, Buda tampouco assumiu por própria iniciativa o anúncio de sua doutrina redencionista, mas sim em atendimento a um pedido expresso de um deus. De fato, a antiga ordem comunitária oferecia aos irmãos noviços apenas modestos auxílios suplementares na forma de doutrina normativa e de supervisão e, para o monge de formação completa, impulsos espirituais, confissão e penitência. De resto, ela parece se dedicar sobretudo à assistência para inculcar um comportamento estamental decente aos monges para, assim, evitar que seu carisma se comprometesse com o mundo. De resto, como se discutirá em breve, reduziu-se a um mínimo, com a maior consequência e determinação, o grau de organização dessa comunidade social e do enlaçamento do indivíduo à mesma.

O fato de que a redenção foi posta como perspectiva viável unicamente para quem pratica a fuga ao mundo era correspondente, em si, aos hábitos indianos, mas, no caso do budismo, decorria do caráter totalmente peculiar da doutrina redencionista, pois a redenção enquanto libertação de uma luta interminável de quem assumiu forma individual para levar uma existência

---

362. "Não procureis refúgio em ninguém fora de vós mesmos", reza o Mahaparinibbana Sutra (II, 31-35, *Sacred Books of the East*, XI, p. 35ss. – em alemão: Schulze, *Das rollende Rad*, p. 96ss., especialmente p. 97). A oposição do budismo ao cristianismo encontra-se bem exposta em Von Schröder, *Reden und Aufsätze*, p. 109, além de numerosas passagens nos escritos de Oldenberg.

sempre inalteradamente desesperada e perdida, com o objetivo de ingressar na não transitoriedade da quietude, só podia ser obtida abandonando toda e qualquer "sede" por tudo aquilo que levasse a se ligar ao mundo da transitoriedade e da luta pela existência. Evidentemente, esta só podia ser acessível exclusivamente para o estamento dos "sem casa" (pabbajita, quer dizer, sem sustento econômico próprio), ou seja, segundo a doutrina da comunidade, somente para os discípulos peregrinos (mais tarde, monges, denominados bhikkshu). Os estamentos dos "moradores de casa", pelo contrário, segundo a doutrina da comunidade – de modo mais ou menos semelhante aos infiéis tolerados no islã –, tinham fundamentalmente a exclusiva tarefa de, em relação ao discípulo de Buda desejoso de obter o estado de graça, sustentá-lo com esmolas até a sua obtenção. Este busca se redimir da sede de existência peregrinando sem pátria nem morada, sem posses, sem trabalho, absolutamente abstêmio de sexo, bebidas alcoólicas, cantos e dança, rigorosamente vegetariano e avesso a temperos, sal e mel, vivendo da esmola silenciosa de porta em porta e de resto entregue à contemplação. O apoio material desse indivíduo em busca de redenção era, em definitiva, o mais alto merecimento e honra acessível ao upâsaka (venerador leigo[363]). A única punição a ameaçá-lo por parte dos monges era a rejeição de suas esmolas virando-se ao chão o recipiente com as esmolas. Upâsaka, porém, era qualquer indivíduo que se portasse como tal. Não havia para isso, originalmente, nenhum reconhecimento oficial. Mais tarde considerou-se suficiente a declaração: procurar seu refúgio junto a Buda e à comunidade (dos monges). Enquanto para os monges as regras morais são inteiramente unívocas, no caso dos pios veneradores, o fundador limita-se a poucos conselhos a título de recomendação, apenas ampliados mais tarde, pouco a pouco, até formarem algo como uma ética de leigos. Portanto aqui não existiam *consilia evangelica* em vista das *opera supererogatoria* dos indivíduos em estado de graça, como no cristianismo, mas, muito pelo contrário, o que havia era uma ética da insuficiência dos fracos que não queriam ir em busca da plena redenção. Em seu conteúdo originário,

---

363. O termo é técnico e encontra-se em inscrições oficiais (cf., por exemplo, *Journal of the Royal Asiatic Society*, 1912, p. 119 e *passim*).

elas correspondiam mais ou menos ao decálogo, mas com um sentido mais abrangente para o preceito de não matar (ainsa), extensivo a qualquer ser vivo, e para o preceito de veracidade absoluta (no decálogo, como se sabe, requerida apenas para o testemunho perante o tribunal) e expressa proibição da embriaguez. Para a fiel observância desses preceitos de moralidade para leigos (especialmente das cinco proibições cardinais: não matar, não roubar, não cometer adultério, não mentir, não se embriagar), confere-se ao leigo piedoso a perspectiva de obter bens intramundanos: *riqueza*, bom nome, boa companhia, morte sem receio e melhoria das chances do seu renascimento. No caso mais favorável, portanto, o renascimento naquele paraíso de deuses igualmente transitório, desprezado por um redimido que aspira ao ingresso no nirvana, mas certamente mais a gosto do filho deste mundo do que aquele estado que Buda deixou numa situação talvez problemática quanto a uma especificação mais aprofundada, mas que a doutrina mais antiga havia equiparado sem dúvida alguma à absoluta aniquilação[364]. O budismo antigo do Cânone Páli era, por conseguinte, meramente ética estamental, ou, mais corretamente, um manual da arte de um monaquismo contemplativo. Ao leigo ("morador da casa") só é possível praticar a "justiça inferior" (Adi-Brama-Chariya), e não as decisivas obras da redenção, como ao "reverendo" (arhat).

Portanto pode-se, certamente, duvidar se a doutrina de Buda vinha sendo concebida desde o início como uma religião "de monges". Ou melhor: é praticamente seguro que ela não o era, de modo algum. É uma tradição obviamente antiga que Buda, ainda em vida, deixou entrar no nirvana numerosos leigos que não viveram numa ordem. E nas *Questions of King Milinda* ainda se ensina que um leigo pode, pelo menos, enxergar o nirvana face

---

364. Há indícios suficientemente numerosos a favor da tese de que, para o budismo antigo, o Nirvana, pelo menos após a morte, consistiria realmente em um "dissipar-se", "apagar" da chama, e não igual a um sono sem sonho (como na maioria das vezes no hinduísmo) ou igual a um estado de beatitude desconhecida ou indizível. Nas *Questions of King Milinda* (IV, 8, 69), o Nirvana ainda é descrito de maneira ambivalente como um estado cujo frescor sacia a sede de vida, um remédio como o oceano sem limites, que faz findarem velhice e morte, como fonte de beleza e santidade, eterno, brilhante, total realização de todos os desejos, mas também lá (IV, 1, 12ss.) se enfatiza que a veneração das relíquias de Buda não significa que ele a aceite. E que ele saiu extinto da existência levando junto todos os seus rastos, e que preferencialmente sejam estes venerados para acenderem seu próprio fogo. Mas por certo, em qualquer mística, é de fácil travessia a ponte do não ser para o super-ser.

a face, como uma terra prometida. E, nesse contexto, também se discute a questão sobre como terá sido algum dia possível a redenção de um leigo por obra de Buda e por que, apesar disso, Buda fundou assim mesmo uma ordem de monges[365].

A comunidade de Buda foi, pela sua própria natureza, inicialmente, o seguimento de um mistagogo e, em todo caso, mais uma escola soteriológica do que uma ordem. As discussões dos especialistas[366] fazem parecer provável a hipótese – já em si sugestiva – de que os primeiros sucessores de Buda, após sua morte, assumiram, perante seus próprios seguidores, uma posição similar à de Buda em relação a eles: tornaram-se seus pais espirituais – ou, na terminologia indiana comum, gurus – e intérpretes determinantes de sua doutrina. Por ocasião do Cuoncílio de Vaiçali, que levou ao cisma, havia sido convidado um centenário discípulo de Ananda, o discípulo predileto do mestre: o "pai da comunidade". Sem dúvida faltavam determinações sobre quem teria o direito de tomar assento nos "concílios" a serem mais tarde convocados, dada a condição, como assembleias universais da comunidade, a fim de dirimir questões doutrinais e disciplinares controversas, e tampouco se falava em "votação" em nosso sentido. A autoridade decidia. Característica decisiva era o carisma de arhat, que o redimido livre de pecado tinha, sendo, assim, portador de força mágica; entretanto, com certeza, um dos discípulos admitidos pelo próprio Buda[367] já havia culposamente causado um cisma. Buda certamente havia instituído "regras" de qualquer natureza de um caso a outro: diz-se que, após sua morte, estas deveriam constituir o "senhor" impessoal da comunidade. Só o que é incerto é se dele também deriva uma regra sistemática de ordem, tal como a pratimoksha, surgida mais tarde. Assim, a inevitável disciplina acabou por impor formas mais firmes, e a comunidade se tornou ordem devido ao fato de que importantes partes da doutrina ha-

---

365. *Questions of King Milinda*, Livro VI. A resposta dada é que a ordem favorece a virtude e que todos os leigos que Buda deixou chegar à redenção foram monges pelo menos em uma vida precedente.

366. Minayeff, H. Oldenberg, De La Vallée Poussin. Cf., sobre isso, como conclusão, o autor citado por último em: *Indian Antiquary* (XXXVII, 1908, p. 1ss.).

367. Cf. a respeito: *Questions of King Milinda* (IV, 1. p. 2ss.).

viam sido transmitidas como doutrina secreta[368], como na maioria das soteriologias antigas da Índia. Desejava-se um sinal de pertencimento. Pouco tempo após Buda, a ordem já devia estar constituída com a cabeça raspada e o traje amarelo, e, nessa organização – por sinal, relativamente flexível –, ficou preservado apenas um vestígio do outrora livre-caráter comunitário da antiga associação de discípulos leigos. Logo ficou estabelecido que nunca se acederia à iluminação plena[369] e à dignidade de arahat sem ter se tornado monge formalmente[370].

Uma religião assim constituída como ordem não podia desenvolver uma ética econômica racional. Observe-se, já a esta altura, que isso não lhe teria sido possível nem em épocas posteriores, quando o budismo antigo, dentro do maaiana ("grande navio), já se encontrava rumo à outra margem: a saber, a da redenção, para desenvolver uma religião de leigos, ao contrário de um budismo de "conventículos" puramente de monges: o hinaiana ("pequeno navio"). Nesse sentido, havia no Lalitavistara, por certo, conselhos para os leigos piedosos e cultos (ârya), orientando-os sobre como avançar em sua profissão (mâgra), mas eram – sem dúvida, propositalmente (devido à rejeição do caráter sagrado das boas obras) – extremamente vagos. Faltam, nesse contexto, as regras "ascéticas". No decálogo dos Sutras da ioga hindu constam da ética social e, portanto, com obrigatoriedade geral, as regras da vida (as cinco yama) – entre elas, o menosprezo de riqueza e de dádivas –,

---

368. É o que se depreende, ao menos para certos períodos, das *Questions of King Milinda* (IV, 4, 6) (cf. IV, 3, 4). Mas o fato de que não era assim originalmente fica evidente ao considerar-se que, no Ceilão, os textos vinaya também eram lidos por leigos. Propriamente considerada, também a enumeração das classes que não podiam acessar a visão beatífica – mesmo que vivam corretamente (IV, 8, 54) – exclui a redenção ter sido reservada somente a monges: *animais*, *crianças* de menos de sete anos, heréticos, patricidas ou matricidas, assassinos de arhats, cismáticos, apóstatas, eunucos, hermafroditas, culpados de pecados mortais não reabilitados etc.

369. *Questions of King Milinda* (IV, 1, 28) deixam claro que somente um monge podia ser cismático, *porque* somente alguém assim conhecia a doutrina em sua totalidade.

370. *Questions of King Milinda* (IV, 1, 28); portanto, eventualmente, sem tê-lo sido em uma vida precedente. Um leigo que tenha alcançado a dignidade de arhat só pode (IV, 3, 4) ou morrer no mesmo dia ou se tornar monge. Até o mais indigno monge recebe do mais digno leigo veneração pelo motivo de somente o monge ser portador da tradição da regra da ordem. No início do capítulo, são glorificados os xátrias. Tudo isso indica a transformação de uma comunidade original de leigos em uma ordem monástica.

e lá também constam, entre as regras soteriológicas de ética individual ao nível mais elevado enquanto ética clerical (as cinco niyama), a sobriedade e o rigor ético. Em contraste com isso, o decálogo (daçaçila) budista comum vigente mais tarde nada menciona daquele relacionamento negativo da ascese com a *riqueza*, ao restringir as cinco proibições gerais a matar, roubar, ter lascívia, mentir e consumir álcool, ao passo que, aos aspirantes do estamento clerical, ele proíbe, adicionalmente, de forma absoluta: comer fora do tempo permitido (uma vez por dia); participar de prazeres mundanos; usar unguentos, joias e leitos macios; e aceitar presentes em dinheiro. Entretanto os Sutras budistas posteriores que se ocupam mais intensamente da moral (as respectivas doutrinas são frequentemente atribuídas não ao próprio Buda, mas sim a seu discípulo Ananda) procuram abordar a moral dos leigos como um "grau preliminar" da ética clerical, de nível superior. Dentro da doutrina ética ascendente por degraus à moral "superior" são recomendados para esse nível "superior" o repúdio a unguentos e a abstenção de assistir a peças teatrais, bem como certames esportivos. No entanto, essa moral "mais alta" – e aqui está o ponto decisivo – não leva a uma ascese mais racional (extramundana ou intramundana) nem a um método de vida positivo, pois qualquer "caráter sagrado conferido a boas obras" (kriyavada, karmavada) é e permanece considerado herético. Inversamente, a "virtude" ativa no agir vai sendo deixada para trás pela "çila", a ética do *não* agir voltada a se desprender de "rajas" (impulso) e a se imbuir da pura contemplação. Nos escritos dos budistas ortodoxos "meridionais" (hinayâna), atribui-se ao próprio mestre, expressamente, o reconhecimento de que sua ética seja "dualística", ao ensinar tanto quietismo quanto operosidade. Mas constitui sofística clerical o que eles oferecem como solução para a contradição: quietismo quanto ao mal querer, operosidade quanto ao bem-querer. Na verdade, a contradição separa de maneira abissal a ética do agir e as regras da arte contemplativa, pois somente essa última confere redenção. A ética monacal budista não é, como mais tarde a cristã, a superação racional-ética – baseada em especiais graças concedidas – do agir ético "intramundano" em curso nas ordens sociais, mas sim uma ética por princípio associal orientada na direção exatamente oposta. Eis por que nunca ela conseguiu equilibrar realmente a ética mundana e a monacal pelo caminho da relativização "estamental" no mesmo alcance em que a crença Bagavata e o catolicismo conseguiram empreender. A soteriologia posteriormente elaborada sob medida para leigos não estava, já por esses motivos, em condições de percorrer o caminho de uma ascese puritana intramundana, mas sim unicamente o de uma religiosidade ritual sacramental, hagiolátrica, idolátrica ou logolátrica. Porém sempre permaneceu válida a seguinte frase: "Quem quiser realizar boas obras, que não se torne monge". No budismo antigo, faltava quase totalmente algum rudimento metódico de moral para leigos. Ao ser admitido, o leigo deve prometer evitar assassínio, impureza, mentira e embriaguez. Entretanto não se sabe ao certo a idade desses preceitos. Certas atividades econômicas eram consideradas desde cedo, por razões religiosas, como impróprias para o upâsaka: o comércio de armas, de veneno e de bebidas alcoólicas (comércio semelhante ao exercido na cristandade antiga em atividades econômicas ligadas a cultos pagãos); o comércio com caravanas em geral, considerado pelo hinduísmo como questionável; o comércio de escravos (perigoso para a moral sexual); e o ofício de carniceiro (por ser uma infração do ainsa). Dessas atividades ficavam, pois, excluídos ao menos os leigos corretos, mas a específica exclusão do trabalho agrícola para o monge (novamente, por causa do ainsa e o receio de inevitável ferimento, durante a aragem e a capina, de seres vivos que no ciclo dos renascimentos estão unidos comunitariamente aos seres humanos) não impediu que aceitassem produtos agrícolas como esmolas; tal exclusão em nada influiu na economia dos leigos. Tampouco a rejeição extremamente rigorosa de qualquer posse de dinheiro para os monges teve alguma relevância para a moral dos leigos. Nenhum protesto de ordem moral individual ou de ética social contra a aquisição de riqueza ou consumo luxuoso encontra-se, no budismo mais antigo, no contexto da moralidade mundana. Tampouco naquela espécie de recomendação ao menosprezo da vaidade do mundo, e, portanto, de riqueza e unguentos, como consta dos citados *suttas* posteriores, pois essas coisas não constituem falta, mas sim apenas uma tentação para cair na "sede". Ao contrário, como vimos, a riqueza foi prometida enquanto tal como produto da moral de leigos, e a "instrução do sigâla" obriga expressamente os progenitores a deixarem para sua prole parte da herança. De resto, também falta completamente um prêmio religioso em qualquer direção para um determinado comportamento econômico. A única pena original, já mencionada como "virada do recipiente de esmola", não tinha o vício em mira, mas unicamente a falta de respeito para com a comunidade monacal. Justamente as regras mais antigas, que talvez remontem ao próprio fundador, tinham exclusivamente esse sentido. Originalmente, não havia para leigos nem confissão nem disciplina eclesiástica, nem irmãos leigos nem terceira ordem

De seu lado, porém, a moralidade monacal budista não desconhece apenas o trabalho, mas de todos os demais instrumentos habituais de ascese conhece somente os subsídios voltados ao aprofundamento da contemplação, à edificação espiritual e à garantia do vigilante autocontrole por confissão e admoestação do discípulo pelo mestre, respectivamente do monge mais jovem em ancianidade pelo mais idoso. O budismo rejeita toda e qualquer forma de ascese racional. Nem toda ascese racional é "fuga do mundo", bem como nem toda "fuga do mundo" é ascese racional. O seguinte exemplo poderá servir para convencer. Visto que, para o budismo, tanto a sede pelo além-mundo como por este mundo é apego ao mundo, assim também a entrega à felicidade neste mundo está em pé de igualdade com a automortificação ascética por boas obras em busca da felicidade no além. Buda prefere o "caminho do meio". A grande virada em sua vida, conforme a tradição seguramente mais confiável a esse respeito, foi desistir das tentativas que a metodologia soteriológica indiana havia desenvolvido mortificando o corpo com a subnutrição e outros instrumentos fisiológicos, a fim de obter um carisma extático. Nesse ponto, portanto, o budismo se encontra, na história do desenvolvimento, próximo à rejeição, pelos jesuítas, dos meios usados pela antiga mortificação monacal[371]. Sempre segundo antiga tradição, justamente

---

371. Conforme ensina uma palavra do mestre, existem quatro condutas de vida. A primeira confere o bem presente e leva ao sofrimento futuro: é o prazer dos sentidos. A segunda proporciona sofrimento presente e leva ao sofrimento futuro: é a mortificação sem sentido. Essas duas formas, e portanto também a ascese irracional, conduzem "para baixo"após a morte. Mal presente e bem futuro, isso é o que propicia a terceira a quem – assim formado por sua predisposição natural – só "com esforço" consegue levar uma

essa inovação em sua conduta de vida foi vista por seus companheiros de ascese como uma das mais elementares rupturas das precondições para a salvação, análoga à do comportamento anomístico de Jesus assim julgado pelos fariseus. Precisamente nesses círculos o resultado foi, de início, franca desconsideração e dúvida quanto aos seus dotes da graça. E é precisamente esse o ponto de partida para o ódio indelével dos monges jainistas pautados pela extrema mortificação ascética e prática das boas obras. Se entendermos "ascese" como método racional de vida – e é o que aqui pretendemos fazer –, então a salvação budista é, por princípio, antiascética. Por certo, ela prescreve um determinado caminho como único a percorrer para chegar à iluminação, mas esse caminho não consiste em compreender racionalmente os princípios doutrinários – em si infinitamente simples –, em que ela se baseia de maneira metafísica, nem em se exercitar pouco a pouco para um aperfeiçoamento moral cada vez mais elevado. Como vimos, a libertação é um "salto" súbito para os diferentes estados nos escalões da iluminação, após ter sido preparado por contemplação metódica. A essência desse salto consiste em tornar o ser humano, em seu mais íntimo hábito *prático*, coerente com sua compreensão teórica, de maneira a lhe proporcionar *perseverantia gratiae* e *certitudo salutis*: a segurança de ter sido redimido da "sede de vida" de maneira definitiva e *sem recaída*, e nesse sentido, portanto, a santidade. Esta era, conforme demonstram todas as tradições, a consciência de Buda sobre o estado de graça. Todas as prescrições de Buda são para a *obtenção* prática desse estado de graça, ou seja, são, de alguma forma, prescrições propedêuticas para noviços. Todas as suas próprias declarações, a serem provavelmente consideradas como autênticas – em especial, também, as referentes ao "nobre caminho óctuplo" – contêm apenas indicações gerais sobre a correta *mentalidade* redencionista. E é absolutamente provável que

---

vida santa: ele vai para o céu. A quarta confere bem presente e futuro para aquele que, por predisposição, não é propenso a desejo veemente e que facilmente alcança a "quietude de mar interior". Este ganha o Nirvana (Parte 5, Discurso 5 apud Neumann, *Reden des Gautama Buddha*). Totalmente na linha jesuítica, a rejeição das mortificações irracionais é justificada no *Buddha Tscharita* de Açvagosha (*Sacred Books of the East*, vol. 49, VII, p. 98-99): elas perturbam a possibilidade de autocontrole e debilitam as forças do corpo exigidas para ganhar a redenção.

Buda, tal como Jesus, tenha tirado consequências diretamente anomísticas no que se refere ao estado de perseverança na graça (na expressão em termos cristãos). Os adversários (inclusive modernos críticos pertencentes a confissões cristãs) sempre voltaram a objetar-lhe a "boa vida", e, segundo a tradição, sua morte foi causada por carne de porco estragada. Seja como for, a "metodologia" budista limita-se, em todos os casos, a instruções voltadas a assegurar o bom sucesso da *contemplação*, ao passo que o *agir* metódico, quer seja para fins no além ou neste mundo, volta-se, segundo o budismo, não para a redenção, mas sim para a "sede de mundo", em cuja redenção está seu objetivo. Será provavelmente útil à nossa finalidade encerrar aqui a soteriologia do budismo antigo resumindo racionalmente como o fazem modernos budistas formados na Europa[372].

A base para isso é a célebre pregação de Buda em Benares sobre as quatro verdades sagradas. As quatro verdades sagradas referem-se: 1) ao sofrimento; 2) à razão do sofrimento; 3) ao fim do sofrimento; e, por último, ao meio para esse fim, 4) o nobre caminho "óctuplo". 1) O sofrimento está ligado à transitoriedade como tal, e esta, à individuação. Toda a maravilha da vida não é somente transitória, mas também se baseia na luta com outra vida e surge somente às expensas dessa última. 2) A razão de qualquer vida e, portanto, de todo sofrimento é a absurda "sede" (trishna) de vida, de preservação da individualidade mesmo além da morte em uma vida "eterna". A crença na "alma" e na sua duração é unicamente consequência dessa sede insaciável, com todos os absurdos que ela traz consigo. Ela é a fonte da fé em um "deus" que atende a nossas preces. 3) O fim da sede de vida é o fim daquele sofrimento ligado à transitoriedade e à vida. O caminho para isto é: 4) o nobre caminho óctuplo. Seus degraus são, em primeiro lugar, sammadikhi ("entendimento correto"), a saber, o entendimento inicialmente racional, mas depois abrangente no interior a toda a vida dentro deste: todos os componentes

---

372. Allan Mac Helenor (nome de convertido e monge: Ananda Maitreya), *The four noble Truths*, Publications of the Buddhasan Samayan, n. 3, Rangoon 2446 da era budista, 1903. Aqui não interessa tanto se assim está reproduzida fielmente a forma primitiva do budismo, mas sim se a doutrina hinaiana hoje em dia aceita considera ortodoxa essa interpretação – em si, possível – dos escritos antigos.

constitutivos da vida da natureza com os predicados de sofrimento, de transitoriedade e de falta de qualquer conteúdo "eterno" (segundo o modo bramânico, de "Atman", "alma"). O segundo degrau é sammasankappa ("querer correto"), a sapiente e compassiva renúncia ao gozo da vida, que, em toda parte, só é possível às custas de outros seres vivos. O terceiro degrau é sammavaca ("fala correta"), a renúncia a todo falar não verdadeiro e sem amor graças ao controle da própria natureza passional. O quarto degrau é sammakammanta ("conduta de vida correta"), a eliminação de tudo o que é impuro e sobretudo de ficar à espreita de sucessos e frutos do próprio fazer correto, do agir. Quem plenamente atingiu esse nível ganha o quinto degrau, que, expresso em termos cristãos, confere a *certitudo salutis*, a santidade da vida que não pode mais ser perdida: samma ajivo. A enorme tensão de todas as suas forças mobilizadas a serviço do santo objetivo confere-lhe à alma um poder volitivo sagrado que vai muito além do que pode ser atingido por outrem: sammavayano ("força de vontade correta"), o sexto degrau. Agora, acordado ou dormindo, ele está na posse de si mesmo, sabe quem é e era. E essa possessão interior do sagrado saber leva-o ao sétimo degrau da perfeição, sammasati, no qual já não está acessível a outros pensamentos e sentimentos que não sejam sagrados. E, por essa aptidão, já superior à consciência normal, ele é carregado interiormente às raias do nirvana, "escapadas da morte", à concentração correta: sammasamadhi, o último e supremo degrau.

Também nessa forma, já fortemente modernizada[373] e, portanto, empalidecida, a soteriologia dá uma ideia da especificidade praticamente mais essencial do budismo: a da total eliminação de toda espécie de motivação intramundana para o agir – seja de maneira irracional, passional ou racional – orientado para um objetivo, pois, por fidelidade ao princípio, qualquer agir racional ("agir com um objetivo") é expressamente recusa-

---

373. A modernização da técnica meditativa (kammasthâna) consiste propriamente em apagar – pelos padrões da moderna medicina – o caráter ainda muito "patológico" dos decisivos estados salvíficos no budismo antigo. A técnica visual das dez kasinas partia do fato da reprodução visual feita de olhos fechados, e os quatro estágios do êxtase propriamente dito já no segundo atingiam um "torpor" produzido de maneira artificial que, em seguida, findo o êxtase, dava lugar a uma euforia percebida como "perfeita alegria" e, como estágio supremo, a uma sensação de indiferença absoluta.

do. Assim, o traço cada vez mais desenvolvido no monaquismo ocidental, tão importante para a sua singularidade, no sentido de uma metodologia racional de conduta de vida, está ausente em todos os domínios, *exceto* na sistematização puramente espiritual da meditação concentrada e da pura contemplação. Por sua vez, esta tem sido desenvolvida cada vez mais até atingir o grau de refino cultivado na Índia também em outros campos. O desenvolvimento posterior adotou numerosos subsídios da técnica ioga, provavelmente já conhecidos do próprio mestre: desde a regulação da respiração até a sequência gradual de imersão do pensar no curso das quarenta karmasthanas, todos os meios foram metodicamente racionalizados em vista da sucessiva obtenção dos quatro patamares da redenção.

De acordo com a doutrina, pelo menos da comunidade, o degrau mais alto só é atingido pelo monge, como vimos. O leigo piedoso era excluído até mesmo dos únicos eventos aparentados a cultos dessa religiosidade forçosamente desprovida, em sua origem, de qualquer culto: as assembleias quinzenais e a festividade uposâtha – essencialmente, cerimônias de confissão dos monges, de exclusivo cunho disciplinar. Só lhe restou, assim, a veneração dos monges a título pessoal e das relíquias mediante doação de vihâras (casas de pousada, em tempos antigos ainda sem o caráter de mosteiro), a construção de estupa juntamente com objetos artísticos sucessivamente adicionados, ao que se associou, como inicialmente único modo de atividade piedosa de leigos, o culto de relíquias propriamente dito. Eis por que o caráter absolutamente extramundano e a total ausência de cultos na atividade piedosa dos monges, assim como a ausência de qualquer impacto planejado na conduta de vida dos leigos – um ponto muito importante a contrastar o budismo antigo com o jainismo – tinha forçosamente de impelir os leigos para a hagiolatria e a idolatria, como posteriormente cultivadas pela maioria das seitas maaianas. O budismo antigo tinha, por certo, aversão às artes mágicas, mas nunca colocou em dúvida a existência dos "deuses" (devata), e a partir daí desenvolveu em pouco tempo a coerção dos espíritos e a arte da geomancia[374]. Já a história do budismo antigo na Índia e em países

---

374. Vatthuwijja, correspondente ao feng shui chinês.

vizinhos e, de modo cabal, a forma de budismo totalmente baseada no domínio fundiário por mosteiros – forma a que o budismo chegou no Ceilão e no Tibete – deixam muito claro com qual facilidade, por outro lado, a comunidade de discípulos, caso a caso abastecida por mecenas, se transformou em vida conventual agraciada em regime de fundação com terreno e construções, pensões duradouras, posse de terra, escravos, servos, tendo como resultado final, portanto, o domínio fundiário monacal. Como antídoto a essa evolução – na verdade, dificilmente evitável –, o budismo antigo manteve vigente, a par da proibição de posses – infringida no mínimo no que se refere a estoques de vestuário, para os quais havia administradores próprios desde o princípio –, o preceito da peregrinação dos monges e da recusa de qualquer organização hierárquica ou paroquial, bem como, em geral, de toda forma organizacional vinculante. As dioceses (sima), para as quais o respectivo ancião-chefe ordenava a realização das festas quinzenais e de uposâtha para monges que lá se encontravam casualmente, não constituíam distritos exclusivos. Não há, originalmente, um dever de residência ou pertencimento a um determinado mosteiro. Nas assembleias, a ordem é exclusivamente por ancianidade (enquanto monge completo, não: segundo a idade). Todos os "funcionários" são apenas auxiliares técnicos sem império. E os "patriarcas" ou os "pais" da igreja budista antiga, posteriormente extintos, eram, ao que parece, exclusivamente arhats qualificados por ancianidade e carisma em mosteiro respeitado por sua antiga tradição e respectivo carisma. De resto, parece não se conhecer nada de seguro a respeito de sua posição. Além disso, a admissão na ordem após conclusão do noviciado – aprendizado junto a um monge como *directeur de l'âme* [diretor espiritual] e realizada a admissão formal com base em solicitação e recomendação do instrutor – não implicava nenhuma vinculação duradoura, e a saída ficava sempre livre, sendo até recomendada[375] para quem não tivesse suficiente força – e, desse modo, tudo considerado, o budismo, em consequência da coerente mi-

---

375. De acordo com a tradição, mesmo grandes mestres do budismo ortodoxo posterior deixaram-se apoderar pelo vigor dos prazeres, até mesmo repetidamente, em seguida, deixavam a comunidade e, depois, uma vez satisfeitas as exigências das paixões, faziam-se readmitir. Um exemplo está no relato de viagem de J-Tsing (34, n. 7). Contudo tal lassidão foi, sem dúvida, um produto da decadência estranho ao budismo antigo.

nimização de vinculação e regulamentação intencionalmente implementadas, permaneceu desestruturado, o que desde o início representou grave ameaça à unidade da comunidade e cedo levou a heresias e à formação de seitas. O único antídoto – a convocação de concílios – logo fracassou e apenas continuou possível obviamente graças ao apoio do poder secular. Permanece a impressão de que, mesmo os poucos rudimentos de organização e disciplina estabelecidos, ou seja, a fundação de uma ordem, bem como a fixação doutrinária, só surgiram após a morte do fundador, contrariamente às suas próprias intenções. Depreende-se da tradição com segurança que Ananda foi seu discípulo predileto, ou seja, o "João" do budismo primitivo. Com igual segurança, porém, pode-se depreender da tradição sobre o "primeiro concílio", por raras que sejam as passagens aproveitáveis, que Ananda não somente foi marginalizado pelos demais discípulos, como também foi obrigado à penitência por não ser livre de pecado, e que outros assumiram a direção da comunidade – como na comunidade cristã primitiva. A comunidade original de monges evidentemente não queria permitir em seu meio nem o modo espiritual de sucessão nem a aristocracia do carisma. Ela enfatizava, por esse motivo, o princípio da ancianidade dos arhat (completamente redimidos e, portanto, livres do pecado) e, além disso, um padrão mínimo de ordem estável, ao passo que Ananda era visto presumivelmente como representante de uma ordem carismática de pregadores totalmente livre de organização. Nos mosteiros ortodoxos birmânicos, o *status* de um monge em comparação com os demais, de resto rigorosamente equiparados, pautava-se, até o presente, apenas pelo seu número de "was", ou seja, pelo número de estações do ano transcorridos desde a sua entrada para o mosteiro (portanto, anos) – completados dez was (anos), o monge torna-se um monge em plenitude. Essa é, seguramente, uma tradição muito antiga.

A par da ancianidade, a doutrina ortodoxa da comunidade manteve no budismo hinaiana, durante mais de um milênio, um único elemento estrutural absolutamente obrigatório, mas por certo extremamente eficaz e vinculante: o relacionamento entre o mestre (upadhyaya) e o discípulo. O noviço tem de observar as severas regras de piedade do Bramacharin indiano para com o seu guru. Ainda no tempo de J-Tsing (século VII d.C.), também o monge admitido ao mosteiro só podia afastar-se de seu mestre cinco anos depois de ter assimilado inteiramente, aos olhos de seu mestre, o conteúdo do cânone vinaya. E mesmo assim ele precisava, para qualquer atividade, de prévia licença do mestre, do qual ele não podia ocultar nenhum ato de importância para sua salvação. Esse relacionamento de tutelagem só terminava dez anos após completa assimilação do vinaya. Quem não conseguisse aprender inteiramente o cânone antes desse prazo tinha de ficar sob tutela absoluta durante o resto da vida. Justamente a ortodoxia hinaiana, ao que parece, foi a que manteve com particular rigor esse relacionamento de piedade.

Os seguidores do budismo antigo na própria Índia, que se opunham à transformação posterior dos mosteiros em domínio fundiário e da doutrina redencionista para uma soteriologia laica, foram recrutados, a começar pelo próprio fundador, em grandes famílias nobres e cidadãos ricos, não exclusivamente, mas de forma predominante. Também se encontram, ao que parece, brâmanes; mas a maioria dos discípulos[376] constituía-se de representantes de formação *leiga* ilustre das camadas seculares de notáveis. Os primórdios do desenvolvimento no sentido de convenções estamentais remontam, por conseguinte, a tempos bastante remotos. A própria forma prescrita para a mendicância estava adaptada ao senso de dignidade e bom gosto de um intelectual bem-educado. Nunca os discípulos de Buda formaram uma horda de mendicantes incultos. Não somente a indumentária estava, ao contrário de outras seitas, decentemente regulada desde o início e era objeto de cuidado metódico, mas também justamente a sua cuidadosa observância do decoro contribui, ao menos em parte, para a atratividade do budismo de modo par-

---

376. É o que se depreende de fontes literárias e lendas. Dá-se considerável ênfase ao pertencimento de indivíduos particularmente notáveis, mas, em todo caso, sob o aspecto social, o budismo nunca tem sido excludente no que se refere aos leigos. Posteriormente, encontram-se representados nas inscrições (por exemplo, na inscrição sañci citada por Bühler, *Epigrahia Indica*, II, p. 91ss.) todos os estamentos; nobres e agricultores de uma aldeia, comerciantes de uma guilda (sheth), simples comerciantes (vani), escribas reais, escribas profissionais, chefes de oficinas reais (avesani), soldados (asavarika), trabalhadores (kamika), mas negociantes e comerciantes predominam. Numa inscrição mais antiga, proveniente do século II ou I a.C. (*Indian Antiquary*, XXI, 1890, p. 227), encontra-se a menção de um soldado, um escultor de pedra, um "patrão domiciliar" (grihaspati) e numerosos clérigos enquanto benfeitores.

ticular junto às camadas superiores. O prâtimokkha dos budistas meridionais contém grande número de regras de decência puramente convencionais para os monges no relacionamento mútuo e para com o "mundo", incluindo até a proibição de estalos com a língua ao comer.

A isso corresponde a especificidade intrínseca da doutrina.

Conforme já exposto várias vezes (nomeadamente, em Oldenberg), é decididamente enorme e fundamental a diferença entre a pregação de Buda – da qual se consegue obter, graças à tradição, uma ideia pelo menos aproximada – e a de Jesus, por um lado, e a de Maomé, por outro. A forma típica de atuação de Buda é a do diálogo socrático, pelo qual, com um raciocínio bem-refletido, o adversário é levado ao absurdo e, assim, obrigado a se render. Nem a parábola sucinta, nem a réplica irônica, nem mesmo o patético sermão de penitência do profeta galileu, tampouco os discursos visionários do santo chefe guerreiro árabe encontram paralelo naquelas conferências e conversações que trabalham puramente o intelecto, a consideração calma, objetiva, livre de qualquer agitação interior envolvida, esgotando sempre sistemática e dialeticamente o assunto, que parecem ter sido a forma mais atual do trabalho de Buda. Era simplesmente impossível – e disso é possível se convencer facilmente – acompanhá-las sem uma formação bastante considerável no pensamento especificamente hindu, muito embora Buda assegurasse – e com razão – a um pensador hindu que sua doutrina era tão simples que qualquer criança poderia entendê-la. Afinal, isso era válido, em todo caso, para uma criança de "muito boa educação", no sentido do hinduísmo antigo.

O budismo não se ligou a absolutamente nenhuma espécie de movimento "social", nem andou lado a lado com tal movimento, nem se propôs um objetivo "social-político", por mínimo que fosse. Ignorar a estruturação estamental não era nada de novo. Nas regiões em que surgiu o budismo – Magadha e áreas vizinhas da Índia Setentrional –, o poder do bramanismo era relativamente fraco. Os quatro "estamentos" antigos encontravam-se, sem dúvida, já há muito tempo em decadência – de modo especial, os agricultores livres (vaixiás) já se haviam tornado uma ficção. As fontes do período budista consideravam os negociantes como vaixiás típicos, e, ao que parece, ainda era incipiente, nessas regiões da Índia, a separação recíproca de "castas" segundo a religião e, em particular, a estruturação dos sudras em castas profissionais, ao menos parcialmente, de modo que esses processos só mais tarde chegaram ao auge com todas as consequências por obra do hinduísmo. Era um fenômeno amplamente difundido a busca individual de salvação pelos xrâmanas, cujo desempenho ascético há muito tempo recebia da avaliação religiosa um respeito equiparado ao dos sacerdotes corporativos de formação védica. Portanto, a não consideração das diferenças estamentais por parte do budismo não significava nenhuma revolução social, se é que realmente existiu, como aliás parece. Não consta da tradição nem é provável que membros das camadas mais baixas estivessem entre os adeptos do budismo antigo, pois, desde sempre, os próprios xrâmanas geralmente descendiam daqueles círculos, amplamente predominantes, de formação leiga ilustre recrutados com particular intensidade no patriciado xátria urbano, mais ou menos como os humanistas entre nós. Pelo contrário, parece bastante seguro que o budismo primitivo, assim como o jainismo antigo, inicialmente insistia na convicção de que um indivíduo apto para a plena gnose só pode ter nascido na casta bramânica e xátria. Segundo reza a lenda, o próprio Buda logo foi elevado de sua condição histórica verdadeira de descendente da nobreza agrícola à de filho de rei. Entre os prosélitos de suas primeiras pregações, a tradição arrola o rico patriciado urbano numerosos brâmanes. No contexto do então vigente sistema indiano de pequenos estados, a camada intelectual ilustre, à qual se dirigia a doutrina de Buda – que de modo algum podia ter se destinado a "pobres de espírito", segundo Oldenberg –, julgava-se, em grande medida, já o vimos, uma unidade que sobrepujara todas aquelas formações políticas ocasionais e mutáveis, incapazes de chamar a si duradouramente o *páthos* de uma tal classe, e nisso se assemelhava à camada intelectual de nossa Idade Média. A doutrina budista como tal surgiu em uma região de desenvolvimento relativamente importante, naquele tempo, da riqueza nobre e burguesa. Ainda inexistia, naquele período – em igual medida, como no hinduísmo posterior ou como na pretensão do bramanismo mais antigo –, um presbiterado dominante tal que tivesse impedido o patriciado de levar uma vida como bem entendesse e de acreditar ou não acreditar como quisesse, e os poderes seculares não encontraram motivo algum para se opor a um movimento absolutamente apolítico, entre tantos congêneres já massivamente disseminados. De resto, a regra de Buda – ele próprio visto pela tradição como um protegido do Rei Bimbisara, que o venerava – tinha o cuidado de evitar qualquer objeção por parte do poder secular: soldados, escravos, presos condenados ou criminosos não eram absolutamente admitidos na ordem. Uma "luta" contra os brâmanes ao modo de Cristo contra os fariseus e escrivães do templo não se verifica em nenhuma pregação de Buda. Ele não considera deuses nem a importância de castas. Segundo a tradição, o único ponto em que ele insiste, uma vez expressamente interrogado por um brâmane, é que o que faz de um brâmane um autêntico brâmane não é o nascimento, mas sim a ação correta. Do mesmo modo, não existe uma luta propriamente dita contra o sacrifício ritual, típica entre os jainistas. Este apenas não tem valor para aquilo a que se dedica o forte e sábio.

No total, o budismo antigo não é um produto de camadas porventura desprivilegiadas, mas sim de camadas em alto grau privilegiadas positivamente. Porém, certamente, não pode caber dúvida quanto ao característico traço anti-hierocrático de que foi a desvalorização do saber ritual bramânico e da filosofia bramânica o que fez com que a doutrina se tornasse simpática aos príncipes e ao patriciado. Uma experiência da qual se deram conta somente gerações posteriores foi a substituição da hierocracia bramânica pelo poder hierocrático dos monges mendicantes, que, a longo prazo, se revelou ainda mais forte. A convicção de que monges peregrinos e ascetas tivessem uma santidade especial já era partilhada há longo tempo por todas as camadas sociais da Índia, como aliás também numerosos outros períodos e povos. A regra da ordem, por certo, prescrevia expressamente, e não sem intenção, que o monge mendigasse batendo à porta tanto de pobres quanto de ricos, sem fazer diferença. Mas nem o budismo antigo nem o posterior tentaram mudar a ordem social deste mundo. O mundo era indiferente para o monge. Não como no cristianismo antigo, porque a esperança escatológica o carimbou para tanto. Mas sim, inversamente, porque não havia nenhuma esperança escatológica e – pelo menos segundo a doutrina posterior – nenhuma redenção para aquele que não quisesse se tornar monge, e, por outro lado, porque para o monge não havia fatalidade humana capaz de influenciar de algum modo sua chance de salvação. A forma de redenção prometida para o monge mendicante seguramente não correspondia ao gosto de camadas sujeitas a pressão social, que teriam preferido uma compensação no além ou então futuras esperanças neste mundo. No entanto, a moral leiga estava marcada por uma ética "burguesa" extremamente incolor, e seus prêmios neste mundo – riqueza e nome honrado – também. Um "direito natural" religioso de agricultores submissos ou artesãos corporativos teria tido outra configuração. E como comprovado pelo desenvolvimento de épocas posteriores, a ser descrito proximamente, uma religião redencionista enraizada nessas camadas como se fossem sua terra natal teria sido de um caráter fundamentalmente diverso, como aliás também seria o caso de uma religiosidade leiga específica das camadas baixas.

A propaganda por meio da doutrina, enquanto forma específica de vida, é inteiramente própria da pessoa de Buda peregrino. A questão de saber se era originalmente considerado como um "dever" efetivo dos monges pode ser deixada em aberto e é bastante improvável. O *dever* expresso da missão está, provavelmente, bem mais ligado à transformação sofrida pelo ideal da redenção nos séculos posteriores.

No entanto, o budismo tornou-se uma das maiores religiões missionárias da Terra. E isso deve causar espanto, pois, considerando de modo puramente racional, não se pode descobrir um motivo que o tivesse determinado a tanto. O que é que leva um monge que só procura a sua própria redenção e que está totalmente dependente de si próprio a se preocupar com a salvação dos outros e a se dedicar a uma atividade missionária? Ainda mais que tal empreendimento deveria revelar-se extremamente infrutífero para um místico totalmente sob o influxo da doutrina do carma, com seu caráter determinado pelo carma quanto às chances de redenção e pelas diferenças de qualificação, assim condicionadas. Segundo a lenda, Buda oscilou durante muito tempo sobre dever ou não atender ao pedido de Brâman para que anunciasse aos homens a doutrina da redenção. Por fim, o que o levou a se decidir foi a circunstância de que, a par dos que por sua qualificação estão determinados para a salvação ou para a perdição, existe um grande número de seres humanos cuja qualificação não é unívoca e, portanto, cujo destino salvífico pode ser influenciado pelo anúncio da salvação. Entretanto essa foi apenas uma interpretação dogmática. Mas onde estavam os impulsos reais práticos? De início, ao que tudo indica, no fato psicologicamente (talvez fisiologicamente) condicionado que conhecemos e que não pode ser mais explicado racionalmente: na maioria das vezes, é próprio dos grandes virtuoses da religiosidade mística aquele acosmismo do amor cheio de compaixão que, em quase toda parte, acompanha a forma psicológica da posse mística da salvação, esta singular euforia de ter ficado com a tranquilidade do íntimo ser divino. É o que, em sentido contrário ao das consequências racionais de uma busca mística da salvação, impeliu a maioria deles ao caminho da salvação das almas. Contudo esse motivo, que se expressa obviamente também na ética budista da compaixão, existia também em outros místicos indianos. Além disso, ainda havia o efeito da habitual disputa durante a peregrinação, típico em todos os soteriólogos indianos da camada de intelectuais e caracteristicamente também a Buda. No entanto esse fenômeno era comum também a todas as soteriologias do seu tempo. O ponto decisivo em relação ao *êxito* da propaganda tanto para os jainistas quanto para os budistas foi a emergência em forma de comunidades dos "monges profissionais". Entretanto o *motivo* decisivo para o andamento da propaganda estava nos interesses materiais dos monges com vistas ao aumento do número dos que os sustentavam: os upasaka. Essa ordem de interesses também era, por certo, comum às associações monásticas, como as jainistas de modo especial, em sua concorrência com o budismo. Mas, quanto a isso, acrescem algumas circunstâncias favoráveis ao budismo no tempo de sua expansão, as quais na prática representavam, por outro lado, uma debilidade que, mais tarde, pelo menos na própria Índia, se converteu em desgraça ante a concorrência dos monges profissionais ortodoxos. Por um lado, o exíguo grau de exigências postas aos leigos; por outro lado, a total ausência de organização sólida da comunidade monástica e, com isso, a inexistência de interesses prebendários fixos dos próprios monges. Para cada confissão, a crise de sua expansão missionária chega no momento em que se encontra encerrado o típico processo de "prebendalização". Quer dizer: quando a sua organização progrediu de tal modo que as suas receitas, por um lado, e as suas ofertas de salvação, por outro, estão firmemente distribuídas em montantes fixos, em forma de "clientela" ou "renda" para os seus mediadores profissionais de salvação (sacerdotes, pregadores, monges). Então, inevitavelmente, o interesse monopolístico dos proprietários dessas "clientelas" e prebendas prevalece em relação ao interesse comum de conquistar novos territórios. A comunidade passa, assim, a dificultar a admissão de noviços, a fim de não colocar em perigo os "sustentos" dos atuais proprietários do distrito. Ela se interessa, por certo, em afastar de sua área de sustento a concorrência, mas seus prebendários não são propagandistas apropriados para a missão em áreas forâneas. De uma forma ou de outra, esse processo pode ser observado na maioria das confissões outrora missionárias. No caso do budismo, porém, a prebendalização ficou diretamente excluída pela qualidade absolutamente "acosmística" da antiga organização (ou não organização), juntamente com a recusa de qualquer regulamentação das relações com os leigos.

E foi precisamente o caráter puramente parasitário da procura de sustento pelos budistas – aspecto tão execrado pelos ascetas de observância mais antiga –, a ligação às cidades então florescentes e às localidades maiores em geral, combinado com a lassidão na observância das regras rituais, tanto por parte dos monges quanto por parte dos leigos que os alimentavam, que constituiu, pelo menos externamente, uma vantagem inicial muito significativa. Vimos que o budismo antigo, ao tomar como ponto de partida o fato fundamental da diferença firmemente estabelecida quanto à qualificação para a salvação, impôs aos leigos quase nenhuma obrigação além de prover o sustento dos monges originalmente sem ter de prestar à comunidade quaisquer outras contribuições – das quais logo surgiriam, necessariamente, prebendas para os monges e seu contingenciamento numérico –, além de dádivas ao monge individualmente. Somente pouco a pouco foi surgindo uma alteração no sentido de uma habitual organização monástica. A avasika: monges ex-peregrinos residentes de modo permanente nos mosteiros, e não apenas em tempos chuvosos, assim como a delimitação mais precisa das paróquias (sima) já constituem um produto do desenvolvimento no rumo do domínio fundiário pelo mosteiro. A esses monges residentes cabiam, além da meditação, o estudo dos Sutras e o trabalho científico. O budismo antigo, pelo contrário, não tinha em autoestima o trabalho científico. E, com mais forte razão no contexto da tradição originalmente apenas oral, a introdução da literatura como objeto de estudo teve um significado apenas secundário. Enquanto perdurava essa situação antiga, o budismo ficava constrangido a inundar o país com discípulos e monges missionários, e foi o que ocorreu.

Mesmo assim, é provável que o budismo não tivesse podido iniciar, pelo menos, sua campanha internacional de conquista sem o acaso histórico: o fato de que um dos primeiros grandes reis que governou quase toda a área cultural indiana se tornou seu fervoroso adepto, como se verá em breve.

PARTE III
A RELIGIOSIDADE ASIÁTICA SECTÁRIA E SALVACIONISTA

As causas gerais da transformação do budismo antigo

Dentre as soteriologias de intelectuais indianos ilustres, o budismo antigo pode não ter sido a última no tempo, mas, em todos os casos, foi a mais consequente e rigorosa[377] e, nesse sentido, seu "aperfeiçoamento". Sob o aspecto exterior foi, ao menos por certo tempo, na dinastia Máuria, a única religião redencionista a se tornar a confissão religiosa oficialmente dominante em toda a Índia, mas não de modo permanente. Sua consequência interna e, por isso mesmo, sua debilidade externa consistiram no fato de que, também em seu comportamento prático, restringia a salvação àqueles que realmente seguiam o caminho até o fim tornando-se monges, e descurava quase inteiramente os demais, os leigos. Nota-se, nas prescrições por ele criadas para esses últimos, que estas não passavam de acomodações sem um ponto de vista intrínseco coerente. E sobretudo lhe faltava, externamente, o que o jainismo havia introduzido: uma organização comunitária de leigos. E mesmo a organização monacal limitava-se ao estritamente indispensável, como vimos. A ausência de uma organização para leigos teve por consequência histórica o desaparecimento do budismo em seu próprio país de origem. Como veremos, apesar de toda acomodação, que ainda vamos conhecer, ele não pôde resistir à concorrência das seitas hindus ortodoxas e heterodoxas, que souberam estabelecer relações bem-definidas entre o

---

377. Mas o fato de ele ter constituído uma dessas soteriorologias de intelectuais ilustres é o motivo de todas as abissais diferenças entre ele e o cristianismo antigo, pois, para este, como veremos, era de fundamental importância a oposição a todo e qualquer intelectualismo ilustre.

laicado e a sua direção. Do mesmo modo, mostrou-se incapaz de resistir à violência externa, sobretudo frente ao islã. A par de terrível destruição dos ídolos de todas as religiões hindus, a conquista muçulmana procurava, naturalmente, atingir, antes de mais nada, as camadas dirigentes dos subjugados: a nobreza – na medida em que não se deixasse converter – e os monges, com razão vistos pelo islã como os baluartes propriamente ditos da vida religiosa organizada em comunidade. Era-lhe consubstancial, desde o início, a antipatia contra a ascese monacal, como veremos mais adiante. Os "brâmanes rapados", monges e sobretudo monges budistas, foram, portanto, os primeiros a serem eliminados sem dó. Ora, no budismo, a existência confessional concentrava-se, por princípio, nos mosteiros e na comunidade de monges. Uma vez que estes foram aniquilados, nada mais restou em termos de comunidade, e, de fato, só sobraram vestígios de sua existência sobreviventes do ataque muçulmano. O extermínio foi tão radical que a própria localização dos lugares sagrados – dentre os quais principalmente o de Lumbini, a "Belém indiana" – caiu no esquecimento, até ser redescoberta por escavações europeias. Só que o domínio budista outrora vigente na Índia se rompeu muito antes dessa catástrofe externa, devido à concorrência com outras soteriologias. E mais: ele próprio havia alterado profundamente sua estrutura interna em meio à frustrada luta competitiva contra estas. Isso não lhe possibilitou afirmar seu domínio na Índia, mas sim, uma vez substancialmente alterado em sua configuração, tornar-se essencialmente uma "religião mundial" fora da Índia.

O elemento propulsor dessa transformação foi, a par da inevitável acomodação às condições existenciais no mundo, o interesse do laicado – mais precisamente, o interesse de um laicado de caráter essencialmente diverso do das famílias xátrias e schreschthis nos seus primórdios. A ascensão do budismo, como também a do jainismo, ocorreu, primeiramente, sobre os ombros da nobreza urbana e sobretudo do patriciado burguês. A rejeição do saber sacerdotal e da insuportável regulamentação cerimonial da vida; a substituição do sânscrito, língua morta e incompreensível, pelo dialeto popular; a desvalorização religiosa do vínculo à casta em questões de conúbio e relacionamento social, em combinação com o despojamento do poder decisivo até então mantido pelo presbiterado secular nada santo em favor de uma camada social de fiéis devotos e realmente voltados à busca salvífica por meio de uma vida santa, tudo isso constituía o conjunto de características amplamente favoráveis tanto à formação de leigos em geral quanto sobretudo à das camadas patriciais e burguesas ao tempo do primeiro grande florescer das cidades. As barreiras entre castas se tornaram menos rígidas naquele tempo, pelo menos no que dizia respeito ao acesso à salvação religiosa. Somente a escola védica bramânica manteve-se fiel ao princípio de que apenas quem pertence a uma casta renascida pode chegar à salvação. A escola Sânquia não tinha restrições quanto a considerar aptos à salvação até mesmo sudras, e o budismo, pelo menos no momento da admissão a uma ordem monacal, ignorava totalmente o pertencimento a uma casta, embora enfatizasse muito as boas maneiras e – sob o aspecto da educação – o fato de ser de boa família, assim como para a maioria de seus adeptos, expressamente, a descendência de círculos estamentais ilustres.

O Rei Ashoka

Agora, porém, pouco após a campanha de Alexandre Magno – que trouxe à Índia Setentrional os primeiros, ainda que muito voláteis, contatos com o helenismo –, surgiu, sob a dinastia Máuria, um grande império indiano – ao que se sabe, pela primeira vez. As forças dominantes passaram a ser, então, o exército permanente, e seus oficiais, o funcionalismo do reino e seus numerosíssimos escritórios burocráticos, os arrendatários fiscais régios e a polícia real. O patriciado urbano foi, então, utilizado como mutuante e aceitante de entregas e prestações, mas, pouco a pouco, foi sendo posposto, e os ramos de ofícios e artes passaram a se relacionar com as novas forças como portadores de leiturgias e tributos. O patrimonialismo dos grandes reis tomou o lugar do antigo sistema de reinos pequenos. Com isso, inevitavelmente, se modificaram tanto a situação da nobreza como a do patriciado. A tradição bramânica atribui à dinastia Máuria origem baixa, e, ao menos no âmbito do funcionalismo e do corpo de oficiais, devia haver um príncipe patrimonial apenso a conferir às camadas inferiores a oportunidade de progredir. Esse fato se encontrava, inicialmente, em perfeita conformidade com o ignorar das barreiras estamentais por parte da religião redencionista do budismo, e, de fato, Ashoka, o grande rei da dinastia Máuria que conseguiu unificar pela primeira vez toda a área cultural indiana em um único reino, converteu-se ao budismo inicialmente como leigo e, em seguida, inclusive formalmente como membro da ordem.

O nivelamento, pelo menos relativo, ocorrido com o poder *político* dos estamentos ilustres, mas principalmente o descarte, em si provável e também integralmente visível, da antiga camada xátria com suas inúmeras fortalezas pequenas que constituíam centros autônomos de formação cavalariana ilustre tinha necessariamente de provocar consequências profundas para a situação social das religiões que se encontravam em concorrência mútua. O "leigo", cuja alma era o objeto dessa sua disputa, já não se limitava exclusivamente ao indivíduo de formação nobre, mas incluía: o cortesão, o funcionário letrado e, além destes, o pequeno burguês e o agricultor. Em relação a essas camadas, os príncipes, os sacerdotes e os monges tinham de se preocupar em satisfazer as suas necessidades religiosas, cada qual a seu modo; os governantes políticos, em domesticar as massas; e os religiosos, em ter os políticos como suportes de seu poder espiritual, bem como uma fonte de benefícios e de rendimentos de casulas. Teve início, assim, uma era plebeia – ou, mais corretamente, uma era de soteriologia indiana ortodoxa orientada para a satisfação das necessidades religiosas plebeias. Uma época comparável à da Contrarreforma e às subsequentes no Ocidente, que, sabidamente, também coincidiram com a formação dos grandes Estados patrimoniais. Porém com uma grave diferença. Na Europa, a sólida organização hierárquica da Igreja Católica tirou as consequências, primeiramente, no âmbito do caráter emocional de sua agitação propagandística e, em seguida, no campo da sua estrutura sucessivamente burocratizada até se tornar uma "capelanocracia". Na Índia, pelo contrário, a adaptação foi muito mais complicada devido ao fato de a hierocracia ter se organizado apenas como estamento ou associação flexível de mosteiros, permanecendo de resto não organizada.

A sociedade cortesã sentia no budismo antigo a falta, por um lado, da instrução literária ilustre e de oportunidades para a formação artística e, por outro, a ausência dos meios necessários para a domesticação das massas.

O pequeno-burguês e o camponês não tinham como tirar proveito dos produtos elaborados pela soteriologia da camada culta ilustre. E menos ainda dos produtos do budismo antigo. Eles nem pensavam em aspirar ao nirvana ou à unificação com o Brâman. E acima de tudo: eles tampouco tinham em mãos os meios para alcançar os objetivos de salvação, pois, para tanto, era necessário ter horas vagas para a meditação, de modo a obter a gnose. Eles não as tinham e, via de regra, também não viam ensejo de consegui-las mediante uma vida de penitente na floresta. Contudo, até certo ponto, tanto a soteriologia ortodoxa quanto a heterodoxa haviam tomado providências de antemão para isso: a ortodoxa, mediante as promessas salvíficas do ritualismo de castas; e a heterodoxa, com a moral secundária para leigos, aos quais também se prometiam prêmios nesta vida e naquela. Só que tudo isso tinha um caráter essencialmente negativo e, acima de tudo, ritualístico. Não era, de modo algum, satisfatório para a necessidade propriamente religiosa por uma *vivência* emocional do supramundano e por uma ajuda emergencial em dificuldade exterior e interior. Particularmente, aquela incessante necessidade emocional era e é, em toda parte, para as massas, o aspecto decisivo quanto ao caráter psicológico da religião, em contraposição ao caráter racional próprio de toda soteriologia intelectual.

Agora, quanto à religiosidade emocional das massas só houve em todo o mundo dois tipos possíveis de soteriologia: o da magia e o do Salvador. Ou ambos juntos: o Salvador vivo enquanto mago e ajudante em toda carência física e psíquica, o Salvador morto divinizado como auxiliar na necessidade, intercessor e objeto supraterreno de adoração entusiástica e ressurreição extático-emocional na experiência da posse divina ou da possessão divina. A quase totalidade da soteriologia indiana percorreu o caminho de adaptação a essas necessidades religiosas especificamente plebeias. É esse o fato fundamental a ser agora esboçado para a compreensão desse processo.

Em relação aos leigos, o budismo antigo tinha uma atitude relativa-mente – talvez mesmo absolutamente – contrária à magia, pois o rigoroso preceito válido para os monges sob pena de pecado mortal (o quarto voto monástico) – o de não se vangloriar de aptidões sobre-humanas – tinha, necessariamente, mesmo segundo a interpretação mais restritiva do seu alcance intrínseco, de se refletir na exclusão ou, pelo menos, na redução da importância dos monges como agentes mágicos de ajuda na necessi-dade e como terapeutas. O budismo antigo também se opunha, ao menos de forma relativa, a imagens religiosas. O fato de Buda ter proibido sua apresentação em imagens faz parte da tradição confiável, e numerosos re-formadores autênticos do budismo antigo introduziram na arte eclesiástica certo puritanismo, o que, com muita frequência – como aliás também no caso dos cistercienses –, não derivou em detrimento para a arte. Por fim, o budismo antigo foi simplesmente apolítico; é improvável que nele se en-contre, como resultado de iniciativa propriamente sua, um relacionamento interno com poderes políticos. Nesse último ponto foi onde ocorreram as primeiras mudanças.

Na Índia, o budismo antigo alcançou seu ápice sob o governo de Ashoka, o grande rei da dinastia Máuria e o primeiro monarca que, à maneira de egíp-cios, assírios e aquemênidas, se esforçou por imortalizar os seus feitos e suas ordens em numerosas inscrições realizadas em rochas, cavernas e colunas[378]. O fato de ter se dado ao rei a possibilidade de admissão primeiramente como noviço e, em seguida, como membro oficial da ordem[379], e de mesmo assim continuar rei, significa uma ampla adaptação da ordem, por mais que o pró-prio rei[380] acentue o quão difícil seja conquistar este mundo e o futuro, pois, afinal, o monarca não era considerado um monge comum, mas sim detentor

---

378. As principais estão reunidas não só nas grandes coleções, mas também em *Ashoka*, de V. A. Smith (Oxford, 1901).

379. Fato explicado expressamente pelo édito em geral considerado: *Kleines Felsen-Edict I*; que o rei tenha sido discípulo leigo durante dois anos e meio e agora se encontre no sexto ano como membro na ordem.

380. No decreto arrolado como *Säulen-Edikt n. I*.

de peculiar posição destacada. Surgiu, assim, pela primeira vez no budismo, uma abordagem com caráter de teoria política: o poder do monarca secular (tschakravati) deve servir de complemento ao poder espiritual de Buda, necessariamente voltado a se distanciar de todo e qualquer ação secular. Ele é padroeiro da igreja mais ou menos no sentido em que os monarcas bizantinos o reclamavam para si. De resto, também seus éditos revelam as consequências peculiares de uma semiteocracia. A primeira conversão do rei ocorreu após a subjugação sangrenta do reino Kalinga. O rei declara[381] que se arrepende do massacre – inevitável naquele contexto – de numerosas pessoas piedosas e também que, a partir daquele momento, nenhuma conquista pela espada fará parte do darma de seus descendentes, mas sim a obtida pelo e para o poder da verdadeira fé; mas que, para ele, ainda mais importante do que tais conquistas pacíficas seria a salvação da alma: o mundo por vir. Como não podia deixar de ser, esse brusco abandono pacifista-religioso do darma real ocorreu ao mesmo tempo com o desenrolar do processo rumo ao ideal ético e caritativo de um estado patriarcal de bem-estar. O rei, a quem incumbe cuidar do país e do povo[382], tem o dever de trabalhar pelo bem-estar público a fim de que os súditos sejam "felizes" e "ganhem o céu". A cada momento do dia deve ser permitido submeter-lhe relatos informativos, pois seus assuntos exigem pressa[383]. Ele próprio volta-se a uma vida exemplar, renuncia à guerra e a corridas de caça, as quais, até então, como em qualquer outro lugar, estavam associadas ao serviço militar como propedêutica ou, respectivamente em tempo de paz, como sucedâneo a este. Em vez disso[384], ele almeja em suas viagens fazer propaganda da piedade[385]. Em consonância com o ainsa, ele proíbe tanto o abate de carne na capital Pataliputra como as festas (samaja) acompanhadas de orgias de carne e proclama que para a culi-

---

381. No decreto arrolado como *Großes Felsen-Edikt n. XIII.*

382. *Großes Felsen-Edikt n. VIII.*

383. *Großes Felsen-Edikt n. VI.*

384. *Großes Felsen-Edikt n. IV;* "em vez dos tambores de guerra, deve-se rufar os da devoção".

385. *Großes Felsen-Edikt n. VIII.*

nária real, a partir daquele momento, não se pode abater gado de nenhuma espécie[386]. Deve-se fundar hospitais e clínicas veterinárias juntamente com as farmácias requeridas, plantar ao longo das estradas árvores frutíferas e frondosas[387], construir nas proximidades pousadas para homens e animais, assim como distribuir esmolas[388]. Deve-se acabar com a prática injusta de tortura e encarceramento[389]. A principal peculiaridade nesse contexto consistia na "tolerância" como consequência da rejeição de violência desde o budismo antigo. O rei declara que todos os seus súditos, não importa de qual crença, são seus "filhos" e – com expressões que reportam ao Bagavadeguitá – que só o que importa é a sinceridade da devoção e a seriedade com que se tiram as consequências práticas da respectiva doutrina. De pouco servem o cerimonial e os ritos externos[390]. Nesses assuntos pratica-se muito abuso, especialmente por mulheres, sobre as quais o rei tem uma concepção muito negativa[391], e segue-se até mesmo uma prática eticamente perniciosa – certamente uma alusão a orgias sexuais. O rei, pelo contrário, não dá muito valor a dádivas, nem ao respeito exterior da religião, mas sim que se considere "a essência da coisa"[392]. Ele respeita todas as seitas e todos os estamentos, ricos e pobres, brâmanes, ascetas, jainistas, ajivicas (seita vixnuísta de ascetas) e outros, assim como os budistas, desde que cada qual pertença à sua seita com verdadeira sinceridade[393]. E, de fato, ele erigiu fundações para todas elas. E especialmente no mínimo em éditos mais antigos constava uma recomendação premente quanto ao respeito devido aos brâmanes. As seitas deviam se abster do menosprezo recíproco, injusto em qualquer cir-

---

386. *Großes Felsen-Edikt n. X, n. I.*

387. *Großes Felsen-Edikt n. II.*

388. *Säulen-Edikt n. VII.*

389. *Kalinga-Felsen-Edikt.*

390. *Großes Felsen-Edikt n. IX.*

391. *Großes Felsen-Edikt n. IX.*

392. *Großes Felsen-Edikt n. XII.*

393. *Säulen-Edikt n. VI und n. VII.*

cunstância[394], e se dedicar constantemente à observância do conteúdo ético de suas doutrinas. Para o rei, esse conteúdo afigura-se essencialmente igual em todas as confissões de fé, ainda que expresso de maneira mais perfeita no darma de Buda. E resume esse conteúdo universalmente vinculante sob a denominação de "Lei da Piedade", elencando-o, repetidamente, com os seguintes pontos: 1) obedecer aos pais (e, em geral, às pessoas de mais idade)[395]; 2) ter generosidade em relação a amigos, parentes, brâmanes, ascetas; 3) respeitar a vida; 4) evitar violência e excessos de qualquer tipo[396]. Nem todos conseguem cumprir a lei integralmente, mas cada seita pode cultivar e difundir o controle dos sentidos, a pureza do coração, a gratidão e a fidelidade[397]. Toda boa ação frutifica no próximo mundo, e muitas vezes já neste[398]. Tendo em vista o controle e a implementação, o rei criou funcionários próprios, geralmente denominados "censores" (dhammaraharatra). A eles incumbia, inicialmente, ao que parece, a vigilância sobre os haréns reais e principescos[399]. Além disso, no mais tardar a cada cinco anos, os funcionários provinciais deviam realizar em todos os distritos assembleias de pessoas "amenas e pacientes e respeitosas da vida"[400]. Por estas (e seguramente também pelas demais revisões dos censores) devia ser propagada a Lei da Piedade. Pelos censores devia ser controlada a conduta de vida das mulheres e, além disso, também deviam ser repreendidas faltas contra a piedade ordenada pelo rei[401]. O clero[402] deve ajudar ministrando as aulas em matéria de lei. Portanto uma espécie de sistema carolíngio de *missi dominici* e de tribunais disciplinares, só

---

394. *Großes Felsen-Edikt n. XII.*

395. Expressamente mencionado no *Säulen-Edikt n. VII* e no *Großes Felsen-Edikt n. V.*

396. *Großes Felsen-Edikt n. III.*

397. *Großes Felsen-Edikt n. VII.*

398. *Großes Felsen-Edikt n. IX.*

399. *Großes Felsen-Edikt n. V.*

400. *Kalinga-Felsen-Edikt.*

401. *Großes Felsen-Edikt n. V, n. XII.*

402. Parece ser esta a devida tradução de *parisa*.

que sem qualquer base formalista, o que empresta a tudo isso, de um modo geral, um ar dos "Tryers" de Cromwell e do seu Estado de Santos.

Quanto a esse sincretismo ético, o rei deve ter encontrado sensível resistência. O direito penal até então adotado contra sublevação política continuou vigente em toda a sua crueldade, e dificilmente terá sido considerado como atenuante o prazo por ele prescrito de três dias antes de toda execução para que o criminoso, por meio da meditação, possa pelo menos salvar sua alma[403]. Um édito lamenta ter o rei declarado infiéis[404] aqueles que considerara corretos. E parece constatável de que lado provenha a resistência. Em outro édito, diz o rei[405]: de nada vale a glória que não se tenha obtido por piedade, que se alcança unicamente pela total renúncia aos bens do mundo, mas esta é muito difícil para *pessoas de posição elevada*. E, no édito de Rupnath[406], o rei julga necessário acentuar particularmente que, mediante a renúncia ao mundo, não só os grandes, mas também os pequenos podem obter a salvação celestial. E já pela indicação da sua data, o édito de Rupnath deixa claro que o rei considerava essas colocações incômodas para as camadas dominantes como consequências do budismo: é o documento por cuja data[407] fica marcado, historicamente, o momento da renúncia de Buda ao mundo. Portanto, trata-se aqui o budismo, por certo de modo extremamente intencional, como uma religiosidade especificamente niveladora e, nesse sentido, "democrática", ainda mais levando-se em conta o contexto de desdenho reservado ao ritual e, portanto, também ao ritual de castas. No budismo antigo, pelo menos, não havia essa oposição intencional às camadas dominantes. Se tanto, era vista como possível enquanto desvalorização das ordens seculares em geral. E não se pode descartar de todo a possibilidade de que, justamente, a associação com o reino

---

403. *Säulen-Edikt n. IV.*

404 *Kleines Felsen-Edikt n. I.* No entanto é questionável se aqui se trata de homens ou deuses, e a versão de Rupnath sugeriria a tradução: "Os deuses que ele (o rei) considerava verdadeiros, revelaram-se falsos". Mesmo assim, a oposição do rei contra as camadas dominantes tem fundamento objetivo.

405. *Großes Felsen-Edikt n. X.*

406. *Pequeno* Édito *da Rocha n. I*, versão de Rupnath (*Kleines Felsen-Edikt n. I*).

407. Após 256 anos da renúncia ao mundo.

patrimonial tenha aberto essas potencialidades intrínsecas ou, se não isto, pelo menos as tenha fortalecido. Pois, para o reino patrimonial, ele se afigurava valioso exatamente como instrumento de domesticação das massas.

O engajamento do rei pelo budismo parece ter aumentado pouco a pouco; ele próprio também se sentia como senhor e padroeiro dos monarcas budistas, de modo semelhante ao dos monarcas bizantinos em relação à Igreja cristã. No chamado édito de Sanchi, ele se volta contra os cismáticos da comunidade (samgha) e determina que não se vistam de amarelo, mas de branco, "pois a samgha deve estar unida".

Entretanto, considerando formalmente, a fixação por escrito da tradição transmitida apenas oralmente, durante dois séculos e meio até então, é o que constitui a maior inovação atribuída, ao que se presume no maior grau de probabilidade, por um lado, a esse rei inicialmente voltado sobretudo à administração exercida sistematicamente por escrito, mas também atribuída, por outro lado, ao concílio eclesial (ao que se diz, o terceiro) realizado sob sua direção. Enviado pelo imperador para providenciar cópias autênticas dos livros sagrados, o peregrino chinês Fa-Hien percorreu toda a Índia e só encontrou textos escritos nos mosteiros de Pataliputra (ao que tudo indica, sede real do concílio), bem como no Ceilão, e, de resto, apenas tradição oral. É evidente a importância da versão escrita para a unidade da igreja, mas por igual também: para a missão. Num país de letrados como a China, o budismo só podia tomar pé, de um modo geral, enquanto religião livresca e, de fato, remonta a Ashoka a entrada em cena da missão budista em escala mundial ou, ao menos, como anúncio programático. Com intenso fervor, lançou-se justamente a essa tarefa. Por meio dele, o budismo recebeu o primeiro grande impulso para uma religião internacional e mundial. Primeiramente, tiveram de ser convertidas as tribos selvagens[408], mas logo o rei passou a enviar emissários a potências estrangeiras, inclusive às superpotências helenistas do Ocidente até Alexandria, visando tornar conhecida em todo o mundo a doutrina pura, e uma missão apoiada pelo rei voltou-se a regiões do Ceilão e da parte atrás

---

408. *Kalinga-Felsen-Edikt.*

[ao leste] da Índia. Independentemente de qual terá sido o êxito imediato – que inicialmente apenas no Ceilão e rumo ao norte teve um avanço deveras importante –, foi este, em todos os casos, o início ideal da grande expansão internacional do budismo na Ásia. Tornou-se confissão oficial no Ceilão, na Birmânia, em An Nam, no Sião e em outros estados ao leste da Índia e na Coreia – mais tarde, após ser reformado, também no Tibete, tornando-se a religião dominante na China e no Japão durante muito tempo. Mas, por certo, a antiga soteriologia de intelectuais teve, obviamente, de passar por profundas transformações para ser chamada para esse papel. Em primeiro lugar, havia uma situação inteiramente nova para a ordem já no fato de que um mandatário secular enquanto tal assumisse o direito de intervir em assuntos internos da mesma. Esses direitos e seu respectivo impacto não eram insignificantes. Em particular, as áreas posteriormente clássicas do budismo ortodoxo antigo (hinaiana) dão uma ideia clara da teocracia peculiar dos monarcas budistas. De um modo geral, o rei nomeia ou, pelo menos, confirma um "patriarca" da igreja budista nacional (denominado Sankharat no Sião e Thatanabaing na Birmânia, mas sempre o abade de um mosteiro qualificado de maneira carismática). Entretanto é possível – embora contrário à tradição – que esse título tenha sido dado pela primeira vez no reino de Ashoka, pois, anteriormente, ao que parece, o aspecto decisivo era a ancianidade (do mosteiro e, neste, do monge). Além disso, o rei também confere títulos (como no Sião) a monges excelentes: esse fato surgiu, evidentemente, em decorrência da posição do capelão real[409]. Supervisiona os mosteiros em assuntos disciplinares, inclusive por intermédio de funcionários seculares, e pede satisfação a monges infratores. Ele detém, portanto, uma posição oficial pelo menos na disciplina eclesiástica. Também acontece de o próprio rei vestir o hábito de monge, só que ele, então, logo obtém de seu guru a dispensa de observar totalmente os votos: isso talvez também constitua (ainda que sem prova) uma inovação de Ashoka ou de seus sucessores. Foi útil para assegurar-lhe o *status* eclesiástico de monge. Daí que, nas regiões ortodoxas (hinaianísti-

---

409. No Sião, o nome do título é "Mestre do Rei".

cas) em geral, a admissão temporária à comunidade monacal passasse a ser vista como costume ilustre e elemento integrante da educação de indivíduos mais jovens, e que se considerasse a observância temporária ou parcial dos deveres monacais por parte de leigos como obra especificamente meritória e apta a melhorar as chances do renascimento. Por esse meio ocorreu certa aproximação externa da piedade leiga à busca monacal da salvação[410]. A educação escolar popular ministrada pelos monges às massas de leigos, em conexão com a educação monástica da camada ilustre e em imitação da mesma, teria tido um impacto de muito maior alcance, se houvesse tido um caráter racional, pois, pelo menos na Birmânia, a educação escolar popular era quase universal. Lá, como no Ceilão, ela compreendia, em consonância com seu objetivo, leitura e escrita (na língua do país e na língua sagrada), bem como instrução religiosa (mas não aritmética, por exemplo, por ser inútil sob o aspecto religioso). De novo, não é improvável que o zelo de Ashoka, também pela "missão interior", tenha dado o primeiro impulso para esse trabalho com os leigos, nada evidente para o budismo antigo em seus primórdios. Pela primeira vez surgiu na área da cultura hindu a ideia do "Estado de bem-estar", do "melhor geral" (a cuja promoção Ashoka se refere como sendo dever do rei). A ideia de "bem-estar" era entendida, nesse contexto, em parte, no sentido espiritual – como promoção das chances de salvação – e, em parte, no sentido caritativo, mas *não* em sentido racional econômico. Por outro lado, as gigantescas obras de irrigação dos reis do Ceilão – como, aliás, também as da Índia Setentrional (já desde Tschandragupta) – serviam totalmente para objetivos fiscais, para o aumento do número de contribuintes e do vigor fiscal, e não para uma política de bem-estar.

Contudo, as transformações do monacato no budismo antigo não se esgotam com essas consequências teocráticas. A antiga comunidade monástica, já pelo enorme peso das massas que a ela acorriam, teve de atenuar

---

410. Além dos preceitos fundamentais – não matar, não furtar, não cometer adultério, não mentir, não tomar bebidas alcoólicas –, geralmente também passou-se a exigir atos como os de evitar dança, canto e teatro; deixar de lado bálsamos e perfumes; assim como o de adotar certa regulamentatação alimentar. Considerava-se particularmente meritória a observância voluntária de castidade total. O decálogo para leigos anteriormente mencionado deve ter sua origem nessa ética para leigos.

seu caráter rigidamente marcado pela renúncia ao mundo e fazer amplas concessões à capacidade de desempenho do monge mediano e também às necessidades existenciais dos mosteiros, agora centros de missão e cultura religiosa, e não mais estabelecimentos de busca da salvação para pensadores ilustres. De resto, também era necessário ir ao encontro das necessidades dos leigos que, por sua própria natureza, desempenham no budismo antigo um papel essencialmente ocasional e, portanto, tinha de se mudar o rumo da soteriologia e dirigi-la para a religiosidade do mago e do Salvador.

Um édito de Ashoka faz menção de "cismáticos" no interior da samgha. A tradição maaiana[411] situa o irromper do grande cisma, primeiramente, no Concílio (sanghiti) de Vaiçali (pretensamente dado por segundo), realizado, ao que se presume, cento e dez anos após a morte de Buda, mas em verdade ocorrido[412] no reino de Ashoka e por iniciativa deste. Independentemente da correção histórica dos detalhes, a razão do cisma mais antigo, tanto sob o aspecto da tradição quanto sob o da própria natureza do assunto, está clara no que se refere ao essencial. As célebres "Dez teses" dos monges vajii, sobre as quais não houve consenso, eram todas elas de natureza disciplinar, e não dogmática. A par de detalhes referentes à conduta de vida no mosteiro e todos voltados a um alívio disciplinar, mas também a um interesse essencialmente formal, havia nelas um ponto de fundamental importância, além de uma questão organizacional relativa aos prelúdios do cisma[413]. O referido ponto era exatamente igual ao que, a seu tempo, levou à separação entre conventuais e observantes na ordem franciscana: o econômico. As prescrições do fundador proibiam toda e qualquer posse de di-

---

411. *Tchullavaggha XII.*

412. Têm alguma probabilidade as razões indicadas por L. de Milloué (*Annales du Musée Guimet*, Bibliothèque de Vulgarisation, Conférence du 18 décembre 1904) para provar que o Rei Kalashoka (o Ashoka preto), de existência nao comprovada em inscrições nem em qualquer outra fonte, é idêntico ao conhecido monarca budista e que, portanto, o Concílio de Pataliputra (242 a.C.), realizado no período desse rei, é idêntico ao Concílio de Vaiçali. As dificuldades estão ligadas à tradição. Segundo a tradição de Maaiana, o decurso do Concílio de Vaiçali foi necessariamente diverso do apresentado pelos relatórios do Hinaiana. Não seria de se admirar. Mas são as questões que, submetidas ao Concílio de Pataliputra sob o reinado de Ashoka, nos foram transmitidas pela tradição, e não são unicamente de natureza disciplinar.

413. A saber: se na diocese são permitidas mais de uma assembleia *upasatha*.

nheiro, e, portanto, também a aceitação de doações em dinheiro. Quando, então, um observante estrito – como reza a tradição – rejeitou donativos pecuniários, a maioria declarou ser esse ato uma ofensa aos leigos. Ele usou a ocasião que lhe foi dada para confessar sua culpa publicamente para reiterar seu direito, sendo, então, castigado "por ter feito pregação sem o devido encargo pela comunidade". De resto, como quer a tradição hinaianística, o concílio deve ter confirmado a doutrina ortodoxa antiga. Em todo caso, não houve acordo.

Porém logo vieram controvérsias dogmáticas juntar-se às desavenças disciplinares. A saber, primeiramente no que diz respeito à doutrina da redenção neste mundo. A tradição refere que três questões foram submetidas ao concílio realizado sob o Rei Ashoka por seu presidente: 1) se um arhat pode perder o estado de graça; 2) se a existência (do mundo) é real; 3) se é possível alcançar a samadhi (gnose) pelo caminho do pensar continuado. A primeira pergunta encerrava um importante aspecto ético: o anomismo (o παντα μοι εκσεστιν, também combatido por São Paulo), que seria a consequência de uma resposta afirmativa. As demais questões estavam no contexto da soteriologia. Elas revelam claramente sobretudo a invasão da especulação – de modo análogo à penetração do helenismo no cristianismo antigo. Defrontavam-se já naquele tempo a escola Mahimsashasaka e a Sarvastivada, a que se filiou o presidente do concílio e que tentou conter a penetração da especulação, mas em vão. Os concílios posteriores trataram de dogmática, não foram reconhecidos por serem vistos pela respectiva minoria como tendenciosos em sua composição, e, assim, se estabeleceu formalmente o cisma. Sob o aspecto geográfico, as partes se distribuíram ao longo do tempo, quanto ao essencial, de modo a que a estrita observância do budismo antigo (hinaiana) acabou por predominar no sul da Índia e a corrente mais flexível (maaiana), o "navio grande" – ou seja, a igreja universal –, a partir do século I d.C.[414] no norte da Índia.

---

414. Mas sem perdurar sempre, por exemplo, ao que se sabe, não no tempo da viagem de J-Tsing à Índia (século VII d.C.).

O maaianismo

A tradição deixa entrever como provável que os leigos, desde o início ou ao menos mais tarde, se posicionaram ao lado da corrente mais laxa, originalmente denominada mahasamghika (comunidade grande), do maaiana, contrapondo-se aos sthaviras, os "anciãos": arhats carismáticos comprovados. Pois consta da tradição que a participação ativa dos leigos nos concílios era uma especialidade dos mahasamghikas[415]. Naturalmente, não se trata aqui das classes "inferiores" – das quais nunca se fala nem se podia falar de modo geral como um elemento ativamente propulsor –, mas sim justamente dos estratos senhoriais. Também damas ilustres terão se destacado como partidárias da escola maaiana. Isso é tão compreensível como o posicionamento da cúria no século XIV a favor dos conventuais e contra os observantes estritos dos franciscanos. A situação de dependência dos monges para com as camadas senhoriais era tanto maior quanto menos pronunciada sua "renúncia ao mundo". A dominação clerical exercida sobre os leigos pela ortodoxia hinaiana no Ceilão e na Birmânia era quase ilimitada, e, contra ela, o poder secular dos dominadores era muitas vezes de todo impotente e, como demonstram relatórios de peregrinos chineses a serem em breve mencionados, também sob a preponderância do budismo antigo persistia tal dominação em muitos lugares do norte da Índia. Igual luta entre o poder laico e o monacato, que no reino bizantino durou vários séculos, foi travada também na Índia, embora de várias outras formas. Para o poder secular havia o interesse de utilizar os monges como instrumento de domesticação das massas, pois estas, mesmo sem serem agentes ativos da religiosidade budista, desempenharam com total evidência um papel absolutamente decisivo como objeto que foram da dominação exercida com instrumentos de fé religiosa, tanto aqui como em qualquer outro posicionamento religioso das camadas senhoriais. Mas também os monges budistas souberam amarrar as massas fortemente a si de várias maneiras pelo caminho da hagiolatria.

---

415. É daí que deriva o nome, já segundo Hiuen-Tsang (apud St. Julien, *Histoire de Hiuen-Tsang*, p. 159).

A essa razão política acresce a influência cada vez mais forte exercida sobre o pensamento budista tanto pela especulação bramânica em suas escolas quanto por seus respectivos conceitos. Dos relatos de J-Tsing do século VII[416], também é possível depreender que, de início, se procurou, por interesse técnico-didático, um alinhamento à tradição bramânica, pois, a seus olhos, a técnica utilizada para o aprendizado dos Vedas era até então inédita com vistas à instrução formal do espírito, particularmente para memorizar tanto os argumentos próprios como os do adversário. O interesse dos literatos exigia o cultivo das ciências e, assim, surgiram – até mesmo na escola hinaiana – as cinco vidya: gramática (sempre considerada a mais importante), medicina, lógica, filosofia e também a abordagem teórica das "belas artes" (silpastha-navidya), exigida por círculos literários de artistas e técnicose, que logo têm de, pelo bem ou pelo mal, servir-se da antiga língua bramânica. Surgiram escolas monásticas para leigos e cartilhas para crianças. Em todo esse processo, sobretudo no maaiana, eram particularmente as camadas ilustres que lideravam, fato este que evidencia não apenas o expresso reconhecimento da estruturação em castas[417], mas também a circunstância externa de que aquela escola, contrariamente aos budistas antigos do hinaiana, teve parte ativa no renascimento do sânscrito a partir da Caxemira: seus escritos sagrados foram vazados na antiga língua dos cultos, ao passo que o Cânone Páli ficou em mãos dos budistas sulinos. A literatura sagrada cindiu-se, assim, paulatinamente, de modo tão cabal como o cisma entre ambas as ceitas jainistas, pois logo o confronto entre as escolas ultrapassou sob todos os aspectos os limites disciplinares das abordagens iniciais. É ainda relativamente pacífica a imagem que se obtém do relato de viagem de Fa-Hien (aproximadamente no ano 400 d.C.)[418] – maaianista, passou dois anos no Ceilão,

---

416. Capítulo 34 da tradução de Takakusu, n. 9.

417. Segundo o que já ensinava o Lalita Vistara, um bodisatva não só não pode nascer em povos bárbaros ou fronteiriços (e sim apenas no solo sagrado da Índia), mas também só pode nascer no seio de uma casta ilustre (brâmanes ou xátrias), e não em estrato popular inferior. Os Mahayana Sutras mais antigos (traduzidos no vol. 49 dos *Sacred Books of the East*) também consideram óbvio que somente "filho de boa família" pode alcançar a redenção.

418. Edição de S. Beal, *Travels of Fah Hien and Sung Yun*, traduzido do chinês (Londres, 1869).

berço da ortodoxia. A doutrina espalhou-se amplamente rumo ao Turquistão. Em total conformidade com os éditos de Ashoka, os reis da região[419] realizavam a assembleia a cada cinco anos. Em Nagrak (junto a Jelladabad), o rei assiste em cada manhã ao culto religioso, assim como na Takshasila. Notícias de um século mais tarde[420] dão conta de que em Punjab os reis viviam como rígidos vegetarianos, em parte, ainda no século VI d.C., e que nunca decretaram a pena de morte. Sobre a região de Mathura há um relato de Fa-Hien[421], segundo o qual os funcionários do rei recebiam rendas fixas; não havia estabilidade compulsória na gleba; os impostos eram baixos; não havia o sistema – comum no grande estado patrimonial indiano – de elencos nominais e fiscais; todas as criaturas tinham suas vidas preservadas; não se comia carne; não se tolerava a criação de porcos nem o comércio de gado; não se tomava bebida alcoólica; cebola e alho só eram consumidos pela casta candala (impura); e não havia pena de morte. O Reino de Ashoka há muito tempo havia desaparecido. Na Índia Setentrional predominavam os pequenos reinos relativamente pacifistas. Em Oudiana (situado entre Caxemira e Kabul), a escola dominante era a hinaiana, como também em Kanauj. Na capital de Ashoka, Pataliputra (Patna), toda em ruínas, havia mosteiros de ambas as escolas, e, na região de Farakhabad, eles se toleravam mutuamente na mesma localidade[422]. Na região de Mathura, cuja situação política foi relatada, dominava a escola maaiana, mas não exclusivamente. Brâmanes budistas são mencionados como gurus dos reis da região de Pataliputra[423]. E em Sung Yung até se diz que, em Gandhara, um rei conquistador, por seu lado, desprezava Buda, mas o povo "pertence à casta dos brâmanes" e tem grande respeito pela lei de Buda[424]. O budismo continuava a ser uma doutrina

---

419. No reinado Kie-che, S. Beal, *Travels of Fah – Hien and Sung Yun*, cap. V, p. 15.

420. Sung Yun apud St. Julien, *Histoiro do Hiuon Tsang*, p. 188.

421. S. Beal, *Travels of Fah – Hien and Sung Yun*, p. 537.

422. S. Beal, *Travels of Fah – Hien and Sung Yun*, p. 67.

423. S. Beal, *Travels of Fah – Hien and Sung Yun*, p. 103ss.

424. S. Beal, *Travels of Fah – Hien and Sung Yun*, p. 197.

dos intelectuais ilustres. O que interessava esses peregrinos era meramente o comportamento dos reis e de seus funcionários da corte, exatamente como, passados mais de dois séculos, o peregrino Hiuen-Tsang no rumo da Índia. De resto houve muitas mudanças visíveis no tempo de Hiuen-Tsang (ano de 628 e subsequentes). Primeiramente, a oposição das escolas maaianas contra a ortodoxia hinaianista. Um hinaianista contrai uma doença grave por ter zombado de Mahayana[425]. Afinal, trata-se, na verdade, unicamente, de Mahayana, e Hiuen-Tsang também não acha necessário se dirigir ao Ceilão. Além disso, há a penetração intensificada de elementos bramânicos na doutrina maaiana, cada vez mais predominante. Para Hiuen-Tsang, Índia significa "reino dos brâmanes" (To-lo-man). Nos santuários do vale do Ganges, as estátuas de Brama e Indra encontram-se ao lado da de Buda[426]. Por certo, os Vedas (Wei do) são caracterizados como leitura "subalterna" (ou seja, de leigos)[427], mas mesmo assim são lidos. O rei de Kosala venera Buda, mas a par dele também os devas hindus[428] nos templos bramânicos. Embora ainda haja reis (citadtya) que anualmente convocam o grande concílio do clero budista[429], isso, evidentemente, não constituía uma regra geral. A impressão é de um acirramento crescente nas contradições entre as escolas, de retrocesso forçado do hinaiana na Índia Setentrional, mas também de recuo do budismo em geral.

Naquela época, as antigas divergências em assuntos disciplinares já não eram decisivas para o agravamento da oposição entre maaiana e hinaiana.

Também no hinaiana a antiga proibição da posse de dinheiro vigente na estrita observância foi contornada por instrumentos iguais aos já utilizados pelos franciscanos. Representantes dos leigos recebiam o dinheiro e o administravam para os monges, e o sistema de coletas acabou por impor até

---

425. Apud St. Julien, *Histoire de Hiuen-Tsang*, p. 109.

426. Apud St. Julien, *Histoire de Hiuen-Tsang*, p. 111.

427. "Livres vulgaires", na tradução de St. Julien.

428. Apud St. Julien, *Histoire de Hiuen-Tsang*, p. 185.

429. Apud St. Julien, *Histoire de Hiuen-Tsang*, p. 205.

mesmo na igreja ortodoxa o sistema de coletas do Ceilão. Justamente aqui, no Ceilão, sede da estrita observância, em certos períodos – como logo mais será exposto – havia com abrangência maior do que alhures a propriedade fundiária dos monastérios e a residência estável dos monges no convento, e não, como era originalmente, apenas durante a estação chuvosa. Mais do que isso, antagonismos e necessidades de adaptação de natureza diferente, religiosa, passaram a determinar na igreja maaiana o ulterior desenvolvimento da soteriologia antiga. A aspiração dos leigos não visava ao nirvana, e eles não sabiam o que fazer com um profeta apenas com a qualidade de exemplar da autorredenção, como Buda. O que pretendiam referia-se a auxiliares nas emergências desta vida e ao paraíso no além. Foi o que deu início, no maaiana, ao processo que comumente se caracteriza como a substituição do ideal de pratyekabuda, do arhat (ideal de autorredenção) pelo ideal do bodisatva (Salvador). Enquanto, por um lado, a escola hinaiana dividia seus adeptos como estamentos religiosos denominados çravakas (leigos), pratyekabudas (autorredentores) e arhats (redimidos), o ideal de bodisatva da seita maaiana tornou-se próprio e generallizado. Tinha como pressuposto a transformação interna da teoria redencionista. Nos primórdios do budismo, como vimos, a controvérsia era travada entre "os mais anciãos" (sthaviras), ou seja, os agentes carismáticos da tradição comunitária, e os mahasamghika, pensadores especulativos em termos de escola: os intelectuais. Ela partia de questões disciplinares e de ética prática e passava às especulativas: os problemas "sattvas", as questões referentes à "natureza" do estado de redenção e, por conseguinte, primeiramente, relativas à pessoa do redentor. A escola antiga manteve a posição quanto à sua natureza humana. Os maaianistas desenvolveram a teoria "trikaya": doutrina da essência sobrenatural de Buda. Este tem três formas de manifestação: primeiro, o nirmana kaya, de corpo transfigurado em que ele andava na terra; em seguida, o sambhoga kaya, mais ou menos correspondente ao "Espírito Santo", de corpo etérico que tudo penetra e forma a comunidade; e, por fim, o Dharmakaya, de que se tratará mais tarde.

Por esse caminho teve início o processo tipicamente hindu de divinização do próprio Buda. Com isso se associava a apoteose hindu da encarnação.

Buda era a corporificação, continuamente retornada à terra numa série de renascimentos, da graça divina (impessoal), para a qual, em muitos casos, se concebia existir um portador permanente, um adibuddha. A partir daqui, já não distava muito o caminho para fazer de Buda um tipo, o de representante de um indivíduo santo que chegou à plena redenção e foi por ela divinizado, podendo aparecer ou ter aparecido em tantos exemplares quantos se quisessem – é a "autodivinização". Introduziam-se, assim, tanto o antigo significado hindu da ascese e da contemplação quanto o Salvador vivente. Mas o Salvador vivente é o bodisatva. Sob o aspecto formal, o bodisatva ligava-se, inicialmente, a Buda no âmbito da teoria do renascimento e das épocas universais, assumida da filosofia hindu. O mundo é eterno, mas – como já mencionado – decorre em épocas finitas sempre novas. Em cada uma das épocas mundiais havia um Buda – ao todo, portanto, há muitos Budas. O Buda Gautama da atual época passou por 550 renascimentos até entrar no nirvana. Por ocasião do penúltimo renascimento, o santo arhat que deverá passar pelo próximo renascimento alcançou o patamar do bodisatva (cuja essência – sattva – é iluminação: bodhi) e reside, atualmente, no céu tuschita, em que, portanto, agora também se encontra o Buda futuro, maitreya, como bodisatva. Buda Gautama, o Buda histórico, também entrou na trajetória para a última viagem à terra encarnando-se, de maneira milagrosa, no seio de sua mãe Maya, a fim de ensinar sua doutrina aos homens antes de entrar no nirvana. É claro que, ante o seu "dissipar-se", o interesse necessariamente passe a valer para o Salvador *por vir*: o bodisatva. Também é evidente que, nesse esquema simples e racional do céu tuschita e nessa multiplicidade de Budas e bodisatva, não faltavam pontos de apoio apropriados para a construção de um panteão, para mitologias de renascimento e milagres de toda espécie. Quanto a nós, o que nos deve ocupar aqui não são esses mitologemas inflados ao ponto de fábulas, mas sim seu lado ético-soteriológico. Um bodisatva era, como vimos, segundo o conceito plenamente correto, um santo que havia atingido a "perfeição" e que, no próximo renascimento, poderá se tornar um Buda e chegar ao nirvana. Mas, quando isso não acontece e ele permanece um bodisatva, essa ocorrência é considerada como um ato de graça que ele realiza para poder atuar como auxiliar dos fiéis. Por conseguinte, ele se tornou o objeto propriamente dito da hagiolatria maaiana, e é evidente o quanto essa transformação atende aos interesses de salvação dos leigos.

Bondade ativa (paramita) e graça (prasada) são os atributos do bodisatva. Ele não está aí apenas para sua própria salvação, mas simultaneamente também – em especial para os homens. Buda não era apenas um pratyekabuddha, mas também um sammasambuddha, na expressão da terminologia mayanística. Ele sequer podia tomar a decisão de salvar-se do sofrer neste mundo por uma autorredenção solitária, enquanto outros continuam lá, sofrendo. Upâya (o dever, propriamente dito: na terminologia caracterisiticamente cerimoniosa, "decência") impede-o disso. A doutrina trinitária especulativa da escola maaiana facilitava o seguinte: ele só entrou no Nirvana kaya, a primeira das suas formas de existência. A diferença entre a trindade budista e a cristã é característica: Buda torna-se homem, como a segunda pessoa da trindade cristã, para salvar os homens. Ela os salva não por meio do sofrimeto, mas pelo simples fato de ele próprio também ser transitório e ter como finalidade apenas o nirvana. E ele os salva pelo exemplo, não como sacrifício expiatório por seus pecados, pois o mal não é o pecado, mas sim a transitoriedade.

Todos esses exemplos ilustram a terceira direção daquele processo de adaptação no qual consistia o desenvolvimento maaiana. A par da adaptação às condições econômicas da existência no mundo e às necessidades dos leigos relativas a um auxiliar, também visava-se à adaptação à necessidade teológico-especulativa da camada de intelectuais com formação bramânica. Não foi possível manter, como consequentemente pretendia Buda, a simples recusa de toda e qualquer especulação sobre coisas inúteis para a salvação. Surgiu toda uma literatura sobre a filosofia da religião, servindo-se cada vez mais da linguagem erudita (o "sânscrito"), fundaram-se universidades, realizaram-se debates e conversas sobre religião, e, principalmente, elaborou-se uma metafísica bastante complicada em que se reavivaram todas as antigas controvérsias da filosofia clássica indiana. E assim se inseriu no budismo, bem ao estilo bramânico, a ruptura entre, por um lado, os sapientes teólogos e filósofos e, por outro, os iletrados vistos apenas como seguidores exotéricos. E, novamente, o poder dominante na comunidade já não era a gnose pessoal, mas sim o saber livresco de escola. E assim como a Índia, nos círculos de literatos da China, era avaliada apenas como "país dos brâmanes", do mesmo modo o posicionamento dos literatos maaiana no tempo de Hiuen-Tsang foi de que a China era um país de bárbaros (mlechcha) – e que justamente por esse motivo Buda teria encarnado no campo cultural da Índia, e não no de lá nem no de outro lugar –, ao que Hiuen-Tsang retrucou com o típico contra-argumento de que também na China os anciãos e sábios ocupam o primeiro lugar, viceja a ciência, inclusive a astronomia, e é conhecido o poder da música[430]. Esse conceito estava perfeitamente enquadrado na teologia bramânica de intelectuais – teologia, digamos, asiática, ou mesmo antiga. Era um conjunto de conceitos do bramanismo antigo, agora também do vedantismo, sobretudo o de Maya (ilusão cósmica), central para o Vedas, apenas com reinterpretações inseridas para fundamentar a teologia do budismo maaiana, pois não por acaso o budismo maaiana desenvolveu-se cada vez mais na Índia Setentrional, próximo aos antigos centros de filosofia e soteriologia bramânicas, ao passo que a doutrina ortodoxa hinaiana, após certas oscilações, acabou por se impor na região missionária meridional: Ceilão, Birmânia, Sião – de modo semelhante ao refúgio prestado por Roma e o Ocidente à antiga igreja cristã em todos os concílios contra as irrupções do helenismo, ao passo que, no Oriente, a especulação dogmática foi desencadeada graças à vizinhança da filosofia helenística.

Reminiscências da doutrina Sânquia encontram-se na teoria maaiana da alaya-vijñana, uma alma estritamente contrária a tudo o que não for espiritual. E é onde se nos depara uma fundamental oposição ao budismo antigo, pois uma de suas especificidades mais essenciais foi justamente a rejeição do conceito de "alma". Entretanto essa concepção, seguramente, logo terá sido abandonada, pois, assim como a "migração das almas" própria do budismo se tornou bramânica e nem a antiga doutrina se manteve pura, isso tam-

---

430. Apud St. Julien, *Histoire de Hiuen-Tsang*, p. 230ss.

bém aconteceu com a potência divina. Esta é – como no Vedas – uma alma-
-universo, e a extrema espiritualização do mundo concebido como emana-
ção encontra-se muito próxima da doutrina Maya, por vezes expressamente
evocada: tudo é apenas aparência subjetiva e só o saber supremo a dissolve.
Pois bem, a agora retomada relativização orgânica da ética faz lembrar a
Bagavadeguitá. Como Krishna, o bodisatva também sempre volta a aparecer na terra, podendo – segundo a doutrina Trikaya – atuar, conforme
a demanda, em qualquer forma e em qualquer profissão em total consonância às respectivas necessidades éticas do mundo. Não apenas como ser
humano, mas também como animal – para a redenção das almas extra-
viadas em animais –, e, como ser humano, em qualquer profissão, desde
que seja ritualmente conforme. E assim, principalmente, também como
guerreiro. Só que, por sua natureza, entrará unicamente em uma guerra
"justa" e boa – porém, sem nenhuma ressalva. Talvez seja esta, na prática,
a adaptação que mais avança às necessidades do "mundo".

Teoricamente, essas acomodações tinham como premissa a introdução
de um ser divino supramundano, e também vimos que isso já ocorreu na
divinização de Buda. Só que Buda já havia desaparecido do mundo para sempre ao entrar no nirvana, e, portanto, a divindade suprema do mundo não
poderia ser ele próprio ou, muito menos, unicamente ele. E, em conformidade com o ponto de partida doutrinário estabelecido de maneira canônica,
o Deus do mundo não poderia ser um deus pessoal como Vixnu ou Xiva. A
infinidade e a sobrenaturalidade absolutas do divino foram complementadas
com seus predicados estritamente impessoais: Bhutatathata[431], o "ser assim"
e a contraposição entre o Asunya (o "vazio", o "não real") enquanto especificamente santo e o Sunya (o "pleno", "real"), exatamente como nas tentativas

---

431. Dado ser absolutamente impossível apresentar no âmbito desta exposição uma análise da teologia
das dezoito escolas budistas (ao tempo de J-Tsing) e suas respectivas ramificações, pela contagem mais
baixa. Eis o motivo, após várias ponderações. Tomou-se o caminho já percorrido também pelos budistas
asiáticos "modernistas": expor pelo modo mais racional possível uma teologia escolar mais ou menos
equidistante de ambos os extremos opostos atualmente dados. Qualquer conhecedor da literatura verá
facilmente que a seguir se procurou uma forma de exposição em muitos pontos apoiada no livro de Suzuki, *Outlines of Mahayana Buddhism* (Londres, 1907).

místicas empreendidas no Ocidente e também nos Upanishads para descrever a posse de deus. Nesse contexto, o divino, definitivamente indizível, mostrava-se tendente por natureza a assumir traços do "Tao" chinês: de se tornar a ordem e a razão real do mundo, de fazer coincidirem a norma eterna e o ser eterno; concepção esta de acordo com o triratna do budismo antigo, em que o "darma" constava como potência divina[432]. Era preciso encontrar o absoluto mais além do crasso realismo de um ser eterno e um mundo de aparências regulado em sua absoluta transitoriedade por normas eternas (do carma). E o único ponto em que ele poderia ser abordado pela metafísica hindu era o da inquebrantabilidade do carma. Entretanto, aqui, como em qualquer outro lugar, a experiência mística não tinha por conteúdo uma "norma", mas sim, pelo contrário, um "ser" captado pela sensibilidade. Devido a essa contraposição nunca acessivel à razão, mas totalmente inevitável, o divinal supremo do budismo maaiana, o "Darmakaya", era obviamente um predicado não somente superior a qualquer expressão "verbal", mas, além disso, todo relacionamento com ele incluía predicados racionalmente heterogêneos. Somente as qualidades psicológicas do êxtase místico podem explicar o fato de que "karuna" (supremo amor) e "bodhi" (suprema gnose) se fundem no relacionamento do santo com o divino. Portanto, se o nirvana – estado agora posto em plano secundário, derivado – se tornou, ao mesmo tempo, negativamente falando, a destruição de todo desejo e, positivamente, o amor cósmico, o que sobra como fonte de todo mal é a avidya, a ignorância. Essa colocação explica-se pela origem estritamente intelectualística dessa soteriologia. Desse modo, o maaiana volta a ser uma doutrina, em última análise, redencionista e esotérica para gnósticos, não para os leigos. Abandona-se aqui, tipicamente, um princípio de grande importância prática na doutrina de Buda: o de que a especulação sobre problemas insolúveis é coisa má e prejudicial à salvação, princípio este que só continua tendo efeito no contexto do último grande enigma cósmico, como quer a doutrina maaiana ortodoxa: o referente à questão ainda insolúvel para a razão humana sobre como poderá ter

---

432. No cristianismo, a concepção correspondente é a que se refere ao "Espírito Santo", na Trindade facilmente concebido, por sua natureza, como impessoal.

vindo ao mundo a grande raiz de todo mal, a "avidya" (ignorância, estupidez ou ilusão cósmica), e, igualmente, sobre o "porquê" do fato de as qualidades específicas do bhutatathata só serem acessíveis à última e suprema gnose de um bodisatva – e, ainda assim, de forma não comunicável em palavras.

No entanto, a gnose redentora tem traços dualísticos específicos, que combinam sensação prática de amor e concentração controlada do pensamento. Segundo a doutrina ortodoxa maaiana, ela passa por um processo sempre ascendente de *exercitia spiritualia* em dez estágios: o cálido amor (pramudita); a limpeza do coração (vimalâ); a clareza da visão cósmica (prabakhari); a aspiração à perfeição (arcismati); a meditação sobre a essência da Tathagata (sudurjaya); a natureza das emanações do mundo (abhimuki); a efetivação do estranhamento relativo ao mundo, apesar da atuação intramundana (durangama, o "ir ao longe" – estreito parentesco com a atitude interna da Bagavata, que conhecemos); a obtenção da plena tranquilidade enquanto qualidade pessoal naturalizada, inconsciente e exercitada sem esforço (achala); a conquista da gnose plena sobre as verdades transcendentes (sadhumati); e, finalmente, o esvanecimento nas "nuvens do darma" (darmamegha), a onisciência. Nota-se, facilmente, o cruzamento de elementos gnósticos com elementos, na prática, acosmístico-amorosos. A concepção de nirvana própria da escola maaiana também apresenta traços desse cruzamento. A par da dissolução absoluta no darmakaya com a morte, que agora substitui vedanticamente a extinção total, fez-se, inicialmente, a distinção de duas espécies de nirvana neste mundo: 1) O nirvana upadhiçesa, liberdade perante a paixão, mas ainda não perante o samsara devido à persistente ausência da gnose intelectualística: o elemento caracteristicamente racional do budismo em toda parte[433]; e 2) o nirvana anupadhiçesa: o nirvana livre de upadhi (materialização), que, em virtude da gnose plena, é um estado de beatitude intramundana do jivanmukti livre de samsara. Mas o ponto característico da escola maaiana é que, com isso, não se esgota o conceito do nirvana intramundano. Pelo contrário, ao lado da mística avessa ao mundo,

---

433. Ponto expressamente enfatizado por Suzuki, *Outlines of Mahayana Buddhism*, p. 344.

também existe a mística intramundana, a vida indiferente ao mundo a qual, escapada do mundo internamente, se afirma contra ele e suas maquinações, aceita nascimento, morte, renascimento e remorte, vida e ação com todas as suas alegrias e sofrimentos aparentes como formas perenes do ser e justamente nisso se posiciona: na certeza de sua salvação, indiferente perante o mundo. Como vimos, a versão budista da forma de indiferença intramundana perante o mundo, ensinada na Bagavadeguitá, consiste em saber e sentir a absoluta nulidade desses processos, em comparação com o valor atemporal da unidade consciente com o darmakaya e, por meio deste, com toda criatura que se abraça com amor empático e acosmístico. Vestígios desse ponto de vista remontam a longo tempo passado[434], e é compreensível que justamente na atualidade sejam professados como o aspecto maaiana "propriamente" dito[435], por permitir uma interpretação do ideal de bodisatva no sentido de uma mística muito moderna.

Em todo caso, aparentemente já no século V de nossa era havia uma tradução de *Weckung des Bodhicitta* ("O despertar de Bodhicitta"), de Vasubandu, para o chinês, contendo os ensinamentos decisivos para essa nova versão do ideal de bodisatva. O "bodhicitta"[436] é a aptidão de "amor ciente" adormecida em cada coração humano e que, uma vez despertada, suscita a pranidhâna: a inabalável vontade de agir como tathagata (Salvador) em prol dos irmãos por meio de toda a sequência dos renascimentos próprios. O bodisatva que alcançou essa qualidade também ganha não somente a aptidão de obter a própria salvação, mas também – e é o que conta – todo um tesouro de méritos, do qual ele pode haurir para doar graça. Nesse sentido ele é então soberano em relação ao poder férreo do carma e seu fluxo de retribuição.

Com isso, obteve-se o fundamento teórico exigido para as necessidades religiosas das camadas de leigos iletrados e que o budismo antigo não teve como oferecer: salvadores viventes (tathagata e bodisatva), assim como

---

434. Pelo menos é o que se pode depreender das citações de fontes por Suzuki, tal é o grau de dúvidas sobre o grau de difusão de tais posições em passado mais remoto.

435. Nesse sentido: Suzuki, *Outlines of Mahayana Buddhism*.

436. Mais ou menos igual à gnose/ao coração amoroso.

a possibilidade de ministrar a graça. Evidentemente, tratava-se, de início, da graça mágica neste mundo e, só mais tarde, para o renascimento e o destino no além, pois, se aqui foi apresentada a forma espiritualística da doutrina maaiana tal como as escolas filosóficas da Índia Setentrional a formularam, é claro que, em breve, as concepções dos leigos, usuais em todo lugar, iriam se impor na prática da vida religiosa. É bem verdade que o primeiro fundador da doutrina maaiana, Nagarjuna, que viveu no século I d.C., ensinou, no seu Prajnaparamiha (saber progredido até a margem do além), que o "vazio" é a forma específica de existência (sattva) do redimido. Em seu ensinamento, a par de uma combinação denominada "caminho intermediário" (medhyamika)[437] de todos os meios de renúncia a si mesmo (entre os quais, principalmente, esmolas e prontidão para morrer pelo próximo necessitado), ele considerava a prática sustentada da meditação e do conhecimento como derradeiro e sumo instrumento para alcançar a salvação. No entanto, já para ele o sapiente tinha um poder mágico. Com a sentença de excomunhão (dharani) e a posição mística dos dedos da mão, ele domina homens e natureza. Quatro séculos mais tarde foi introduzida plenamente com a doutrina de Vasubandhu, a par do panteão hindu, a magia popular tantra, ou seja, a conquista do estado de êxtase samadhi, que confere poder miraculoso (siddhi). E, assim, encerrou-se o desenvolvimento: vasubandhu foi considerado o último bodisatva.

Mesmo com base nessa soteriologia espiritualista filosoficamente ilustre do maaiana, foi impossível fundamentar uma conduta de vida intramundana racional. A ampliação da ética de leigos antiga não foi mais longe do que a recomendação de virtudes usuais na região e dos preceitos rituais especificamente hinduístas e budistas, e não vale a pena, pelo menos aqui, para nossas finalidades, examiná-los detalhadamente, pois o traço dominante passou a ser, naturalmente, a obediência para com os bodisatvas qualificados por feitos sobrenaturais miraculosos e pela magia. Terapêutica mágica, técnica

---

437. A saber, intermediário entre, por um lado, a doutrina clássica da sarvastavida, com atitude positiva ante a realidade do mundo exterior (ao modo da escola Sânquia), e, por outro, escolas influenciadas pelo Vedas, com posições mais chegadas às da doutrina da ilusão cósmica.

extática apotropeica e mágico-homeopática, idolatria e hagiolatria, todo o exército de deuses, anjos e demônios passaram a integrar o budismo maaiana – principalmente, céu, inferno e messias[438]. Lá em cima, no sétimo céu, livre da "sede" (por vida)[439] e por "nome e forma" (individualidade)[440], está sentado no trono o bodisatva Maitreya, o futuro Salvador, o portador da fé messiânica especificamente budista[441]. E da mesma forma estão disponíveis os terrores do inferno. Finalmente, uma parte dos degraus maaiana rumo à redenção transforma-se em carreira da salvação: no nível inferior ao próprio arhat havia três degraus, dos quais o mais alto assegurava o renascimento no céu como arhat, o imediatamente abaixo garantia o renascimento como arhat após mais uma morte, e o mais abaixo só o conferia após mais sete mortes[442].

O maaianismo foi o que atingiu o nível absolutamente mais alto de mecanização cultual, primeiramente por meio de fórmulas de oração e, por fim, com a técnica de moinhos de oração e papéis de oração pendurados ao ar livre ou colados com cuspe ao ídolo, e o que tudo conectou à transformação do mundo inteiro em enorme jardim encantado e mágico. Não devem passar despercebidos, nesse contexto, aqueles traços de interioridade e misericórdia caritativa para com toda criatura introduzidos pelo budismo no sentir popular onde e sempre que possível – e, na Ásia, só ele o fez. Nesse

---

438. Os dois primeiros, por certo, nunca haviam sido eliminados, mas eram sem importância para o interesse do budismo antigo.

439. Essa sede ainda prevalece nos céus inferiores em que vivem, por exemplo, divindades védicas e as almas levadas temporariamente ao céu por causa do carma.

440. Estas ainda imperam nos céus superiores, habitados pelos santos budistas.

441. A literatura maaiana caracteriza-se por copiosa descrição entusiástica de montes de prazeres, milagres e santos. Nesse sentido, já se destaca a lenda maaiana bastante antiga sobre Buda relatada no *Lalita Vistara* (traduzido por Lefmann). Nela, em comparação com a descrição ainda relativamente sóbria de Açvagosha, são apresentados milagres aos montes no estilo menos artístico imaginável, mas especificamente místico e mágico, e mexe-se e remexe-se com joias, raios de luz, flores de lótus, plantas e perfumes multivariegados de modo a evocar a literatura decadente ao estilo de Wilde (Dorian Gray) e Huysmans. Em verdade, o que ali ocorre efetivamente é criptoerótica mística. A descrição da beleza da theotokos no *Lalita Vistara* e as normas de meditação sobre Amithaba no *Amitayur Dhyana Sutra* proporcionam ardente enlevo erótico, sempre acompanhado de joias, flores e sufocante beleza de toda espécie.

442. Sem dúvida, essa doutrina não deixou de influenciar certas concepções importantes do lamaísmo (a doutrina dos khubilgan). Sobre isso, mais adiante.

caso, sua eficácia se assemelha à dos monges mendicantes do Ocidente. Esses efeitos tornam-se também tipicamente visíveis nas virtudes da religiosidade maaiana. Mas de modo algum elas lhe são específicas, em contraste com as da escola hinaiana.

Porém o que falta totalmente ao maaianismo é uma abordagem voltada à elaboração de um método de vida racional dos leigos. Longe de ter iniciado uma tal religiosidade leiga, o budismo maaiana associou uma mística esotérica essencialmente bramânica de intelectuais com grosseira magia, ideolatria e hagiolatria ou fórmula de oração cultual de leigos[443]. A escola hinaiana, pelo menos, não desmentiu sua origem de uma soteriologia de leigos ilustres, ao desenvolver uma espécie de metodologia sistemática de cunho conventual para leigos, embora logo convencionalmente deteriorada. Presumivelmente, a partir da admissão de Ashoka na ordem, os filhos de boas famílias costumavam, e ainda hoje costumam, em países corretamente hinaianísticos, passar certo tempo – agora, porém, às vezes apenas quatro dias e, portanto, de forma essencialmente simbólica – no mosteiro, levando uma vida de bhikkshu. Mas, na escola hinaiana, existiam, ao que se presume, desde Ashoka, estabelecimentos monacais propriamente ditos de ensino para as necessidades de leigos, a modo de escolas populares. Coisa semelhante, pelo menos enquanto instituição sistematicamente cultivada, consta da tradição relativa ao budismo maaiana apenas em seitas isoladas no Japão. Sem dúvida, pode-se dar por certo que o zelo clerical do Rei Ashoka conferiu à escola hinaiana esse caráter duradouro voltado à "missão interior".

---

443. São modestas e escalonadas conforme a necessidade as exigências éticas postas por uma obra importante para a missão maaiana na China e no Japão como o *Amitayur dhyana Sutra* (*Sacred Books of the East*, vol. 49). Por certo, quem pratica o mal e, além disso, é ignorante, vai no caso extremo para o inferno, do qual, porém, poderá salvar-se mediante apelo ao Buda Amitayür. Quem pratica o mal mas, pelo menos, não fala mal da doutrina maaiana, já fica em situação mais propícia. Melhor ainda está quem se comporta bem com sua família e age de boa vontade. E, novamente, melhor se situa quem observa as proibições rituais e faz penitência oportunamente. E consegue beatitude mais elevada quem crê na doutrina correta (determinismo do carma), não fala mal da doutrina maaiana e aspira às mais elevadas qualidades. Ainda mais favorável será o destino de quem tem em mente o sentido da doutrina maaiana e não fala mal dela. E entrará no país puro – o paraíso ocidental da religiosidade própria do budismo tardio – quem cultiva a meditação ou estuda os Sutras da escola maaiana ou, finalmente, possui o "coração amoroso" da doutrina pura (cf. os degraus da perfeição, § 22-30.)

Por mais que a doutrina salvacionista do budismo constituísse uma soteriologia de intelectuais ilustres, não se pode negar que sua indiferença relativamente às castas tenha tido consequências práticas: sobre algumas dentre suas antigas escolas existe uma tradição expressa de terem sido fundadas por sudra[444]. E, sem dúvida, existiu, na época de seu surgimento, contemporânea do poder das guildas, uma demanda por formação literária por parte das camadas burguesas. Entretanto o ensino não era, ao que se sabe, uma escola de pensar e viver de maneira racional, mas sim, provavelmente, desde sempre meramente orientado para a difusão dos conhecimentos religiosos mais necessários. Pelo menos, a aptidão da leitura podia constar em alguns casos, para essa finalidade, do repertório oferecido precisamente na escola hinaiana, com seus escritos vazados no vernáculo popular.

A missão

Ceilão e Indochina

A igreja cingalesa (ceilonesa) é uma fundação direta do hinaianismo – ou dito talvez mais corretamente, da ortodoxia pré-cismática do budismo antigo[445]. Apenas poucos séculos haviam decorrido desde a conquista ária (em 345), quando Malinda (ao que se presume), um dos filhos de Ashoka, pôs-se a atuar na região como missionário. Apesar de frequentes fracassos e de repetidas reconquistas por parte de malabares e particularmente de tâmeis da Índia Meridional, além dos chineses certa vez, o domínio exercido pela hierarquia monástica budista conseguiu se manter ao longo do tempo. Ela foi apoiada pelo reino alicerçado em um grandioso sistema de irrigação

---

444. Dentre as escolas das províncias limítrofes da Índia Setentrional no tempo das viagens chinesas de peregrinação, as escolas Samatya e Mahasthavira eram tidas por fundações de Çudras. Ambas eram subdivisões dos Vaibachia, representantes da igreja antiga – fora dela encontravam-se não só a escola Madhyanuja de Nagarjuna, mas também a de Sutrantika (ritualistas) e Yogachara.

445. A obra, a seu tempo, fundamental sobre o Ceilão (5. ed., 1860), de autoria de Tennant, infelizmente não estava disponível a mim em tempo hábil. Na história do budismo de Kern encontra-se a história dos mosteiros. Sobre a organização dos mosteiros informa o relatório oficial de Bowles Daly (*Final Report on the Buddhist Temporalities Ordinance*, 1894). De resto, é fundamental a obra de Spence Hardys, *Eastern Monachism*.

que fez do Ceilão o celeiro da Ásia Meridional, assim como pela burocracia respectivamente exigida para tanto; e ela, por sua vez, a este servia para fins de domesticação da população. Registros de enormes doações fundiárias e medidas tomadas para inculcar o reconhecimento da autoridade hierárquica monacal preenchem a quase totalidade do patrimônio epigráfico[446] e de crônicas deixadas pelo tempo dos dominadores ceiloneses. A característica decisiva do budismo ceilonês era as posses fundiárias dos monastérios, que abarcavam cerca de um terço do país. Graças a essa instituição, tornou-se possível observar formalmente o preceito de não ter dinheiro. Em comparação, a andança diária em busca de esmolas, exercida segundo o antigo estilo caracteristicamente aristocrático, havia se tornado, na prática, evidentemente, um ato ritual. De fato, todas as necessidades do monastério e do culto destinado aos leigos, bem como de manutenção do templo, eram atendidas graças ao sistema de repartição das específicas contribuições em alimentos e produtos artesanais entre os agricultores assentados em parcelas concedidas a eles como enfiteutas, assim tornando (ou devendo tornar) dispensável, no fim das contas, a compra de qualquer artigo necessitado, um sistema que lembra a instituição dos fiscos (fisci) carolíngios e propriedades fundiárias monacais tipificadas de modo aproximativo no decreto imperial *capitulare de villis*, mas que em muito o supera quanto à consequente implementação da economia natural. Nesse contexto, o ônus recaído sobre o enfiteuta era tão leve que também a dominação inglesa, após minuciosa pesquisa, decidiu deixar de lado, a princípio, a substituição contratual, e isso em comum acordo com os próprios enfiteutas. Evidentemente, sempre foram feitas adaptações, mas, no fundo, a visão de conjunto foi confirmada pelas descrições de viajantes modernos: a vida dos monges nos monastérios, sobretudo sua morada (pansala), era modesta, mais modesta mesmo do que em Certosa [monastério de cartuxos], pois atinha-se às principais prescrições do pratimokkha; sua famigerada cobiça voltava-se, essencialmente, para o aumento dos bens da ordem como tal. A devocionalidade dos leigos, na medida em que devia ser

---

446. Infelizmente, não pude ter cesso às traduções de Gregrory oportunamente.

considerada basicamente budista, era sobretudo um culto de relíquias (sobretudo do dente de Buda) e hagiolatria, no que correspondia plenamente à natureza do relacionamento do budismo com os leigos. A influência do clero sobre os leigos – para os quais os seus membros exerciam a função de gurus, exorcistas, terapeutas[447] – deve ter tido, em todo caso, bastante importância política, visto que castas não hindus (heterodoxas), como os Kammalar (artesãos do rei), a evitavam. Em nenhum outro lugar, a não ser na Birmânia, a implementação das regras budistas para leigos terá se aproximado em tal grau às exigências teóricas. Só que essas regras impunham aos leigos exigências muito leves e de caráter essencialmente formalístico. O ensino de leitura e escrita, a escuta da pregação, a ascese temporária, a mantrística e a consulta dos monges enquanto magos esgotavam o conteúdo budista da vida. Na prática, a crença no demônio domina a vida dos leigos, e também havia magos heterodoxos (especialmente exorcistas, no caso de enfermidades). A comunidade de monges enquanto tal sempre ocupou posição de grande honra como guardiã da pura tradição e dos escritos canônicos.

A Indochina é geralmente considerada terra de missão puramente hinaiana. Mas isso não é totalmente correto. As diferentes formações políticas surgidas de conquistas alternantes ficaram expostas tanto à influência hindu (bramânica) quanto às influências hinaiana e maaiana. Também se encontravam brâmanes, formação védica e, pelo menos de maneira incoativa, estruturação de castas (castas artesanais). Somente a proximidade do Ceilão enquanto centro missionário terá levado a que, de fato, a escola hinaiana acabasse por se impor após a adesão dos príncipes conquistadores mongóis, cuja invasão na Idade Média foi determinante para a distribuição do poder vigente até a ocupação europeia. No entanto, conforme revelam as inscrições, tudo oscilava novamente. A necessidade de domesticar os subjugados e a demanda de administração racional por escrito constituíam, com frequência, o ensejo para que os reis convocassem ao país literatos, fossem eles bramânicos, maaianistas, ou – por último – hinaianistas. Samsara e carma logo se tornaram, de

---

447. No Tibete, assim como no Ceilão, ensinou-se, sistematicamente, o uso de fórmulas apotropeicas e de exorcismo.

um modo geral, premissas naturamente dadas, inclusive na crença popular. De resto, porém, também se encontram lado a lado as formações bramânica e budista. Em Sião, brâmanes são mencionados numa inscrição budista, e ainda no século XVI d.C. há o registro de que um rei apoia "a religião budista e a bramânica"[448], apesar de o budismo ceilonense já ter se tornado religião oficial com todas as formalidades[449]. Gurus e acharyas (professores) são mencionados em um édito real do século X[450], em diversas épocas constatam-se grandes doações de escravos e de terreno a mosteiros. Mas apenas a partir dos séculos XV e XVI fica realmente inequívoco tratar-se de mosteiros budistas – e, mais especificamente, hinaianistas[451]. Uma grande inscrição régia siamesa do século XIV revela com alguma clareza[452] a situação entrementes reinante. O rei caracteriza a si mesmo como conhecedor dos Vedas e aspira, como ele próprio diz, ao céu de Indra, mas também ao nirvana como fim da migração da alma. Por esse motivo, ele doa e constrói – nesse caso, por seus próprios artesãos – em gigantescas proporções. Mas os principais objetos construídos são, em que pese o caráter budista da inscrição, duas estátuas e dois templos dos grandes deuses hindus Xiva (paramesvara) e Vixnu. E então, para colocar uma coroa em cima de seus méritos, o rei manda buscar no Ceilão por um sábio de lá o primeiro cânon Tripitaka. Nesse contexto, ele declara a renúncia ao céu de Indra e de Brama e o desejo de se tornar um Buda que traga para todos os seus súditos o alívio da redenção do mundo[453]. Ele ingressa pessoalmente

---

448. Cf. ambas as inscrições em Furneau, *Le Siam ancien* (Annales du Musée Guimet 27, p. 129, resp. 187).

449. Cf. a inscrição em Furneau, *Le Siam ancien* (Annales du Musée Guimet 27, p. 233) (século XIII d.C.), que será novamente mencionada mais tarde.

450. Furneau, *Le Siam ancien* (Annales du Musée Guimet 27, p. 141).

451. Furneau, *Le Siam ancien* (Annales du Musée Guimet 27, p. 144 (século XV) – são mencionados na inscrição um mahasanghara (chefe de congregação) – e p. 153 (século XVI), o Tri ratna correto: "Buda, Dharma, Sangha").

452. Furneau, *Le Siam ancien* (Annales du Musée Guimet 27, p. 171). Essa também data de época *posterior* à da grande inscrição do século XIII, que relata a introdução da escrita e do budismo correto (p. 233).

453. Um outro rei, também portador do título de santo (shri) (Furneau, *Le Siam ancien* (Annales du Musée Guimet 27, p. 214), tem o desejo de renascer como bodisatva em recompensa por seus méritos, mas, caso isso lhe seja negado, então como homem piedoso e perfeito, livre de enfermidades físicas.

na ordem, sem dúvida, para, então, guiar como pontífice a igreja e, por meio desta, seus súditos. No entanto, segundo o relato da inscrição, ocorreram, na esteira de sua exagerada devoção, milagres de tal periculosidade que os grandes do reino lhe pediram que deixasse novamente a Ordem e governasse o reino como leigo, ao que ele anuiu com a concordância do mencionado guia pastoral. Por aí se vê que se trata de ponderações de cunho voltado à política do poder e, no caso do ingresso na Ordem, da admissão e dispensa comuns no hinaianismo.

É provável que a organização do mosteiro tenha sido, desde sempre, corretamente hinaiana e assim haja permanecido. O monge, uma vez aceito como pyit-sin [ales u pyin-sin] após o noviciado (shin) e decorridos aproximadamente dez anos de comprovação nos quais esteve sujeito como mero prebendário aos exercícios espirituais no mosteiro, torna-se monge de pleno direito, bonzo – dito em birmanês, pon-gyi ("grande glória") –, apresentando, então, a qualificação para a cura de almas na função de guru. Inscrições de Sião do século XIII revelam que, já naquele tempo, existia esse princípio de graduação da dignidade e título do monge de acordo com a ancianidade, em correta correspondência com o princípio do budismo antigo. Por conseguinte, os monges foram distinguidos em Sião com os títulos de guru, thera e, finalmente, mahathera e eram, em parte, cenobitas e, em parte eremitas. Mas sua função era sempre a mesma: a de serem gurus, conselheiros espirituais dos leigos e instrutores do saber sagrado. Acima deles, como patriarca da Igreja[454] nomeado pelo rei, estava o arceguru, chamado sankharat (mestre). O rei reivindicava aqui, como outrora Ashoka, a posição de padroeiro secular, *membrum eminens* (tschakravati) da Igreja. De resto, porém, o rei preservava expressamente o antigo culto dos espíritos da montanha, já que sua supressão seria um perigo para o bem-estar dos súditos[455]. O reino havia convocado os sábios budistas principalmente para que inven-

---

454. Cf. as grandes insrições do Rei Rama-Komheng datadas do fim do século XIII – apud Furneau, *Le Siam ancien* (Annales du Musée Guimet 27, p. 133ss. [BAW: 233ss.], vol. 85, 109).

455. Furneau, *Le Siam ancien* (Annales du Musée Guimet 27, vol. 78).

tassem uma escrita nacional[456], pois, sem dúvida, era desejada no interesse da administração. Nos monumentos, fica claro que, ao tempo da recepção (ou renovada recepção) [budista], em especial o reino siamês, empenhado[457] em expansão bélica para todos os lados e em luta contra as tentativas de expansão chinesa, implementava a transição para o exército permanente e para a administração burocrática, exercia a "justiça por decretos ministeriais"[458] e procurava destroçar o poder dos notáveis[459] – presumivelmente, feudais. Para isso, o budismo monacal hinaiano, sob o patronato do monarca, tinha o dever de contribuir e, sem dúvida, o fez com êxito. Devido à potência da hierocracia, ficou fortemente desvalorizada a importância dos antigos laços de estirpe. Em amplas regiões da Indochina, evidentemente, tais laços já não constituíam barreira alguma contra o poder do reino, como alhures na Ásia, mas sim mais – o poder dos monges –, pois, sob os governantes budistas, a força do clero monacal sobre a população, inclusive em assuntos políticos, era quase absoluta. O que possibilitava esse fato era, especificamente, a disciplina (externa) bastante rígida que ficava nas mãos do abade (sayah). Um monge excomungado por ter infringido um dos quatro grandes preceitos ou por desobediência passava a ser simplesmente boicotado e não podia existir. Também a obediência devida pelos leigos aos monges era ilimitada. Esse estrato clerical era – sobretudo na Birmânia – o portador propriamente dito da cultura nativa e foi, por isso mesmo, o mais veemente adversário da dominação europeia, a ameaçar sua posição. Cada jovem leigo de boa família era e ainda é enviado a um mosteiro por algum tempo – como entre nós se envia a filha a uma pensão –, onde ele vive como monge por um breve período (de um dia a um mês) e recebe, então, um novo nome: o "renascimento" da antiga ascese mágica passou a ser esse internamento puramente ritual no mosteiro. Na vida do leigo, porém, o domínio

---

456. Furneau, *Le Siam ancien* (Annales du Musée Guimet 27, vol. 106).

457. Cf. o início da referida inscrição e, no final desta, as conquistas do rei.

458. Furneau, *Le Siam ancien* (Annales du Musée Guimet 27, vol. 32).

459. Furneau, *Le Siam ancien* (Annales du Musée Guimet 27, p. 26): deve-se ir diretamente ao rei, e não aos notáveis.

dos nat [*nal*] (espíritos) continua inabalado. Cada lar tem seu nat (demônio protetor); de resto, eles correspondem aos deva hindus. Após sua morte, o rei ainda vai à "aldeia dos espíritos" (Natyua-tsan-thee) [*Nal-Ya-tsan-thee*].

Sob o aspecto econômico, a dominação do hinaianismo na Indochina [*Hinterindien*, com os países hoje denominados Camboja, Laos, Malásia, Tailândia e Vietnã] deve ter contribuído para a enorme predominância da agricultura tradicionalística e, em comparação com a Índia Anterior [*Vorderindien*, com os países hoje denominados Paquistão, Nepal, Butão, Bangladesh, Índia, Sri Lanka e Mianmar], a visível desvantagem no setor técnico-industrial-artesanal. Os mosteiros budistas não eram lugares de trabalho racional, como tampouco o era qualquer outro mosteiro asiático. Mesmo assim, note-se que o hinaianismo desvalorizava o darma de castas em maior medida do que o maaianismo e – quando introduzido em novos territórios – impedia-lhe totalmente de surgir. Com isso, ficaram faltando todos os impulsos ligados à (tradicionalista) "fidelidade profissional", pois o simples louvor teórico reservado ao trabalhador fiel à sua profissão, como na literatura influenciada pelo hinaianismo da Índia Meridional tanto quanto na Anterior, era desprovido daquele forte incitamento psicológico contido, como vimos, na ordem salvífica de castas. Ao que parece, isso se deve ao impacto do budismo diretamente perceptível, por exemplo, na Birmânia. A formação hinaiana nos mosteiros birmaneses, em conformidade com sua finalidade unicamente religiosa, promoveu educação básica em medida percentualmente muito grande para a situação na Índia e na Ásia em geral, mas qualitativamente muito modesta, se comparada com padrões europeus (cf. a respeito o *Census Report* de 1911, vol. IX, cap. VIII). Contudo o grau de predomínio local do budismo é decisivo para o grau de alfabetização alcançado. Para o moderno trabalho intensivo (granulação do algodão, refinaria de óleo) foi preciso importar hindus de castas inferiores (*Census Report* de 1911, vol. IX, cap. XI-XII) – comprovação tanto para o intenso treinamento que as próprias castas em falta na Birmânia dedicaram ao referido trabalho quanto, certamente, também para o fato de que o regime de castas não *gera*, por sua própria força, formas modernas de trabalho. O Sião [hoje, Tailândia] permaneceu quase completamente um país agrário, apesar da existência de precondições favoráveis para o desenvolvimento empresarial artesanal e industrial [*gewerbliche Entwicklung*]. Além disso, com a eliminação do bramanismo e das castas causada pela introdução do budismo como religião de Estado (século XIV), também desapareceu em toda a Indochina [hoje, aproximadamente Indochina] a antiga tradição artística dos artesãos reais formados segundo critérios de casta, e a prática da arte estimulada por influências budistas não conseguiu oferecer algo de realmente equivalente, por notáveis que tenham sido suas realizações[460], pois o budismo corretamente hinaiana, por sua própria natureza intrínseca, não tinha como se portar de outra maneira se não em oposição ou, no máximo, com tolerância perante o empresariado artesanal e industrial. Somente as necessidades dos leigos levados a adotar quase exclusivamente esse modo de obtenção de renda fizeram com que, também no hinaiana, surgisse e se mantivesse a arte religiosa típica do budismo. Como revelam fontes monumentais da época moderna[461], na Birmânia – como em outros lugares –, os interesses religiosos dos leigos corretamente budistas orientam-se, principalmente, segundo as chances de renascimento. A rainha-mãe pede para renascer sempre como alta personalidade dotada de boas qualidades e crente. Ao chegar o futuro Buda Maitreya, ela deseja ir junto com ele para o nirvana[462]. Alguém deseja escapar de um renascimento em má família[463]. Sempre se deseja renascer como homem rico e adepto do Buda, e, no fim, atingir a omniciência e então chegar ao nirvana[464]. Alguém almeja renascer sempre junto à sua atual família (pais, irmãos, filhas e filhos)[465]. Um outro gostaria de ter na

---

460. Cf. L. Furneau, *Le Siam ancien* (Annales du Musée Guimet 27, p. 57).

461. Cf. as inscrições publicadas por Aymonier no *Journal Asiatique*, série 9, vol. 14, 1899, p. 493ss. E, particularmente, também vol. 15, 1900, p. 146ss. (do século XV ao XVII). Alguns desses exemplos já foram aproveitados anteriormente.

462. *Journal Asiatique*, p. 16ss.

463. *Journal Asiatique*, p. 164.

464. *Journal Asiatique*, p. 153.

465. *Journal Asiatique*, p. 154.

vida futura uma determinada mulher por esposa[466]. Monges almejam, caso venham a renascer como leigos, ter mulheres bonitas[467]. Além disso, boas obras deveriam ser transmitidas para mortos, particularmente para aqueles que estão no inferno[468]: a ruptura com a doutrina do carma, conhecida no budismo tardio, mas que também ocorre no hinduísmo.

A verdadeira grande religião missionária da Ásia não foi a igreja do hinaiana, mas sim a do maaiana.

O budismo maaiana – tanto quanto a escola hinaiana a seu tempo – desenvolveu sua tendência missionária[469], primeiramente, por meio de um rei – Kanischka –, da Caxemira e do noroeste do Hindustão, pouco depois do início de nossa era. Sob seu reinado, realizou-se, numa cidade da Caxemira, o presumivelmente terceiro e último dentre os concílios canônicos reconhecidos pelo budismo maaiana. Ao que se vê, graças ao poder desse rei, o maaianismo foi inicialmente difundido e tornou-se, por fim, predominante na Índia Setentrional, onde, a seu tempo, Ashoka havia convocado e realizado o concílio ortodoxo, ao passo que o hinaianismo tomou o rumo "sulino". O processo que levou a tanto, por certo, já estava em andamento, e o desenvolvimento da soteriologia esotérica mahavana havia começado já muito antes. Açvagosha escreveu suas obras ainda muito moderadamente maaianas, no mínimo, um século antes do concílio. Nagarjuna foi a força propulsora do concílio como tal. Os demais filósofos citados como autoridades pelos maaia-

---

466. *Journal Asiatique*, p. 170.

467. *Journal Asiatique*, p. 150.

468. *Journal Asiatique*, p. 151.

469. Propriamente dito, não é exato considerar o maaianismo como o único portador da missão para a Ásia Oriental. A China tomou conhecimento dos escritos sagrados do budismo primeiramente na forma adotada pela escola dos sarvastivadas, que constituíam uma seita da antiga doutrina vaibachika (hinaianística), de modo que justamente as mais antigas viagens de peregrinos – que em parte utilizavam a via marítima – pouca diferença fazia entre maaiana e hinaiana. Apesar disso, justifica-se a assertiva geralmente aceita pelo fato de que a Índia Setentrional cada vez mais se tornou maaianista e, por conseguinte, as obras mais tarde unicamente de lá importadas por via terrestre na China constituíam escritos maaiana vazados em sânscrito. A China havia se tornado, entrementes, um estado puramentne continental. Por outro lado, o predomínio da escola hinaiana na Indochina não é originário. Pelo contrário, aqui a missão mais antiga era geralmente a maaiana e somente mais tarde surgiram *revivals* que ocasionaram religar-se à tradição da igreja ortodoxa antiga mais próxima, a dos ceilonenses.

nas viveram quase todos nos primeiros séculos após o concílio, e nenhum viveu no primeiro milênio de nossa época. A época principal da expansão do maaianismo teve lugar até o século VII. Só que, na Índia, a estrela do budismo começou a se desvanecer lentamente já a partir do século V. Entre as razões, além dos fatores já expostos, encontrava-se, talvez, também aquele processo de prebendalização que costuma ocorrer em algum momento em todas as religiões e que foi favorecido precisamente pela escola maaiana. Hierocratas ministrantes de graças e sedentários – portanto, prebendários – tomaram o lugar dos monges mendicantes peregrinos. Para as tarefas no templo propriamente ditas, o budismo posterior, assim como o jainismo, aparentemente se serviam de diversas maneiras preferencialmente dos brâmanes instruídos nos ritos e que haviam se tornado seus seguidores, pois estes desempenham, em numerosas lendas, um papel de início surpreendente, dada a originária inimizade contra os brâmanes, e também são citados em inscrições budistas. Portanto deve ter se desenvolvido bem cedo também na Índia um presbiterado secular budista casado que se apropriava, hereditariamente, das prebendas do mosteiro. Pelo menos o Nepal e a região periférica da Índia Setentrional presenciam, ainda hoje, um processo semelhante. Logo que emergia a concorrência de uma organização firmemente orientada para fins missionários, evidenciava-se, forçosamente, a par da deficiência externa, também a debilidade interna do budismo: a falta de uma ética de leigos solidamente definida, como a que ofereciam o ritualismo de castas bramânico e a organização da comunidade jainiana. Os relatos de viagem de peregrinos chineses, comparados um com o outro de acordo com as datas, deixam entrever claramente a decadência interna da organização budista desprovida de toda e qualquer unidade hierárquica ou estamental. A renascença do hinduísmo encontrou um terreno obviamente fácil de cultivar e, como já mencionado, eliminou quase todo e qualquer vestígio da igreja budista antiga. Antes, porém, de nos debruçarmos sobre essa renovada ascensao do bramanismo ortodoxo, convém recordar brevemente a expansão do maaianismo para além das fronteiras da Índia, promovida com gigantesco sucesso somente desde o tempo do Rei Kanischkas, transformando-o em uma "religião mundial".

As grandes áreas de expansão do budismo maaiana são a China, a Coreia e o Japão.

De um modo geral, sob o aspecto político, o budismo maaiana teve de contar, nesse contexto, com uma situação diversa da encontrada pela escola hinaiana, na medida em que, nos países de alta cultura que conquistara ao menos parcialmente, ele se defrontou com dinastias já solidamente enraizadas em uma camada de literatos não budistas (China e Coreia) ou com um culto estatal não budista (Japão)[470]. Nesse sentido, aqui, o poder secular geralmente assumiu perante a igreja, mais do que a posição de um "patronato protetor", a de uma "polícia religiosa". Como consequência, a clericalização teocrática foi amplamente menor.

China

Sobre o destino do budismo na China, já foi necessário dizer algo em outro contexto, que agora deve ser complementado. Após algumas tentativas missionárias frustradas, logo depois do início de nossa era, ele foi importado pela primeira vez por monges missionários sob o domínio e por determinação do Imperador Mingti, mas só lançou raízes por volta do século IV, como o demonstra o aparecimento mais frequente de monges chineses. Só mais tarde, nos séculos V, VI e VII, passou oficialmente à proteção estatal, graças a fatores como as numerosas viagens de peregrinos e legados, as traduções oficiais de textos budistas, o ingresso de alguns imperadores na Ordem monástica e, por fim, a mudança do "patriarca" bodidarma da Índia para Nanquim e, mais adiante, para Honanfu, mudança esta ocorrida em 526 sob o Imperador Wuti. No correr do século VIII e, de forma decisiva, no século IX, em consequência das violentas perseguições à igreja instigadas pelos confucionistas – das quais também já se falou –, a florescência da Ordem na China se rompeu sem, porém, acarretar-lhe permanente e total aniquilação. Pelo contrário, desde o início, o comportamento do governo chinês tem sido

---

470. A corte do imperador em Quioto, por exemplo, era adepta do xintoísmo correto. No entanto, o Xogum puramente secular de Yedo nunca conseguiu atingir a posição de um "tschakravati" como Ashoka, pois reconhecia expressamente o imperador como poder social mais alto.

continuamente oscilante, mesmo após as grandes perseguições e até o édito sagrado de Kang Hi. Os mais decididos adversários têm sido, naturalmente, os literatos confucionistas. Em suas objeções, eles sustentavam que a fonte da virtude não pode consistir no receio de um castigo no outro mundo, que a devoção voltada à busca de perdão dos pecados não constitui expressão de genuína piedade e que o nirvana enquanto ideal é apenas a exaltação do não fazer nada. A essas objeções, os apologetas do budismo rebatiam com a afirmação de que o confucionismo somente considera o aquém-mundo ou, no máximo, a felicidade dos descendentes, mas não o futuro no além. Eles apontavam para o céu e o inferno enquanto únicos meios de educar os homens para a virtude[471]. Precisamente esse argumento terá impressionado o imperador. E, ao lado desse argumento, também a crença no poder mágico dos literatos budistas, pois a religião budista chegou na China, primeiramente, como doutrina de literatos ilustres. A permissão para se tornar monge foi concedida pela primeira vez numa província ao tempo do grande interregno, no ano de 335 d.C. Os ídolos foram destruídos em 423, no reino de Sang, e, em 426, no de Wei, e foram readmitidos em 451. Por volta do ano 400, o Imperador Yao tentou obter um presbítero plenamente qualificado em letras mediante o envio de um exército e, ao mesmo tempo, Fa-Hien foi à Índia por encargo oficial para conseguir traduções. Depois que um imperador da dinastia Ling chegara inclusive a se tornar monge, deu-se, em meio à mudança do patriarca para a China, a penetração da mística propriamente dita do budismo indiano e também da disciplina. Ainda em 515 estava vigente a pena de morte para o exercício de artes mágicas. Contudo, isso não impediu aqui nem em qualquer outro lugar a proliferação da magia. Desde então, a política governamental tem oscilado entre, por um lado, o incentivo ou a tolerância e, por outro, o fechamento de todos os mosteiros; o contingenciamento do número de monges, para os excedentes reingresso obrigatório à

---

471. As discussões e os argumentos foram compilados por Edkins principalmente nos anais da dinastia Sung. Com grande consequência, a analística confuciana estigmatizou toda e qualquer condescendência em relação a budistas como fraqueza desprezível e covarde e como medo da morte. É o que faz em qualquer oportunidade sobretudo a história da dinastia Ming, escrita pelo Imperador manchu Kuangti.

profissão secular (em 714); e o confisco dos tesouros do templo, para fins de cunhagem de moedas (em 955). Sob a dinastia Ming foi adotado preponderantemente o sistema, já antes vigente como regra geral, de tolerância sob a ressalva de redução da posse fundiária, de limitação do número de mosteiros e do de monges, bem como a de controle por prova estatal da admissão. Por fim, o édito sagrado de Kan Hi proibiu totalmente, no final do século XVII, qualquer compra ulterior de terreno e condenou a doutrina budista como não clássica – e assim permaneceu.

Internamente, o budismo na China teve de passar sobretudo por uma transformação rumo a uma religião puramente livresca, em conformidade com o caráter de literatura escrita, típico de toda a cultura chinesa. Desapareceram as discussões e as conversações sobre religião, características da Índia: o governo chinês não as teria permitido, e elas contradiziam totalmente a natureza da literatura chinesa. Além disso, o budismo chinês permaneceu – igualmente em consonância com a polícia religiosa do funcionalismo chinês, uma polícia estritamente antiorgiástica – imune à infiltração da religiosidade Shakti, que, por sua vez, não havia deixado totalmente incólume o maaianismo indiano.

O budismo chinês[472] tem sido desde o início puramente uma igreja de mosteiros sem monges itinerantes. O mosteiro budista – em contraste com o templo confucionista (miao) e com os santuários taoístas (kuan) designados com a sílaba "si" – incluía, igualmente, o templo com as imagens do Buda originário e dos cinco Budas secundários (Fo), dos cinco bodisatvas (Pu sa), dos arhats e dos patriarcas, assim como uma série de deuses protetores, acatados na hagiolatria popular chinesa (entre os quais Kuanti, que se chamava, anteriormente, um deus apoteotizado na função de deus da guerra). Chinesa é sobretudo a aparição de um bodisatva feminino: Kwan Yin (patrona da caritas). Na verdade, parece que essa figura recebeu seu caráter feminino somente com o passar do tempo[473], provavelmente sob o influxo da concorrên-

---

472. Cf. a respeito outrossim: R. F. Johnston, *Buddhist China* (Londres, 1913).

473. Com efeito, (por volta do ano 400) já o peregrino Fa-Hien invoca, em perigo de naufrágio, Kwan-yin.

cia das seitas que – como na maioria dos casos de confissões apolíticas – se mostram suscetíveis à afluência feminina. Essa figura é cópia da Mãe de Deus no Ocidente, que auxilia na necessidade, e foi a única concessão feita à devocionalidade Shakti. Em seus primórdios, os mosteiros se estruturavam, é óbvio, pelo sistema de filiação tipicamente hindu. Entretanto, desde que o governo da China, por sua vez, passou a designar funcionários especificamente para a fiscalização dos mosteiros e a aplicação disciplinar; deixou de existir, mais tarde, uma organização separada dessa hierarquia. Tampouco os princípios de patriarcalismo, após a grande perseguição, tiveram prosseguimento em sua evolução, sem dúvida por motivos políticos. Mas a comunidade dos mosteiros ficou preservada, graças ao fato de que cada monge tinha direito à hospitalidade em cada mosteiro. De resto, continuou inalterado o prestígio carismático de alguns mosteiros como lugares tradicionalmente conhecidos por sua correção ritual.

Bem ao modo indiano, os mosteiros se dividiam de acordo com sua respectiva escola. E também, evidentemente, em essencial conformidade com as ondas de revivals do maaianismo que, sob o influxo de grandes mestres, se alastraram desde a Índia a toda a região de missões. À altura da primeira importação – e mesmo no tempo da mudança do patriarca Bodidarma –, a doutrina maaiana ainda não estava elaborada nas consequências posteriormente inferidas (por Nagarjuna e Vasubandhu). Por esse motivo, a escola mais antiga, a de Tschan sung, ainda mantém um aspecto fortemente hinaiana quanto ao tipo de busca da salvação. A antiga meditação (dhyana) enquanto busca de "esvaziamento" da consciência e rejeição de todo e qualquer meio cultural externo permaneceu-lhe fortemente característica. Por um longo tempo foi considerada – provavelmente devido ao parentesco com a doutrina Wu-wei – como a mais ilustre e como a maior dentre as seitas budistas chinesas. As doutrinas maaianas de Nagarjuna e Vasubandhu, já expostas anteriormente, encontraram seus representantes nas seitas de Hsien-schon-tsung e Tsi-jen-tsung. Na primeira, assume-se aqui a fantástica cena do extasiar-se em magnificências supraterrenas; e, na segunda, o caráter acósmico do amor do bodisatva consumado em sua plenitude após cumprir

353

a sequência óctupla dos degraus de concentração. Por conseguinte, a seita referida em segundo lugar tornou-se, assim, de forma ampla, a portadora da caridade especificamente budista na China.

Dentre as demais seitas, provavelmente a que maior popularidade literária obteve foi a de Tien-tai-tsung, graças à tradução da Saddarma pundarika[474] e aos seus respectivos comentários. Tratava-se, em essência, de uma mescla eclética da meditação maaiana com rito e idolatria. A seita Lutsung, em comparação, era de extremo rigor ritualístico (no sentido do Vinaya pitaka), ao passo que a seita Tsching-tu-tsang foi a que mais levou em conta as necessidades dos leigos. A exaltação do paraíso ocidental realizada sob a direção do Buda Amithaba e da Kwan-yin e também, ao que se presume, a própria aceitação dessa figura foram obra dessa seita.

Em parte, por meio da aceitação dos grandes santos dos dois outros sistemas, o budismo chinês procurou instituir uma religião única (San chiao i ti). No século XVI, foram encontrados Buda, Lao-Tsé e Confúcio reunidos em fontes monumentais, e algo semelhante poderia ter sido comprovado muitos séculos antes. Contudo pelo menos o confucionismo oficial rejeitou tais tentativas e sempre considerou o budismo com os mesmos olhos com que a nobreza oficial romana julgava as "superstições" orientais.

O monacato budista posterior chinês teve seu caráter essencialmente marcado por uma modalidade cada vez mais plebeia. Hoje em dia, nenhum homem de nível e de boa família ingressará num mosteiro monacal. E assim é provavelmente desde o século da grande perseguição e definitivamente o é a partir do édito sagrado de Kang-hi. Os monges recrutam-se em estratos de não letrados, principalmente agricultores e pequeno-burgueses. Esse fato acarretou inicialmente, de modo geral, uma configuração totalmente ritualística da própria vida monástica. Ao que parece – em consonância com a especificidade do formalismo chinês –, foram muitas vezes punidas com bastante rigor as violações perpetradas pelos monges contra o cerimonial e a disciplina, ao passo que, por sua vez, faltas "morais" em nosso sentido da

---

474. Traduzidos por Kern em *Sacred Books of the East*, vol. XXI (*The Lotus of the True Law*).

palavra eram tratadas com severidade proporcionalmente menor. Jogos de azar, bebedeira, ópio e mulheres – ao que se diz – tinham certa importância em alguns mosteiros. De modo nenhum se podia falar em alguma ocorrência incoativa de sistemática racionalização ética na conduta de vida dos leigos. Para leigos havia poucas escolas monásticas, pelo menos de certo porte, e pouco tinha de caráter racional a formação literária recebida pelo noviço antes de ascender à categoria de monge e, a seguir, de candidato à dignidade de bodisatva. A prioridade da vida monástica consiste em três pontos: primeiramente, no cullto diário em forma de leitura em voz alta da escritura sagrada, derivado da antiga celebração Uposatha; em seguida, na meditação voltada ao esvaziamento e exercida de maneira solitária ou – modalidade mais típica – em comunidade, com cada um sentado ou, segundo costume cultivado na China como especialidade, andando [475]; e, por fim, em atos de virtuosismo ascético, copiados da antiga ascese popular hindu dos magos pelo maaianismo. A ordenação superior de monges anciãos para candidato a bodisatva estava condicionada a uma estigmatização. E como ato de virtuosismo acontecia e acontece[476] que um monge se permita cauterizar partes do corpo ou se assentar sobre uma caixa de madeira de acordo com a posição prescrita para um indivíduo em oração e acender ele próprio o material juntado a seu redor para sua autocremação ou, por fim, que se deixe emparedar pelo resto da vida. Após sua morte, esses virtuosos tornam-se grandes santos do mosteiro.

Administrados por um grupo de funcionários, esses importantes monastérios budistas eram, tomados em seu conjunto, locais, em parte, de ascese irracional e, em parte, de meditação irracional, mas não estabelecimentos de educação racional. Faltava-lhes o nimbo da camada de literatos, forte e considerado mágico em toda a China, e essa falta ficava cada vez mais total quanto mais durava, e tudo isso, apesar de (em parte, por) eles serem, já por

---

475. Andando ao redor de uma mesa com objetos cultuais e em ritmo crescente, dado o caso, com o uso de chicote.

476. Segundo Hackmann, "Religionsgeschichtlichen Volksbücher" (*Der Buddhismus*, partes I, II e III, 3ª Série, Cadernos 4, 5, 7, Tübingen, 1906, p. 23), baseado em seu próprio testemunho ocular, contrariamente à de Groot, op. cit., p. 227.

interesses prograndísticos, os principais locais de impressão de livros que incluíam, em essência, desde escritos edificantes até quadros de importância para a magia. Os chineses se dirigiam a divindades budistas, santos budistas mortos ou vivos, como auxiliares em necessidades causadas por doenças ou qualquer outro infortúnio, as missas fúnebres gozavam da estima também por parte de círculos de alto nível, e, nos santuários, o sortilégio primitivo também tinha para a grande massa uma relevância não desprezível. Mas era tudo. Os monges tiveram de fazer as mais diversas concessões às crenças dos leigos, entre as quais também mediante elaboração de quadros genealógicos corretos e a oferta de sacrifícios a ancestrais para monges falecidos. E também o pagode chinês, que é a forma de templo devidamente modificada e importada da Índia para todas as regiões sob influência hindu, transformou-se na China, por meio da combinação com a doutrina de Feng Shui, de estabelecimento cultual budista em instrumento apotropeico contra os demônios do ar e da água encenado para esse fim em lugares apropriados indicados pelos magos. Já se mencionou a grande importância das cerimônias de proveniência budista para os costumes populares. A crença na retribuição ética foi transmitida às massas pelo taoísmo (mais antigo) e pelo budismo, e, sem dúvida, reforçou a observância dos antigos preceitos de ética da vizinhança e, especificamente, da piedade da ética popular chinesa. Além disso, como igualmente já referido, quase tudo o que há na China no âmbito de afabilidade, de sentimento caritativo para humanos e animais e de sensibilidade emocional é, provavelmente, produto da literatura budista de lendas. Mas ao budismo não foi dado exercer uma influência dominante sobre a conduta de vida.

Coreia

E isso, ao que se vê, menos ainda na Coreia[477]. A ordem social coreana era uma cópia empalidecida da chinesa. Havia guildas de comerciantes

---

477. Sobre a Coreia, cf., além da literatura corrente, o relato de viagem de Chaillé-Long-Bey nos *Annales du Musée Guimet*, vol. 26.

(pusang) e corporações artesanais como na China. Lá também o feudalismo tinha dado lugar ao mandarinato. Na Coreia, foram produtos da dinastia mongólica de Pequim tanto o sistema de admissão de funcionários e de respectiva promoção após sucessivas provas literárias quanto a propaganda budista como instrumento de domesticação. Já antes da subjugação mongólica, exercendo atividades missionárias a partir do século VI, o budismo só foi atingir o auge de seu poder depois do século X – mais particularmente no século XIII. Os conventos monásticos serviram, por vezes, de centros organizacionais de ordens guerreiras, pois, como na China, também na Coreia o monacato budista tinha os mesmos adversários: os literatos. Aqui, por certo, estes não conquistaram prestígio igual ao que tinham na China, porque aqui – como lá – eles tinham de lidar, por um lado, com os eunucos e, por outro, com os "generais" do exército (seis, no fim), ou seja, com os *condottieri*, aos quais cabia a tarefa do recrutamento para o exército. Era muito cobiçada a renda que uma respectiva convocação para soldado trazia, a qual desde muito tempo se tornara totalmente não guerreira. Desse modo, o pertencimento ao exército passou a ser objeto de compra. Os chefes do exército tinham em direitos uma posição equiparada à do monarca, com o qual dividiam as rendas. Aparentemente, do ponto de vista religioso, a magia originária dos feiticeiros profissionais – e sobretudo a de cunho extático da dança terapêutica e apotropeica intensamente praticada por mulheres (mudang) – encontrava-se em posição paralela, mas praticamente não relacionada à dos mosteiros budistas, que só prosperaram graças à antiga proteção do soberano. Uma sublevação sem dúvida insuflada por concorrentes dos monges acabou por romper o poder da Igreja e, com isso, todos os germes de uma cultura própria na Coreia. Parece haver, à primeira vista, uma contradição entre a iniciativa do governo japonês recentemente relatada sobre a fundação de grandes mosteiros e a política antibudista praticada no interior japonês. No entanto, a ideia de utilizar essa religião da paz como instrumento de domesticação do país subjugado parece ter, nesse contexto, uma importância semelhante à do desejo de, ao apoiar os antigos ritos oficiais no próprio país, fomentar o espírito guerreiro.

Japão

Assim como na Coreia, no Japão[478], todo e qualquer intelectualismo era de origem chinesa. O confucionismo parece ter exercido, a seu tempo, uma influência não inteiramente desconsiderável sobre o perfil característico do ideal japonês de *gentleman*, influência esta, entretanto, intercruzada por condições heterogêneas relacionadas com a configuração estamental japonesa, a serem tratadas em breve. O deus-soldado chinês encontrou aceitação no Japão. A par disso, também são perceptíveis importações diretamente hindus. Mas, ao todo, o Japão mais antigo serviu-se da intermediação chinesa para todas as contribuições culturais aceitas. Nesse sentido, o budismo lá emergente[479] desde os primeiros decênios do século VI foi importado pela missão coreana, e, mais tarde, mais ou menos desde o século VIII, diretamente pela missão chinesa, e foi, de início, essencialmente budismo chinês. Do mesmo modo que, em seus primórdios, a inteira literatura cortesã do Japão, assim também sua literatura sagrada permaneceu atrelada à língua chinesa por muito tempo. A verdadeira adoção deu-se aqui, como em qualquer outro lugar, por iniciativa do governo e pelas razões típicas. O festejado príncipe regente Shotoku-Taishi, que a executou, tinha em mente com esse gesto, antes de tudo, seguramente, a domesticação e a disciplinação dos súditos. E, além disso, o aproveitamento dos sacerdotes budistas letrados para o serviço do funcionalismo público, por eles frequentemente monopolizado até o fim do século XVIII. E, finalmente, também o enriquecimento ulterior do Japão com a cultura chinesa, à qual ele aderiu como um dos primeiros

---

478. Os dois escritores alemães que, a partir de observação própria e exato conhecimento da língua japonesa, descreveram com a maior confiabilidade o desenvolvimento da cultura espiritual e material do Japão são (para a primeira) K. Florenz e (mais para a segunda) K. Rathgen. O meritório livro de Nachod se baseia em traduções principalmente dos antigos "anais" de Kojiki e de Nihongi (dos primeiros, por Chamberlain para o inglês; e, dos segundos, por Florenz para o alemão), traduções fundamentais para a história da cultura japonesa, mas não essenciais para nossas finalidades específicas. Algumas citações serão apresentadas mais adiante. Quanto às fontes jurídicas, Otto Rudorff publicou os conhecidos grandes éditos de Tokugawa no Caderno Suplementar do vol. V de *Mitteilungen der Deutschen Gesellschaft für Natur- und Völkerkunde Ostasiens* (1889).

479. Um belíssimo esboço feito por Florenz encontra-se em *Kultur der Gegenwart*. Também é bastante digna de ser lida, por se basear em observação própria, a exposição escrita de cunho popular por Hackmann em *Religionsgeschichtliche Volksbücher* (série III, caderno 7).

"literatos" do Japão. As numerosas mulheres que nos tempos subsequentes se assentaram no trono eram, todas elas, adeptas apaixonadas dessa nova religiosidade voltada à vida dos sentimentos.

Se, apesar do significativo interesse que suscitam por si mesmos, o budismo e a religião japoneses geralmente são aqui tratados apenas de passagem e em rápido esboço é porque[480] as peculiaridades do "espírito" japonês da conduta de vida foram geradas por circunstâncias que diferiam totalmente dos fatores religiosos. A saber: devido ao caráter *feudal* da estrutura política e social. Depois de o Japão passar por uma configuração social temporariamente baseada em um carisma gentílico estritamente implementado, e após ter se apresentado como um tipo muito puro de "Estado de estirpes", os dominadores passaram a feudalizar os cargos políticos com o objetivo de superar a estereotipização inelástica da ordem social anterior na forma em que dominou o Japão medieval até o limiar da atualidade.

Aqui foi o feudalismo que provocou o estrangulamento do comércio exterior (pela restrição ao comércio passivo em um único porto contratual), assim como a inibição do desenvolvimento de quaisquer estratos "burgueses" em sentido europeu. O conceito da "cidade" como agente com direitos autônomos não existia no Japão. O que havia eram localidades grandes e pequenas com chefes de aldeias e de bairros. Mas as cidades não eram nem fortalezas régias – com exceção de apenas duas –, nem aquelas sedes típicas de administração principesca como as que havia na China. Ao contrário da China, era juridicamente um caso fortuito o de que um príncipe vassalo tivesse sua sede numa "cidade" ou num castelo do campo. De modo geral, eram inexistentes o aparato burocrático da administração chinesa, a camada de mandarins transferidos de um cargo para outro, o seu sistema de provas e a teocracia patriarcal com sua teoria do Estado de bem-estar. O supremo chefe teocrático estava sediado definitivamente, desde a dominação dos

---

480. A par da razão objetiva mencionada no texto, também pelo motivo de que o material epigráfico, sempre decisivo para a avaliação, não me foi acessível em traduções. Infelizmente, tampouco me estavam disponíveis as *Transactions* da *Asiatic Society of Japan*, que, manifestamente, contêm trabalhos muito valiosos.

Tokugawa, em Quioto, ـm clausura hierocrática. O *primus inter pares* dentre os vassalos da coroa – o Xogum (marechal da coroa e chefe dos vassalos, ou seja, mordomo) – era, no âmbito de seu domínio dinástico, o detentor direto do poder e controlava a administração dos príncipes vassalos. Na hierarquia feudal[481], havia principalmente um corte entre, por um lado, os Daimyo investidos de pleno poder governamental em sua qualidade de príncipes locais e considerados, como o Xogum, vassalos do próprio imperador, e, por outro lado, os vassalos e os funcionários ministeriais desses príncipes locais (inclusive do Xogum): os samurais de classes escalonadas segundo diferentes *status*, dentre as quais os que serviam na cavalaria montada. Os servidores pedestres (kasi) eram simples ministros frequentemente encarregados de ofícios escriturais. Os samurais, por serem os únicos autorizados a portar armas e a receber um feudo, ficavam estritamente separados dos agricultores e, abaixo deles na ordem feudal de *status*, dos comerciantes e artesãos. Eles eram indivíduos livres. O feudo hereditário (han), por sua vez, era rescindível e, em caso de felonia ou grave falta administrativa, caducava por força de sentença pronunciada por juiz do tribunal feudal. Também havia a possibilidade de uma sentença proferida para transferência a um feudo inferior. Tudo isso – e principalmente o cadastramento dos feudos – é o que coloca o feudalismo japonês na vizinhança daquelas prebendas militares tipicamente asiáticas, com as quais já nos deparamos principalmente na Índia[482], pois o citado cadastramento tinha, por um lado, a finalidade de constatar o número de combatentes a serem postos à disposição e, por outro, estava baseado no escalonamento do feudo conforme o montante de renda em arroz tradicionalmente devido (a kokudaka), o qual também determinava o *status* de seu titular. Mas o ponto decisivo continuou sendo o dever pessoal de fidelidade e o serviço militar (além dos tradicionais presentes honoríficos). Naturalmente, o critério de decidir o *status* de acordo com o montante da renda em arroz

---

481. Sobre isto, cf. um resumo de boa qualidade feito por M. Courant (*Les Clans Japonais sous les Tokugawa*) nos *Annales du Musée Guimet* (Bibliothèque de Vulgarisation, vol. XV, 1904).

482. De fato, também existiam, a par dos feudos fundiários (hado), as simples prebendas de rendas destinadas aos rendimentos de um distrito (como feudos tsyga) ou ao tesouro senhorial (como hyomono).

e, com isso, determinar se alguém pertence ou não aos daimyo significa a total inversão do critério originalmente carismático-gentilício segundo o qual o *status* tradicional da estirpe conferia o direito ao *status* oficial a ser conferido e, portanto, em tradicional conexão com este, o direito às competências do poder[483]. A chancelaria (bakuhu) do Xogum controlava[484] a administração do daimyo, sua política e suas ações privadas de importância política (tais como seus casamentos obrigatoriamente sujeitos a consenso); e o daimyo, por sua vez, controlava a dos seus próprios feudatários. O feudatário idoso ou declarado judicialmente incapaz tinha de se internar num asilo de velhice (inkyo). O sucessor tinha de providenciar a investidura, e isso também valia para o caso de morte do senhor feudal. O feudo era inalienável e só podia ser empenhado por anticrese durante determinado tempo. Monopólios comerciais e certas ergasterias de artesanato de luxo faziam parte dos orçamentos principescos. No porto contratual de Nagasaki havia guildas importantes e provavelmente em qualquer lugar, associações profissionais. Mas faltava um estrato social com poder político digno de nota que pudesse ser agente de um desenvolvimento "burguês" em sentido ocidental e, como resultado da regulamentação do comércio exterior, tampouco a situação altamente estática da economia permitiu surgir uma dinâmica capitalista. Também faltava quase completamente o capitalismo político: camadas de fornecedores e credores estatais, bem como de arrendatários fiscais, por faltarem as precondições de política financeira. Com efeito, as necessidades do exército eram cobertas mediante autoequipamento e convocação de vassalos e funcionários ministeriais, portanto sem a separação do guerreiro de seus instrumentos bélicos, e, além disso, a longa era pacífica sob os xoguns da dinastia Tokugawa

---

483. Isso encontra expressão muito nítida também sob a dominação Tokugawa na pretensão por parte de determinadas famílias a altos postos rescindíveis do funcionalismo (karo). Da mesma forma, no exército, o poder de comando a ser conferido a um oficial pautava-se de acordo com sua kokudaka. Somente um homem descendente de uma família de samurais podia, além disso, ser enfeudado com o direito de vida ou morte.

484. De modo especial, também quando ele convocava, para prestarem contas diretamente, os ministros contratados (karo) dos vassalos da coroa, ao passo que o caráter pessoal da hierarquia feudal se manifestava no fato de não existir um relacionamento direto dos subvassalos com o senhor feudal superior.

não deixou que surgisse alguma chance para uma gestão bélica racional. Só as rixas privadas floresciam, como em nossa Idade Média. A classe inferior dos vassalos e funcionários ministeriais – os samurais e os kasi – constituía o estrato social típico do Japão. Os sentimentos centrais, em torno dos quais tudo girava pelo menos na teoria literária, eram, ao fim e ao cabo, o conceito de honra puramente feudal exaltado ao extremo, assim como a fidelidade vassalar. Na prática, a renda em arroz constituía a forma típica de abastecimento material dessa classe.

Não somente o comerciante e o artesão eram desprovidos de direitos políticos, mas também a ampla camada dos agricultores (no), cuja tarefa consistia em pagar os impostos para o senhor e para os quais, ao menos em parte, valia – no contexto do dever fiscal – o princípio da redistribuição. A reclusão das aldeias para nascidos fora era rígida, pois aqui também era vigente a norma de que ao dever para com a terra corresponde o direito à terra: o midzunomi ("bebedor de água", ou seja, o nascido fora, sem nenhum direito à terra) não tinha direito algum na aldeia. Estava implementado o sistema de cidadania comum (gonungumi, com cinco estirpes respectivamente), a dignidade de chefe da aldeia era hereditária de acordo com o princípio carismático-gentilício. Acima dele estava o daikwan, um samurai enfeudado com a competência judicial.

Em assuntos importantes, cada príncipe convocava o plenário dos feudatários. Essas assembleias de samurais foram as que, em alguns dos principados locais, durante a grande crise dos anos 1860 marcaram a transição para a moderna forma do exército e mesmo para o próprio rumo geral da política que levou à queda do xogunato. O andamento ulterior da restauração levou à introdução da administração burocrática no lugar da feudal, e isso não apenas no exército, mas também no serviço estatal, acabando, assim, com os direitos feudais. Com isso, amplas camadas da classe dos samurais se transformaram em um pequeno estamento médio de pensionistas, em parte até mesmo desprovidos de qualquer posse. Mais cedo, o altissonante conceito de honra dos velhos tempos feudais já se havia moderado no sentido de uma mentalidade rentista devido ao influxo do sistema prebendário pautado pela renda de arroz. Mas daqui não se teria podido inferir diretamente uma relação com a ética aquisitiva burguesa. Se homens de negócios europeus frequentemente lamentavam, na época posterior à Restauração, a "baixa moral de negócios" dos negociantes japoneses, comparados aos chineses, esse fato – se é que foi realmente um fato – se explicaria facilmente recordando a apreciação do comércio, generalizada no feudalismo, segundo a qual o comércio seria uma forma de logro recíproco, como expresso na interrogação de Bismarck: "*Qui trompe-t-on?*" ["Quem engana quem?"].

Em comparação com a China, a cujo período feudal durante os principados combatentes a situação do feudalismo japonês mais se aproxima, a principal diferença consistia no seguinte: no Japão não era o estrato social não militar dos literatos o que se impunha socialmente com maior força, mas sim o estrato dos guerreiros profissionais. Costumes cavalarianos e formação cavalariana, como na Idade Média do Ocidente, eram o que determinava o comportamento na prática, e não o diploma obtido com a prova e a formação escolar; formação intramundana como na antiguidade ocidental, e não filosofia redencionista como na Índia.

Chegar pelas próprias forças a uma ética econômica racional não era possível a uma população na qual o papel decisivo cabia a um estrato social do tipo dos samurais – deixando de lado todas as demais circunstâncias (particularmente, o isolamento em relação ao exterior). Mas pelo menos o sistema feudal, ao criar relações jurídicas contratuais estabelecidas e de caráter rescindível, oferecia uma base muito mais favorável para "individualismo" no sentido ocidental da palavra do que, por exemplo, a teocracia chinesa. Com relativa facilidade, o Japão pôde assumir o capitalismo de fora como um produto feito, embora sem gerar seu espírito a partir de si próprio. Tampouco conseguiu dar origem por iniciativa própria a uma soteriologia mística de intelectuais e à dominação por gurus à maneira indiana. Pelo contrário, o orgulho estamental dos samurais devia, necessariamente, se revoltar contra essa absoluta obediência ao comando clerical. E foi o que aconteceu.

Os cultos de espíritos funcionais, dentre os quais os fálicos – por maior que seja o cuidado com que o caráter pudico do moderno racionalismo tenta apagar os seus vestígios –, o uso de amuletos e outros procedimentos apotropeicos e homeopáticos da magia, além do elemento principal da religiosidade, a saber, o culto dos espíritos dos antepassados – tanto próprios quanto dos heróis apoteotizados – concebidos como poderes ante os quais o indivíduo ilustre se sentia responsável por sua própria vida, constituíam a forma dominante de religiosidade ao tempo da introdução do budismo no Japão. O culto oficial se caracterizava tipicamente, de modo geral, como ritualismo ilustre próprio de estrato cavalariano: seus componentes essenciais eram a recitação de hinos e as refeições sacrificiais. O sentimento de dignidade estamental da cavalaria havia, indubitavelmente, eliminado as práticas orgiásticas e extáticas, e a dança cultual persistia apenas em vestígios. A impureza ritual – por deficiência física, mas também por assassínio e incesto –, mas não o "pecado" ético, excluía da participação no culto (de modo semelhante a dos mistérios eleusinos). Em consequência, rigorosíssimas prescrições de limpeza de toda espécie compensavam a ausência de uma "ética" religiosa. Também inexistia qualquer tipo de retribuição no além: os mortos residiam no Hades, como no caso dos helenos. Descendente do espírito do sol, o soberano era o sacerdote supremo, como na China. De modo semelhante ao que ocorre em toda parte, ordálios e oráculos funcionavam no contexto de decisões políticas. Dentre a massa de deuses, a maioria compõe-se, ainda hoje, de heróis e benfeitores apoteotizados. Os cargos de sacerdotes, nos numerosos templos parcamente ornamentados, eram – e ainda são – geralmente hereditários nas estirpes de "funcionários divinos" estatais, repartidos em oito classes de *status*. Como na China, também ocorrem outorgas de *status* a deuses reconhecidos e a ordem hierárquica dos templos também era fixa. A par do culto no templo, também havia o culto domiciliar. A antiga forma do culto aos espíritos dos antepassados foi depois suplantada quase totalmente pela missa fúnebre budista. Aqui, como em toda parte, o budismo tem seu domínio próprio na doutrina da retribuição e da salvação no além, ao passo que a antiga religiosidade denominada xintoísmo (culto dos deuses da terra, o kami), colocava todo e qualquer culto – inclusive o dos espíritos dos antepassados, apenas por contraposição à mencionada doutrina forânea – exclusivamente a serviço dos próprios interesses deste mundo.

O budismo foi introduzido sob a proteção da corte inicialmente na qualidade de soteriologia de literatos ilustres. Em seguida, o maaianismo desenvolveu também aqui, mediante a formação escolar e sectária[485], as diversas potencialidades nele existentes. De forma contrária a todos esses cultos essencialmente animistas e mágicos que dispensavam toda e qualquer pretensão de ordem diretamente ética, o que ele trouxe de próprio, em consonância com a sua natureza, foi a regulamentação – relativamente – racional e religiosa da vida, a busca de finalidades salvíficas extramundanas e os caminhos de salvação, bem como um enriquecimento do conteúdo emocional. Foi obra inconteste sua tudo o que se desenvolveu no Japão, mais além do conceito feudal de honra, como sublimação da vida instintiva e emocional. Aqui também ele manteve a fria moderação da soteriologia intelectualística indiana, e esta se fundiu claramente com o preceito confuciano de "postura" e "decência", que no Japão havia retrocedido totalmente ao conteúdo feudal do ideal de *gentleman* expresso na dignidade do gesto e da distância cortês, do qual o japonês culto costuma sentir-se representante, em contraste com a ininterrupta acerbidade ou falta de distância emocional próprias do europeu. Até que ponto alcança sua influência nesse sentido é uma questão que só uma análise especializada poderá responder. Em todo caso, o budismo japonês também apresenta algumas linhas de desenvolvimento próprias, apesar da adoção da maioria das seitas chinesas.

Do total de seitas budistas (shu) em geral apresentadas em números preferencialmente redondos[486], apenas algumas são de interesse aqui. Das seitas de maior volume que perduram até o presente, a schingon é a mais antiga (fundada no século IX), na qual a fórmula de oração (o mantra hindu) é, simultaneamente, fórmula encantatória mágica e instrumento místico inter-

---

485. Sobre essa formação, cf. Haas em *Zeitschrift für Missionskunde und Religionswissenschaft* (1905).

486. Dentre elas, costuma-se enumerar dez; contudo, as seitas pequenas ali incluídas variam.

pretado de maneira esotérica como união com o divino[487]. A seita Jodo-shu[488] (fundada, aproximadamente, no final do século XII) promete o paraíso ocidental na forma do maaianismo chinês e recomenda como meio para isso a fórmula entusiasticamente crédula de invocação de Amida, o discípulo de Buda mais popular em toda a China Oriental, que aqui pertence ao rol dos cinco deuses supremos (Budas). Mais importantes do que essas seitas são as de Zen e Schin, fundadas um pouco mais tarde do que a Jodo-shu.

A seita Zen, composta por três ramos independentes, cultivava, de maneira predominante, uma religiosidade baseada em exercícios interpretados de forma mística, ao passo que a seita Schin seguia, inversamente, um tipo de religiosidade livre de tais desempenhos próprios de virtuoses, caracterizada por veneração e fé de cunho intramundano. Os exercícios religiosos da seita Zen foram os que proporcionalmente mais se aproximaram do antigo tipo hindu da religiosidade xátria budista. Por conseguinte, seus ramos também foram por muito tempo as formas ilustres do budismo japonês preferidas pelo estamento dos samurais e eram, por isso mesmo, particularmente ricas em templos. Da mesma forma que o antigo budismo, ela rejeitava todo saber livresco e dava ênfase decisiva ao disciplinamento do espírito e à obtenção da indiferença em relação ao mundo exterior, sobretudo também para com o próprio corpo. Para o monacato Zen, o sentido desse treinamento consistia na libertação do mundo por meio da união contemplativa com o divino. Os leigos – em particular, os guerreiros profissionais – apreciavam os exercícios como meio de enrijecimento e melhoria disciplinar para sua profissão, e afir-

---

487. Entre seus livros, geralmente se enquadra o *Vagrakhedika* (cf. *Sacred Books of the East*, vol. 49). As palavras-chave da argumentação são "Dharma" e "Samgñas", das quais a primeira é aqui interpretada como εἶδος – forma, individualidade –, e a segunda, como "nome", designação dada para "conceito". Não existe "cachorro", apenas "este" cachorro. E como todos os conceitos são abstrações, tudo é somente aparência. Apenas a alma tem realidade, e só os bodisatvas conhecem as realidades. No mundo aparente da existência empírica, porém, é justamente a palavra que tem força mágica.

488. Fazem parte dos seus livros sagrados os Sukhavati-vyuha longo e curto (cf. *Sacred Books of the East*, vol. 49). O paraíso ocidental é ali descrito nas mais ardentes cores. Mas "fé" constitui pressuposto absoluto. Segundo o *Sukhavati-vyuha longo* (§ 41), nenhum sujeito com dúvidas entra no paraíso, mesmo bodisatvas (!) em dúvida prejudicam sua própria beatitude. O *Sukhavati-vyuha curto* rejeita expressamente (§ 10) a justiça baseada em obras como caminho para a beatitude. Somente a oração cheia de fé para Amitâya, recitada durante dias antes da morte até a morte, assegura a beatitude.

ma-se, mesmo em círculos japoneses competentes, que a disciplina das seitas contribuiu consideravelmente para o aproveitamento militar dos japoneses mediante o cultivo de uma mentalidade de menosprezo pela vida enquanto tal[489]. Em forte contraposição às seitas Zen, a seita Schin, fundada no início do século XIII, pode ser comparada com o protestantismo ocidental pelo menos na medida em que rejeita toda e qualquer santidade obtida por meio de obras e sustenta a importância exclusiva da fiel doação ao Buda Amida. Nesse particular, ela se equipara à religiosidade bhakti – a ser tratada em breve –, derivada do culto a Krishna, mas distingue-se deste pela recusa a todo e qualquer elemento orgiástico-extático, recusa a essa típica de todas as antigas religiosidades hindus resultantes da antiga soteriologia hinduísta de intelectuais. Amida é o auxiliar na necessidade, a confiança nele é o único comportamento interior que traz a salvação. Eis por que ela é a única seita budista a ter abolido não apenas o celibato sacerdotal, mas também o próprio monacato em geral. Os busso [palavra traduzida para o português com a corruptela "bonzo"] – sacerdotes casados que vestiam um traje especial unicamente em atos oficiais e cuja conduta de vida, de resto, correspondia à de leigos, terão sido nisto, talvez, os primeiros a atuarem intencionalmente desse modo, ao contrário das demais seitas budistas dentro e fora do Japão, que os consideram produto da decadência disciplinar. Pregação, escola, instrução e literatura popular, eles se desenvolveram em muitos aspectos de maneira semelhante ao estilo ocidental-luterano, e essa seita com numerosos adeptos em meios "burgueses" pertencia àqueles estratos sociais mais favoráveis à adoção de elementos culturais ocidentais. No entanto, pelas mesmas razões do luteranismo, ela não desenvolveu uma ascese racional intramundana. Ela era uma religiosidade do Salvador na linha que atendia às necessidades soteriológicas e emocionais domadas pelo feudalismo dos estamentos médios, porém sem cair na versão orgiástico-extática e mágica da antiga devocionalidade hindu e também sem cair apenas no forte entusiasmo sentimental da devocionalida-

---

489. Contudo, o Xogum Tokugawa Yieyasu, protetor do budismo restaurado por Oda Nobunaga após a perseguição, parece ter particularmente apreciado, para seus soldados, a esperança de obter o paraíso budista como céu de heróis.

de hindu posterior ou de nosso pietismo. Sua moderação, como produto de sacerdotes ilustres, estava, ao que parece, mais focada no "estado de espírito" do que no "sentimento" como entendemos hoje.

Por fim, a seita Nitchiren, fundada em meados do século XIII, era um movimento monacal de contrarreforma, um retorno a Gautama, o verdadeiro Buda, concebido como força mágica de iluminação a perpassar o mundo, com brusca rejeição do Salvador Amida, visto como ídolo falso. Ela buscava resgatar a típica ligação maaiana da mística contemplativa monástica com a magia da fórmula oracional e a eficácia ritual santificante das obras (hoben) leigas.

Comum à maioria das seitas, com exceção da seita Schin, a limitação dos leigos a obras pias ocasionais – em parte, extremamente irracionais – está muito longe de toda e qualquer educação rumo a um método racional de vida. Na realidade, essas formas de budismo geraram, junto aos leigos, apenas certo estado geral de espírito de indiferença ante o mundo, de convicção quanto à futilidade do transitório do mundo – inclusive da vida –, e de resto também propagaram a doutrina da retribuição (ingwa, que corresponde mais ou menos ao "carma"), assim como a magia ritual enquanto meio de subtrair-se a esta. A organização externa do monacato não se distinguia, a princípio, da de outras regiões missionárias. Entretanto, dado o caráter profundamente feudal do país, principalmente ao tempo em que os monges ou, pelo menos, os abades eram recrutados nos estratos nobres, a cerrada concorrência entre as seitas protegidas, politicamente instrumentalizadas e atiçadas umas contra as outras por alguns príncipes vassalos e partidos nobres, conferiu às comunidades monásticas no Japão, com frequência, o caráter de comunidades guerreiras de combatentes por sua fé: de ordens cavalariano-monásticas. Simultaneamente, elas lutavam pela própria posição de poder junto à população. Primeiro, formou-se, no século XI, um exército de soldados monges disciplinados (tonsei) por obra de um abade cujo exemplo foi posteriormente seguido por outros. Esse processo chegou ao auge no século XIV. Excetuados alguns ramos da seita Zen, a totalidade do monacato estava militarizada, e, por conseguinte, a maioria dos mosteiros estava prebendalizada de forma

368

hereditária, e o celibato havia caducado. O marechal da corte Oda Nobunaga, restaurador do poder político, colocou limites a essa *ecclesia militans*. Uma enorme carnificina pôs fim para sempre ao poder político-militar das ordens budistas, e o triunfador não teve nenhum escrúpulo em aceitar para tanto a ajuda do cristianismo – sobretudo dos jesuítas missionários. Por esse motivo, desde o ano 1549, iniciada com São Francisco Xavier, a missão cristã passou a obter êxitos nada desprezíveis. O começo do governo dos xoguns Tokugawa pôs fim a tudo isso. Não se pretendia trocar o clericalismo budista pela dominação exercida por um clero dirigido desde fora, e os membros daquela dinastia de mordomos eram – e ainda são – pessoalmente adeptos do budismo, em especial da seita ritualística Jodo. O édito sobre a religião de 1614 e a subsequente perseguição dos cristãos acabaram com a missão cristã no Japão. Com isso, rompeu-se, de modo geral, o clericalismo no Japão. A igreja budista foi restaurada e, pela primeira vez, organizada de forma sistemática. Mas inteiramente por obra do Estado. Como na antiguidade tardia em que se exigia o sacrifício ao imperador, no tempo dos Tokugawa só era possível comprovar não ser cristão inscrevendo-se em um templo japonês. Desde o Tokugawa Yiemitsu, como na modalidade chinesa, não era permitido ao sacerdote exercer funções oficiais sem que tivesse prestado exame. A atuação como pregador e a diretoria de templos tinham por condição, atendendo ao princípio budista de ancianidade, ter passado uma vida monástica por um prazo fixo de longa duração. O princípio de filiação dominava a ordem de *status* e os direitos hierárquicos dos mosteiros e de seus superiores. A disciplina monástica do celibato e do vegetarianismo era inculcada aos sacerdotes – sem efeito duradouro – pelo Estado. O número de mosteiros e templos budistas aumentou de forma colossal, mas o poder social dos monges caiu. Ao que parece, a possibilidade de comprar um cargo de sacerdote estava amplamente difundida.

Quanto à religiosidade popular, ela se aproxima da situação asiática e antiga em geral na medida em que se convocavam deuses e auxiliares xintoístas, confucianos, taoístas e budistas respectivamente conforme a função e a necessidade. Uma ligação formal da religião xintoísta com a budista foi empreendida sob proteção da corte. Mas, para o nosso contexto, sua contribuição não é essencial, embora seja interessante. Os estratos ilustres se voltaram intensamente à ética confuciana. Esse fato teve razões sociais. Uma transformação interna mais intensa do monaquismo budista teve lugar ao longo dos séculos, na medida em que, provavelmente sob a pressão da competição advinda da propaganda das seitas, o recrutamento de monges se tornou cada vez mais democrático, de modo que, após a perseguição e a arregimentação por parte do Estado, estes acabaram por pertencer principalmente aos estratos inferiores iletrados, como na China. Nas escolas monásticas, eles geralmente aprendiam apenas o exigido para o funcionamento prático do culto[490]. Com isso, o prestígio do monacato e do budismo em geral diminuiu de modo significativo também sob o aspecto social, e essa é uma das razões – ao lado das políticas – que condicionaram, durante a restauração da legítima dinastia, a "destituição" do budismo (em 1868) e a restauração sistemática do xintoísmo como religião de Estado. Mas o decisivo é que, outrora, este era visto pelo budismo como a forma cultual "nacional", que então passou a garantir a legitimidade do imperador. O fato de a legítima dinastia descender do sol e, com isso, a qualidade sobre-humana do imperador estão, mesmo no Estado constitucional japonês, entre os pressupostos fundamentais que pelo menos ao japonês correto não é permitido colocar em dúvida nem, em hipótese alguma, expressar suas próprias dúvidas a respeito.

O confucionismo – que, como se observou, contava com numerosos adeptos nos estratos sociais ilustres – não conseguiu realizar a mesma proeza de legitimar a dinastia, uma vez que, para ele, o imperador chinês era o monarca do mundo e o sumo pontífice. Mas no Japão, ao contrário da China, não contava com o apoio de um estrato social academicamente organizado, uniformemente interessado e solidamente organizado política e economicamente por meio do sistema de provas e, sobretudo, da promessa de cargos estatais, mas era um passatempo literário de círculos individuais. Ao budis-

---

490. Ao passo que, pelo contrário, o *Amitayur Dhyano Sutra* (§ 27) e, por exemplo, o *Vagrakhedika* ("cortador de diamantes", obra muito lida também no Japão como livro da seita Schin-Gon) se referem ao "filho de boa família" como o único em condições de ser contemplado para a redenção.

mo também faltava aquele sustentáculo bem forte de que, tal como as seitas hindus, dispunha em outras regiões asiáticas: o guru carismático como mágico que auxilia na necessidade. O desenvolvimento dessa figura foi estancado pelo governo japonês – assim como pelo chinês –, sem dúvida, por razões políticas, que, em geral, a impediram de avançar além de estágios iniciais relativamente modestos. Nesse sentido, faltava, no Japão, um estrato social dotado do prestígio mágico-soteriológico de Salvador, como aquele dos gurus das seitas nas regiões indianas. Por isso, quando a revolução do exército e da administração técnica – pressionada pela sensação de ameaça externa – derrubou a organização militar e administrativa do feudalismo, esta se encontrava, sob o aspecto puramente político, na posição confortável de só ter pela frente uma tábula rasa ou, pelo menos, a ausência total de alguma potência do tradicionalismo religioso firmemente enraizada sob o aspecto mágico ou soteriológico que tivesse podido se contrapor aos seus desígnios no campo da conduta de vida econômica.

No caso da missão que partiu da Índia Setentrional rumo ao norte, o budismo gerou formas totalmente diferentes das que originou na região de missão da Indochina e da Ásia Oriental. É bem verdade que, nas proximidades de sua área de origem no Nepal[491], ele foi submetido ao típico processo de prebendalização e, a par disso, à imposição da magia tântrica e de seus sacrifícios cruentos, além de precisar concorrer com a propaganda hinduísta dos xivaístas, acabando por se fundir com o sistema de castas do hinduísmo, bem ao modo maaiana-norte-indiano. Dentre as três classes principais, os banhar (sacerdotes) e os uda (artesãos) eram considerados ortodoxos, ao passo que o resto da população passava por heterodoxa, por ser tantrista. Os banhar residiam em mosteiros, mas sem celibato; as prebendas eram hereditárias. Sua classe mais alta era de sacerdotes (gubhaju), aos quais só se podia pertencer por ordenação após prova. Quem não era ordenado, permanecia membro dos simples "bhikkshu", que serviam como auxiliares leigos em certas cerimônias, mas de resto exerciam manufaturas – em especial, de ourivesaria. Ainda

---

491. Cf. a respeito o *Census Report* de Bengala de 1901.

pertencentes à primeira classe, seguiam-se sete outras subdivisões, dentre as quais: forjadores de prata, carpinteiros, fundidores e trabalhadores de cobre e ferro (ao que se vê, antigos artesãos do rei). Mesmo ordenados, monges foram dispensados dos votos pelo guru quatro dias após a ordenação. A classe uda estava desmembrada em sete subclasses, das quais a mais ilustre era a de comerciantes e o resto, de artesãos. Os banhar praticavam o conúbio e a comensalidade entre si, mas não com os udas; um banhar não aceitava água de um artesão uda. A camada popular inferior pedia auxílio na necessidade, conforme o caso, a sacerdotes budistas ou bramânicos. Buda formava uma tríade na unidade com Xiva e Vixnu. Além disso, todas as divindades hindus eram invocadas, e também teve continuidade o culto à serpente. Portanto aqui o processo descrito nos relatos de viagem de peregrinos chineses sobre o período inicial do budismo culminou na perda total de sua própria essência ao incluí-lo na organização de castas e adotar a prebendalização. Processo diverso ocorreu na Ásia Central e, particularmente, no Tibete, região com a qual existiam, por intermédio do Nepal, relações comerciais muito antigas.

Ásia Central: o lamaísmo

Aqui surgiu, em crasso contraste com a desorganização daquelas áreas, uma hierarquia dotada de tal coerência que se tornou usual[492] caracterizar a religião de seus portadores – os monges lama – até mesmo como um sistema religioso à parte: lamaísmo. Monges peregrinos hindus e provavelmente também budistas devem ter chegado como santos auxiliadores já cedo à Ásia Central e Setentrional: a expressão mágica "xamã" dada aos exorcistas mágico-extáticos é uma corruptela, originária do Turquistão Oriental, da palavra indiana xrâmana (em pali, samana). A missão budista propriamente dita nessas regiões teve início aproximadamente no século VII da era atual e foi oficialmente fundada no século VIII. Como de costume, no sentido de que,

---

492. Sobre o lamaísmo, continua digna de ser lida a obra de Köppen, *Religion des Buddha* (Berlim, 1857/1858, vol. 2). Hoje em dia, a principal autoridade é Grünwedel (cf. sua exposição em *Kultur der Gegenwart*, I, 3, I, bem como o livro a ser citado mais adiante). De resto, a literatura russa é fundamental, mas inacessível para mim na ocasião.

por interesse administrativo (importação da arte da escrita) e domesticação dos súditos, um rei importou, da vizinhança indiana (no caso, de Udayana, nas proximidades da Caxemira), um santo como guru[493]. O missionário era um representante da tendência maaiana puramente tantrística (mágica): ele lançava mão paralelamente, ao que parece, de alquimia, de poções mágicas e da fórmula mágica habitual. Depois dele, em meio a muitos retrocessos e lutas com seitas concorrentes, a missão nunca mais teve descanso, e, durante algum tempo, o budismo maaiana teve conquistas como a Pérsia Oriental e grandes áreas do Turquistão, até serem aniquiladas pela reação islâmica por parte dos Khan mongóis ocidentais. Por outro lado, porém, foi ao império mundial mongólico que coube constituir a santa igreja do Tibete, portadora do "lamaísmo".

"Lama", o "sublime", o "santo", assim eram chamados, inicialmente, o superior (Khan po) de um mosteiro e, mais tarde, por gentileza, qualquer monge plenamente ordenado. Na fase inicial, a fundação de um monastério seguia totalmente o caminho usual. Mas, na região do Tibete, a posição de poder própria de alguns dentre os superiores do mosteiro incrementava-se na medida em que – correspondendo ao caráter do país como área de pastagens – formações políticas de maior porte voltavam a se fragmentar em pequenos principados tribais, e então, como no Ocidente os bispos no tempo das grandes migrações dos povos, os superiores dos mosteiros mantiveram em mãos o único poder racionalmente organizado. Por conseguinte, a educação dos superiores era de caráter tanto clerical quanto secular[494]. De há muito os monastérios se haviam tornado locais prebendários, os "monges" eram casados e, assim, constituíram uma casta hereditária. Assim como na Índia, no Tibete, pelo menos em alguns mosteiros – principalmente no mosteiro Saskya, próximo às maiores altitudes do Himalaia –, a própria dignidade do

---

493. É desconhecido o nome desse "grande mestre nascido da flor do lótus" (padmasambhava), na designação oficial.

494. Grünwedel, *Mythologie des Buddhismus in Tibet und der Mongolei* (guia da coletânea lamaística do Príncipe Uchtomski) (Leipzig, 1900). O livro constitui, de longe, a melhor história do desenvolvimento do lamaísmo, sendo consultado em todo lugar.

superiorado era hereditária pelo critério carismático-gentilício. Primeiramente, no século XII, os lamas de Saskya travaram relações com a dinastia de Genghis Khan e, no século XIII, conseguiram a conversão do Imperador mongol Kublai Khan, conquistador da China, que se tornou, então, o padroeiro secular (tschakravati) da igreja. Novamente, o aspecto decisivo foi a necessidade de inventar uma escrita para os mongóis e, portanto, um interesse administrativo político.

E, em paralelo, o interesse pela domesticação da dificilmente governável população da Ásia Central. Para essa finalidade, foi concedido poder político teocrático aos lamas do mosteiro de Saskya (inclusive por serem eles os operadores da arte da escrita e, portanto, indispensáveis para a administração). E, de fato, foi bem-sucedida essa domesticação das tribos mongóis, até então vivendo exclusivamente de guerra e furto, com importantes consequências para a história mundial, pois a conversão dos mongóis para o budismo lamaístico, então iniciada, deu uma finalidade às campanhas de guerra da estepe ininterruptamente encetadas rumo a leste e oeste, pacificando-as e, com isso, estancando, de forma definitiva, a antiquíssima fonte de todas as "migrações de povos", sendo a última delas a da incursão do Timur no século XIV. Com o colapso da dominação mongol na China no século XIV, desmoronou também a teocracia dos lamas tibetanos. A dinastia nacional chinesa dos Ming via com reservas a entrega da dominação autocrática a um único monastério e, assim, pôs-se a jogar, consequentemente, vários lamas carismáticos uns contra os outros. Irrompeu, então, uma época de lutas cruentas entre os mosteiros, o aspecto orgiástico-extático (Shakti) do maaianismo mágico voltou ao primeiro plano até surgir na pessoa do novo Profeta Tson-ka-pa um reformador da igreja em grande estilo, grande santo do budismo lamaístico, que, em comum acordo com o imperador chinês, restabeleceu a disciplina monástica e, após se impor ao lama do mosteiro de Saskya no curso de uma conversação religiosa, assegurou a supremacia à igreja condecorada com a gorra amarela, desde então geralmente denominada igreja "amarela", a "seita da virtude " (DGe-lugs-pa). Sob o aspecto disciplinar, a nova doutrina significava introdução do celibato e desvalorização da magia extática, cuja prática foi proibida aos monges da seita da virtude. Ela continuou permitida, por acordo formal, aos adeptos da antiga doutrina usando gorras vermelhas e – como o taoísmo pelo confucionismo – tolerados na qualidade de monges de nível inferior. A ênfase da devoção monacal se deslocou para a meditação e a fórmula oracional, e a atividade prática passou a focar a pregação e a missão mediante debate, em que eram formados nas escolas do mosteiro: uma fonte de ressurgimento de estudos científicos nos mosteiros. No entanto o aspecto importante para a hierarquia caracteristicamente lamaística de organização monacal foi a ligação de uma forma peculiar da doutrina da encarnação universalmente hinduística e especificamente maaiana em sua versão lamaística com o carisma de determinados mosteiros célebres da igreja amarela, ligação esta que se efetivou na geração posterior a Tsong-ka-pa por ter se tornado necessário, para determinar a sucessão, observar agora um procedimento diferente, a fim de substituir a hereditariedade própria dos superiores.

Mas esse era apenas um caso especial de um modo universalmente válido de apresentação. A essência e o significado da doutrina lamaística da encarnação são simples em si mesmos[495]. Entretanto essa doutrina pressupõe – e aqui se encontra na mais estrita oposição a toda a filosofia do budismo antigo – que as qualidades carismáticas de um santo, no seu renascimento, sejam transmitidas *com maior força* ao seu portador, e nisso, em última instância, ela apenas tirou a consequência da posição teórica maaiana referente à essência de Buda, considerando que os nascimentos anteriores de Buda até o penúltimo, o do Bodisatva, eram degraus ascendentes de santidade, preliminares ao seu último nascimento (como Buda). Disso resulta como mera consequência a supramencionada doutrina maaiana dos degraus salvíficos, a qual determina de modo inteiramente geral o grau de santidade de acordo com o número de mortes que o santo ainda tem pela frente até chegar à dignidade de arhat. E isso foi consequentemente executado: para cada lama

---

495. O que segue encontra-se quanto ao essencial em *Posdnjejew Otscherki byta buddijstkïch monastyriei budijstkawo duchowenstwaw Mongolii* (que não pude consultar, mas cujos pontos decisivos se encontram traduzidos em numerosas citações na obra de Grünwedel, *Mythologie des Buddhismus in Tibet und der Mongolei*).

que – enquanto asceta, mago, mestre – tivesse desfrutado de prestígio e apreço, procurava-se, após sua morte, o renascimento, o "khubilgan", a ser encontrado e educado em qualquer criança. Todo nascimento subsequente como khubilgan de um santo originário tinha – e normalmente tem – um crescente prestígio de santidade. Portanto também se procura para trás, buscando saber qual é o nascimento do portador originário do carisma: sempre um missionário, mago ou sábio ao tempo do budismo antigo. Cada khubilgang é um santo auxiliador por força de carisma mágico. Um mosteiro que abrigue em seus muros um khubilgan reconhecido, ou que sabe reunir vários deles, tem asseguradas enormes receitas, e é por isso que os lamas estão sempre à caça de novos khubilgans. E essa teoria da santidade é também a base da hierarquia lamaística.

Os superiores dos mosteiros altamente qualificados com carismas são encarnações de grandes bodisatvas, que, após sete vezes sete dias, se encarnam novamente numa criança e que, então – mais ou menos como na busca do touro Apis –, devem ser encontradas em consonância com determinados oráculos e características. As duas encarnações mais altas são Gryal ba – o superior do mosteiro Potala situado próximo a Lhasa, atualmente o maior mosteiro lamaísta, mais tarde geralmente denominado "Dalai-Lama" em razão do título a ele conferido pelo Khan mongol após a reinstalação da igreja lamaística na Mongólia no século XVI – e Pan-c'en rin-po-ce – o superior do mosteiro geralmente designado como Teesho Loombo e, às vezes, também chamado "Taschi-Lama", nome de seu mosteiro –; o mencionado por primeiro é a encarnação do bodisatva Pad-mapani, ou seja, do próprio Buda, e o último, de Amithaba.

Segundo a teoria, a disciplina se encontra mais acentuadamente a cargo do Dalai-Lama, e a direção exemplar da vida religiosa – em conformidade com a significação específica de Amithaba como objeto de veneração entusiástica e mística de fé –, mais a cargo do Taschi-Lama. A significação política do Dalai-Lama é, de longe, a maior, e, sobre o Taschi-Lama, reza o vaticínio que ele irá restaurar a religião após o declínio da posição de poder do primeiro. A encarnação do Dalai-Lama recebe a educação em clausura, aos sete anos sua admissão como monge e sua formação prosseguem na mais rígida ascese até a maioridade. Dada a dignidade divina própria particularmente do Dalai-Lama, mas também dos outros mais altos portadores de carisma lamaísticos, ao governo chinês cabiam as necessárias garantias políticas: 1) a maioria das encarnações de maior ou menor valor relativo, por certo, mas em concorrência mútua sobretudo por parte do Dalai-Lama e do Taschi-Lama; 2) o dever de residência em Pequim para um bom número dos mais altos lamas (agora somente um); 3) a clausura hierática do lama, comum às encarnações, ligada à condução da administração secular por um mordomo nomeado por ele [o governo]; 4) o dever, para determinadas encarnações de alto nível, de se apresentar à corte em Pequim e, para todas, o de receber de lá o exequátur[496]. A reconversão e a organização lamaística dos mongóis aconteceu no século XVI e, desde então, lá residem como representantes do Dalai-Lama várias encarnações de grandes santos – dentre os quais o Mai-dari Hutuktu é o mais importante, agora em Urga. Dada a considerável dificuldade de manter submissa a Mongólia, desde a subjugação dos djúngaros pela China, o governo chinês impôs a essas encarnações do hierarca a obrigação de que não ocorram nem se procurem na própria Mongólia, mas sim no Tibete. A classificação definitiva dos *status* dos lamas segundo a classificação dos *status* da nobreza mongólica foi realizada pelo Khan mongol igualmente ao ensejo da sua reconversão.

O recrutamento para os mosteiros lamaístas[497] – cada qual normalmente com 200 a 1,5 mil lamas, os maiores com número ainda mais alto – é feito, em grande medida (como, aliás, também o de muitos monastérios budistas na China), mediante a entrega de crianças – em parte, vendidas ao mosteiro. No Tibete, os limites impostos pela disponibilidade alimentar fazem com que

---

496. Na prática, isso não vem ao caso para o Dalai-Lama, na medida em que se tenha executado o procedimento, muito mais simples, de não deixá-lo chegar à maioridade, por exemplo, envenenando-o, como em 1874.

497. Sobre o Potala de Lhasa, existe agora a grande obra de Perceval Landon, *Lhasa* (Londres 1905), escrita com base nas constatações feitas pela expedição inglesa. Bom material ilustrativo com referência a monastérios normais consta da descrição de viagem de Filchner sobre o mosteiro de Kumbum, no alto Hoangho (*Wissenschaftliche Ergebnisse der Expedition Filchner I*, 1906).

haja suficiente demanda por um lugar no mosteiro[498]. Pelo menos, dada a forte posição de poder dos mosteiros lamaísticos, havia um afluxo não desprezível por parte das classes abastadas, e monges com essa proveniência traziam junto, com frequência, considerável fortuna privada. Naturalmente – mas o que parece ter peculiar destaque nos mosteiros lamaísticos –, a classificação dos lamas obedecia, de fato, fortemente a critérios plutocráticos[499]: os monges sem posses trabalham para os abastados e os servem, e, de resto, dedicam-se a fazer cestos ou similares artesanais, coletam esterco de cavalos para adubo e exercem comércio[500]. Apenas a ortodoxa igreja amarela exige a castidade como dever, mas também ela permite o consumo de carne e bebida alcoólica. Ainda hoje, cultiva-se o ensino também em mosteiros menores, e isso em quatro faculdades: 1) Teologia – a principal –, à qual incumbe também a direção[501] do mosteiro, pois é ela que ministra as ordenações; 2) Medicina (herbologia empírica para o médico de casa do mosteiro); 3) Tsing Ko (ritual), a doutrina clássica antiga, aqui alterada essencialmente para transmitir o conhecimento das regras para missas fúnebres[502]; e 4) Tsu pa (mística), formação em ascese tântrica para finalidades xamanísticas[503]. No ensino, em total consonância com o caráter antigo de toda educação indiana, ainda hoje têm um papel importante os concursos de disputação acadêmica (em troca de uma prebenda mensal)[504]. As ordenações promovem o estudante (dapa)

---

498. Filchner menciona que um terço dos filhos masculinos se torna e também tem de se tornar Lama.

499. Hackmann relata que, por vezes, a admissão de noviços demasiadamente ilustres encontrava resistência por parte de monges que receavam uma excessiva predominância social por parte desses noviços.

500. É conhecido, por exemplo, o assim chamado "sagrado comércio de permuta" dos Lamas, um comércio em cadeia pelo qual um objeto é cada vez trocado por outro mais precioso, por exemplo: em troca de um véu de seda uma ovelha, em troca de uma ovelha um cavalo e assim por diante, uma espécie de *Hans im Glück* ["João de Sorte", lenda alemã] às avessas (cf. Filchner, *Wissenschaftliche Ergebnisse der Expedition Filchner I*).

501. O diretor de ensino é um Hutuktu. Os funcionários da faculdade se alternam após um período de um a três anos; cada faculdade tem três anos.

502. Filchner encontrou em Kumbum quinze estudantes para essa matéria.

503. Filchner encontrou em Kumbum 300 estudantes dessa matéria; o negócio é muito lucrativo.

504. Os temas são, frequentemente, de uma escurrilidade mais do que "talmúdica" (Filchner, *Wissenschaftliche Ergebnisse der Expedition Filchner I*).

de noviço (getsul) a gelong (monge de pleno direito) e, galgados mais alguns degraus (cinco ao todo), a Khan po, que, na antiga hierarquia literária, representava o mais alto nível do baixo clero e que, como superior do mosteiro, detinha a disciplina (poder sobre morte e vida). Os níveis mais altos do clero, começando pelo khubilgan (acima do qual os hutukus e, por fim, o Dalai-Lama e o Pon c'en), não são alcançados por ordenações, mas sim, exclusivamente, por renascimento. Os monges combateram bravamente como guerreiros da fé o islã e, ao contrário dos leigos, continuam, de forma reiterada, prontos ao combate até hoje. De resto, o tempo dos lamas está tomado pelo culto em comunidade numa escala muito maior do que em qualquer outro monastério budista.

Não teria valor nenhum, em nosso contexto especial, fazer uma exposição do panteão lamaístico[505]. Trata-se de um panteão maaianista modificado por um enriquecimento ainda mais forte com deuses e santos locais tibetanos, assim como não budistas, védicos, hinduísticos (em especial, xivaísticos) e, particularmente, também com a inclusão das divindades populares femininas (Shakti) na Índia antiga, tais como plasmadas pelo tantrismo mágico, a ser brevemente tratado mais adiante: também aqui se conferem aos Budas esposas divinais – em parte, iguais às que posteriormente, no hinduísmo tardio, foram atribuídas a Vixnu. Note-se que também o caráter intelectualístico do monaquismo próprio de toda religiosidade budista veio fortemente moderar o ímpeto orgiástico-extático e particularmente orgiástico-sexual do tantrismo, como já vimos no hinduísmo e voltaremos a ver. A religiosidade prática, pelo contrário – e sobretudo a religiosidade dos leigos –, é pura hagiolatria e, principalmente, adoração dos próprios lamas[506], terapia mágica e adivinhação sem qualquer racionalização ética da conduta de vida dos leigos. Além de suas prestações servis e tributos para os mosteiros, os leigos só são levados em conta como peregrinos e doadores.

---

505. Nesse particular, mais uma vez, a melhor introdução nos dá, dentre todos os tratados alemães, o trabalho de Grünwedel, já amplamente citado.

506. A respeito justamente desses últimos, Filchner não acredita que um único deles creia em suas próprias forças mágicas.

Como tal, a busca da salvação pelos lamas leva a marca budista e, portanto, também hinduísta, na medida em que, também nesse caso, a mais alta via salvífica consiste na meditação metodicamente regulada. Na prática, esta se tornou, em grau quase puro, ritualismo, em especial tantrismo e mantrismo, e só no lamaísmo a mecanização do culto de fórmulas oracionais mediante o recurso a moinhos de oração e filatérios, além de rosários e outros recursos, foi levada às últimas consequências. O respectivo grau de disciplina ética monacal depende, em boa medida, essencialmente, da ordem reinante na situação política e é geralmente muito baixo[507]. As construções, tais como o mosteiro montanhês Potala, próximo a Lhasa, a existência da – hoje obsoleta – ciência mesmo nos monastérios de segunda classe, assim como, apesar de tudo, o surgimento de uma vasta literatura religiosa, além do armazenamento de obras de arte parcialmente de primeira ordem nessas regiões de pastagens e desertos a uma altitude, em geral, superior a 5 mil metros acima do nível do mar em um solo congelado durante oito meses por ano e com uma população exclusivamente nômade, constituem, sob todos os aspectos, um feito impressionante que somente podia ser alcançado por um budismo monástico lamaístico organizado hierarquicamente de forma rigorosa e dotado de um poder sem barreiras sobre os leigos. Por um lado, a antiga organização militar servil da China e, por outro, a organização monacal ascética do lamaísmo com seus súditos contribuindo com prestações servis, tributos e doações criaram cultura em regiões que, vistas na perspectiva da rentabilidade capitalística, só poderiam ser destinadas a um uso, em parte, como pastagem perene extremamente extensa e, em parte, como mero deserto, mas em qualquer caso não como ponto apropriado para grandes construções e produção artística, as quais com o desaparecimento daquelas organizações também estavam presumivelmente desde sempre fadadas a marchar rumo ao assoreamento perene.

---

507. Cf. Filchner, *Wissenschaftliche Ergebnisse der Expedition Filchner I.*

A restauração ortodoxa na Índia – Caráter geral

Vamos retornar à Índia Anterior[508]. Lá o budismo, em todas as suas formas, no curso do primeiro milênio de nosso tempo foi forçado a recuar passo a passo até ser quase completamente eliminado. Na Índia Meridional, ele primeiro teve de ceder lugar ao jainismo. Conforme exposto anteriormente, esse fato deve estar ligado ao maior grau de organização dessa confissão. Mas também o jainismo encolheu em sua área de difusão, até atingir, por fim, as cidades da Índia Ocidental, em que subsiste até hoje. Encabeçado pelos brâmanes, o hinduísmo impôs-se na área. Quase parece que a sua restauração tenha partido da Caxemira, país clássico da ciência mágica do Atarvaveda tanto quanto da doutrina maaiana. Já o decurso da renascença linguística do sânscrito – que de modo algum teve um desenrolar simplesmente paralelo à renascença bramânica – aponta para essa região como sendo a originária[509]. Mas em verdade, como vimos, o bramanismo nunca desapareceu. Só raras vezes os brâmanes foram realmente suplantados por confissões redencionistas heterodoxas. Esse fato tem, desde logo, razões pu-

---

508. Sobre a religiosidade das seitas indianas, cf., dentre as obras mais recentes, principalmente a de E. W. Hopkins, *The Religions of India* (Boston, 1895). Dentre as modernas obras hinduísticas, nomeadamente a de Jogendra Nath Bhattacharya (presidente pândita em exercício), *Hindu Castes and Sects* (Calcutá, 1896) – extremamente infenso às seitas. Breve esboço: M. Philipps, *The Evolution of Hinduism* (Madras, 1903). Dentre as obras mais antigas: Barth, *Les Religions de l'Inde* (Paris, 1879) e os meritórios escritos de Wilson.

509. Sobre isso, cf. O. Franke, *Pali und Sanskrit* (Estrasburgo, 1902). O pali, língua dos budistas antigos, bem como do cânone cingalês, dos éditos de Ashoka e, no século III a.C., ao que parece, dos cultos "ários" da Índia Setentrional, é originário, segundo Franke, do sânscrito védico, procedente de Ujjain, região em que Ashoka era o príncipe regente e a terra natal de sua esposa. Franke procura demonstrar que a região originária da difusão do sânscrito secundário, cuja função limitava-se a ser língua de literatos, era a da Caxemira e do Himalaia, a partir de onde foi inserido, desde o século I a.C., nas inscrições régias, nos monumentos literários e memoriais dos maaianistas, jainistas e brâmanes, primeiramente na região de Madhura (às margens do Ganges e Jamuna) e depois importado, juntamente com o bramanismo, pelo sul e pelo leste por motivos políticos. Sylvain Lévy (*Journal Asiatique*, 1902, 1, p. 96ss., traduzido com anotações por Burgeß, *Indian Antiquary*, 33, p. 163ss.) expõe que, por exemplo, contrariamente aos satakarnis adeptos ortodoxos do bramanismo (que escreviam e editavam literatura em prakrit), dinastias de invasores bárbaros, principalmente xátrapas (religiosamente indiferentes), cultivavam o sânscrito até este se tornar, finalmente, sob a dinastia gupta (que adorava divindades bramânicas, sendo, porém, tolerante para com as confissões), no século IV na Índia Setentrional, a língua universal dos literatos. Fosse como fosse, permanece provável que, ao ser aceita, a significação *mágica* das línguas sagradas antigas, igualmente acentuada às vezes por budistas, também tenha exercido essa função relevante, conforme admite Lévy.

381

ramente externas. O Jaina-Tirthankara e o arhat budista não praticavam rito algum. Os leigos, porém, reclamavam a prática de cultos e, portanto, também a existência de agentes estáveis para isso. Lá onde se atendeu a essa demanda, em geral somente podiam fazê-lo ou monges – aos quais se tolhia por esse motivo o dever de meditação e a tarefa de ensino – ou brâmanes instruídos que se submetiam à soteriologia heterodoxa, mas, por sua vez, celebravam os ritos e assim se apropriavam das prebendas do templo. E, com frequência, os brâmanes cumpriam funções de sacerdotes do templo para os jainianos, como vimos, mas também se encontram brâmanes nessa função em várias outras comunidades budistas. Além disso, a ordem de castas se havia flexibilizado, por certo, e ela conquistou grande parte de sua área de expansão após a restauração. Mas ela nunca desapareceu realmente de sua antiga área de domínio na Índia Setentrional. Especialmente o budismo, é verdade, a ignorava, mas não a combatia como tal. Não há época de memoriais literários ou monumentais indianos em que não fosse pressuposta sua presença com alguma abrangência praticamente relevante. Mas vimos como, nas cidades, o poder das guildas começou a predominar. E um verdadeiro "ideal de Estado" se desenvolveu de modo peculiar sob a influência budista: o Estado de bem-estar. Entre as coisas que, por ocasião do supramencionado célebre conflito com o Rei Vellala Sena, um negociante bengalês recusou-lhe o pedido de um crédito de guerra, também havia uma afirmação absolutamente heterodoxa: a de que o darma do rei não consiste em guerrear, mas sim em cuidar do bem-estar dos súditos[510]. A esses tímidos inícios de um conceito de cidadania, que repudia a estruturação em castas, assemelhavam-se os inícios igualmente tímidos de doutrinas relativas a um estado original que então levaram ao conceito totalmente não hindu de igualdade originária e liberdade pacifista e áurea dos seres humanos. O poder principesco, em vias de robustecimento, procurou se libertar simultaneamente das peias da hiero-

---

510. Consta que príncipes hinduístas se vangloriam de nunca terem matado alguém, "a não ser na guerra" e, portanto, em sua profissão. Nesse contexto, o dualismo ortodoxo-indiano não é o existente entre ética "política" e "privada", mas sim apenas um caso específico do processo geral de especialização do darma segundo as esferas de ação.

cracia budista plebeia – como a que se desenvolvera no Ceilão e na Birmânia, e também nos estados da Índia Setentrional, como vimos – e da plutocracia burguesa nas cidades. E deu preferência à aliança com o estrato de intelectuais bramânicos e à estruturação de castas em detrimento do monaquismo budista antigo e das guildas, efetivando, assim, sua tomada de posição em favor do maaianismo e, depois, em prol do bramanismo ortodoxo puramente ritual. Foi absolutamente o poder dos reis – como comprovam as fontes monumentais – que decidiu a restauração da nova ortodoxia[511]. Para esse processo, que ocorreu de forma clássica, ao que parece, particularmente na região de Bengala sob a dinastia Sena, a hierocracia bramânica havia realizado trabalhos preliminares de reorientação externa e interna, pois, como referimos, nunca os brâmanes haviam desaparecido. Mas foram constrangidos à posição subalterna de sacerdotes rituais do templo, na medida em que não haviam assumido a regra monástica budista. Em todo caso, durante cerca de quatro séculos desde o tempo de Ashoka não houve nenhuma inscrição referente a uma fundação em benefício de brâmanes, e só raramente nos dois séculos seguintes, até por volta do ano 300 d.C. Para os brâmanes, enquanto integrantes do presbiterado secular nobre, o que interessava, em primeira linha, era se livrar dessa posição subalterna em relação à congregação monacal, posição que se manteve no maaianismo, por mais que este tenha feito concessões às tradições bramânicas, pois, na perspectiva bramânica, este era um corpo estranho no sistema social do hinduísmo.

A restauração consistiu, por um lado, no extermínio das heterodoxias da soteriologia de intelectuais, por outro, na estereotipificação do ritualismo de castas ao modo dos Livros Jurídicos dos primeiros séculos de nossa era e, finalmente, sobretudo na propaganda de *seitas* hindus surgidas na Índia clássica antiga antes da época dos grandes reinos, anteriores ao nosso campo visual. E a saber, pelos mesmos instrumentos aos quais as comunidades heterodoxas devem seus sucessos: os de um monaquismo profissional organizado[512].

---

511. Comemora-se a confirmação de um filho de rei (Mahadagaputra) como membro de uma seita de Vixnu por ensejo de uma doação. Cf. *Epigraphia Indica*, IV, p. 96ss.

512. A luta renhida, cujo desenrolar não deverá ser aqui descrito e cujo material documentário, de resto,

É dessas seitas que nos cabe agora tratar. Seu movimento ascensional também representava um afastamento dos interesses soteriológicos das antigas camadas intelectuais submergidas juntamente com a época xátria, assim como também o cultivo daquele tipo de religiosidade, como o que se adaptara aos estratos sociais plebeus, ou seja, aos estratos de literatura antiga com os quais o bramanismo a partir de então tinha de contar: o analfabetismo era o distintivo dos "rajaputros" em relação ao antigo xátria.

---

só permitiria uma descrição extremamente incompleta, deixou numerosos rastos nos monumentos. Ela não foi travada apenas entre seitas budistas, jainistas e ortodoxas, mas também entre todas estas e entre as escolas bramânicas umas com as outras. Alguns exemplos devem ser suficientes.

Na *Epigrahia Indica* (V, p. 285) está mencionada a destruição de um templo jainista por xivaístas, que erigiram o Linga em seu lugar. Negociantes e comerciantes de uma cidade fundam (*Epigraphia Indica*, I, p. 269) um monastério para ascetas de Xiva; e, na *Epigraphia Indica* (I, p. 338), é referida a fundação de uma escola com dotação fundária para a difusão da sabedoria bramânica. O respectivo brâmane é "único na doutrina Sânquia", um "pensador independente na tantrística", "conhece os Vedas", está familiarizado com mecânica, artes, música, arte poética e no sistema Vaisheshika.

A grande renascença do xivaísmo sob a dinastia Chalukya ocidental é descrita exaustivamente em inscrições dos séculos XII e XIII (*Epigraphia Indica*, V, p. 213ss.). De Samasvara, um sacerdote xivaísta hereditário desde seu avô, diz-se que entende de autocontrole, meditação, êxtase imóvel, silêncio, sussurro oracional e de contemplação profunda, e que tem um bom-caráter e intensa devoção por Paramesvara (Xiva). Ao contrário da maioria dos indivíduos, que geralmente só entende de lógica ou retórica ou dramática ou poética ou gramática, Samasvara conhece todas. Ele domina o sistema Niaia e o Sânquia. Na escola do monastério, o ensino compreende: Niaia, Vaisheshika, Mimansa, Sânquia e – surpreendentemente – também Buda (filosofia budista), assim como os Puranas. Um centro de formação universal "interconfessional", portanto. No mesmo lugar (p. 227) mencionam-se disputações com inimigos, e também encontra-se o fundador de uma seita xivaísta, do qual se diz que era "um fogo submarino no oceano do budismo", "uma trovoada na montanha do Mimansa", que derrubou as árvores grandes dos Lokayatas, esmagou a grande serpente do Sânquia, golpeou com o machado a raiz das árvores dos filósofos advaita (Vedanta), aniquilou os jainistas, mas, pelo contrário, protegeu os nayagikas e se comprovou no discernimento como um Vixnu e no esclarecimento de coisas como um Xiva. Também na *Epigraphia Indica* (V, p. 255) está mencionada uma veemente disputa com os jainistas e, além disso, aparece ali (p. 23 e p. 239) o fundador da seita Lingayat, Basava, colocando sua seita em virulento conflito com todas as demais – em especial, a jaína.

O fundador de seita vixnuísta, Ramanuja, é denominado representante da "genuína doutrina Drávida" (*Epigraphia Indica*, IV, p. 17), "o qual vence a teimosia daqueles que defendem a doutrina da ilusão" (os vedantistas).

Também alhures encontram-se, em numerosas inscrições, conversas sobre religião promovidas por príncipes. Como importante instrumento propagandístico, surgem em grande número, na literatura da Índia Meridional (Tamil), por volta do século VII, os hinos sagrados da religiosidade Bhakti, em parte, de destacada beleza na apreciação de peritos. Os cantores e os instrutores santos que visitavam as cortes eram quase sempre protagonistas da conversão. A partir do século IX, aproximadamente, em quase toda a Índia Meridional, com a retirada do apoio por parte do rei, ocorreu o colapso silencioso principalmente do budismo, mas também, pouco depois, do janaísmo, apesar de sua organização comunitária mais vigorosa. É que ambos eram, em suas raízes, soteriologias de intelectuais.

Sob o ponto de vista literário, a restauração bramânica expressou-se, em teoria, nas redações finais dos poemas épicos, mas, na prática, enquanto missão, na emergência da literatura Purana. As redações finais dos poemas épicos foram obra de redatores bramânicos ilustres, diferentemente dos Puranas. Já não foram as antigas dinastias de redatores bramânicos ilustres que compuseram essa espécie literária. Ao que parece[513], todos os poemas de bardos forneceram o conteúdo. Este foi reunido e ordenado de maneira eclética por sacerdotes do templo e monges peregrinos – dos quais se deverá falar em breve –, e seu conteúdo consistia nas doutrinas salvacionistas das seitas propriamente ditas, ao passo que os poemas épicos – em especial, o Maabárata – ainda pretendiam ser uma espécie de paradigmática interconfessional ética e, assim, continuaram reconhecidos como tais por todas as grandes seitas. Deixando de lado, por enquanto, os deuses propriamente ditos das seitas, bem como os bens salvíficos específicos da religiosidade sectária, encontram-se fortemente ampliadas já nos poemas épicos as espécies oficialmente acatadas de magia e características animísticas. Encontram-se lado a lado com a antiga veneração dos deuses védicos, ampliados por variadíssimas abstrações endeusadas e interpretadas como espíritos, a magia simpática e simbólica chegando às raias do fetichismo, assim como espíritos dos rios (sobretudo do Ganges), dos lagos e das montanhas sagrados, a magia totalmente inflada de fórmulas orais, gestos e, uma vez introduzida a tradição escrita, também escritas. Subsiste paralelamente a veneração dos antepassados, dos sacerdotes e da vaca, como Hopkins demonstrou claramente e como se constata sua persistência no folclore hodierno. No entanto também acrescem, a partir do desenvolvimento do Grande Reino, os traços tipicamente patriarcais fomentados junto aos súditos por toda e qualquer monarquia burocrático-patrimonial. Já nos elementos mais jovens da Epopeia, o rei constitui uma espécie de deus terreno para seu povo, por sua vez, algo totalmente diverso e essencialmente superior aos antigos escritos bramânicos, apesar de todo o enorme aumento do

---

513. Nesse sentido: Winternitz, p. 448.

poder bramânico. A posição patriarcal dos pais e – após a morte destes – do filho primogênito é acentuada fortemente. Sem dúvida, foi mediante essas doutrinas que o neobramanismo se recomendou como pilar do poder régio, pois, nesse ponto, o budismo tinha uma orientação absolutamente menos patriarcal. Mas o fator responsável para que, mesmo assim, a influência patriarcal não tenha podido assumir características chinesas é, no final das contas, unicamente a cisão do supremo poder e sobretudo a forte posição de poder dos ascetas e gurus, dos quais em breve se deverá tratar.

Também aumentaram os bens salvíficos. A par do céu de Indra para os heróis e, mais acima, do céu universal de Brâman e, finalmente, ao lado da absorção na unidade com o Brâman, também consta do poema épico a crença popular de que as almas dos homens bons são transformadas em estrelas. Portanto uma confusão multicolor, à qual agora acrescem traços hinduísticos especificamente sectários. Partes destes se encontram em inserções posteriores no Maabárata, por meio das quais os brâmanes, evidentemente, pretendiam gerar uma espécie de equilíbrio e compensação entre as seitas e outras partes, sobretudo nos Puranas, que são puros catecismos de seitas.

Assim como as partes reelaboradas dos poemas épicos em sua ulterior redação já estavam em vias de se integrarem nessa espécie literária, os Puranas – particularmente o *Bagavata Purana* – ainda hoje são objetos de recitação ante o vasto público hindu. Então quais foram os novos elementos substanciais? O que caracteriza o movimento de seitas no hinduísmo medieval e moderno são, por um lado, dois deuses em si relativamente antigos, e até pessoais[514], mas que só agora se tornaram influentes, pelo menos no âmbito da doutrina oficial dos intelectuais – Vixnu e Xiva[515] –, assim como, por outro lado, alguns novos bens salvíficos e, por fim, remanejamentos da organização hierárquica. Falaremos, primeiramente, dos bens salvíficos.

---

514. Contudo, só se pode falar assim com reservas. Para os intelectuais, ou bem continuava existindo atrás desses supremos deuses um substrato impessoal divino ou bem eles próprios interpretavam-se a si mesmos como potências semi-impessoais.

515. Visto que tanto budistas como jainistas do tempo antigo não raro tinham nomes referentes ao vixnuísmo e ao xivaísmo, Bühler deriva com razão desse fato a idade dos cultos àqueles deuses.

Como vimos, a antiga soteriologia de intelectuais ilustres havia repudiado e ignorado todo e qualquer elemento orgiástico-extático e emocional, assim como componentes mágicos conexos da crença popular originária. Esses elementos existiam como um estrato inferior de religiosidade popular, abaixo do ritualismo bramânico e da busca de salvação pelo caminho da gnose bramânica, e eram certamente cultivados, como em toda parte, por um estrato de magos em estilo xamânico. Mas os brâmanes, no interesse de sua posição de poder, nem sempre conseguiram se subtrair completamente por muito tempo ao influxo dessa magia e à necessidade de sua racionalização, como aliás já no Atarvaveda haviam feito concessões à magia não clássica. Por fim, no contexto da magia *tantra*, a extática popular também encontrou seu ingresso na literatura bramânica, em cujo âmbito os escritos tântricos são vistos por alguns como o "quinto Veda". E isso porque na Índia, como no Ocidente, a racionalização sistemática, para fins extáticos, das artes mágicas, e, particularmente, da alquimia e da fisiologia neurológica pertencia aos degraus preliminares da ciência empírica racional – esse fato teve alguns efeitos colaterais que não devem ser aprofundados aqui[516]. Por sua essência original, a magia tântrica era êxtase orgiástico provocado pelo desfrute em comum das "cinco Mukara", mais tarde denominadas "círculo sagrado" (puruabhishaka) de cinco coisas com a inicial "M": madiya (bebida alcoólica), mansa (carne), matsya (peixe), mathura (cópula) e mudra (gestos digitais sagrados – originalmente, ao que se presume, pantomimas). Em primeiro lugar, dentre todas, estava a orgia sexual em combinação com o consumo de álcool[517] e, em seguida, o sacrifício cruento acompanhado por banquete. A finalidade da orgia era, sem dúvida, o autoendeusamento extático para fins mágicos. Quem chegava à posse de Deus, o bhairava ou vira, tinha forças mágicas. Ele era unificado com a força criativa feminina – a Shakti –, que, mais tarde, surgiu sob os nomes de lakschmi, durga, devi, Kali, syana e outros, com a figura de mulher nua nutrida com carne e vinho (bhairavi ou nayika). Independentemente da

---

516. Sobre os efeitos científicos da literatura tântrica, cf., anteriormente, nota de rodapé n. 224.

517. Segundo um provérbio oriundo de orgiásticos: "Mulher e vinho são uma Mukara quíntupla e levam embora todos os pecados".

forma que tomavam, esses cultos também eram, seguramente, muitíssimo antigos. Como em qualquer lugar, também aqui a orgia enquanto forma de buscar a salvação ficou preservada nos estratos inferiores, especialmente entre os drávidas, durante um tempo particularmente longo, e, por esse motivo, justamente na Índia Meridional, onde a ordem bramânica de castas só veio a ser introduzida em época tardia. Em Pari, na festa de Jagannatha, até o limiar da atualidade, todas as castas comiam juntas. Na Índia Meridional, castas baixas, como os parayans e os vellalar – estes com *status* mais alto –, ainda tinham direitos de propriedade relativos a célebres templos das antigas divindades veneradas orgiasticamente, e também foram preservados numerosos vestígios do tempo em que também castas superiores as veneravam. Mesmo a enérgica polícia inglesa dos bons costumes a muito custo conseguiu assumir o controle da orgia sexual e, ao menos, bani-la da aparição em público.

O símbolo dos antigos espíritos da fertilidade, com os quais foi relacionada a orgia sexual com qualidade homeopática, foi aqui, como em toda parte no mundo, o falo (lingam, a combinação dos órgãos sexuais masculino e feminino, propriamente falando). Ele não falta em quase nenhuma aldeia de toda a Índia. Os Vedas zombam do culto como mau costume de subjugados. Aqui não nos deve interessar ulteriormente essa orgiástica como fim em si[518]. O importante para nós é apenas a sua existência indubitavelmente antiquíssima e ininterrupta, já que todas as seitas hindus mais relevantes, sem exceção, se originaram, em sua especificidade psicológica, de uma sublimação muitas vezes abrangente dessa busca orgiástica de salvação, difundida em escala universal por meio de mistagogos bramânicos ou extrabramânicos. Na Índia Meridional, ainda é possível reconhecer o processo dessa fusão, mas apenas em seus restos, pois só foi bem-sucedido de maneira incompleta. Lá, uma parte das subcastas e os artesãos do rei imigrados se opuseram à regulamentação pelos brâmanes e, assim, surgiu o cisma, ainda vigente, dos

---

518. O ponto desagradável nas descrições inglesas é que quase sempre os autores discorrem sobre essas "práticas abomináveis" com aquela indignação costumeira puritana e pudica, em vez de exporem os processos de forma objetiva, de modo a possibilitar uma compreensão do sentido. (Ou simplesmente negam a existência, como o faz, por exemplo, a *Cyclopaedia of India* em numerosos artigos e, aliás, como também sói acontecer com hindus cultos.)

Valan-gai (dakshinacharas) e Idan-gai (vamacharas), das castas da mão "direita" e "esquerda": as últimas mantiveram seus sacerdotes próprios e sua antiga orgiástica, as primeiras submeteram-se à ordem bramânica[519]. O culto dessas castas da "mão direita", consideradas adeptas do bramanismo ortodoxo, está despojado de seu caráter orgiástico e assim, particularmente, também do sacrifício cruento; em lugar deste, é oferecido arroz.

Com a fusão, os antigos espíritos femininos da fertilidade foram promovidos primeiramente a esposas de divindades bramânicas. Como figura divina apropriada para isso se apresentava Xiva (o Rudra dos Vedas), antigo deus da fertilidade[520] muito preterido em vista de conhecidos motivos. Além deste, também estava disponível Vixnu como deus do sol e da fertilidade. Os demônios femininos da fertilidade foram respectivamente classificados como pertencentes ou, mais do que isso, subordinados a um dos três deuses ortodoxos. Assim, por exemplo: Lackschmi a Vixnu, Parvati a Xiva e Sarasvati (enquanto padroeira das belas-artes e da escrita) ao Brama. Outras deusas seguiram-se a estas. As antigas lendas, que sob muitos aspectos lembravam mitos helênicos e seguramente constituíam interpretações de rituais orgiásticos apotropeicos ou, inversamente, homeopáticos, foram assimiladas: emergem agora como "ortodoxos" deuses e sobretudo deusas em massa, dos

---

519. As castas de "mão esquerda" compreendem sobretudo os supracitados panchsala (cinco ofícios) dos artesãos do rei: ferreiros, carpinteiros, fundidores de cobre, escultores e ourives; em seguida, os beri-sethi (obviamente, antigos comerciantes das guildas), mais os devangada (tecelões), os ganigar (prensadores de óleo), os gollur (carregadores), os palayan (párias – antigamente tecelões, agora agricultores), os beda (apanhadores de aves) e os madiga (curtidores e sapateiros).

As castas bramânicas de "mão direita" abarcam, além dos imigrantes procedentes da Índia Setentrional e pertencentes a banija (atacadistas), komati (varejistas), gujarati (banqueiros oriundos de Gujarat), kumhar (ceramistas), rangajeva (tintureiros e gráficos em tela), naindu (barbeiros), jotiphana (prensadores de óleo com um boi) e okhalaya (casta de agricultores), também as castas baixas de kurubar (pastores), agasa (lavandeiros), besta (pescadores e carregadores de liteiras), padma sharagava (tecelões), upparava (construtores de diques), chitragara (pintores) e wallia (tratados como pertencentes à casta dos palayan). No último caso, portanto, a linha divisória passa pelo meio da casta (pária). Não há razão para colocá-la no contexto do budismo (ao qual, pretensamente, pertenciam as castas da segunda mão). As castas da segunda mão simplesmente não aceitaram os brâmanes como sacerdotes (em lugar de seus próprios xamãs) e não largaram sua antiga prática cultual orgiástica ou, pelo menos, não no momento em que o cisma se instalou (hoje em dia, considera-se reprimida).

520. A unificação do culto fálico da fertilidade com os ritos feitos para acalmar Rudra, originalmente considerado sobretudo como demônio das enfermidades, parece ter sido executada já antes do *Maabárata*.

quais nada sabe a antiga literatura. Esse processo atravessou toda a Índia, e os Puranas são o lugar encontrado para sua expressão literária. Filosoficamente ecléticos, estes tinham apenas a função de embasar e interpretar cosmologicamente as doutrinas das seitas. Os motivos impulsionadores do bramanismo nesse processo de recepção e acomodação por certo eram, em parte, grosseiramente materiais: as polpudas prebendas e espórtulas casuais a acenarem para quem se dedicava ao serviço dessas divindades populares, inapelavelmente inextinguíveis. E, além disso, a pressão exercida pela concorrência das poderosas confissões redencionistas dos jainistas e budistas, que só pôde ser superada adaptando-se às tradições populares. Os métodos formais de recepção estavam dados: o demônio ou o deus popular podia ser identificado diretamente com um dos deuses hindus apropriados ou ser tratado – no caso do culto de animais – como encarnação do respectivo deus. Para essas finalidades, vinham ao caso, essencialmente, os deuses da fertilidade Xiva e Vixnu, que tiveram, eles próprios, em seus cultos um passado orgiástico. No entanto, o culto foi o mais moderado possível no sentido do vegetarianismo ortodoxo, marcado pela abstinência sexual e de álcool. Não vamos, de modo algum, entrar em pormenores desse processo de adaptação e também deixamos totalmente de lado o culto muito difundido do espírito da serpente e do sol[521] para nos atermos tão somente aos fenômenos importantes para nós.

Costuma-se designar como seitas Shakti as diversas formas de veneração das divindades femininas de fertilidade, formas estas recebidas como não clássicas e, mesmo assim, possuidoras de caráter ortodoxo bramânico. Sua expressão literária está na literatura mágico-tântrica esotérica, cuja importância para o budismo já conhecemos. Quem procurou seu ponto de conexão com a filosofia da religião foram os brâmanes que racionalizaram a tântrica e, nesse contexto, se dispuseram ao serviço das populares deusas Shakti, no âmbito das doutrinas dos filósofos Sânquia relativas à Prakriti e no das

---

521. No ritual bramânico estava incluída a invocação do sol (surya, no Rigveda). Veneradores exclusivos do sol (saura) só foram surgir por volta do início de nossa era, provavelmente sob o influxo de sacerdotes de Mithra imigrados.

doutrinas vedânticas referentes à Maya, doutrinas por eles interpretadas seja monisticamente – como matéria primitiva –, seja dualisticamente – como princípio feminino em contraposição ao masculino representado por Brama enquanto criador do mundo. Desse modo, essa filosofia da religião tem um caráter tão secundário que podemos deixá-la de lado neste contexto, embora, como vimos, tenha prestado um efeito estimulante às ciências exatas. A espiritualização intelectualística da orgia levou à veneração meditativa de círculos sagrados (em lugar do órgão sexual feminino). Frequentemente, o culto Shakti burguês passava a considerar que a veneração de uma mulher nua enquanto representante da deusa constituía um ato cultual. E com a orgia alcoólica e sexual, associada no culto popular, também se ligava muitas vezes o sacrifício cruento especificamente sháktico, a puja – originalmente e até o limiar da Era Moderna, um sacrifício humano – e uma orgia carnal. Tais cultos totalmente alheios a qualquer tipo de racionalização da conduta de vida encontraram adeptos nomeadamente no leste da Índia Setentrional (Bihar e Bengala) também no estrato social médio; desse modo, parte considerável da casta dos Kayasth (escribas) era tântrica até um passado não remoto. Os estratos mais ilustres do bramanismo se mantiveram sempre distantes dessa acomodação, apesar de que também eles tinham de procurar manter relações com os cultos populares. Encontram-se os mais variados estágios de sublimação criptoerótica até a inversão ascética da orgiástica sexual.

O xivaísmo e o culto do linga

De fato, os brâmanes conseguiram, antes de tudo, despojar a antiga veneração do falo (lingam ou linga) de seu caráter de orgia alcoólica e sexual e transformá-la em culto puramente ritualístico realizado no templo que – como já observado – está entre os mais difundidos da Índia[522]. Reconhecido como ortodoxo, esse culto foi recomendado às massas por sua insuperável parcimoniosidade: água e flores são suficientes para as cerimônias normais. A teoria bramânica identificou totalmente com Xiva o espírito que habitava

---

522. Ainda devem existir, no mínimo, oitenta milhões de hindus exclusivamente devotos de lingam.

no linga como fetiche ou que – segundo a concepção sublimada – era por ele simbolizado. Talvez o Maabárata já tenha executado essa recepção – em característica oposição à antiga orgiástica, segundo este escrito, é uma alegria para o grande Deus que o linga permaneça casto[523]. Pelo contrário, a literatura tântrica consistia, em grande parte, por sua origem orgiástica, de diálogos entre Xiva e sua noiva. Sob o efeito de compromissos entre ambas as correntes, Xiva tornou-se o Deus "ortodoxo" propriamente dito do bramanismo medieval. Por conseguinte, nesse sentido completamente genérico, o xivaísmo abrange as maiores contradições, e não é, em sentido algum, coeso.

No século VII, foi mencionado Kumarila Bhatta, cognominado Bhattacharya, mestre em bramanismo e em Mimansa, como primeiro grande polemista a se opor à heterodoxia budista. Mas a primeira tentativa de grande porte e com efeito duradouro voltada a vincular o bramanismo renascente no rumo da antiga tradição filosófica da soteriologia de intelectuais com as necessidades de propagação foi empreendida por Sankara, cognominado Sankaracharya[524], um brâmane mestiço (provavelmente) malabarístico e douto comentador dos escritos clássicos do Vedanta que viveu nos séculos VIII e IX e faleceu em idade jovem, presumivelmente aos trinta e dois anos de idade (mas, em verdade, apenas trinta e dois anos desde o início de sua atividade reformadora). Parece ter sido ele o primeiro a reintroduzir, de maneira sistemática na doutrina Vedanta, como elemento, em verdade, incompatível com a mesma, o deus pessoal supremo – e, no fundo, único – Brama-Para-Brama. Todos os demais seres divinos são formas de manifestação de Brama, apesar de ele próprio permanecer regente do mundo, mas não seu fundamento original último, o qual – inevitável no sistema hinduístico – persistia, necessariamente, suprapessoal e imperscrutável. Em qualquer hagiologia hindu, Sankara aparece na ponta, com todas as seitas ortodoxamente xivaístas vendo nele um mestre, algumas como uma encarnação de Xiva. Smarta, a mais ilustre escola bramânica da Índia, é a que com o maior rigor possível se atém à sua

---

523. No entanto Mazumdar (*Journal of the Royal Asiatic Society*, 1907, p. 337) sustenta contra Rhys Davids serem interpolações todas as passagens que mencionam o culto no *Maabárata*.

524. Sobre ele, cf. Kashinath Trimbuk Teland em *Indian Antiquary*, vol. V.

doutrina (seu nome deriva de smriti, tradição) particularmente no sul, com a escola monástica muito célebre de Shringeri, e no norte, sobretudo com a escola monástica em Sankeshwar enquanto ponto central. Desde o início de sua atuação, todo e qualquer novo movimento de reforma bramânica deve, necessariamente, reconhecer um deus pessoal como regente do mundo, e então a ortodoxia sincrética juntou Brama a Xiva e Vixnu, ambos deuses populares, de modo a formar a clássica tríade. Entretanto o próprio Brama, em consonância com sua origem a partir das construções das escolas filosóficas, manteve-se como figura essencialmente teórica e até mesmo substantivamente subordinada a ambas as outras. Um culto a ele próprio se realiza em um único templo de brâmanes ilustres; de resto, ele fica bem atrás de Xiva e Vixnu, sua forma de manifestação para o sincretismo ortodoxo, contrariamente à religiosidade sectária vivida que, no fundo, considera ou Xiva ou Vixnu como o único Deus supremo propriamente dito. A soteriologia neobramânica propriamente clássica, em sua quase totalidade, adere ao nome de Xiva. Mas ainda mais importante do que a doutrina naturalmente eclética de Sankaracharya foi o seu impacto prático: em seu cerne, uma reforma monástica em grande estilo, estabelecida com intencionalidade consciente para a luta contra as ordens monásticas heterodoxas, budistas e jainistas. Por ele fundada, a ordem monástica leva o nome de "dandi" (bastão de peregrino) e foi dividida pela tradição oficial em dez escolas. Pela observância estrita, somente um brâmane sem família (sem pais, sem esposa, sem filhos) podia ser admitido na ordem. Daí o monge mendicante, para os Puranas, ser diferente do antigo eremita silvícola clássico (Vanaprastha e Asrama). No seu tempo de peregrinação, este tinha em seu darma a obrigação de nunca ficar mais do que uma noite numa aldeia[525]: "atit", o "hóspede inesperado", é a antiga designação de um monge peregrino. As regras para a conduta ética de vida estavam claramente ligadas às prescrições tradicionais da soteriologia bramânica: "autocontrole" vigilante, portanto domínio de palavra, corpo e alma no agir e no pensar é a base tanto aqui quanto lá. Nova é – como no

---

525. Assim em: *Vixnu Purana*, III, 9ss.

caso dos jesuítas no Ocidente – a finalidade instituída especificamente para a missão e a cura de almas. Para esse fim, foi reinculcada a proibição de aceitar dinheiro – provavelmente segundo o exemplo budista –; ao mesmo tempo, porém, Sankara fundou pessoalmente, para cada quatro grandes mosteiros, uma ordem de "noviços" (Bramacharin), cujos membros não tinham a permissão de mendigar de forma independente, mas sim apenas como "irmãos servidores", cujo dever consiste em acompanhar os dandi, podendo, eventualmente, aceitar dinheiro para eles: uma forma também observada, embora de outra maneira, em ordens mendicantes europeias, de contornar de maneira formalística essa inexequível proibição. Após um período de doze anos como monge, os dandi e sanyasi podem ser promovidos à dignidade para amsa, que consistem em monges sedentários vivendo no mosteiro com obrigações preponderantemente de literatos sob a direção de um superior denominado "swami". Por meio de sua admissão ritual na ordem, o monge passa por um renascimento, e isso como deus terreno. Nas origens, somente monges de pleno direito assim endeusados eram admitidos como gurus dos leigos. O poder dos monges sobre estes foi desde sempre muito importante – em especial, o do superior do mosteiro. Até a atualidade, o superior do monastério em Shringeri, o mais poderoso, tinha a faculdade de excomungar, em toda a Índia Meridional, qualquer xivaísta e, assim, excluí-lo da comunidade dos crentes. Cada monge e também todo leigo correto pertencente a uma seita tinha seu guru. Sua era para ele próprio, por assim dizer, domicílio espiritual. O pertencimento a uma seita só pode ser identificado inequivocamente por meio da sede do guru e, além disso, mediante sua descendência espiritual de outros gurus, o que, no caso dos sankaritas corretos, se realizava com a pergunta referente à sua "tirtha" (lugar da peregrinação – por exemplo, a Meca para os maometanos – no caso, porém, sede do mosteiro ou do guru) e, em outros casos, igualmente com a pergunta sobre o sripat (sede do "sri", guru venerado pelo indivíduo), no caso de adeptos da seita de Chaitanya em épocas posteriores.

Segundo a intenção de Sankara, o monge peregrino formado em literatura deveria aniquilar seu adversário mediante conversas religiosas e caberia ao monge residente no mosteiro assumir como guru o atendimento pastoral dos crentes. Para tanto, porém, ambos os monges deviam ficar nas mãos do diretor espiritual da escola fundada por Sankaracharya. Ao tempo dos soberanos nativos, a organização externa dos mosteiros e do serviço no templo era realizada em parte por fundações reais[526], mas, muitas vezes, também pelo príncipe, confirmando a fundação formal em caráter voluntário e privado, conferindo-lhe determinados direitos coercitivos capazes de assegurar sua existência externa e seu monopólio[527]. Contudo fontes monumentais anteriores à nossa dão conta de que, ao menos para templos, a fundação também ocorria por subscrição[528] e criação de um comitê de administradores fiduciários (goshti), encarregado da administração e, em geral, também da sua própria complementação. A direção espiritual e, nos templos, às vezes também a direção econômica ficavam a cargo do superior contratado pelo fundador espiritual[529]. As escolas de Sankaracharya, tendo em vista a coesão do monacato, parecem ter enfatizado em permanência com maior força o celibato dos gurus. As três escolas monásticas consideradas clássicas dentre as dez primeiras escolas de monges ativeram-se ao princípio de que o encarregado da pastoral devia ser necessariamente celibatário. No entanto isso deixou de ser a regra no caso das demais. Os grihasthas sankaritas ordenados ritualmente são hoje gurus de leigos, assim como anteriormente os

---

526. Essa era a regra geral para todos os monastérios e as escolas superiores, registrada em numerosas documentações em inscrições.

527. Exemplo (para um templo): a inscrição datada do século VIII, aproximadamente, e publicada no *Indian Antiquary* (XX, 1891, p. 289ss.), na qual um rei tamil (vixnuísta) confirma um "convênio" com os "padroeiros" (fundadores) de um templo, determinando que, sob pena de confisco do patrimônio, cada fundador tem a obrigação de frequentar o culto divino e nenhum outro. Trata-se, portanto, de uma paroquialização compulsória. Sacerdotes regularmente formados devem ser consultados, caso contrário, haverá uma pena.

528. Exemplo mais antigo (para um templo budista): consta na inscrição referida em *Epigraphia Indica* (II, p. 87ss.), aproximadamente do século III a.C.: é instituído um comitê (bodhagothi) para a administração do culto a Buda. Para um tempo hindu do século IX d.C.: *Epigraphia Indica* (I, p. 184): comerciantes de cavalos oriundos de diversas regiões organizam-se e impõem-se uma contribuição a ser repartida por quotas entre vários santuários. A administração é exercida por um panchayat de goshthikas, ambos eleitos por moradores respeitados e cujo chefe (desi) tem a seu encargo a representação externa.

529. É o que consta na inscrição xivaísta de um rei Kanauj do século X: *Epigraphia Indica*, III, p. 263.

monges residentes nos mosteiros, e a diferença persistiu praticamente apenas neste ponto, a saber, que eles nunca exerciam a função de purohita (capelão domiciliar) ou de sacerdote em geral e que eles mesmos escolhem fora da ordem seus próprios purohitas e brâmanes. Em círculos corretamente sankaritas imperam vegetarianismo e abstemia. E também formação védica (em sânscrito) e o princípio de, nas seitas, somente admitir castas renascidas e na ordem, unicamente brâmanes. Esse ponto, porém, nem sempre foi observado. Hoje em dia, justamente os monges denominados "sanyasi" são, com frequência, iletrados, permitem o ingresso também a membros de castas não renascidas, aceitam dinheiro e praticam uma terapêutica empírica (aliás, eficaz), que transmitem à descendência como doutrina secreta.

Cada brâmane de alta casta tem em casa, atualmente, um fetiche de lingam. Mas ao xivaísmo, em seu *revival* buscado pelas próprias forças, em lugar nenhum foi dado com sua doutrina ortodoxa de salvação inserir-se na população nem extirpar as heterodoxias. Para o país de Bengala do século XII, Nagendra Nath Vasu[530] projeta uma estratificação das religiões segundo a qual a escola hinaiana dominava, a par das 800 famílias de brâmanes ortodoxos imigrantes, o oeste do Ganges, e, de resto, nos círculos de alto nível de monges e leigos, o maaianismo; nas classes médias, o ioguismo e algumas seitas budistas e hagiolatria; nos estratos mais baixos, a ritualística puramente budista e hagiolatria; e, disseminado em todas as camadas sociais, o tantrismo. Somente a intervenção dos reis – em particular, de Vellala Sena – trouxe a dominação da ortodoxia bramânica.

O xivaísmo tinha em comum com o budismo tardio a peculiaridade de atrair, por um lado, os mais altos estratos de intelectuais e, por outro, o estrato inferior. Assim como o budismo, o culto xivaísta acolheu, além da soteriologia de intelectuais, o tantrismo e o mantrismo como instrumental ritualístico extremamente cômodo para a massa e também admitiu, a par da tradição clássica antiga do bramanismo que recebera pela Epopeia, a extática e a magia fálicas e apotropeicas. Com essa base, o xivaísmo desenvolveu

---

530. *Modern Buddhism.*

uma ascese própria de cunho escolar (charya) que, em consonância com a origem, assumiu, na escola pasupata mencionada no Maabárata, um caráter altamente irracional: o do delírio e de outros estados paranoides, considerados supremos estados salvíficos como penhores de eliminação do sofrimento e de forças mágicas miraculosas[531].

O xivaísmo fez particularmente da ascese mortificativa, em geral conhecida na Epopeia, um fenômeno de massas, visto que suas seitas a executavam de diversas maneiras também para os leigos. Em meados de abril de cada ano, os leigos corretamente xivaístas das castas mais baixas recorrem em massa a seu guru e se submetem, durante uma semana, a exercícios sagrados dos mais variados tipos, dos quais aqui só interessa que eles – ao contrário da contemplação iogue – são de natureza totalmente irracional, com frequência apresentados como feitos puramente nervosos com qualidade de virtuose. A par dos espíritos geralmente assustadiços e do próprio Deus terrível apresentado como virtuose poderoso em magia ou como ávido de sacrifício cruento, o papel principal do culto para as massas cabia ao fetiche fálico lingam, que pouco a pouco foi se afastando do símbolo originário.

A ilustre escola smarta considera-se continuadora da tradição antiga por ser a que mais puramente se ateve à finalidade de salvação do vedantismo: autoaniquilação mediante unificação com o divino por meio do caminho salvífico do Vedanta: contemplação e gnose. Nela continua viva a antiga doutrina hindu dos três gunas: satva, rajas e tamas. Do mesmo modo, a impessoalidade do espírito divino, que vive em suas três formas – ser, saber e beatitude – e, de resto, é impredizível, manifesta-se quando quiser – no âmbito do mundo Maya das ilusões cósmicas – como deus pessoal, e pode se tornar "consciente" (viraj) como espírito individual. O estado de espírito "vigilante" do ser anímico individual é o estado profundo da divindade, o arrebatamento sem sonho é o mais alto, por ser o mais próximo do fim salvífico.

É óbvio que o culto popular do linga dificilmente terá alguma ligação, por menor que seja, com essa doutrina. Para o simples venerador do

---

531. A esse respeito, assim como no que se refere a inúmeras observações anteriores, cf. R. G. Bhandakar, "Vaishnavism, Saivism and minor religious systems" apud Bühler, *Grundsriß* (Estrasburgo, 1913).

linga não era Xiva, mas sim o fetiche do linga o objeto do culto e, quando muito, a antiga divindade local que nele habitava, masculina ou feminina, concebida de maneira fortemente animística. Nesse contexto, as antigas orgias de carne e sacrifícios cruentos originalmente próprios do culto de Xiva e, em especial, da deusa Shakti, considerada sua esposa, persistiam na forma não clássica de cultos populares. Orgia sexual e cruenta eram fundidas uma à outra – por vezes, de maneira sádica. Nisso subsistia a par delas, aparentemente desconectada, a busca individual xivaísta da salvação, pois esta tinha, com particular frequência e em grande medida, um caráter muito fortemente ascético no sentido de mortificação em altíssimo nível de virtuose. O próprio Xiva é tratado na literatura como forte asceta, e, na recepção bramânica da busca popular de salvação, os aspectos acatados como xivaístas foram justamente os mais bruscos e, para nós, mais repelentes da ascese monacal, sem dúvida por causa do antigo prestígio de que gozava o carisma conquistado por mortificação e apreciado como instrumento da concorrência contra a heterodoxia. Desde tempos antigos, a transição de uma mortificação extrema e patológica para uma orgia patológica tem sido, no xivaísmo popular, manifestamente familiar, em parte terrível, e o sacrifício humano não desapareceu completamente até a Era Moderna[532]. Por fim, um traço comum a toda religiosidade propriamente xivaísta era, de modo geral, uma certa frieza na graduação do relacionamento emocional com o deus. Xiva não era um deus do amor e da graça, e sua veneração – sempre que não mantivesse os elementos da orgiástica heterodoxa – tomava formas ou de ritual, ou de ascese, ou de contemplação. Justamente essas qualidades tornaram esse deus particularmente aceitável para a soteriologia bramânica de intelectuais, caracterizada pela frieza de conceitualidade, pois, para

---

532. Eis por que pertenciam aos xivaístas (na medida em que eram hindus) as seitas de ladrões que prestavam à deusa xivaísta Kali não somente parte dos objetos roubados, mas também sacrifícios humanos. Entre essas seitas também havia algumas – como os thugs – que, por considerações rituais, rejeitavam derramamento de sangue e, por isso, sempre estrangulavam a vítima (Hopkins, *The Religions of India*, p. 493, nota 1; p. 494, nota 1, segundo relatos de oficiais britânicos dos anos 1830. Sobre as orgias sádicas dos durga, cf. Hopkins, *The Religions of India*, p. 491, nota 2; p. 492, nota 2). Eis a forma frequente de apresentação de Xiva e das deusas xivaístas: a mescla de obscenidade e sede desenfreada de sangue contida na sua expressão faz parte do contexto desse tipo de orgiástica.

esta, a dificuldade teórica residia apenas na peculiaridade de ser ele justamente um deus pessoal munido dos correspondentes atributos. Para isso, Sankaracharya havia fornecido o elo de ligação.

Mas, na prática, continuou difícil a inserção do culto de lingam, totalmente não clássico, no ritual clássico, inteiramente estranho a ele. A maior festa xivaísta, comemorada no dia 27 de fevereiro, é ainda hoje pura adoração do lingam, banhado em leite e decorado especialmente para esse dia. Desse modo, em seu todo, o "espírito" desse culto se mantinha em contradição com as tradições da soteriologia dos intelectuais e também com o ritual védico clássico, sempre provocando, assim, o risco de uma ruptura que acabou por patentear também a discrepância entre a orientação orgiástica e a ascética, tal como incluídas pelo xivaísmo. Essa ruptura se efetivou em grandes proporções principalmente no âmbito da heresia de Basava, fundador da seita Lingayat, a mais carola de todas as comunidades religiosas hinduístas, de acordo com a opinião generalizada. O fundador, um brâmane xivaísta da Índia Meridional (século XII), entrou em conflito com a hierarquia porque acreditava ter de rechaçar o ritual védico, herético em sua visão, de outorga do cinturão sagrado, incluindo a adoração do sol, e, assim, ele se tornou, sob um rei canarês, brâmane da corte e primeiro-ministro. Os adeptos da seita eram mais numerosos na região do Canará e assim permaneceram, mas se espalharam também por outras regiões meridionais da Índia. A consequência dessa rejeição do ritual védico foi o fim da ligação de Basava aos brâmanes e a subversão da ordem de castas. O conteúdo da pregação passou a ser a igualdade religiosa de todos os homens, e também das mulheres. Fortaleceram-se os traços racionais antiorgiásticos do xivaísmo. Partes da seita eram, anteriormente, consideradas "puritanas" também sob o ponto de vista sexual. Mas isso, aparentemente, não se manteve com rigor. Em compensação, assim permaneceu quanto a outros aspectos rituais. Eles não renunciam somente ao consumo de carne, mas também ao comércio de carne e gado sob qualquer forma, e ainda à produção de gado e ao serviço militar. Eles rejeitavam não apenas as tantras, mas, além disso, pertenciam, ao menos em seus primórdios, às poucas seitas que colocavam em dúvida a doutrina samsara. A busca da salvação por parte dos intelectuais consistia na meditação sobre o linga teoricamente espiritualizado em forma de símbolo das diversas potências sobrenaturais de Xiva, chegando à total indiferença ao mundo, o mais alto nível do estado de graça (prasada). A soteriologia popular[533], porém, era de natureza puramente mágica e sacramental. O guru ministrava ao candidato à admissão, de acordo com o grau de atingimento da perfeição, os oito sacramentos (ashtavarna), único meio para se tornar membro com plenos direitos. Segundo a doutrina, eles eram estritamente "monoteístas", reconheciam unicamente Xiva e rejeitavam o panteão bramânico-hinduísta, assim como a tríade dos deuses supremos. Mas veneravam Xiva de modo essencialmente mágico-ritual. Portavam o linga como amuleto (jangama-lingam): a perda desse objeto era vista como a desgraça mais ameaçadora para a salvação. A par da veneração desse amuleto e do falo guardado no templo (sthavara lingam, ou seja, linga fixo, não portátil), eles também conheciam o culto de palavras e sílabas (om) sagradas. Seu presbiterado, o jangama, compunha--se, em parte, de ascetas itinerantes e assinados a mosteiros, e, em parte, de sacerdotes do templo com o lingam – esses últimos faziam parte, às vezes, do "*establishment*" das aldeias lingayat[534]. De resto, atuavam como gurus de leigos. A obediência ao guru era muito rigorosa nos lingayats, mas a mais rigorosa entre todas as seitas indianas foi em particular a dos visesha bhakta, com sua observância extremamente rigorosa do aspecto ritual e ético, da ética sexual e da abstinência de álcool. E ao hábito hagiolátrico, usual também alhures, de beber a água utilizada para a lavagem dos pés e outras práticas congêneres, veio se juntar a inclinação, perante o guru, até mesmo das imagens de deuses, de modo a simbolizar a superioridade dele ante estes. Os lingayats também preservaram com maior rigor a antiga inexistência de castas. Inversamente, porém, como já se mencionou anteriormente, não escaparam ao destino ge-

---

533. Pelo que sei, o escrito fundamental a respeito, o *Basava Purana*, ainda não foi traduzido. Infelizmente, tampouco tive à disposição o resto da literatura especializada sobre essa seita.

534. A oposição da seita contra os brâmanes era tão brusca que a população de uma aldeia chegou a recusar a escavação de um poço, porque, assim, um brâmane poderia ser levado a morar no lugar (dado que, dessa forma, ele poderia ter à disposição água ritualmente pura).

ral das seitas: o de serem impelidos pela força das circunstâncias a se reinserir na ordem de castas. Primeiramente, desenvolveu-se a aristocracia das estirpes dos antigos crentes em comparação com os convertidos depois. Os oito sacramentos permaneceram plenamente acessíveis apenas aos primeiros. Em seguida, iniciou-se a diferenciação estamental por profissão, que também entre os lingayats era considerada, em diversos graus, sem inconveniente ritual. Por fim, já vimos que as seitas se estruturaram simplesmente de acordo com as castas tradicionais[535]. Quanto a esse aspecto, em particular os samanyas, os lingayats "comuns" (em contraposição aos observantes pietistas), acomodaram-se facilmente. Mas, no seu conjunto, o traço racionalista expresso no purismo da seita não conseguiu romper com a maciça hagiolatria e o ritualismo tradicionalista de seus adeptos preponderantemente camponeses.

O vixnuísmo e a devoção bhakti

A segunda grande religiosidade (ou o grupo desta) da renascença hindu apresenta – apesar de todas as influências e transições mútuas – um tipo visivelmente diverso do xivaísmo autêntico: o vixnuísmo. O xivaísmo bramânico ortodoxo mortificou, ritualisticamente, a orgiástica, reduzindo-a a um culto de lingam, e assumiu a antiga soteriologia clássica do Vedanta com a introdução do regente pessoal do mundo, encontrando, assim, nas suas diversas variações internas extremamente heterogêneas, adeptos entre, por um lado, a nobreza brâmane como neo-ortodoxia e, por outro, as massas de camponeses na forma de culto aldeão centrado no templo. Na verdade, as orgias de sangue, álcool e sexo, não reconhecidas pela ortodoxia, permaneceram no domínio do Xiva, vivendo no culto popular realmente dado. Inversamente, o vixnuísmo moderava a orgiástica transformando-a em fervorosa devoção, e, principalmente, na forma de amor ao Salvador. Eram estranhos a ele os sacrifícios cruentos do antigo xivaísmo e a virtuosidade da mortificação ra-

---

535. A casta superior se denomina vira-saiva-brâmana. Os sacerdotes e comerciantes (da casta Baniyas) constituem o primeiro estamento, seguidos de artesãos e prensadores de óleo, e, finalmente, de castas impuras. Conúbio entre as castas deixou de existir há muito tempo, e as subcastas, muito pelo contrário, são endógamas.

dical, visto que Vixnu, pelo contrário, como antigo deus do sol, era uma divindade vegetariana com culto não cruento, mas sim com orgiástica sexual (de fertilidade). Dada a sugestiva associação sempre existente de cultos do sol com figuras encarnadas de redentores, ele se tornou a forma de religiosidade especificamente do *Salvador* gerada pela Índia e, assim, se enraizou, como parece, preferencialmente nos estratos médios, burgueses, da sociedade indiana. Aquela virada para a ternura e o aspecto de gênero também pode ser observada na escultura italiana, por exemplo, entre Pisano pai e filho, sendo também comparável à que acompanhou a expansão do monaquismo itinerante, além dos fenômenos sentimentalmente semelhantes ocorridos na contrarreforma e no pietismo. Na Índia, o culto de Krishna foi, antes de mais nada, o solo em que se desenrolou esse processo. O vixnuísmo tornou-se a religião dos "avatares", encarnações do Deus supremo descidas à terra. Krishna não foi a única: inventaram-se dez; depois, vinte; mais tarde, vinte e dois; e, a partir daí, sempre mais. Mas, ao lado de Vixnu, surgiu, em pé de igualdade, somente uma única encarnação de importância e grande popularidade: Rama, um rei – talvez histórico – vitorioso, herói do segundo grande poema épico indiano, o "Ramáiana". Ele é, por vezes, denominado "irmão" de Krishna, ocasionalmente (no Maabárata) inclusive como uma de suas formas de manifestação, tendo aparecido em três diferentes figuras, todas elas consideradas encarnações do mesmo herói, santo auxiliador e Salvador. Em contraste com Krishna, totalmente não ético em suas ações, ele é de configuração muito mais moralizante. A relação com o antigo culto do sol – surya – está estabelecida bem mais firmemente do que no caso de Krishna. Assim, ao que tudo indica, derivam de seu culto as festas da vegetação e os sacrifícios incruentos, característicos do vixnuísmo, em contraposição às orgias carnais do xivaísmo, pelo menos do antigo. Por outro lado, ao que parece, aqueles aspectos de orgiástica sexual que, sublimados, sobreviveram no vixnuísmo de Krishna, foram os que mais retrocederam nos cultos a Rama. O "Ramáiana" também deu azo à especulação filosófica. Eis por que Rama é invocado, predominantemente, de forma ritual em fórmulas oracionistas como santo auxiliador universal tanto por doutos em filosofia quanto, inversamente, pela grande massa de indivíduos totalmente incultos. Pelo contrário, a devoção salvacionista propriamente pietista do estrato médio iletrado, mas abastado, aderiu mais fortemente desde o princípio, ao que parece, à veneração erótica ou criptoerótica de Krishna.

Foi exposto de que modo a "fé", o relacionamento pessoal íntimo de confiança no Salvador, passou ao primeiro plano na religiosidade da Bagavata. O ulterior desenvolvimento acrescentou, por um lado, o deus pessoal supramundano: Vixnu, o antigo deus do sol e da fertilidade amplamente preterido nos Vedas, com o qual era identificada a antiga divindade dos bagavatas, cuja principal encarnação foi a do Salvador mítico Krishna[536]. Mas o principal foi a nova qualidade da devoção, já desenvolvida nas inserções posteriores do Maabárata. Os meios decisivos para a beatitude não são nem saber sagrado e gnose, nem cumprimento do dever ritual e social, nem ascese e meditação ioga. Ela só se alcança mediante bhakti: apaixonada doação interior ao Salvador e à sua graça na intimidade com deus.

É possível que essa pia devocionalidade tenha sido, muito cedo, característica de uma seita peculiar, a dos bhaktas, diferente da tradição dos bagavatas. Mas já nas mais recentes redações do poema épico ela está associada à doutrina da graça dessa última. Em todo caso, está fora de dúvida que o êxtase bhakti é de origem orgiástica e mesmo sexual-orgiástica, já que as orgias sexuais dos adoradores de Krishna subsistiram até a Era Moderna graças à sua sublimação bramânica em devocionalidade íntima com deus. A celebração eucarística mahaprasada, em que todas as castas se assentavam juntas para a refeição sacrificial, constituía – como a já referida orgia jaganath das castas de mão esquerda na Índia Meridional – um evidente resquício de antigos ritos pré-bramânicos, também encontrando-se em quase todas as seitas especificamente bhakti[537]. Serão tratados mais adiante os restos bem perceptíveis da orgiástica sexual nas seitas vixnuístas. Sabe-se particularmente da

---

536. Essa identificação já estava concluída manifestamente ao tempo de Megástenes (século III a.C.).

537. Grierson, *Journal of the Royal Asiatic Society* (1907, p. 311). Não carece refutar a ideia de que coisa desse gênero tenha podido surgir de forma secundária, talvez sob a influência dos nestorianos (como tem sido afirmado).

renascença popular promovida por Chaitanya, a ser mencionada mais tarde, que sua intenção consistia em remover da mais grosseira orgiástica sexual das massas seu fundamento, mas que ela própria era de cunho orgiástico-sexual. Sobretudo é a qualidade psicológica da seita bhakti enquanto tal que fornece a prova, pois a escala de degraus prescrita tem de passar por três (ou quatro) estados emocionais para chegar ao relacionamento sentimental íntimo com o Salvador[538], sentimento que se equipara ao do amor erótico para com o ser amado. Por conseguinte, em lugar da realidade orgiástico-sexual assoma o gozo criptoerótico na imaginação. Para esse fim, a antiga e rude mitologia erótica de Krishna foi se enriquecendo cada vez mais com traços criptoeróticos. As aventuras juvenis do herói, que, segundo a lenda, era um pastor (govinda), estiveram desde sempre com as pastoras (gopis) no centro dos mitos de Krishna e, provavelmente, também da pantomima de Krishna. Conhecido no Ocidente, primeiramente, por meio da tradução de Rückert, o *Gitagovinda* era uma descrição poética ardentemente erótica dessas aventuras. Mas está fora de dúvida que, mais tarde, juntou-se a certas passagens adicionadas o caráter intimista de algumas lendas cristãs – sobretudo das histórias da juventude em Belém – para fins de sublimação e enriquecimento desse erotismo salvacionista[539]. O relacionamento do bhakti com a soteriologia intelectual da Bagavata antiga assemelhava-se mais ou menos ao do pietismo, particularmente na versão de Zinzendorf, com a ortodoxia de Wittenberg nos séculos XVII e XVIII. No lugar da "confiança" crédula varonil instala-se uma relação sentimental feminina com o Salvador. Qualquer outro caminho salvífico cedeu, então, lugar a essa *certitudo salutis* conferida por esse estado salvífico. Para o bhakti praticante não interessava a redenção advaita dos vedantistas, nem as obras com eficácia salvífica da Mimansa, nem absolutamente o frio saber da redenção Sânquia. Todos os demais efeitos sal-

---

538. Na seita Chaitanya, a escala dos méritos é: 1) santi (meditação); 2) dasya (culto divino ativo); 3) sakhya (sentimento como o voltado para um amigo pessoal); 4) vatsalya (sentimento como o voltado para um pai); e, por fim, 5) madhurya (sentimento como o de uma mulher para com seu amado – um hábito especificamente feminino, portanto).

539. A presença do cristianismo na Índia Meridional pode ser constatada, indubitavelmente, a partir do século VI; e, na Índia Setentrional, a partir do século VII.

víficos da devoção hindu, rituais ou outros, como de qualquer outra específica religiosidade de fé, não somente só tinham valor quando relacionados exclusiva e unicamente ao Deus redentor ou Salvador – como a Bagavata já ensinava –, mas também eram, além disso, meios técnicos importantes para a produção do estado salvífico, o único decisivo. Nesse sentido, porém, simplesmente tudo pode servir de meio, desde que a devoção seja correta. A teologia dessa religiosidade voltada à graça caiu em discussões iguais às que o Ocidente conheceu. A teoria da *gratia irresistibilis* – que gera redenção como uma gata que salva o filhote carregando-o na boca – defrontava-se com a *gratia cooperativa*, que faz a graça se tornar eficaz à maneira da macaca que permite ao filhote se agarrar ao seu pescoço[540]. Sempre se exigiu o "sacrifício do intelecto": não se deve "usar sofismas da razão humana sobre os preceitos do Veda". As "obras", porém, só têm valor – conforme a doutrina da Bagavadeguitá – se forem "desinteressadas" (niskama). As obras "interessadas" (sakama) geram carma; e as "desinteressadas, pelo contrário, bhakti[541]. Segundo a teoria bhakti sublimada[542], ou seja, a genuína bhakti, o amor a Deus, comprova-se, em última análise, na ausência de pensamentos e instintos impuros, principalmente ira, inveja e cobiça. Essa pureza interior leva à *certitudo salutis*. Essas consequências só podiam ser tiradas no caso em que, em vez de unificação com Deus ou Salvador numa situação de êxtase agudo, se procurasse o estado permanente de santidade; portanto, de maneira predominante, nos estratos de intelectuais[543]. Surge, assim, com

---

540. Sobre esse ponto, cf. Grierson, *Journal of the Royal Asiatic Society* (1908, p. 337ss.). Grierson também traduziu a obra teológica moderna do Pratapa Simba (de 1866) (*Journal of the Royal Asiatic Society*, 1908). A suposição de Grierson (*Journal of the Royal Asiatic Society*, 1911, p. 800) de que a pregação da piedade bhakti teria ocorrido primeiro na Índia Meridional é controversa e desprovida de credibilidade.

541. A parábola utilizada é a seguinte: um operário alugado (que serve por salário) deve compensar o prejuízo que causou, mas o causado por um escravo doméstico, como propriedade do dono, é de responsabilidade do dono. (Os evangelhos utilizam uma parábola semelhante, ao falar dos que esperam justiça por suas obras: "Já receberam seu salário".)

542. Cf. o mesmo, por exemplo, nos aforismas de Sandilya: *Journal of the Royal Asiatic Academy* (1907, p. 330).

543. Reza uma inscrição de Vaischnawa do século XIII (*Epigraphia Indica*, VII, p. 198): "Não pretendo mérito, nem montes de riqueza, nem mesmo prazer sensual. Venha o que vier, ó deus, faz com que venha em correspondência com meus atos anteriores. Eu só te peço: faz com que minha alma, também em cada

Bhakti-Marga – a par do Karma-Marga, caminho salvífico dos brâmanes ritualísticos; do Iñana-Marga, caminho salvífico dos brâmanes contemplativos; e do Ioga-Marga, caminho salvífico da antiga prática (crescentemente) literária –, mais um instrumento salvífico independente. No entanto, contrastando com essas formas extremamente sublimadas e eticamente racionalizadas, existiam e existem outras que concebiam o estado bhakti de forma substancialmente ampliada, pois "bhakti" tornou-se uma forma de beatitude difundida em todos os estratos do hinduísmo vixnuísta – e, em parte, também além deste[544] – e constitui, hoje em dia, na Índia, talvez a mais difundida dentre todas as formas não puramente ritualísticas de busca da salvação, embora cada uma de suas formas tivesse sido apenas tolerada pela tradição bramânica clássica como caminho não clássico da salvação e ainda hoje o seja. Como religiosidade salvacionista sentimental, foi essa a forma de busca da salvação naturalmente preferida pelos estratos sociais médios iletrados. Quase todos os reformadores hindus de proveniência vixnuísta se dedicaram de alguma forma a elaborar a sublimação criptoerótica de busca bhakti da salvação[545] ou, inversamente, a sua popularização, como também a sua combinação com o antigo ritualismo védico[546]. Na Índia Meridional, os mestres profissionais de bhakti, os alvar, se separaram dos mestres da disputa, os acharya, dos quais se originaram os reformadores naturalmente menos orientados pela tendência emocional "pietista".

---

vida vindoura, esteja a teus pés de lótus perpassada de incessante veneração". Portanto há a posse da pia intimidade com deus como fim em si. Ao mesmo tempo, a inscrição também expressa aquela disposição de inatividade da vida, própria de toda religiosidade de pura fé (inclusive no luteranismo).

544. Pelo menos na Índia Meridional, o xivaísmo também cultivou a piedade bhakti com a máxima intensidade e, nela baseado, tornou-se a sede principal de uma devocionalidade fortemente voltada à ascese. Assim, Xiva tornou-se um deus ao qual se tem acesso apenas pela graça, e não por mérito; e não se concebe a redenção vedântica como uma forma de se dissolver nele, mas sim como um jeito de permanecer nele. Portanto, aqui, a concorrência com Vixnu era particularmente crassa (cf. Senathi Raja no 6º Congresso de Orientalistas, 1883, vol. III, p. 291).

545. Os afrescos de templos vixnuístas são considerados menos fantasiosos e horrendos do que os xivaístas, mas igualmente inequívocos e, por vezes, crassamente obscenos.

546. Pode-se considerar como exemplo aproximado desses trabalhos o Vixnu-Purana (publicado em inglês por Wilson, 1864).

Nesse contexto, encontram-se sobretudo ambos os principais fundadores de seitas vixnuístas com base no culto de Rama: Ramanuja (século XII) e Ramananda (século XIV), ambos brâmanes, que levaram uma vida itinerante como mestres e, para isso, bem ao modo de Sankaracharya, aproveitaram a organização e a instrução de monges mendicantes como meio de propaganda das suas soteriologias para as massas e a manutenção dos adeptos. Ramanuja teria deixado setenta e quatro (ou mesmo oitenta e nove) gurus como discípulos e diretores espirituais por ele instalados, e a solidez de sua organização se baseava, essencialmente, ao que parece, no fato de serem hierarcas *hereditários*. Ao lado dos dandi e sanayasin – denominações desde então adotadas para os monges mendicantes xivaístas –, passaram a constar os vairaghi, como se designavam (na maioria das vezes) os concorrentes vixnuístas[547]. Doutrinariamente, Ramanuja divergia do sistema vedântico de Sankara, pois este colocava o imperscrutável Brâman isento de todo e qualquer atributo, atrás do deus pessoal, pertencente, em última instância, ao mundo maia, por considerar este mundo não como ilusão cósmica, mas sim como corpo e manifestação do divino, e por conceber o deus pessoal (parabrama) como realidade e regente do mundo, e não como parte do mundo maia, substancialmente distinto tanto do anímico (chit) quanto do não anímico (achit). Maia e o impessoal divino são tidos por produtos de doutrina "não amorosa". Por isso, promete-se a imortalidade como bem da salvação, e não a fusão com o divino. Por isso, também, a mais influente de suas seitas foi denominada "dualista" (dwaitawadi), pois professava a diferença substancial entre Deus e substância anímica, com a impossibilidade de uma dissolução em Deus (segundo o nirvana vedântico). A especulação filosófica subsequente à Bagavadeguitá evoluiu com maior intensidade entre os estra-

---

547. O nome, como também o dos iogues, passou a ser usado para designar, em parte (sobretudo na versão haishnab), pequenas castas surgidas por prebendalização e secularização. A severidade da ascese era geralmente menor entre os monges vixnuístas do que entre os xivaístas, fato este de todo correspondente à forma de religiosidade. Em especial, os monges bairagi (libertados do mundo) de Ramananda que, ao ensejo da confirmação, conferiam a todas as castas, indiscriminadamente, o cinto sagrado – foram os que, depois, tinham concubinas freiras geralmente toleradas e viviam de maneira bastante secular em seus grandes e ricos mosteiros.

tos intelectuais das seitas ramanitas vixnuístas do que nos das krishnaístas. Travou-se um combate particularmente violento entre os vadagalas, adeptos da *gratia cooperativa* – que contavam, no mesmo tempo, com monges instruídos no sânscrito –, e os tengalas, adeptos da *gratia irresistibilis* – cujos monges tinham o tâmil como língua sagrada. A escola referida por último tendia a uma indiferença mais acentuada no que se refere às desigualdades de casta. Pela autêntica doutrina de Ramanuja, a consecução da bhakti autêntica estava condicionada à "upasana", antiga meditação clássica, e portanto à formação védica, de modo que não era de imediato acessível para um sudra. Este só podia alcançar a salvação mediante "piapatti", a doação incondicional a Deus partindo do sentimento de total carência, e, assim, necessitava, indispensavelmente, de orientação por guru como intermediário formado nos Vedas. Nesse contexto, por faltarem nos estratos sociais inferiores, também chamados a fazer parte, os momentos emocionais ligados ao puro ritualismo de fórmulas oracionais, foi realizada uma mescla com cultos a animais de diversos tipos (de modo análogo ao culto do macaco sagrado na Epopeia). A concorrência com os xivaístas era, por vezes, muito forte, particularmente sob Ramanuja, com considerável número de perseguições e expulsões recíprocas, conversações religiosas, fundações ou reformas de monastérios em competição mútua, cada qual com o intuito de eliminação do adversário. A disciplina dos gurus vixnuístas era, em parte, divergente e, ao todo, menos ascética do que a dos xivaístas. Principalmente o vixnuísmo ateve-se com maior intensidade ao princípio do carisma hereditário, familiar a qualquer hindu, e assim investiu os gurus, na maioria dos casos desde o início, como hierarcas hereditários. O poder pessoal do guru era particularmente forte nas seitas vixnuístas e no conjunto mais abrangente do que nas xivaístas. Isso correspondia ao caráter da religiosidade vixnuística, que, por um lado, exigia dedicação à autoridade[548] e, por outro, incluía a contínua exortação a "*revivals*" pietistas. O poder hereditário do guru aparece, em grande escala, primeiramente, na seita de Ramanuja, cujas famílias de gurus, em parte (no

---

548. No entanto, no xivaísmo bhakti da Índia Meridional, o poder sacerdotal era relativamente exíguo (Senathi Raja no 6º Congresso de Orientalistas, 1883, vol. III, p. 291).

Conjeveram), ainda hoje existem. Sob o aspecto substantivo, as reformas de Ramanuja voltavam-se contra o culto fálico (lingam). No lugar desse fetichismo, a seu ver, não clássico, deviam se impor outras formas de sublimação da orgiástica – em especial, os banquetes cultuais, frequentemente organizados de forma secreta. Mas o que realmente vinha à tona eram as fórmulas oracionais enquanto instrumentos devocionais contendo um apelo ao Salvador: assim era especialmente no caso dos ramats, seitas de Ramananda, que nisso, a par de outros detalhes, se diferenciavam da estrita observância de Ramanuja. Desse modo, o "mantra", essa fórmula invocatória composta de poucas palavras ou também de uma única sílaba sem sentido, adquiria, por vezes, uma importância que se sobrepunha a todo o resto. Krishna e antigos elementos residuais da orgiástica sexual estavam aqui eliminados da maneira mais completa, em favor do Rama e de sua prática devocional oral. O culto ramânico é, em geral, sexualmente puro, a divindade feminina é esposa fiel, ao contrário do culto de Krishna, com seu erotismo orgiástico e seu trato com amantes de Krishna.

Por outro lado, porém, houve na missão de Ramananda, a princípio, uma inovação socialmente importante: a abertura de uma brecha na estrutura de castas. Não na organização social cotidiana, nem no ritual de cada dia – quanto a isso, todas as seitas, com exceções persistentemente apontadas, deixaram intactas barreiras entre castas –, mas, certamente, na admissão das castas mais baixas à colocação de guru. Os antigos filósofos itinerantes e ensinantes, sofistas e profetas da salvação na época xátria, eram, já vimos, em parte considerável, leigos ilustres que, com muita frequência, somente na velhice ou apenas por certo tempo se decidiam pela vida de asceta ou de docente itinerante. A heterodoxia – em particular, o budismo –, ao admitir alguém na ordem, havia ignorado por princípio seu pertencimento a uma casta e também instituíra o "monge profissional". A restauração bramânica assumiu esse último, por certo, mas para a admissão a uma escola filosófica ou mosteiro exigia a pertença à casta bramânica, e as seitas xivaístas mantiveram esse posicionamento, ao menos no caso das oficialmente reconhecidas. O primeiro a se retirar expressamente foi Ramananda. Nesse contexto, porém, com certeza contribuiu para tanto o fato de que, no entretempo, irrompera em toda a Índia a dominação islâmica estrangeira. Como anteriormente exposto, esta, ao aniquilar, ao converter ou ao cassar os direitos políticos de nobres seculares, acabou por corroborar, no geral, a posição dos poderes clericais, inclusive dos brâmanes, que se tornaram os únicos baluartes da tradição autóctone, por mais que fossem combatidos. Mas os instrumentos de poder externos dos brâmanes foram certamente aniquilados, e os fundadores de seitas se viram, então, mais do que nunca, na contingência de ter de buscar a conexão com as massas. Enquanto todos os fundadores renomados de seitas hindus – à exceção de Ramananda – também eram brâmanes e, ao que se sabe, admitiam somente brâmanes como alunos e gurus, Ramananda rompeu com esse princípio básico. Entre seus alunos imediatos encontravam-se – como reza a tradição –, a par de um rajaputo, Pipa; e, a par de um jat, Dhuana; um tecelão, Kabir; e até mesmo um chamar (curtumeiro), Rai Das. Mas há algo de mais importante do que a imposição da mendicância por meios não bramânicos, até então nunca de todo ausente: o fenômeno de que, a partir daí, se desenvolveram seitas situadas, todas, de maneira formal ou, pelo menos, objetiva, no âmbito de estratos iletrados estruturados em estamentos ou profissões. O fato de que os smarta constituíam, em sua essência, uma seita puramente bramânica tem a ver com o seu caráter de "escola". Dentre as seitas cuja origem remonta o Ramananda, justamente a que leva seu nome (a dos Ramanandi) parece ter sido a que, em típica reação contra a tendência "democrática" de sua reforma, posteriormente, passou a admitir, de forma exclusiva, camadas ilustres: brâmanes e castas classificadas como xátrias. A mais renomada camada ramaísta de mendicantes – a dos acharis – chega mesmo a ser recrutada apenas dentre brâmanes. São puramente ritualistas. Por outro lado, porém, os Rai Das Panthi, seita fundada pelo curtumeiro Rai Das, em consonância com sua situação social, desenvolveram, a partir da devoção bhakti, o acosmismo social e caritativo do amor e, a partir da oposição ao bramanismo, a negação do poder sacerdotal e da idolatria. Consoante à posição social dessa classe profissional desprezada, o tradicionalismo e a acomodação à imutável ordem do mundo constituem o estado de espírito básico dessa seita bastante numerosa[549].

A consequência do quietismo foi desenhada pelos Maluk Dasi, ao passo que os Dadu Panthi, seita ramanardiana fundada no século XVII por um lavador de algodão, tiraram dos ensinamentos do Bagavadeguitá conclusões rigorosamente deterministas. Nem céu nem inferno devem ser procurados intencionalmente, já que tudo está predeterminado e somente a aptidão para o amor espiritual de Rama, assim como a supressão da cobiça, das ilusões e da soberba, garantem o estado de graça, devendo ser cultivadas para tanto. A par de monges mendicantes (virakta) rigorosamente desprovidos de posses, eles contam, ainda, com um estrato composto por mercenários rajas indianos (naga) e um terceiro (bhistu dhari), dedicado a profissões burguesas. Seu culto se limita quase inteiramente à invocação estereotipada de Rama. Por fim, a seita dos kabir panthi, fundada por Kabir, aluno de Ramananda, amplamente difundida entre as castas de tecelões, deduziu do repúdio à autoridade bramânica, bem como a todas as divindades e rituais hindus, uma modalidade de busca da salvação por meios rigorosamente pacifistas e ascéticos que faz lembrar o quakerismo: cuidar de toda e qualquer vida, evitar a mentira e renunciar a todo prazer mundano. Aqui, como no Ocidente, parece que o artesanato têxtil, com sua ligação doméstica e seu ensejo para devaneios, fomentou essa religiosidade quase completamente destituída de ritos. Mas à sua proveniência hindu corresponde o fato de não ter assumido ativamente o caráter ascético e de, pelo contrário, ter declarado como virtudes cardinais a pia veneração do fundador enquanto santo auxiliador e a obediência incondicional aos gurus. Portanto tampouco aqui foi possível um método de vida de caráter ocidental, autônomo e "intramundano".

Parte dessas seitas tinha em comum até mesmo o *desprezo pelo trabalho econômico*. E, dentre elas, sem dúvida, sobretudo as especificamente militaristas.

---

549. Logo a essência de sua religiosidade passou a consistir na crença em demônios e na "piedade bhakti" como instrumentos mágicos. Seus livros sagrados foram compilados a partir dos Puranas.

Com efeito, os mendicantes e ascetas da religiosidade neo-hinduísta representaram um fenômeno que, na Ásia, se desenrolou principalmente entre os budistas japoneses, mas com ainda maior consequência com os dervixes islâmicos: o monge combatente da fé, produto da concorrência entre as seitas e da dominação islâmica estrangeira e posteriormente inglesa. Numerosas seitas hindus desenvolveram o tipo "naga", um asceta que, nu, mas armado, propagava a fé sob o estrito controle de um guru ou gosain. Conforme a casta a que pertenciam, parte deles era "democrática" e parte, reservada exclusivamente para castas "renascidas", como os nagas da seita Dasu Panthi. Eles deram muito que fazer aos ingleses, mas também entre si travaram lutas sangrentas. Nesse sentido, em 1790, sob dominação hindu, teve lugar uma batalha entre nagas xivaístas, que haviam excluído os vairaghis da grande feira de Hardwar, e esses últimos, que teriam deixado no campo de batalha 18 mil mortos. Mas também atacavam repetidamente tropas inglesas. Em parte, tornaram-se quadrilhas de bandidos vivendo de contribuições da população, ou mercenários profissionais[550]. O exemplo mais significativo dessa evolução de ordens de combatentes da fé é o dos siques ("discípulos", a saber, do fundador da seita e dos gurus que lhe sucederam), os quais, durante certo período, até a sua subjugação em 1845, exerceram a soberania sobre o Punjab, instituindo um Estado unicamente de guerreiros, grandioso em seu gênero. Sua evolução, embora muito interessante, não deverá ser aprofundada aqui.

De maior importância para nós são algumas outras formações de seitas no âmbito da religião de salvação vixnuística, sobretudo as do Vallabha e algumas que remontam a discípulos de Chaitanya. Todas eram renascenças da orgiástica contra a monocracia bramânica de contemplação como meio salvífico. Ambas aqui demonstram de que modo o abandono do ritualismo bramânico e da contemplação que foge do mundo não conduzem à ascese

---

550. Assim sucedeu, em ampla medida, com os nagar, que constituíam a massa da população de Malabar, mercenários do rei e, a par destes – por força de licenciamento sistemático –, camponeses. Seu nível de instrução era relativamente alto, eram vegetarianos (no mais das vezes) e adeptos de Krishna e Rama.

intramundana ativa, mas sim ao recrudescimento da busca *irracional* da salvação – e isso, apesar da introdução do Deus supramundano.

Fundada no início do século XVI pelo brâmane Vallabha, a seita dos vallabbhachary ou maharadscha ou rudra samperadaya é, ao menos em seu aspecto central, ainda hoje, uma seita de comerciantes e banqueiros predominantemente do noroeste da Índia, mas espalhada por todo o país. Ela pratica o culto a Krishna, mas, ao contrário da tradição intelectualística, não procura a salvação na ascese ou na contemplação, mas sim em orgias krishnaístas sublimadas e em rígido cerimonialismo. O fundador ensinava que não são a privação, a solidão, a sujeira, o desprezo da beleza, mas sim, pelo contrário, a correta aplicação de coisas magníficas, prazeres e belezas da Terra que constituem os meios para venerar Deus de forma digna e alcançar a comunidade com Ele (a pushui marga, algo como a soteriologia da ceia). Além disso, ele também ampliou de maneira colossal a importância do guru por meio da prescrição de que somente na casa *dele* são válidas e possíveis certas cerimônias importantes. Em determinadas circunstâncias, era necessário visitá-lo oito vezes por dia. Ele próprio deixou como diretor seu filho Vittala Nath, cujos filhos deram prosseguimento à dinastia dos gurus em diversos ramos. Os mais ilustres são os descendentes de Gokula Naths, os Gokulastha Gosains. O santuário central da seita é o templo Steri Nath Dwar, em Ajmer. Todo fiel deveria peregrinar até ele uma vez na vida (obviamente, uma imitação da peregrinação a Meca). O poder dos gurus sobre os leigos é grande: um processo que causou escândalo em 1862 em Bombaim revelou que eles, ocasionalmente, praticavam o *jus primae noctis* com membros femininos da comunidade, e que a copulação sagrada se efetuava de acordo com antigo costume orgiástico na presença de membros da comunidade[551]. As orgias carnais e alcoólicas foram sublimadas em jantares culinários requintados, o que sucedeu de modo análogo também com as orgias sexuais.

---

551. Os gosains dessa seita de comerciantes se caracterizam por seu realismo, na medida em que têm tarifas fixas para seus serviços, por exemplo, dezessete rúpias para a permissão de tomar a água do banho do guru, de cinquenta a cem rúpias para o privilégio: "*being closeted with him in the same room*" (Jogendra Nath Bhattacharya, *Hindu Castes and Sects*, p. 457).

É evidente que a plutocracia – as ricas castas de comerciantes hindus, particularmente as de banianos – gostou e ainda gosta desse tipo de culto divino. Uma parcela extraordinariamente grande dentre eles pertence a essa casta, bastante exclusiva sob o aspecto social[552]. Cabe aqui a conclusão definitiva de que a religiosidade ascética não *decorre*, de modo algum, da "essência" imanente do capitalismo burguês nem de seus representantes burgueses, como repetidamente se afirma – pelo contrário. Os banianos, "judeus da Índia", constituem[553] a maioria desse culto declaradamente antiascético, em parte hedonista, em parte cerimonioso. As metas e os caminhos da salvação são graduais. Em conformidade com o princípio bhakti, tudo depende unicamente da "pusti", da graça. No rumo da sua obtenção, o "pustibhakti" tanto pode constituir mera justiça intramundana e ritual por efeito de obras (pravaha-pustibhakti) quanto devoção permanente ao serviço do Deus (maryada-pustibhakti) que conduz à "savujya", ou seja, à obtenção do "saber" propiciador de salvação por força própria (pusti-pustibhakti) ou como a redenção por pura graça concedida ao fiel fervoroso (suddha-pustibhakti), com a qual então se chega ao paraíso e eterno deleite junto a Krishna. Nenhum desses caminhos da salvação é racionalmente ético.

Por pouco que o "espírito" desse culto corresponda à tradição bramânica, brâmanes relativamente ilustres – como os Derschaschth – acharam-se dispostos a adotá-lo, tendo em vista as prebendas riquíssimas oferecidas pelos cargos nos templos da seita. Os patriarcas propriamente espirituais das comunidades – os Gosain – são casados, por certo, mas em conformidade com o tipo geral estão obrigados a realizar contínuas viagens de inspeção em seus distritos. E, por serem eles próprios grandes homens de negócios, encontram nessa vida itinerante ocasiões que permitem travar e efetivar transações comerciais. Estabelecida de modo interlocal, a organização dessa seita é o fator diretamente propício para as operações de negócios de seus membros.

---

552. Em princípio, todas as castas são admitidas, excetuados os sapateiros, os alfaiates, os lavandeiros e uma casta de barbeiros de baixo nível. Mas, de fato, no fundo, apenas gente rica, essencialmente Baniya, faz parte.

553. Principalmente Gujarati e Rastogi Baniya.

A par dos parsi e dos jaína – mas por motivos totalmente diversos destes –, a seita reúne a maioria dos grandes homens de negócios hindus.

A exclusão das classes inferiores do pertencimento à seita vallabbhachary, assim como o grande esforço requerido por sua pushui-marga, causaram à seita fundada por Swami Narayand, essencialmente moralista, considerável perda, tanto nos estratos inferiores quanto nos médios.

Por outro lado, para um bom número de seitas do Nordeste da Índia, fundadas pelo brâmane Chaitanya no início do século XVI, a orgiástica krishnaísta evoluiu em sentido exatamente contrário ao dos vallabbhachary. Ele próprio, aparentemente um extático epileptoide, ensinava a identidade de Krishna com Parmaturu, o espírito não criado do mundo que se manifesta ininterruptamente em inúmeras aparições de Krishna. Sua grande e nova atração foi a Sankirtan, a grande procissão cantante, que se tornou uma festa popular de primeiro plano especialmente em cidades. A ela foram adicionadas danças pantomímicas e dramatúrgicas. Vegetarianismo e abstinência de álcool foram conservados pelo menos em camadas altas, às quais se juntaram contingentes consideráveis, por exemplo, principalmente de kayasth (escribas) e satsudra (atividades econômicas puras sob o aspecto ritual) em Orissa, mas também da antiga casta dos cervejeiros (atualmente comerciantes em sua maioria). O princípio de gurus hereditários tinha vigência também nessa seita reformista. Trata-se da mais popular seita conhecida, pelo menos na Índia Setentrional – particularmente, na região de Bengala. Ao contrário do tantrismo, falta-lhe completamente o esoterismo, e, em contraste com as camadas de intelectuais ilustres, é inexistente qualquer demanda por saber sagrado (não há nada em sânscrito!). A devoção bhakti pode ser praticada por qualquer indivíduo sem ajuda. Na religiosidade de massas reina orgiástica sexual crassa. Os membros das seitas de Chaitanya recrutados nas castas baixas constituem a camada numericamente mais importante dos vixnuístas (com 10 a 11 milhões na região de Bengala), todos praticantes da invocação de Krishna (Hare, Hare, Krishna) e de Rama, mas também – pelo menos em sua maioria – da orgia sexual como principal meio de autodivinização, absolutizada sobretudo pelos baul. Para os sahaya, na orgia sexual, cada homem

415

era considerado Krishna e cada mulher, Radha (sua predileta); os spashta dayaka mantinham como locais de orgia sexual mosteiros intersexuais. Remanescentes de orgia krishnaísta encontram-se em forma atenuada também em outros lugares. Em vários cultos ainda hoje celebrados em quase toda a Índia nas festividades populares, e não somente pelas seitas vixnuístas, está no centro, principalmente, a própria Radha – o par de Krishna –, cuja vida amorosa está descrita no décimo livro do *Bagavata Purana* – em analogia com o "Cântico dos Cânticos" do Antigo Testamento – como símbolo do amor místico recíproco da alma divina e humana. Os festejos incluem cânticos, danças, pantomimas, confetes e rudimentos de liberdades orgiástico-sexuais.

Ao que parece, somente uma insignificante minoria de comunidades vixnuístas tirou as consequências para uma avaliação do agir *intramundano* como caminho de salvação. Esse poderia ser o caso dos madhava, mencionados em H. H. Wilson[554], adeptos da doutrina fundamentada por Madhava, brâmane (e ministro do Rei Vijayanagar), abade de Shringeri nos séculos XIII e XIV. Ele era[555] vixnuísta, adversário do Vedanta e adepto da doutrina não clássica Dwaita (dualística) ramaísta. Também para ele é claro que o dualismo não consiste em "bem" ou "mal", em "deus" ou "criatura", mas sim em "vida transitória" ou "ser eterno". Só que o real – ao menos para o anseio do ser humano – não é o ser eterno, mas sim, pelo contrário, a vida. Esta é eterna e inevitável. Não há para o ser humano uma absorção pelo "ser" formalmente perene no sentido da doutrina bramânica, particularmente do Vedanta. Com isso, caem por terra todos os pressupostos da soteriologia bramânica. O ser humano tem de operar sua salvação dentro *desta* vida. É inalcançável uma autodivinização, impossível uma dissolução na unidade com o divino, pois o Deus eterno é absolutamente supramundano e sobre-humano. Ioga e todos os exercícios das soteriologias de intelectuais carecem de sentido: Deus concede sua graça a quem age corretamente. Parece aberta, com isso, a rota para uma ética do agir intramundano ativo no sentido do Ocidente. Contu-

---

554. *Religious Sects of the Hindous* (Londres, 1861). Não tive acesso às fontes.

555. Cf. a seu respeito: Balfour, *Cyclopaedia of India*, vol. II, p. 766.

do, também aqui é válida como isenta de pecado unicamente a meditação enquanto caminho supremo de salvação e agir "desinteressado". Continuam vigentes os pressupostos gerais da teodiceia hindu – samsara e carma – assim como, igualmente, a absoluta autoridade exercida sobre o crente pelo pastor de almas equipado com o saber sagrado (védico). E justamente nessa doutrina foi extremamente exacerbado o próprio carisma dos gurus qualificados e passou a ser tratado como bem pessoal que pode ser penhorado e vendido a algum solicitante qualificado[556]. A devoção incondicional do leigo ao guru é considerada indispensável para a redenção do leigo: conhecimentos devem ser adquiridos apenas dele, e não dos livros.

As seitas e os gurus

O elemento que mais se sobressaiu em predominância na grande maioria das comunidades hindus surgidas desde a restauração bramânica foi, em absoluto, a posição do *guru* ante os fiéis. Com efeito, essa posição se formou preliminarmente nos Vedas, com a autoridade absoluta do instrutor (guru) a ser venerada de joelhos pelo discípulo (bramacharin). No entanto, naquele tempo, era apenas para a prática interna do ensino escolar. No tempo dos xátrias, esses antigos gurus formados nos Vedas e dos quais ainda falam os Livros Jurídicos transmitiam a formação ilustre enquanto capelães domiciliares de reis e nobres e como preceptores de casa de seus filhos, mas desde as reformas eclesiais do neobramanismo foram substituídos por uma camada de mistagogos e curas de alma cujo caráter era, muitas vezes, essencialmente mais plebeu e menos literário, apesar de ter sido justamente aquilo que Sankaracharya havia pretendido reformar, pois os instrumentos que, a bem

---

556. Geograficamente – só para mencionar mais esse aspecto –, as seitas vixnuístas – em relação às xivaístas, universalmente espalhadas – se difundem, em geral, de modo a concentrar os adeptos de Ramanuja e Madhava especialmente no Dekkan; os demais estão particularmente espalhados na Índia Anterior, a saber os vallabha no oeste e o chaitanya em Bengala; e os "ramas" propriamente ditos – isto é, as seitas Ramanandi –, na Índia Setentrional. Essa distribuição geográfica ocorreu, ao que se pode constatar, essencialmente devido a circunstâncias políticas. A presença relativamente menor das seitas vixnuístas no sul tem sua razão no fato de que, no reino de Mahrattes, o peschwa era um xivaísta (cf. anteriormente, I, p. 662).

ver, levaram os brâmanes a triunfar foram – a par da ligação com as cortes –, justamente, por um lado, a introdução de peregrinos mendicantes instruídos e monasticamente organizados; e, por outro, a implementação universal do regime de gurus. Bem à semelhança do modo em que a contrarreforma eclesiástica, com a intensificação do sacramento da penitência e a fundação de ordens, restabeleceu sua dominação clerical sobre as massas, os referidos instrumentos venceram a concorrência dos jainistas e budistas. Inicialmente, pelo menos, a maioria predominante de mendicantes e gurus era constituída de brâmanes ou estava inteiramente em suas mãos. E ainda é assim até hoje. As receitas – em parte principescas – recebidas pelos gurus precisamente das seitas seguidas pela massa levaram forçosamente a uma redução sensível da resistência oferecida pelos brâmanes contra a adoção dessas posições. Portanto a característica do hinduísmo restaurado não consistia em novos mestres, mas sim na universalidade da autoridade do guru. Este constituía – sem falar nos cultos de Krishna e Rama por ele incorporados – religiosidade "salvacionista" também em outro sentido muito peculiar. Ele ofereceu às massas, na figura do guru ou do gosain, que transfere essa dignidade por designação do sucessor ou por hereditariedade, um Salvador corpóreo, *vivo*: o santo auxiliador, conselheiro, terapeuta mágico e sobretudo objeto de adoração. Todos os fundadores de seitas foram endeusados, e seus sucessores foram e ainda são objetos de adoração. O cargo de guru passou a ser a típica colocação do brâmane. O brâmane enquanto guru é Deus vivo (thakur). Nenhum sudra que for correto deixará de beber a água em que um brâmane tenha posto seu dedo do pé, nem deixará de levar a seu prato os restos de comida que ele deixou. E o consumo dos excrementos do guru durante o sacramento gayatri-kriya (ao que se diz, ainda recentemente em uso na seita Satnami, uma fundação xátria na Índia Setentrional) só era um caso extremo. Ao dirigir uma circunscrição, o guru ocupava o lugar do bispo na Igreja do Ocidente, visitava sua circunscrição – assegurada por tradição ou expressamente – em conjunto com seu séquito, excomungava em caso de pecados graves, concedia absolvição em troca de penitência, cobrava as taxas dos fiéis e era em tudo e sob todos os aspectos a autoridade para conselho e confissão. Todo fiel de uma seita tinha seu guru que lhe ministrava ensino religioso e a seguir o admitia na seita comunicando-lhe o mantra (fórmula oracional) e marcando-o ou pintando-o com o sinal da seita, e a quem ele podia se dirigir em qualquer situação da vida para receber conselho. Nas seitas krishnaístas, as crianças de seis e sete anos eram levadas ao guru para receber o rosário em volta do pescoço. Aos doze e treze anos, realizava-se uma cerimônia (samupana) correspondente à confirmação, para cujo rito se recorria à antiga forma de imposição do cordão sagrado ao redor da cintura (cerimônia da samavartana): de acordo com seu sentido, era a consagração do próprio corpo a Krishna. Sob o aspecto econômico, como vimos, as circunscrições do guru eram parcialmente consideradas como propriedade pessoal dos gurus, não somente herdadas – como na maioria dos casos –, mas também alienadas como o "jajmani" de um artesão. E sob o ponto de vista religioso, a veneração do guru substituía, muitas vezes, junto às massas, qualquer outra religiosidade do Salvador: o Salvador vivo ou Deus no meio dos fiéis tornava supérfluo todos os objetos de adoração transcendentes. A medida prática da autoridade do guru em assuntos de conduta da vida cotidiana era e ainda é diferente conforme a seita, mas, compreensivelmente, em geral, grande ao extremo, sobretudo no caso de seitas especificamente plebeias. Os reformadores hindus tiveram de tolerar também – sobretudo desde que passou a faltar o apoio dos governos aos brâmanes – que a instituição oferecesse a mistagogos heterodoxos a chance de se estabelecerem como curas de almas e juntarem adeptos em torno de si. Ao todo, essa plebeização dos mestres bramânicos significava um fortalecimento extremamente incrível de seu poder. Nos dias da dominação e, inclusive, da perseguição estrangeira pelo islã, os gurus foram para as massas de hindus o apoio estável em toda necessidade interior ou, por conseguinte, também externa, da mesma forma que o foram os bispos da Igreja Católica ao tempo da migração dos povos e também antes.

A esse processo de plebeização estão conectados aqueles fortes deslocamentos de posição e estruturação do bramanismo ocorridos desde a Restauração[557]. No período inicial, o brâmane ilustre era o capelão da corte do rei (purohita) ou de um nobre, como preservado sobretudo no Rajputana. Posição de dignidade equiparada à do purohita era a do preceptor independente que instruía os descendentes dos brâmanes e, logo após, dos nobres, uma posição remunerada em "dakshina". Um brâmane de classe alta só pode aceitar dakshina de casta ilustre[558]. Por outro lado, os brâmanes ilustres, pelo *status* de sua casta e sua *formação védica* (vaidika), reivindicavam para si o monopólio de aceitação de dakshina (sendo por isso denominados dakshinachara). A evolução medieval trouxe consigo, como vimos, as grandes dotações de prebendas por príncipes e nobres para brâmanes formados ritualmente, que assim tiveram assegurados seus serviços rituais, escriturários, administrativos e de ensino para o atendimento das demandas do príncipe e do nobre. Naturalmente, para os brâmanes vaidika com pleno direito de casta, o monopólio se estendeu também à aptidão para recebimento desses feudos com fins rituais e de ensino. Frequentemente, essa aptidão ficava reservada para os que viviam como bhikkschu, que posteriormente – porém, não raro – se transformavam, apesar de manterem sua denominação – como no caso dos "bonzos" budistas –, em um clero secular sem celibato, que somente por sua descendência e formação védica se distinguia dos brâmanes leigos, denominados laukika ou grihastha, e desprovidos de aptidão para o recebimento de prebendas. Os mais ilustres dentre esses brâmanes leigos eram os que recebiam prebendas seculares por suas prestações no serviço administrativo, tais como em Bihar e Benares os brâmanes bhuinhar (de bhum, feudo agrário) e alhures, categorias similares. Como anteriormente referido, estavam degradados todos os sacerdotes do templo (na região de Bengala, denominados madhya). Em parte, pela razão de suas manipulações subalternas não pressuporem uma instrução védica, de que, em geral, estavam real-

---

557. Os fatos decisivos são encontrados com maior facilidade em: Jogendra Nath Bhattacharya, *Hindu Castes and Sects*.

558. Para brâmanes que não quisessem ser vistos como totalmente degradados, o limite extremo era o das castas satsudra, cujas doações ainda podem ser aceitas – em Bengala, se forem suficientemente *grandes*! Mas as castas mais ilustres são sempre as "asudra pratigahi", que nunca aceitam algo de Sudras e desprezam os "Sudrayajaka".

mente desprovidos, em parte também por viverem de doações provenientes de castas não ilustres e, muitas vezes, impuras ou de peregrinos forâneos com pureza não esclarecida[559]. Dentre os brâmanes de pleno direito, os pânditas ocupavam alto nível – em suas próprias pretensões, o mais alto: eram aspirantes de juristas sacrais e de juízes, dentre os quais, durante o período anterior ao da dominação estrangeira, o de mais alto nível era frequentemente reconhecido como o primeiro homem do país. A posição teve seu desenvolvimento ulterior no período da Restauração a partir da Caxemira, como aliás numerosas outras instituições hindus. Com elas concorriam pelo poder os superiores dos grandes mosteiros carismáticos, cujos "srimukh" (decreto correspondente ao "fetwa" dos muftis islâmicos) decidiam as questões rituais[560] de forma vinculante para os adeptos da respectiva doutrina, mas justamente apenas no âmbito da respectiva comunidade doutrinária, que entretanto abrangia, sob certas circunstâncias, um grande número de seitas[561].

No âmbito de todas essas posições de poder bramânicas na história antiga, a posse do *saber* sagrado era a qualidade que conferia o monopólio das diversas modalidades de prebendas clericais, ao passo que, no âmbito secular, era o saber jurídico profano a propriedade que dava direito a tais posições seculares.

Assim, em Maharashthra, entre os bikkshu-dershashths cultos estão, a par dos vaidika, os sastri (juristas), que lá se encontram no mesmo nível reciprocamente e em comparação com os jotishi (astrólogos), os baidya (médicos), os puranika (recitadores do Purana). Logo após o nível heráldico[562], o que decide a estima social é – coincidindo muitas vezes com o primeiro, mas

---

559. Esse era o caso dos sacerdotes absolutamente ricos de célebres santuários centros de peregrinação em Benares.

560. Nesse sentido, um srimukh do abade de Shringeri decidiu sobre a filiação, à casta, de um determinado grupo de brâmanes de Mysore.

561. Assim, por exemplo, Shringeri abarcava na Índia Meridional todas as ortodoxamente xivaístas, para as quais o mosteiro exercia o poder de excomunhão.

562. Nesse sentido, a filiação às sete estirpes imigradas antes do Rei Adisaur (século IX) em Bengala, denominadas sapta sati, ou aos "panch gaur", as cinco mais ilustres dentre todas as estirpes da Índia Setentrional.

nem sempre[563] – o grau tradicional de formação védica e no sânscrito. Em seguida, o grau de "saber" esotérico e, principalmente, tântrico, importante fonte de poder sobretudo de brâmanes xivaístas. A formação em ioga, pelo contrário, não propicia, hoje em dia, nenhuma qualificação para prebendas, por exemplo, na Índia Meridional (Telinga), onde essa formação é frequentemente constatada junto a brâmanes (niyogin), nem em qualquer outra parte[564]. A distinção entre brâmanes clericais e leigos não é de todo coerente[565]. A qualidade dos procedimentos cultuais tem um efeito sobre o *status* da posição de acordo com seu grau de impecabilidade ritual: nas regiões de Bengala, Orissa, Mithila e Punjab, justamente os brâmanes ilustres são Shakti, mas em sua totalidade na versão moderada, permitindo a participação em sacrifícios cruentos, por certo, mas não o consumo de álcool nem de tabaco. Os brâmanes shakti "extremados", ou seja, consumidores de álcool, são avaliados, por exemplo, em Sindh e Maharashtra como de nível inferior. O fato de que, na Índia Meridional, os brâmanes (-dravira) dravídicos são quase todos xivaístas deve-se a razões históricas; em Rajputana, são justamente os srimalis vixnuístas com um *status* particularmente ilustre (por serem puros arianos). São degradantes apenas as formas de vixnuísmo que desistiram do sânscrito ou que aceitam dakshina de castas inferiores, o que geralmente ocorre em ambas as modalidades. Assim também em especial a posição como guru chaitanita, apesar da abstinência de álcool[566]. Por um lado, é bem verdade que, em Orissa, os brâmanes chaitanitas (adhikari) ocupam um *status* intermediário entre os brâmanes vaidika e os brâmanes leigos – entre os quais existe uma casta inferior (a dos mathan) ritualmente poluidora. Mas, por outro lado, via

---

563. Por exemplo, em Orissa, entre os brâmanes kulins de alta nobreza, descendentes de dezesseis aldeias shashan (antigas fundações régias) povoadas exclusivamente por vaidika, a formação em sânscrito é considerada medíocre.

564. Inversamente, lá, esses brâmanes, que como "niyogin" se distinguem dos vaidika, podem se tornar sacerdotes.

565. Na Índia Setentrional, em muitos casos, brâmanes "seculares", enquanto gurus, também podem aceitar dakshina (trata-se sempre de brâmanes de *status* inferior).

566. A antiga casta bengalesa de cervejeiros (atualmente comerciantes, na maioria dos casos) era abstêmia e chaitanita.

de regra, o brâmane, enquanto guru chaitanita, sofre degradação, seja porque, para ele, o saber védico e sânscrito é supérfluo e, de fato, inexistente, seja porque (geralmente) aceita dakshina de (quase) todas as castas. Agora, porém, essas seitas populares vixnuístas (que remontam predominantemente a Ramananda e a Chaitanya) modificaram de modo extremamente duradouro a posição dos brâmanes. Primeiro, porque detonaram totalmente no vixnuísmo aquele grau de organização coerente, já em si exíguo, que particularmente o trabalho de Sarkaracharya havia criado para o xivaísmo ortodoxo. Na Índia Setentrional faz falta ao xivaísmo, já por si mais fraco na região, um chefe clerical no formato existente na Índia Meridional, com o abade de Shringeri e a seu lado em alguns outros monastérios, pois a posição de poder de Sankeshwar parece estar limitada a algumas castas ilustres de brâmanes. Por sua vez, isso é para o vixnuísmo – em especial, o chaitanita de massas – inteiramente dispensável. Cada dinastia de guru, uma vez reconhecida, forma (em geral) para si uma comunidade hierocrática hereditária. A essa fragmentação crescente das seitas veio se somar uma mudança de espécie nos recursos de poder. O saber ritual védico e a práxis esotérica tântrica e saktista, enquanto bases da posição de poder carismático, cederam lugar às seitas orientadas "democraticamente". Em seu lugar, adotaram-se agitação e concorrência de qualidade emocional e confessional perante o público mediante instrumentos especificamente plebeus de propaganda e coleta de doações: a par de procissões e festas populares, também carros ambulantes em busca de donativos e promoções similares. Com o crescimento do número de massas pequeno-burguesas e proletárias, bem como com o enriquecimento das camadas burguesas nas cidades, aumentaram as hipóteses de rendas para a demagogia dos gurus que lhes era dirigida. O profundo desprezo dos brâmanes por essa concorrência não conseguiu poupar-lhes a amarga experiência da propensão crescente em seus próprios círculos para abandonar a tântrica junto com as demais modalidades esotéricas e abraçar o vixnuísmo. A autoridade dos pânditas, tanto quanto o aproveitamento dos brâmanes ilustres, formados, sankaritas e outros considerados plenamente clássicos para o cargo de gurus minguaram, pelo menos relativamente, em benefício dos hierarcas das massas[567]. Justamente ⊔ desenvolvimento capitalista paulatinamente propagado pela dominação inglesa – com a criação de fontes inteiramente novas de acumulação patrimonial e de ascensão econômica – fomentou fortemente essa profunda transformação. A antiga invocação de "thakur", "deus", para um brâmane não somente caiu em desuso, mas também foi, mais do que isso, desvalorizada pelo fato de que, hoje em dia, quem é, de fato, venerado como um deus é apenas o guru das seitas plebeias.

Esse processo também se alastrou por todo lugar em que os meios salvíficos neo-hindus se juntaram aos meios budistas – o que ocorreu de modo particularmente intenso na escola Mantrayana (difundida sobretudo em Java), influenciada pela ioga e pelo mantra. A autoridade do guru hinaiano já era grande, em todos os casos, nas áreas de missão, e a obediência incondicional a ele prestada foi, então, elevada à categoria de meio absoluto de redenção[568].

Essa posição divina ou similarmente divina do guru, como vimos, está desenvolvida da maneira mais forte, com grande frequência, justamente nas seitas hindus que haviam eliminado de forma radical toda a idolatria e todos os demais meios irracionais, extáticos, orgiásticos ou rituais do culto. *Adoração do Salvador vivo* foi, por conseguinte, a última palavra do desenvolvimento religioso hindu.

Vista desde fora, a diferença dessa organização em relação à igreja institucional católica consistia, à primeira vista, no fato de monges e mistagogos carismáticos ou hereditários serem os protagonistas exclusivos; depois, o seu caráter formalmente voluntário. Os templos que não tivessem sido fundações

---

567. O ressentimento a esse respeito transparece claramente no já citado livro de J. N. Bhattacharya, um pândita no cargo de superior, leal apoiador da dominação inglesa e da ordem de castas, assim como desdenhador dos gurus plebeus.

568. Cf. J. S. Speyer, *Zeitschrift der deutschen morgendländischen Gesellschaft*, 67, 1913, p. 347 a respeito da edição do *Sang Hyang Kamehâyânikam* por I. Katz (Koninklijk Institut voor de Taa-, Land- en Volkenkund van Nederlandsche Indie, 1910). A ética budista desapareceu, excetuados alguns rudimentos (em vez de castidade monástica, por exemplo, proibição da copulação na proximidade de objetos sacros). A quem chegou à prajña (suprema sabedoria) por meio da puja (veneração de Buda), da ioga, da meditação sobre o mantra e da incondicional obediência ao guru, não lhe é proibido gozo algum (estrofe 37 do poema).

de príncipes para sacrifícios oficiais ou para escolas bramânicas eram regularmente erigidos, de maneira integral, como na China, por vias de subscrição e de instalação de um comitê que assumia a ordem externa e a direção da economia. Sob os príncipes hindus, essa modalidade de fundação de novos cultos dificilmente terá sido predominante. Mas sob a dominação estrangeira de crenças forâneas foi essa a forma quase exclusiva de propagação dos cultos de seitas, e assim estas caíram em medida máxima sob a dominação das camadas com receitas de atividades burguesas, conseguindo, desse modo, conquistar inclusive economicamente a chance de se emancipar do bramanismo oficial ortodoxo ou forçá-lo a se acomodar a eles. Inscrições mostram que essa forma organizacional permaneceu tipicamente igual desde longos séculos até hoje. Do mesmo modo, também se manteve igual o domínio espiritual por parte dos gurus. Naturalmente, o poder político desse clero era grande. Os reis serviam-se dos mendicantes como espiões (esse aspecto tem um papel especial na história primitiva de Bombaim) e dos brâmanes em geral enquanto seus funcionários e conselheiros. Deve-se constatar que, evidentemente, só nos últimos cinco a seis séculos foram extraídas as consequências mais extremadas da veneração de gurus. E isso é compreensível. Tanto os reis quanto o conjunto de sacerdotes seculares bramânicos tinham interesse em impedir que crescesse de maneira exagerada o poder de mistagogos e magos, bem como o de monges em geral. Eles não permitiram que o poder dos chefes de seitas crescesse ao ponto de sobrepujá-los, mesmo tendo se servido destes para a domesticação das massas. Somente a dominação estrangeira islâmica, ao romper o poder político das castas ilustres hindus, abriu caminho para o desenvolvimento do poder dos gurus e deixou que assumisse suas grotescas proporções. A evolução do poder dos gurus até chegar ao auge de endeusamento de seres humanos pode ensinar a enorme importância que teve no Ocidente o desenvolvimento do poder papal. Este submeteu, primeiramente, as igrejas monásticas das áreas de missão – em especial, as irlandesas e suas zonas de influência – e, ao mesmo tempo, legitimou-as: inseriu as fundações de ordens monásticas na sua rigorosa disciplina oficial. *Não* foi o deus pessoal supramundano – que a fé hindu das seitas em particular também conhecia –, mas sim o legado da Roma antiga: a igreja *oficial* episcopal, que impediu o desenvolvimento do monacato iniciado na Índia levando à adoração de seres humanos. *Não*, note-se bem, o forte poder hierárquico do papado como tal – pois o Dalai Lama também é, e os grandes superiores de mosteiros das seitas da Índia também eram hierarcas extremamente poderosos –, mas sim o caráter *oficial racional* da *administração* foi o fator decisivo e que fez a diferença perante o carisma pessoal ou hereditário dos gurus. Mais adiante se falará sobre isso.

Portanto à sujeição interna sob os aspectos ritualístico e tradicionalista à ordem de castas e ao seu enraizamento na doutrina samsara e carma – nunca abalada por qualquer das seitas que vieram a ser consideradas[569] – somou-se, ainda, a antropolatria religiosa dos leigos hindus em contraponto ao clero, por natureza rigorosamente tradicionalista e carismática dos gurus, de maneira a obstaculizar toda racionalização da conduta de vida orientada de dentro para fora. Evidentemente, nem se podia pensar que uma comunidade dominada por tais forças interiores viesse algum dia a gerar, a partir de si mesma, o que nós aqui entendemos por "espírito do capitalismo". É óbvio e totalmente compreensível que, mesmo a adoção, nesse caso, de uma estrutura pronta em forma de artefato técnico e econômico, como a realizada pelos japoneses, tenha encontrado aqui, apesar da dominação inglesa, obstáculos muitíssimo importantes e manifestamente maiores do que no Japão. Mesmo que hoje a penetração da sociedade indiana por interesses capitalistas já seja tão profunda que não seria mais possível extirpá-los, excelentes conhecedores ingleses do país puderam defender, ainda há poucos decênios, com bons argumentos a convicção de que, caso desaparecessem a fina camada dominante europeia e a *Pax Britannica* por ela imposta à força entre as castas, confissões e estirpes mutuamente conflitantes pela vida ou pela morte, o antigo romantismo feudal de assaltantes da Índia Medieval ressurgiria completamente intacto.

---

569. A par de lendas exaustivamente descritivas sobre o tema do caráter inexorável da fatalidade, a sabedoria proverbial também testemunha a fortíssima crença no *destino* (apud Liebich, *Sanskrit-Lehrbuch* (Leipzig, 1905), p. ex., p. 274/275, n. 87, 80, 93). Somente a respeito do carma: as obras realizadas antes, na vida pretérita, *determinam* univocamente a fatalidade a pairar sobre os seres humanos como sobre os deuses (Liebich, *Sanskrit-Lehrbuch*, n. 88, 93, 96, 101).

Vejamos mais uma vez com clareza quais os elementos "espirituais" que, além da sujeição das castas e a dominação dos gurus sobre as massas, fundamentaram as características tradicionais da economia e da sociedade no hinduísmo. A par da sujeição autoritária, foi principalmente o dogma da imutabilidade da ordem mundial que, no interior do estrato de intelectuais, constituiu o elemento comum a todas as correntes ortodoxas e heterodoxas do pensamento hindu. A desvalorização do mundo que toda religião redencionista traz consigo só podia aqui tomar a forma de absoluta fuga do mundo, e seu mais alto instrumento não podia ser a ascese ativa do agir, mas sim a contemplação mística. O prestígio desse caminho da salvação, visto como o mais alto de todos, nunca foi realmente rompido por alguma dentre as doutrinas ascéticas maciças e tão diferentes entre si. Sempre se impuseram a cotidianidade e a irracionalidade dos meios de salvação. Ou eram de natureza orgiástica, e assim dirigiam-se de maneira inteiramente imediata a caminhos antirracionais e infensos a qualquer método de vida. Ou eram racionais no método, mas irracionais na finalidade. Entretanto a realização "profissional" exigida com extrema consequência, por exemplo, pelo Bagavadeguitá era de caráter "orgânico"[570], ou seja, de caráter estritamente tradicionalista e, nesse contexto, reformulado de maneira mística: um agir no mundo, mas não deste mundo. Simplesmente nenhum hindu teria a ideia de ver no bom sucesso de sua fidelidade profissional econômica o sinal de seu estado graça ou – o que é mais importante – a ideia de considerar como implementação da vontade divina a transformação racional do mundo em conformidade com princípios objetivos.

---

570. E assim permaneceu na religiosidade das seitas, como expresso principalmente na sabedoria proverbial. Ressaltem-se, aqui, dentre os provérbios facilmente acessíveis na tradução de Liebich, *Sanskrit-Lehrbuch*, os seguintes: "Ou bem amor – ou bem a floresta (ascese) " (p. 281, n. 14); "levou uma vida perdida quem não teve pensamentos para Xiva, *nem* viveu pensamentos de amor" (p. 299, n. 11); "quem não se dedicou *nem* à ciência, *nem* à aquisição de riqueza, *nem* à piedade, *nem* ao erotismo" (p. 305, n. 47); "quem *não* possuiu *nem* saber, *nem* celebridade em guerra, *nem* formosas donzelas" (p. 313, n. 07 – este, em sua forma, especialmente belo); e, nesse contexto, os diversos valores são na maioria das vezes coordenados em seu total. Também os deuses Xiva, Brama e Vixnu como "escravos" do deus do amor (p. 278, n. 1); por outro lado, Xiva como inimigo das mulheres (p. 283, n. 83) e do deus do amor (p. 302, n. 28) ou como seu "punidor" (p. 313, n. 90). Tudo isso corresponde ao fundamento orgânico-relativista de toda ética indiana, conforme já ilustrado anteriormente com base em alguns monumentos.

Nesse contexto, deve-se sempre levar em conta quão delgada era e é a camada propriamente intelectual ou quão finas eram e são, em geral, as camadas interessadas, de algum modo, em "redenção" em algum sentido racional na Índia. Sobre "redenção" (moksha, mukhti), a massa, pelo menos a hindu de hoje, nada sabe. Ela mal conhece a expressão, mas, em todo caso, não sabe seu significado. E assim deve ter sido sempre, exceto em curtos períodos. O que ela desejava eram maciços interesses de salvação simplesmente neste mundo, magia grosseira e, a par disso, a melhora nas chances do renascimento. Em seu conjunto, pelo menos hoje em dia, as seitas também não atingem realmente as "massas". Tomando por medida padrão a expressa admissão a uma seita (por mantra, pintura ou marca), feita após instrução preliminar, pode-se obter um montante dificilmente superior a 5% da população, provavelmente menos, aí compreendidos vixnuístas, xivaístas, jainistas e budistas. Por certo, existe, defendida com inventividade, a teoria[571] de que qualquer hindu não heterodoxo seria, sem o saber, saiva ou vaishnava – ou seja, aspirante, no primeiro caso, à absorção no ser único ou, no segundo, à vida eterna –, e que isso se manifestaria na hora da morte em seu comportamento, conforme a variante que empregue da fórmula de invocação (mantra) do santo auxiliador. No entanto, mesmo deixando de lado os fatos de que um tal mantra especial para a hora da morte não existe realmente e que também para xivaístas havia aspiração de imortalidade, as fórmulas usualmente empregadas (sobretudo as invocatórias dirigidas a Rama[572]) são tão inexpressivas que delas não se pode absolutamente inferir nenhuma relação para com um deus e sua peculiar comunidade. A massa de hindus não conhece Xiva ou Vixnu nem mesmo de nome[573]; um hindu entende por "redenção" (mukhti), em qualquer caso, um renascimento favorável, e este é, segundo a antiga soteriologia hindu por ele concebida, obra unicamente sua, não de Deus. De seu deus local da aldeia ele espera o envio de chuva e sol brilhante,

---

571. Nesse sentido, exprime-se Grierson, indólogo de muitos merecimentos. Cf., a respeito e ao contrário, as explanações de Blunt, no *Census Report* (United Provinces) de 1911.

572. Por exemplo: ram, ram, satya ram (vixnuístas).

573. Se nesse caso for venerado um deus "supremo", este será Paramesvara.

do deus familiar, o mailar linga ou kedar linga (fetiche), auxílio nos demais casos de necessidades cotidianas. Uma educação "confessional" propiciada por gurus, procurados como conselheiros, pois esses só aprenderam, além de fórmulas rituais para a massa de leigos, a totalmente incompreensível teologia bramânica: e aqui se revela justamente o abismo entre a religiosidade de intelectuais e as necessidades cotidianas das massas. A classificação em determinada seita depende do guru bramânico, o único a entender algo do assunto. A massa não se fixa de modo algum a uma confissão. Mas assim como o antigo helênico venerava Apolo e Dionísio de acordo com a ocasião, o chinês assiste devotamente tanto a missas budistas quanto a magias taoísta e cultos em templos confucianos, do mesmo modo que se comporta perante cultos e divindades o hindu simples não expressamente acolhido em uma seita. E isso não apenas se tratando dos considerados como ortodoxos. Não somente santos jainistas ou budistas, mas também islâmicos e cristãos (entre estes, São Francisco Xavier, o primeiro missionário jesuíta), alegram-se com sua afluência nas respectivas festas. As seitas e sua religiosidade salvacionista eram e são um assunto de estratos médios – na maioria das vezes – aconselhados por intelectuais, enquanto a redenção o é para estratos de intelectuais. Conforme exposto, daí não se segue que a especificidade da religião de intelectuais e de suas promessas tenha ficado sem efeitos indiretos de longuíssima persistência sobre a conduta de vida das massas. Foi esse o caso em grande medida. Mas, pela natureza do efeito, o impacto nunca foi no sentido de racionalização metódica e intramundana da conduta de vida das massas, e sim, em geral, bem ao contrário. A riqueza e, especialmente, o dinheiro gozam, na sabedoria dos provérbios indianos[574], de estimação quase exagerada. Mas, a par da alternativa gozar por si mesmo ou dar de presente, há somente a terceira: a perda[575]. Em vez de impulsionar a acumulação de patrimônio e a utilização do capital, o hinduísmo criou chances irracionais de acumulação para magos e curas

---

574. Cf., por exemplo, as respectivas passagens: Liebich, *Sanskrit-Lehrbuch*, p. 265, n. 40, 41.

575. Liebich, *Sanskrit-Lehrbuch*, n. 43.

de almas, assim como prebendas para mistagogos e estratos de intelectuais orientados por ritual e soteriologia[576].

Também constituem, em seu cerne, um assunto do estrato intelectual, a saber, nesse caso, do estrato moderno de intelectuais formados sob influência europeia ou, pelo menos, impressionados com a mesma, os modernos movimentos "reformistas" internos do hinduísmo, a comunidade "Brahmo Somaj" – bastante comentada entre nós – e, talvez ainda mais importante, a "Arya Somaj". Sua história tem pouco a ver aqui com nossos diversos contextos – tão pouco quanto uma exposição sobre atores jornalísticos e políticos educados no contexto da formação universitária anglo-indiana e, como tais, portadores da moderna consciência nacional indiana no sentido ocidental da palavra, consciência esta que vai se formando paulatinamente nesse país de separação abissal entre inúmeros grupos de castas, seitas, línguas e raças, em acerba inimizade mútua: um fenômeno forçosamente estranho à específica indianidade autóctone, objeto de nossa descrição, pois ele só viceja sobre o chão de classes burguesas coerentes, em conexão com uma literatura e – sobretudo – imprensa nacional adaptadas a elas, o que geralmente tem por precondição uma conduta de vida (externa) de alguma forma coesa. De tudo isso, a Índia do hinduísmo histórico tinha justamente o contrário.

---

576. A forma específica para a Índia de acumulação de grandes patrimônios fica muito bem ilustrada por um felizardo vaidika, que, no século XIII, foi chamado para Kotalihapur por um rajá com a finalidade de eliminar ritualmente as graves consequências de conspurcação em sua casa, em cujo telhado havia caído um gavião morto. Além das enormes taxas para as dispendiosas cerimônias, ele foi prendado em agradecimento com tantos feudos fundiários e postos zamindari que até recentemente a família estava entre as mais ricas de Bengala.

Ocasionalmente, no Panchatantra (cf. a respectiva passagem em Liebich, *Sanskrit-Lehrbuch*, p. 99), o comércio é preferido a outras modalidades de ganhar dinheiro (a saber, mendicância, serviço na corte real, agricultura, saber, avareza). Enquanto tipos de atividade comercial são arrolados nesse contexto – a par do comércio de especiarias, de depósitos financeiros, de administração societária, de negócios com forâneos e de transporte de carga –, também o é o lucro originado da indicação de preços falsos e da aplicação de medidas e pesos falsos, colocando-se todas essas modalidades em pé de igualdade: um forte contraste tanto com a ética puritana quanto com a jainista.

O caráter geral da religiosidade asiática

Façamos uma retrospectiva sobre esse giro pelo mundo cultural asiático, um giro absolutamente superficial ante a inaudível riqueza de formações, e assim se poderá dizer o que vemos a seguir.

Para a Ásia como um todo, a China teve o papel da França no Ocidente moderno. Todo "polimento" elegante a nível mundial provém de lá, desde o Tibete até o Japão e a Indochina. Em contraposição, para a Índia foi importante a antiguidade grega. Na Ásia, é raro o pensar que vá além de interesses práticos e não tenha lá sua fonte última. Sobretudo as religiões salvacionistas indianas ortodoxas e heterodoxas assumiram para a Ásia, aproximadamente, o papel do cristianismo. Com uma grande diferença: excetuados casos locais e geralmente também passageiros, nenhuma de suas confissões chegou a se tornar a única dominante, no mesmo sentido em que isso foi o caso na nossa Idade Média até depois da Paz de Vestfália. A Ásia era e permaneceu, em princípio, a terra da livre-concorrência religiosa, da "tolerância" no sentido da Antiguidade tardia. Isso quer dizer, portanto: ressalvados os limites da razão de Estado – que, como se sabe, ainda hoje persistem entre nós –, não se pode esquecer, como limites de toda tolerância religiosa, só que em direção oposta. Sempre que tangidos esses interesses políticos, houve perseguições religiosas em grande estilo também na Ásia – na China, em medida mais forte do que todas, mas também no Japão e em partes da Índia. Como em Atenas ao tempo de Sócrates, assim também na Ásia a deisidaimonia em qualquer momento estava pronta a exigir uma vítima. E finalmente também na Ásia guerras religiosas das seitas e ordens monacais militarizadas continuaram ocorrendo com certa importância até o século XIX. Mas, no conjunto, observamos também alhures a coexistência de cultos, escolas, seitas, ordens de toda espécie que também era própria da antiguidade do Ocidente. Mesmo assim, as diversas tendências concorrentes não eram de modo algum de igual valor aos olhos da respectiva maioria das camadas dominantes e frequentemente também dos poderes políticos. Havia escolas, ordens e seitas ortodoxas e heterodoxas, e entre as ortodoxas umas mais clássicas e outras menos clássicas. Em especial – e de particular importância para nós –, elas se separavam também socialmente umas das outras. Por um lado (e em menor medida), conforme o estrato em que se encontravam habitualmente; e, por outro lado, porém (e principalmente), conforme o tipo de salvação que concediam aos diferentes estratos de seus adeptos. A primeira ocorrência se deu parcialmente de forma que, de um lado, se encontrava um estrato social superior negando abruptamente toda e qualquer religiosidade redencionista e, de outro, reinavam soteriologias populares junto às massas – este, o tipo da China. Em parte, de maneira que as diversas camadas sociais cultivavam diferentes formas de soteriologia. Essa ocorrência, sempre que não levasse seitas socialmente estratificadas – e esse era o caso mais frequente –, era idêntica à segunda espécie de ocorrência: uma única religião ministra diferentes formas de bens salvíficos, e a demanda pelos mesmos é diversificada nos diferentes estratos sociais. Com bem poucas exceções, as soteriologias asiáticas conheciam promessas que só eram acessíveis aos que viviam de maneira exemplar – em geral, monasticamente – e outras que valiam para os leigos. Quase sem exceção, todas as soteriologias de origem indiana têm esse tipo. As razões para ambas as ocorrências eram da mesma natureza. Duas, principalmente, estavam ligadas uma à outra de modo estreito. Por um lado, o abismo entre os "eruditos" e a massa iletrada de incultos. Em seguida, com isso relacionada, a precondição comum a todas as filosofias e soteriologias da Ásia em última instância: a de que, no fundo, o caminho absoluto para a suprema salvação no mundo do aquém e no do além é o *saber*, seja literário, seja enquanto gnose mística. Note-se bem: não um saber das coisas deste mundo, do cotidiano da natureza e da vida social ou das leis que regem ambas, mas sim um saber filosófico a respeito do "sentido" do mundo e da vida. Evidentemente, tal saber não pode nunca ser substituído pelos instrumentos da ciência empírica ocidental, nem por esta almejado, dada sua finalidade mais intrínseca. Um saber fora do seu alcance. A Ásia – e isso significa, mais uma vez, a Índia – é a terra típica da luta intelectual estrita e unicamente em torno da "cosmovisão" [*Weltanschauung*], na genuína acepção da palavra, em torno do "sentido" da vida no mundo. Pode-se assegurar aqui – e dado o caráter incompleto da presente exposição, ocorre deixar não inteiramente comprovada a assertiva – que, no *campo* do pensamento *sobre o "sentido"* do mundo e da vida não há absolutamente nada que, de al*guma* forma, não tenha sido já objeto do pensamento na Ásia. Aquele saber buscado pelo pensamento asiático e que, pela natureza de seu próprio sentido, é inevitável e também efetivamente portador do caráter de gnose é um saber considerado por toda soteriologia genuinamente asiática – ou seja, indiana – como o único caminho para a salvação suprema e, ao mesmo tempo, como o único caminho para o reto *agir*. Eis por que em nenhum outro lugar tem sido tão natural a frase sugestiva sob o aspecto de qualquer intelectualismo: que a virtude é "passível de ser ensinada" e que o reto saber tem como consequência totalmente infalível o agir correto. Mesmo nas lendas populares tais como as do maaiana, por exemplo, as quais têm nas artes plásticas um papel semelhante ao das nossas histórias bíblicas, ele constitui uma precondição integralmente óbvia em toda parte[577]. Somente o saber confere – de acordo com o caso – o poder ético ou mágico sobre si mesmo ou sobre outrem. Aquela "doutrina" e esse "reconhecer" do sapiente não é, absolutamente, uma apresentação e um aprendizado racionais de conhecimentos empírico-científicos, que possibilitam o domínio racional da natureza e do ser humano, como no Ocidente, mas sim o instrumento de dominação mística e mágica sobre si e o mundo: a gnose. Ela quer ser conquistada mediante um treinamento muito intenso do corpo e do espírito: seja por ascese, seja, em verdade, por meditação regularmente exercida em esforço metódico e regular. O fato de que, objetivamente, o saber preservou seu caráter místico teve duas consequências: por um lado, o aristocratismo salvacionista da soteriologia, pois a aptidão para a gnose mística não é, nem de longe, acessível a qualquer um; e, por outro, e no mesmo contexto, o caráter associal e apolítico. O conhecimento místico não é comunicável, pelo menos não de modo adequado e racional. Quem busca a salvação é sempre levado pela soteriologia asiática ao reino além-mundo [*hintelweltliches Reich*] em que impera o modo racionalmente amórfico de contemplar e, justamente por ser amórfico, um reino de contemplar, ter e possuir o divino,

---

577. Cf., por exemplo, os já citados *Mahasutasomajataka* na tradução de Grünwedel, *Budhistische Studien*, Verlag des Königlichen Museums für Völkerkunde (Berlim, V, p. 37ss.).

de ser possuído por uma beatitude que não é deste mundo, mas que, mesmo assim, pode e deve ser alcançada neste mundo pela gnose. Esta é vivenciada, em todas as mais altas formas desse místico contemplar asiático, como um "vazio" – esvaziada do mundo e do que o move –, pois é o que corresponde perfeitamente ao caráter semiótico normal da mística, levado às últimas consequências somente na Ásia. O desprezo pelo mundo e seus afazeres é, já do ponto de vista puramente psicológico, uma inevitável sequela do conteúdo significado, em si impossível de se aprofundar, contido na posse mística da salvação. Esse estado salvífico vivenciado misticamente é interpretado racionalmente como o confronto da quietude com a agitação. O primeiro conceito designa o divino; o segundo, o caráter específico da criatura e, portanto, em última instância, um caráter aparente ou soteriologicamente sem valor, preso ao espaço e ao tempo, transitório. Condicionada por íntima vivência, essa atitude interior perante o mundo encontrou na doutrina indiana do samsara e do carma sua interpretação mais racional, que foi justamente o que lhe deu predominância quase universal na Ásia. Com isso, desvalorizado de maneira soteriológica, o mundo da vida real ganhou um sentido relativamente racional. Nele domina – segundo as concepções desenvolvidas na mais alta medida racional – a lei do determinismo. Na natureza exterior, segundo a doutrina maaiana desenvolvida particularmente no Japão, a estrita causalidade em nosso sentido. Nos destinos da alma, o determinismo ético do carma. Deles não há como escapar, a não ser por fuga, com os meios da gnose, para aquele reino "cismundano", de modo que o destino da alma se configure ou como um simples "dissipar-se", ou como um estado de quietude individual eterna ao modo de um sono sem sonho, ou como um estado de perene beatitude sentimental serena na contemplação de Deus, ou como um deixar-se absorver pelo Todo Uno. Em todo caso, a ideia de que atos transitórios de um ser transitório nesta terra pudessem acarretar penas ou recompensas "eternas" no "além" – e isso por determinação de um deus, ao mesmo tempo, todo-poderoso e bondoso, afigurava-se e continuará afigurando-se, para qualquer pensar genuinamente asiático, como algo absurdo e espiritualmente subalterno. Com isso, do ponto de vista soteriológico, ficava descartada a forte ênfase dada ao curto período desta vida pela doutrina ocidental do além. A atitude correspondente era a indiferença perante o mundo, quer assumisse a forma de uma fuga externa do mundo ou de um agir intramundano, por certo, mas indiferente para com o mundo – uma confirmação, portanto, *contra* o mundo e contra o agir próprio, mas não em um e outro, nem por um e outro. Quanto à concepção do supremo divino ou, como naturalmente era o caso via de regra, impessoal, tratava-se – ponto não insignificante para nós – de uma diferença gradual, e não essencial; nem mesmo conseguiu se impor a afirmação rara, mas por vezes reiterada, da característica supramundana de um deus pessoal. O ponto decisivo se referia à natureza do bem *de salvação* almejado. Tal natureza foi, porém, em última instância, determinada pelo fato de que o portador da soteriologia foi um estrato de literatos dado, como fim em si mesmo, à reflexão sobre o sentido do mundo.

Foi com essa soteriologia de intelectuais que se viram confrontadas as camadas sociais da Ásia em sua vida prática. Uma ligação intrínseca do desempenho no mundo com a soteriologia extramundana não foi possível. A única forma totalmente consequente na substância foi a soteriologia de castas própria do bramanismo vedântico na Índia. Sua concepção profissional teve, necessariamente, um impacto tradicional extremo nos campos político, social e econômico. Mas essa é a única forma jamais surgida como soteriologia e social "orgânica" logicamente compacta em sua totalidade.

Perante a soteriologia, os estratos de leigos ilustres tomaram uma atitude correspondente à sua situação interna. Na medida em que eles próprios formavam estratos estamentalmente ilustres, havia várias possibilidades. Ou bem formavam uma cavalaria mundana composta com cultura letrada, que se defrontava com um presbiterado independente instruído literariamente, como era o caso dos antigos xátrias na Índia e o da cavalaria da corte no Japão. E então participavam, em parte, da criação de soteriologias sem sacerdotes, como ocorreu sobretudo na Índia, e, em parte, posicionavam-se com ceticismo em relação a tudo o que fosse religioso, como parte dos leigos ilustres na Índia antiga e grande parte da inteligência ilustre japonesa. Nesse último caso, quando tinham a oportunidade de, apesar de seu ceticismo, se acomodar aos costumes religiosos, davam-lhes regularmente um tratamento tão somente ritual e formalístico. Foi o que ocorreu com partes do estrato instruído ilustre no Japão antigo e na Índia antiga. Ou então eles eram funcionários e oficiais, como na Índia. Nesse caso, sua atitude era a descrita anteriormente. Sua própria conduta de vida se pautava ritualmente em conformidade com suas próprias leis, sempre que – como foi o caso na Índia – o presbiterado tinha poder para tanto nos casos a ele atinentes, até aqui tratados. No Japão, após ter sido subjugado pelos xoguns, o presbiterado não teve mais poder suficiente para regulamentar a conduta de vida da cavalaria em nível mais alto do que o de mera exterioridade. Ou também, contrariamente ao caso tratado até aqui, os leigos ilustres não eram apenas funcionários seculares, prebendários de ofício ou candidatos a ofícios em uma burocracia patrimonial, mas também, ao mesmo tempo, portadores do culto estatal sem a concorrência de um presbiterado poderoso. Nesse caso, eles desenvolveram uma conduta de vida própria estritamente cerimoniosa e orientada de modo puramente intramundano e também tratavam o ritual com um cerimonial estamental, como o confucionismo fazia na China para com sua camada de literatos recrutada (em medida relativamente) de modo democrático. No Japão, o que faltava à camada ilustre secular culta relativamente livre do poder presbiteral – apesar dos deveres rituais a cargo dos senhores políticos enquanto tais – era o caráter patrimonialista chinês próprio dos funcionários de ofício e aspirantes: eles eram nobres e cortesãos da cavalaria. Por conseguinte, faltava-lhes o elemento escolar e acadêmico do confucionismo. Constituíam uma camada de "cultos" disposta com particular intensidade a receber e acatar de maneira sincrética os mais variados elementos de formação provenientes de toda parte, em seu cerne íntimo, porém, firmemente enraizada no conceito feudal de honra.

A situação do "estamento médio" iletrado na Ásia, a dos comerciantes e a das parcelas artesanais pertencentes ao estrato médio diferiam das condições no Ocidente de modo peculiar em decorrência da especificidade da soteriologia asiática. Suas camadas superiores foram em parte promotoras da formação racional, sobretudo na medida em que estas propagavam, negativamente, o repúdio do ritualismo e do saber livresco e, positivamente, a importância exclusiva da busca pessoal de redenção. Só que o caráter, em definitiva, gnóstico e místico dessas soteriologias não lhes oferecia um fundamento para o desenvolvimento de uma conduta de vida intramundana racional adequada metodicamente. Foi por isso que, na medida em que a religiosidade foi sendo sublimada sob o influxo das doutrinas redencionistas, eles se tornaram portadores da religiosidade salvacionista em suas diversas formas. Aqui também teve um impacto decisivo o caráter intensamente gnóstico e místico de toda e qualquer soteriologia asiática, assim como o íntimo parentesco entre, por um lado, a intimidade com Deus, a posse de Deus e o ser possuído por Deus e, por outro, místicos e *magos*. Em toda parte na Ásia, na medida em que não houve repressão violenta, como na China e no Japão, a religiosidade salvacionista tomou a forma de hagiolatria, e esta, a forma de hagiolatria perante *salvadores vivos*: gurus e outros similares ministrantes da graça, seja na forma de mistagogos ou de magos. Foi o que marcou de maneira decisiva a religiosidade do estrato médio iletrado. O poder absolutamente ilimitado desses portadores de carisma, em geral, hereditários, foi rompido somente na China e no Japão por motivos políticos e com o emprego de violência – na China, em benefício da obediência para com o estrato político de letrados; e, no Japão, para o enfraquecimento do prestígio de poderes clericais e mágicos em geral. Em outros lugares da Ásia foi o estrato carismático que determinou a conduta de vida prática das massas e lhe propiciou a salvação mágica: a dedicação ao "Salvador vivo" foi o tipo característico da devoção asiática. A par da persistência da magia em geral e do poder da estirpe foi essa inquebrantabilidade do carisma em sua mais antiga concepção: enquanto poder puramente mágico, o traço característico da ordem social asiática. De modo geral, os estratos de literatos ilustres políticos e hierocráticos conseguiram, por certo, sublimar ou desnaturalizar a orgiástica da massa transformando-a em mímica salvacionista, em devoção ou em formalismo e ritualismo hagiolátricos – de resto, com sucesso de grau variável, sendo o mais alto na China, no Japão, no Tibete e na Indochina budista; e o mais baixo, nos países a oeste da Índia. Porém romper com a dominação da magia só

437

ocasionalmente fez parte de sua pretensão e tentativa prática, apenas brevemente exitosa. Portanto não foi o "milagre", mas sim a "magia" o cerne substancial da religiosidade das massas, sobretudo dos camponeses e dos operários, mas também dos estratos médios. Ambos – milagre e magia – têm um duplo significado. Para se convencer disso com facilidade, pode contribuir uma comparação, por exemplo, entre lendas ocidentais e asiáticas. Ambas as modalidades podem se assemelhar bastante, e particularmente as do budismo antigo e as chinesas reelaboradas são as mais próximas das ocidentais, por vezes até de modo intrínseco. Mas a média de ambos os lados evidencia o contraste. De acordo com seu sentido, o "milagre" vai ser sempre considerado como ato de direção de alguma forma racional do mundo, uma concessão de graça divina, e, por essa razão, sua motivação interior é habitualmente mais intensa do que a da "magia" que, em seu significado, deriva da consideração de que o mundo inteiro está repleto de potências com efeitos irracionais cumulativos, graças a realizações ascéticas ou contemplativas, efetivadas por seres, homens ou super-homens qualificados por carisma, mas agindo por seu próprio livre-arbítrio. O milagre das rosas de Santa Isabel parece-nos ter sentido. A universalidade da magia, pelo contrário, rompe com qualquer nexo significante nos acontecimentos. Na média das lendas asiáticas típicas, como nas maaiana, por exemplo, pode-se ver a interconexão entre esse *Deus ex machina* intramundano de modo extremamente incompreensível, ao que parece, com a necessidade exatamente oposta e também profundamente não artística – pois racionalista – de considerar quaisquer detalhes dos acontecimentos lendários com a maior sobriedade possível à luz dos seus motivos históricos. E assim o antigo tesouro de contos, fábulas e lendas da Índia, essa fonte histórica da literatura de fábulas do mundo inteiro, foi posteriormente transformado por meio dessa religiosidade de salvadores mágicos em uma espécie de literatura absolutamente não artística, cuja significação para seu público leitor corresponde mais ou menos à emoção provocada pelos romances de capa e espada, contra os quais Cervantes desceu ao campo de batalha.

Pois bem, a esse mundo extremamente antirracional da magia universal pertencia também a economia cotidiana, e, portanto, dele nenhum caminho conduzia a uma conduta racional de vida intramundana. A grande massa de asiáticos iletrados e mesmo letrados dava conta de seu dia a dia com instrumentos que incluíam desde a mais grosseira magia coercitiva até a mais refinada para conquistar com presentes um deus funcional ou um demônio, passando por magia não só como medida terapêutica, mas também como meio para acertar nascimentos – e, particularmente, nascimentos masculinos –, para passar nos exames, assegurar o acesso a todo e qualquer bem terreno imaginável, contra o inimigo, o concorrente erótico ou econômico, por magia para o orador com vistas à vitória no processo, magia espiritual do credor para a execução da dívida contra o devedor, magia a fim de influenciar o deus da riqueza para o bom êxito dos empreendimentos. Inexistia uma ética racional prática, um método racional de vida que levasse a sair desse jardim de maravilhas de todo tipo de vida no interior do "mundo". Por certo, existia a oposição entre o divino e o "mundo", a qual condicionou no Ocidente o surgimento daquela sistematização da conduta de vida que se caracterizou habitualmente como "personalidade ética". Só que, na Ásia, a oposição em nenhum lugar[578] foi do Deus ético contra o poder do "pecado", do radicalmente mau, a qual pudesse ser superada em vida mediante ação ativa. E sim de conquistar a posse extática e apática de Deus por meios orgiásticos, contrapondo-se ao cotidiano em que o divino não é percebido como poder vivo. E, portanto, o aumento das forças da irracionalidade como freio justamente à racionalização da conduta de vida intramundana. Ou bem a posse apático-extática do deus da gnose, em oposição ao dia a dia enquanto lugar de flutuação passageira e sem sentido; portanto, também um estado extracotidiano, ou seja, passivo e, sob o prisma da ética intramundana, irracional, pois místico, afastado do agir racional no mundo. Lá onde a ética intramundana

---

578. Somente nesse sentido será lícito compreender a tese engenhosamente desenvolvida por Percival Lowels (*The soul of the Far East*, Boston e Nova Iorque, 1888) sobre a "não personalidade" [*Unpersönlichkoit*] como traço característico fundamental dos asiáticos orientais. De resto, quanto ao seu dogma referente à "monotonia" da vida asiática, diga-se que, em particular quando articulada por um americano, certamente suscitará o justificado espanto de todo asiático oriental. A respeito do país propriamente central da "monotonia", um cidadão dos Estados Unidos por certo aceitará James Bryce como testemunho clássico.

estava sistematizada de modo "especializadamente humano", como foi o caso, com alto grau de coerência, na ética de castas intramundana hindu, com prêmios soteriológicos suficientemente eficazes na prática – lá ela era, ao mesmo tempo, em sua totalidade, absolutamente estereotipada pela tradição e pelo rito. E onde não era esse o caso, surgiam traços de "teorias orgânicas da sociedade", mas sem recompensas psicologicamente eficazes para o correspondente agir na prática; e também fazia falta uma sistematização consequente e psicologicamente eficaz. O leigo ao qual é recusada a gnose e, portanto, o bem supremo, ou que a recusa ele próprio para si mesmo, age de modo ritualístico e tradicionalístico, e assim passa a se dedicar a seus interesses de cada dia. A ilimitada ganância dos asiáticos em coisas grandes e pequenas é famigerada como inalcançada no mundo inteiro e, em geral, provavelmente com razão. Mas ela é exatamente "instinto de lucro" posto em prática por todos os meios da astúcia e com auxílio do instrumento universal: magia. Fazia falta justamente o decisivo para a teoria e a prática da economia no Ocidente: a ruptura e a objetivação racional do caráter *instintivo* da busca de lucro e sua inclusão em um sistema racional de ética intramundana do agir, como realizadas pela "ascese intramundana" do protestantismo no Ocidente, em prosseguimento a poucos precursores intimamente aparentados. Para tanto, faltavam os pressupostos ao desenvolvimento religioso asiático. De que modo poderia este surgir sobre a base de uma religiosidade que – não sem êxito[579] – recomendava ao leigo como religiosamente meritória a vida de bhagat, ou seja, de asceta santo, não apenas como objetivo para a velhice, mas também na função de um período como mendicante peregrino durante certo tempo sem trabalho em sua vida?

No Ocidente, a emergência da ética intramundana racional está ligada à atuação de pensadores e profetas que, como veremos, se desenvolveram com base nos problemas *políticos* de um estrato alheio à cultura asiática: o do estamento político burguês da *cidade*, sem o qual não seriam concebíveis nem o judaísmo, nem o cristianismo, nem o desenvolvimento do pensamento hele-

---

579. Na Índia, realizava-se entre membros das castas inferiores, particularmente no mês abril, o período temporário de vida de mendicante peregrino, a título de prestação ritual.

no. Nesse sentido, porém, o surgimento da "cidade" na Ásia foi obstaculizado em parte pela ininterrupta persistência do poder das estirpes, em parte pela singularidade das castas.

Os interesses da intelectualidade asiática, na medida em que ultrapassavam o cotidiano, apontavam, geralmente, em uma direção diferente da política. Mesmo o intelectual político, o confuciano, era um literato culto mais sob o aspecto estético e em todo caso como homem de conversação (e, nesse sentido, um homem de salão), e menos enquanto político. Política e administração eram apenas sua alimentação prebendária, que ele aliás providenciava praticamente por meio de auxiliares subalternos. O homem culto ortodoxo ou heterodoxo, hindu ou budista, pelo contrário, encontrava sua esfera de interesses inteiramente fora das coisas deste mundo: na busca da salvação mística da alma e no escapar do mecanismo sem sentido da "roda" da existência. Para ficar livre de incômodos quanto a isso, o *gentleman* hindu evitava um contato mais próximo com o bárbaro de regiões ocidentais, e o confuciano o evitava para prevenir que a fineza dos gestos estéticos se embrutecesse. Diferenciavam-no dele a desinibição das paixões – a seu ver, esfuziante, mas descontrolada e não sublimada – e a falta de pudor com que se lhe permitia revelar-se na conduta de vida, nos gestos e na expressão – nesse sentido, a falta de controle de si mesmo. Só que o "autocontrole" especificamente asiático, por sua vez, também tinha suas características peculiares, que o ocidental forçosamente considerava, ao todo, puramente negativas, pois qual era o ponto central ao qual se dirigia, em última análise, aquele autocontrole sempre alerta, que todos os métodos asiáticos de vida, sem exceção, prescreviam ao intelectual, ao culto, ao que buscava salvação? Qual era, no fundo, o conteúdo daquela "meditação" concentradamente intensa ou daquele estudo literário durante toda a vida que eles, pelo menos onde aceitavam o caráter de busca da perfeição, procuravam preservar, como bem supremo, de todo transtorno externo? Encontravam-se aqui, na mesma linha, o Wu wei taoísta, o "esvaziamento" hindu de todo relacionamento mundano e das preocupações com o mundo, bem como a "distância" confuciana com relação aos espíritos e à ocupação com problemas estéreis. O ideal ocidental da "personalidade" agindo ativamente, mas que, no entanto, está relacionada a um centro, seja ele um centro religioso do além-mundo ou um centro do mundo interior, seria rejeitado por todas as soteriologias intelectuais asiáticas do mais alto nível por considerarem esse ideal, no fundo, contraditório em si mesmo, ou banalmente unilateral em diversas especialidades, ou uma bárbara cobiça pela vida. Onde não se encontra a beleza do gesto tradicional sublimado pelo refinamento de salão, como no confucionismo, aí se encontra o reino cismundano da redenção do transitório, para o qual apontam todos os interesses supremos e de onde a "personalidade" recebe sua dignidade. Nas mais elevadas concepções ortodoxamente budistas, isso significa "nirvana". Por certo, salvo sob o aspecto linguístico, não haveria objetivamente qualquer ressalva a fazer a uma tradução dessa palavra por "nada", como aliás acontecia, com frequência, na linguagem popular, pois, sob o ponto de vista da soteriologia, pode-se predizer o estado de salvação geralmente de outra forma e de modo muito positivo. Mas não se pode esquecer que a aspiração de um santo tipicamente asiático voltava-se a "esvaziamento" e que, a princípio, aquele estado salvífico positivo de inenarrável beatitude intramundana oriunda do escapar da morte foi apenas "esperado", porém nem sempre alcançado. Pelo contrário: tê-lo realmente enquanto posse do divino era o alto carisma dos agraciados. Mas o que acontecia, então, com a grande multidão que não chegava lá? Pois bem, no seu caso, em um sentido estranho, "o fim nada valia, o movimento, tudo" – um movimento rumo ao "esvaziamento".

O asiático, justamente o intelectual ou semi-intelectual, suscita facilmente em um ocidental a impressão de ser "enigmático" ou "cheio de segredos". Procuramos, então, decifrar o presumido segredo por meio da "psicologia". Claramente, sem negar, de alguma forma, que há diferenças de disposição física e psíquica[580] – aliás, seguramente não maiores do que entre hindus e mongóis, aos quais não obstante a mesma soteriologia era acessível –, é pre-

---

580. Em nosso contexto, caberia considerar naturalmente, sob o ponto de vista racial-neurológico, a presumivelmente forte tendência histérica e de auto-hipnose dos indianos. Mas persistiria a questão: até que ponto a diferença porventura constatável quanto à disposição seja devida à técnica de êxtases neuropáticas existente em germe provavelmente em quase todos os "povos naturais", mas aqui desenvolvida ulteriormente até o nível de arte?

ciso salientar não ser esse o caminho primário para a compreensão. O que se apresenta palpável, em primeiro lugar, não são os "conteúdos emocionais", mas sim os rumos dos interesses inculcados pela educação e pela situação objetiva. O que para o ocidental era predominantemente irracional no comportamento do asiático era e é condicionado por hábitos cerimoniais e rituais cujo "sentido" ele não compreende – como, aliás, tanto em nosso caso quanto na Ásia, o próprio sentido original de certos costumes, incorporado nestes e desenvolvido geralmente com o tempo, costuma frequentemente já não ser claro. Além disso, a atitude reservada e o senso de dignidade do intelectual asiático, bem como o seu silêncio dando a sensação de altíssima importância, costumam ser uma tortura para a curiosidade ocidental. No entanto, quanto aos conteúdos que estão por trás desse silêncio, muitas vezes será bom, talvez, se desfazer de um preconceito sugestivo. Temos pela frente o cosmos da natureza e achamos que ela deve, sim, apresentar ao pensador que a analisa ou àquele que a contempla enlevado por sua beleza uma "última palavra", seja qual for, sobre seu "sentido". O fatal é que – como já frisou ocasionalmente W. Dilthey – justamente a natureza não tem essa "última palavra" ou não se vê em condições de formulá-la. De modo semelhante, com bastante frequência, é o que se refere à crença de que quem com bom gosto se cala provavelmente tem muito a silenciar. Mas não é esse o caso para o asiático nem para outrem, pois é certamente verdadeiro o fato de que os produtos soteriológicos da literatura asiática trataram exaustivamente a maioria dos problemas surgidos nessa área peculiar com uma intensidade muito mais irreverente do que o Ocidente o fez.

Na medida em que estejam em pauta fatores outros que os descritos na história espiritual, o que condiciona a ausência do racionalismo econômico e do método racional de vida em geral na Ásia é, predominantemente, o caráter *continental* das configurações sociais, como o gerado pela estrutura geográfica. Os focos culturais ocidentais se formaram quase sem exceção junto a pontos de comércio exterior ou de revenda: a Babilônia, o delta do Nilo, a Pólis antiga e mesmo a cooperativa jurada israelita ao longo das vias das caravanas sírias. Na Ásia é diferente.

Os povos asiáticos adotaram, de forma preponderante, a atitude de excluir o comércio exterior ou de restringi-lo em extrema medida. Assim ficaram, até a abertura violenta, a China, o Japão, a Coreia e também o Tibete, bem como – em medida substancialmente reduzida, mas ainda sensível – a maioria das demais regiões indianas. Na China e na Coreia, a restrição ao comércio exterior foi condicionada pelo processo de prebendalização, que acarretou, de forma imediata, a estabilidade tradicionalística da economia. Qualquer modificação poderia colocar em perigo os interesses rentistas de algum mandarim. No Japão, o interesse do feudalismo pela estabilização econômica teve um efeito semelhante. Além do mais – e isso vale também para o Tibete –, razões rituais têm influência: a entrada de forâneos em lugares sagrados inquietava os espíritos e podia provocar males mágicos – relatos de viagem (principalmente sobre a Coreia) deixam entrever que a população costumava reagir à presença de europeus nos lugares sagrados, com tremendo receio quanto às consequências disso. Na Índia – região com o menor grau de isolamento comercial –, a suspeição ritual mantida contra viagens, principalmente com destino a regiões de bárbaros ritualmente impuras, teve efeito desfavorável ao comércio ativo, e ressalvas políticas contribuíram para a maior restrição possível à entrada de estrangeiros. Em todas as demais regiões – mas, em especial, na Ásia Oriental –, objeções políticas constituíram a derradeira razão decisiva para que as instâncias políticas dessem pista livre para a xenofobia ritual. Terá, então, esse estrito isolamento da cultura autóctone dado origem a algo como um "sentimento nacional"? A questão deve ser respondida de maneira negativa. A peculiaridade do estrato intelectual asiático impediu, essencialmente, que surgissem configurações políticas "nacionais", mesmo na modalidade em que estas se desenvolveram pelo menos desde o fim da Idade Média no Ocidente – em que pese o fato de a ideia de nação, também entre nós, só ter sido desenvolvida até o estágio de concepção plena pelas camadas intelectuais modernas. Às regiões culturais asiáticas fazia falta (quanto ao essencial) uma comunidade linguística. A língua cultural ou era uma língua sagrada ou uma língua de literatos: o sânscrito na região da Índia moderna; o mandarim na China, na Coreia, no Japão. A posição

444

dessas línguas corresponde à do latim na Idade Média; à do heleno no final da antiguidade oriental ou do árabe no mundo islâmico; à do eslavo eclesiástico e do hebraico nas respectivas regiões culturais. Assim permaneceu na região cultural maaiana. Na região do hinaianismo (Birmânia, Ceilão, Sião), o qual só tinha como língua básica da missão o idioma popular, a teocracia dos gurus era tão absoluta que não se podia falar de formações comunitárias políticas de alcance mundial por parte da camada intelectual, aqui constituída por monges. Somente no Japão o desenvolvimento em moldes feudais levou à emergência de uma consciência comunitária verdadeiramente "nacional", embora, de forma predominante, com fundamento estamental-cavalariano. Na China, porém, o abismo que separava a cultura escritural estética confuciana de tudo o que fosse popular era tão enorme que havia meramente uma comunidade estamental cultural da camada literária, e a consciência comunitária de resto só alcançava um raio igual ao do seu influxo imediato, que, na verdade, não era pouco: o do Império que, como vimos, consistia fundamentalmente em um Estado federado de províncias, unificado apenas pela substituição periódica ordenada de maneira autoritária para os altos cargos de mandarins, que assim permaneciam forâneos em suas circunscrições oficiais. Pelo menos na China, assim como no Japão, já existia uma camada literária voltada a interesses apenas políticos. E é justamente o que fazia falta em toda a Ásia em que tomou pé a soteriologia especificamente indiana – com exceção dos lugares em que ela, como no Tibete, pontificava sobre a massa como uma camada de proprietários fundiários monacais, razão pela qual não tinha para com esta relações "nacionais". As camadas culturais asiáticas permaneciam "entre si", com seus próprios interesses.

Onde quer que uma camada intelectual procurasse, refletindo, perscrutar o "sentido" do mundo e da própria vida e – após o fracasso desse esforço puramente racional – buscasse abarcá-lo vivencialmente, almejando, em seguida, elevá-lo de modo indiretamente racional à intimidade da consciência, ela será levada a trilhar, de uma forma ou de outra, o caminho dos páramos tranquilos cismundanos da maleável mística indiana. E onde, por outro lado, um estamento de intelectuais, renunciando a qualquer empenho de fuga ao mundo, e encontrando, em vez disso, consciente e intencionalmente, na elegância e na dignidade da beleza dos gestos, o fim supremo da plenitude de autorrealização, aí ela alcança, de algum modo, o ideal confuciano de distinção. Parte essencial de toda e qualquer cultura intelectual asiática consiste desses dois componentes, que se cruzam e interpenetram. Dela permanecem distantes, por um lado, o pensamento de, mediante o simples agir em conformidade com a "exigência do dia", chegar àquele relacionamento com o mundo real que dá fundamento à "personalidade" em sentido especificamente ocidental e, por outro, o pensamento do racionalismo puramente objetivo do Ocidente, buscar o domínio prático do mundo mediante a descoberta de suas próprias leis impessoais inerentes[581]. Graças à rigorosa estilização cerimoniosa e hierática de sua conduta de vida, ela fica preservada, por certo, da tentativa de, mediante a caça do específico desse indivíduo e distinto dos demais, à maneira moderna ocidental, puxar a si mesmo pelos cabelos para fora do pântano e, assim, tornar-se uma "personalidade" – esforço tão estéril quanto o de inventar de maneira planejada uma forma artística própria, pretendendo ser "estilo". Entretanto aquelas finalidades – em parte, puramente místicas; em parte, puramente intramundano-estéticas – buscadas por sua autodisciplina não puderam ser perseguidas de outra forma se não mediante o esvaziamento das forças reais da vida, e assim permaneceram distantes dos interesses das "massas" em seu agir prático, por isso mesmo, e em sua inquebrantável ligação à magia. O mundo social cindiu-se na camada de sapientes e cultos e na das massas plebeias incultas. Aos ilustres ficavam ocultas as ordens internas objetivas do mundo real, da natureza e da arte, da ética e da economia, porque estas se lhes afiguravam sem nenhum interesse. Em sua aspiração pelo extracotidiano, sua conduta de vida se orientava, conti-

---

581. Não que o aspecto característico seja o fato de certas descobertas (não todas) chinesas só terem sido aproveitadas para a arte, e não para a economia, como novamente sustenta Percival Lowell. Também entre nós o experimento surgiu da arte, e a ela pertenceu originalmente a maioria das "invenções", como aliás, em breve, também intentos importantes na Ásia nos campos da técnica militar e terapêutica. Mas, para o Ocidente, foi decisivo *o fato de que* a arte foi "racionalizada" e de que, a partir daí, o experimento deixou o terreno da arte e passou para o da ciência. Não é a "impessoalidade", mas sim a "inobjetividade" – valorizada de modo racional – o que obstaculizou no Oriente o – por nós assim chamado – "progresso" rumo ao racional especializadamente humano.

nuamente, como ponto central sobretudo por profetas ou sábios *exemplares*. Aos plebeus, porém, não se apresentou nenhuma profecia de *missão* ética, capaz de plasmar seu cotidiano de forma racional. Mas a emergência desta no Ocidente – sobretudo na Ásia, ao leste da Índia –, com as consequências de longuíssimo alcance subsequentes a tal emergência, estava condicionada por constelações históricas extremamente peculiares, sem as quais, apesar da total diferença nas condições naturais, o desenvolvimento facilmente poderia ter tomado o rumo semelhante ao da Ásia, em especial, da Índia.

Conecte-se conosco:

 facebook.com/editoravozes

 @editoravozes

 @editora_vozes

 youtube.com/editoravozes

 +55 24 2233-9033

www.vozes.com.br

Conheça nossas lojas:

www.livrariavozes.com.br

Belo Horizonte – Brasília – Campinas – Cuiabá – Curitiba
Fortaleza – Juiz de Fora – Petrópolis – Recife – São Paulo

  Vozes de Bolso

EDITORA VOZES LTDA.
Rua Frei Luís, 100 – Centro – Cep 25689-900 – Petrópolis, RJ
Tel.: (24) 2233-9000 – E-mail: vendas@vozes.com.br